MedR Schriftenreihe Medizinrecht

Springer
Berlin
Heidelberg
New York
Barcelona
Hongkong
London
Mailand
Paris
Singapur
Tokio

Uwe Fröhlich

Forschung wider Willen?

Rechtsprobleme biomedizinischer Forschung mit nichteinwilligungsfähigen Personen

Mit 2 Tabellen

Springer

Dr. iur. Uwe Fröhlich
c/o Lehrstuhl Prof. Dr. Taupitz
Universität Mannheim
Fakultät für Rechtswissenschaft
Schloß - Westflügel
D-68131 Mannheim

ISBN 3-540-65679-0 Springer-Verlag Berlin Heidelberg New York

Die Deutsche Bibliothek - CIP-Einheitsaufnahme
Fröhlich, Uwe: Forschung wider Willen? Rechtsprobleme biomedizinischer Forschung mit nichteinwilligungsfähigen Personen / Uwe Fröhlich. - Berlin; Heidelberg; New York; Barcelona; Hongkong; London; Mailand; Paris; Singapur; Tokio: Springer, 1999
(MedR, Schriftenreihe Medizinrecht)
Zugl.: Mannheim, Univ., Diss. 1998
ISBN 3-540-65679-0

SPIN 10717887 64/2202-5 4 3 2 1 0 - Gedruckt auf säurefreiem Papier

Vorwort

Die vorliegende Arbeit wurde im Wintersemester 1998/99 von der Juristischen Fakultät der Universität Mannheim als Dissertation angenommen. Das Manuskript wurde im Sommer 1998 abgeschlossen und auf diesem Stand belassen.

Meinem verehrten Doktorvater, Herrn Professor Dr. Jochen Taupitz danke ich ganz herzlich für die Anregung des Themas, für hilfreiche Kritik und für seinen förderlichen Rat zur rechten Zeit. Durch die Tätigkeit an seinem Lehrstuhl konnte ich viele praktische Einblicke auf dem Gebiet des Medizinrechts gewinnen – eine wesentliche Voraussetzung für das Entstehen dieser Arbeit.

Herzlicher Dank gilt auch Herrn Professor Dr. Eibe Riedel für die zügige Erstellung des Zweitgutachtens. In gleicher Weise danke ich zudem allen Kolleginnen und Kollegen des Lehrstuhls für anregende Gespräche und freundschaftliche Verbundenheit. Frau Ulrike Hartwein danke ich für ihre Hilfe bei den Korrekturen.

Zu Dank verpflichtet bin ich auch der Regierung des Landes Baden-Württemberg für die finanzielle Unterstützung dieser Arbeit durch die Gewährung eines Stipendiums.

Mein besonderer Dank gilt aber schließlich und nicht zuletzt meinen Eltern, ohne deren vielfältige Unterstützung diese Arbeit nicht möglich gewesen wäre.

Mannheim, im Dezember 1998 Uwe Fröhlich

Inhaltsverzeichnis

Abkürzungen

a. A.	anderer Ansicht
a. a. O.	am angegebenen Ort
a. F.	alte Fassung
Abs.	Absatz
AcP	Archiv für die civilistische Praxis
AG	Amtsgericht
Alt.	Alternative
AMG	Arzneimittelgesetz
Anm.	Anmerkung
Art.	Artikel
ArztR	Arztrecht
BAnz.	Bundesanzeiger
BayObLG	Bayerisches Oberstes Landesgericht
Bd.	Band
BGB	Bürgerliches Gesetzbuch
BGBl.	Bundesgesetzblatt
BGH	Bundesgerichtshof
BtÄndG	Betreuungsrechtsänderungsgesetz
BT-Drucks.	Bundestags-Drucksache
BtG	Betreuungsgesetz
BtPrax	Betreuungsrechtliche Praxis
BVerfG	Bundesverfassungsgericht
BWNotZ	Zeitschrift für das Notariat in Baden-Württemberg
bzw.	beziehungsweise
d. h.	das heißt
DÄBl.	Deutsches Ärzteblatt
ders.	derselbe
dies.	dieselbe
Diss.	Dissertation
DMW	Deutsche Medizinische Wochenschrift
DRiZ	Deutsche Richterzeitung
E	Entwurf
EthikMed	Ethik in der Medizin
f.	folgende Seite, folgender Paragraph
F.A.Z.	Frankfurter Allgemeine Zeitung
FamRZ	Zeitschrift für das gesamte Familienrecht
ff.	folgende Seiten, folgende Paragraphen
FGG	Reichsgesetz über die Angelegenheiten der freiwilligen Gerichtsbarkeit

Fn.	Fußnote
Fortschr.Neurol.Psychiatr.	Fortschritte der Neurologie, Psychiatrie
FS	Festschrift
GA	Goltdammers Archiv für Strafrecht
gem.	gemäß
GG	Grundgesetz
ggf.	gegebenenfalls
h. A.	herrschende Ansicht
h. L.	herrschende Lehre
h. M.	herrschende Meinung
Hrsg.	Herausgeber
HS.	Halbsatz
i. d. R.	in der Regel
i. d. S.	in diesem Sinne
i. S.	im Sinne
i. S. d.	im Sinne des
i. S. v.	im Sinne von
i. V. m.	in Verbindung mit
Ind. J. Global Legal Stud.	Indiana Journal Of Global Legal Studies
iur.	juristisch
JA	Juristische Arbeitsblätter
Jura	Juristische Ausbildung
JuS	Juristische Schulung
JZ	Juristenzeitung
KJ	Kritische Justiz
LG	Landgericht
LK	Leipziger Kommentar
m. w. Nwen.	mit weiteren Nachweisen
MBO	Musterberufsordnung für die deutschen Ärztinnen und Ärzte
MDR	Monatsschrift für Deutsches Recht
med.	medizinisch
MedGVO	Medizingeräteverordnung
MedR	Medizinrecht
MPG	Medizinproduktegesetz
Münch.med.Wschr.	Münchener medizinische Wochenschrift
MünchKomm	Münchener Kommentar zum Bürgerlichen Gesetzbuch
NJW	Neue Juristische Wochenschrift
NJW-RR	Neue Juristische Wochenschrift, Rechtsprechungsreport
NZZ	Neue Zürcher Zeitung

OLG	Oberlandesgericht
Pharm.Ind.	die Pharmazeutische Industrie
Rdnr.	Randnummer
RegE	Regierungsentwurf
RGRK	Reichsgerichtsrätekommentar
Rpfleger	Der Deutsche Rechtspfleger
s.	siehe
SchwbG	Schwerbehindertengesetz
SK	Systematischer Kommentar
SpS	Spiegelstrich
StGB	Strafgesetzbuch
StrlSchVO	Strahlenschutzverordnung
u. U.	unter Umständen
VersMed	Versicherungsmedizin
VersR	Versicherungsrecht
vgl.	vergleiche
wib	Woche im Bundestag
z. B.	zum Beispiel
zit.	zitiert
ZPO	Zivilprozeßordnung
ZRP	Zeitschrift für Rechtspolitik
ZStW	Zeitschrift für die gesamte Strafrechtswissenschaft

Hier nicht aufgeführte Abkürzungen sind aus sich heraus verständlich oder erläutert bei *Hildebert Kirchner*, Abkürzungsverzeichnis der Rechtssprache, 4. Aufl., Berlin, New York 1993.

§ 1 Einleitung

A. Problemstellung

Jede Wissenschaft bedarf der Forschung. Nur durch Forschung gelingt es, neue Erkenntnisse in systematischer und methodisch nachvollziehbarer Weise zu gewinnen oder zu überprüfen. Darum ist auch in Art. 5 Abs. 3 S. 1 GG die Wissenschafts- und Forschungsfreiheit als Grundrecht verfassungsrechtlich verankert[1]. Gerade im Bereich der Medizin dient die Forschung nicht bloß reinem Selbstzweck[2], sondern geschieht mit dem Ziel, Krankheiten zu erkennen, zu verhindern und zu bekämpfen. Medizinischer Fortschritt läßt sich aber nicht allein durch abstrakte Überlegungen, reine Beobachtungen oder bloße Laborversuche im „Reagenzglas" erzielen. Es dürfte heute unbestritten sein, daß insbesondere in späteren Forschungsstadien auch Untersuchungen am und mit *Menschen* unverzichtbar und notwendig sind[3]. Ohne die kontrollierte Erprobung eines neuen Arzneimittels, eines medizinischen Gerätes, einer neuartigen Behandlungstechnik oder Operationsmethode wären Fortschritte in der Medizin nicht möglich.

Die medizinische und biomedizinische Forschung am Menschen steht allerdings in einem besonderen Spannungsfeld zwischen der Wissenschafts- und Forschungsfreiheit des Arztes einerseits und den Patientenrechten andererseits[4]. Zwischen den beteiligten Rechtsgütern und Interessen gilt es, einen angemessenen, rechtlich und ethisch vertretbaren Ausgleich zu schaffen. Grundsätzlich steht dabei die *freiwillige* Entscheidung der beteiligten Patien-

---

1 Vgl. *Leibholz/Rinck/Hesselberger*, GG, Art. 5 Rdnr. 1081 ff.; *Deutsch*, Medizinrecht, Rdnr. 525.

2 Wobei nach Ansicht der rheinland-pfälzischen Bioethik-Kommission die medizinische Forschung sogar „einen bereits in der Erkenntnis liegenden Gewinn" hat und daher auch um ihrer selbst Willen betrieben werden könne, vgl. DRiZ 1996, 295.

3 *Schreiber*, in: Martini (Hrsg.), Medizin und Gesellschaft, S. 181; *Lang*, in: Kleinsorge, Hirsch, Weißauer (Hrsg.), Forschung am Menschen, S. 2; *Sewering*, ebenda, S. 7 ff.; *Taupitz/Fröhlich*, VersR 1997, 911; *Eser*, in: Gedächtnisschrift für Horst Schröder, 1978, S. 191; *Sass*, Geriatrische Forschung und Ethik in der Medizin, S. 2 f.; *Sobota*, in: FS Kriele, S. 367, 375 f.; *Pfaltz*, Medizinische Forschung im Spannungsfeld von Staat und Gesellschaft, S. 3 ff.; *Gross*, Notwendigkeit und Ethik klinisch-therapeutischer Prüfungen, S. 9 ff.; vgl. auch die Empfehlung des Europarats über die medizinische Forschung am Menschen No. R (90) 3 vom 6. Februar 1990.

4 *Tiedemann/Tiedemann*, in: FS Rudolf Schmitt, S. 141; *Pfaltz*, Medizinische Forschung im Spannungsfeld von Staat und Gesellschaft, S. 14 f.

ten und Probanden zur Teilnahme an medizinischer Forschung als vorrangiges Prinzip im Vordergrund. Im Hinblick auf das Selbstbestimmungsrecht jedes Patienten und Probanden, das auch dessen Grundrecht auf Leben und auf körperliche Unversehrtheit beinhaltet[5], ist bei der medizinischen *Forschung* mehr noch als beim „schlichten“ ärztlichen Heileingriff grundsätzlich eine *freiwillige* und *selbstverantwortliche Einwilligung* der beteiligten Personen erforderlich[6]. Besonders problematisch stellt sich die Situation deshalb bei solchen Patienten dar, die aufgrund einer Krankheit oder jugendlichen Alters in ihrer Einwilligungsfähigkeit stark eingeschränkt sind oder gänzlich einwilligungsunfähig sind. In diesen Fällen ist eine durch den Patienten *selbst* erklärte Einwilligung nicht möglich, so daß sich die Frage stellt, ob medizinische Forschung mit solchen Patienten überhaupt rechtlich zulässig sein kann oder ob der Verzicht auf jegliche Forschung die einzige Möglichkeit zur Wahrung der Rechte der Betroffenen ist.

Hinzu kommt, daß gerade bei derartigen Patientengruppen der medizinische Forschungsbedarf häufig besonders groß ist und die Forschungsergebnisse auch für die betroffenen Patienten selbst von erheblicher Bedeutung sein können. So sind etwa die Ursachen und Behandlungsmöglichkeiten vieler schwerer psychischer Erkrankungen bis heute weitgehend unbekannt. Genannt sei hier z. B. Morbus Alzheimer[7], eine Erkrankung, die überwiegend bei älteren Menschen auftritt und die bei weitem die häufigste Form der im mittleren und höheren Lebensalter auftretenden Demenzprozesse darstellt. Bis heute sind die Entstehungsbedingungen dieser Erkrankung ungeklärt und es gibt keine kausal wirksame Behandlung[8]. Wegen des steigenden Durchschnittsalters der Bevölkerung nimmt die Zahl der an Demenzen erkrankten Patienten stetig zu. Man geht bereits heute davon aus, daß gut 5% der über 65jährigen Bevölkerung an einer mittelgradigen oder schweren Demenz erkrankt sind[9]. Dabei steigt die Wahrscheinlichkeit, an einer Demenz zu erkranken, mit höhe-

---

[5] Auch wenn Forschungsuntersuchungen meist nicht durch hoheitlichen Eingriff erfolgen, sondern auf privatrechtlicher Grundlage basieren, wirken die Grundrechte zumindest *mittelbar* als Wertentscheidungen auf die Privatrechtsordnung ein; vgl. zur mittelbaren Drittwirkung von Grundrechten BVerfGE 7, 198; BVerfGE 34, 280; BVerfG NJW 1990, 1469, 1470; BVerfG NJW 1994, 36, 38.

[6] Vgl. *Laufs*, NJW 1969, 529 ff.

[7] Benannt nach dem Neurologen *Alois Alzheimer* (1864–1915), vgl. Roche Lexikon Medizin, Stichwort: Alzheimer. Zum Krankheitsbild und zum Stand der Forschung siehe auch *Helmchen/Lauter* (Hrsg.), Dürfen Ärzte mit Demenzkranken forschen?, S. 6 ff.; *Gutzmann,* in: ders. (Hrsg.), Der dementielle Patient, S. 13.

[8] *Helmchen/Lauter* (Hrsg.), Dürfen Ärzte mit Demenzkranken forschen?, S. 2; *Fink-Anthe*, Pharm.Ind. 1998, III/53. Zu heutigen therapeutischen Konzepten bei Demenz siehe *Wächtler,* hamburger ärzteblatt, 6/98, S. 235 ff.

[9] *Neubauer/Wetterling/Neubauer*, Fortschr. Neurol. Psychiat. 1994, 306.

rem Lebensalter überproportional an[10]. Schätzungen zufolge soll die absolute Zahl der an Demenzen erkrankten Patienten von 1990 bis 2040 um etwa 50% zunehmen[11]. Im Verhältnis zur Zahl der erkrankten Personen nimmt die Zahl der jüngeren Bevölkerung, d. h. letztlich der potentiell Pflegenden, tendenziell ab. Bei einer in Mannheim durchgeführten Untersuchung über Demenz, Pflegebedürftigkeit und Heimeintritt in den Jahren 1991 bis 1993 wurden die Angehörigen verstorbener Personen, die 65 Jahre oder älter waren, über die Pflegebedürftigkeit des Verstorbenen vor seinem Tode befragt. Die Untersuchung ergab, daß sich bei 20,4 % der Verstorbenen alle drei der Untersuchung zugrundeliegenden Risiken verwirklicht hatten: sie hatten vor ihrem Tod dement und pflegebedürftig in einem Heim gelebt[12]. Die Demenz ist, so ergab die Studie, die häufigste Ursache sowohl für die Pflegebedürftigkeit als auch für einen Heimeintritt[13]. Das Leid der Patienten und die Belastungen der Angehörigen[14] verdeutlichen, welch dringender Forschungsbedarf in der Demenzforschung bereits heute besteht[15]. Zudem ist abzusehen, mit welchen finanziellen Belastungen unser Gesundheits- und Sozialsystem in den kommenden Jahren konfrontiert werden wird[16].

Rechtlich und ethisch ist es besonders problematisch, daß gerade die psychiatrische Therapieforschung, bei der die betroffenen Patienten aufgrund ihrer seelischen Erkrankung häufig in ihrer Einwilligungsfähigkeit eingeschränkt sind, ohne die Einbeziehung betroffener Patienten nicht sinnvoll durchgeführt werden kann[17]. Wissen, das aus vor- oder extra-klinischen Untersuchungen stammt (z. B. durch Tierversuche oder Laborversuche), kann nur in sehr beschränktem Umfang bei der Behandlung von Patienten mit

---

10 Nach den Ergebnissen einer Mannheimer Studie steigt das Risiko der Demenzerkrankung mit 75 Jahren auf 8 %, mit 80 Jahren auf 18 % und mit 90 Jahren auf 58 %, vgl. *Ernst*, NZZ Nr. 86 vom 15.4.1998, S. 40.

11 Vgl. auch die epidemiologischen Angaben bei *Bickel,* in: Gutzmann (Hrsg.), Der dementielle Patient, S. 31 ff.; siehe ferner *Bruder*, Gutachten zum 57. Deutschen Juristentag, C 6 ff.; wib 14/96 – XV/69, S. 82; sowie den Bericht über die Lage der Psychiatrie in der BRD (1975), BT-Drucks. 7/4200, S. 248.

12 Umfassend zu der Untersuchtung *Ernst,* NZZ Nr. 86 vom 15.4.1998, S. 40.

13 *Ernst*, NZZ Nr. 86 vom 15.4.1998, S. 40.

14 Vgl. etwa die Darstellungen pflegender Angehöriger und Angehörigengruppen in der Dokumentation des Ministeriums für Arbeit, Gesundheit und Sozialordnung Baden-Württemberg (Hrsg.), Betreuung verwirrter und psychisch kranker alter Menschen. Zur Unterstützung von Angehörigen Demenzkranker siehe auch *Schneider*, Berliner Ärzte 6/1998, S. 27 ff.; *Speetzen/Demme,* hamburger ärzteblatt 6/98, S. 246 ff.; *Bruder*, Gutachten zum 57. Deutschen Juristentag, C 15 ff., C 18.

15 Vgl. auch *Pfaltz*, Medizinische Forschung im Spannungsfeld von Staat und Gesellschaft, S. 24 f.

16 *Sobota*, in: FS Kriele, S. 367, 375; vgl. auch *Fink-Anthe*, Pharm.Ind. 1996, X/217 ff.

17 *Helmchen*, in: Max-Planck-Gesellschaft (Hrsg.), Verantwortung und Ethik in der Wissenschaft, S. 43.

schweren psychischen Krankheiten fruchtbar gemacht werden[18]. Vergleichbare Krankheitsmodelle, die etwa im Tierversuch überprüfbar wären, existieren für die höchst humanspezifischen seelischen Krankheiten nicht[19].

Nicht nur in der Psychiatrie, sondern auch in der Kinderheilkunde stellen sich ähnliche Probleme im Spannungsfeld zwischen Forschungsbedarf und mangelnder Selbstbestimmungsfähigkeit der betroffenen Patienten[20]. Untersuchungen zu spezifischen Kinderkrankheiten können naturgemäß nur an Minderjährigen selbst vorgenommen werden[21], aber auch bei Krankheiten, die sowohl bei Erwachsenen als auch bei Minderjährigen auftreten, sind häufig die Untersuchungsergebnisse aus der Erwachsenenforschung nicht ohne weiteres auch auf Minderjährige übertragbar[22]. Dies wird etwa bei der klinischen[23] Prüfung von Arzneimitteln deutlich: Die Dosierung von Arzneimitteln bei Kindern und Säuglingen läßt sich nicht in allen Fällen durch bloße Ableitung und Umrechnung der entsprechenden Erwachsenendosis unter Bezugnahme auf Körperoberfläche, Körpergewicht, Wasserumsatz, etc. ermitteln. Aufgrund der unterschiedlichen Pharmakokinetik[24] bei Kindern und Jugendlichen im Vergleich zum Erwachsenen können sich Unterschiede bei der Resorption, Verteilung, Proteinbindung und Ausscheidung von Wirkstoffen ergeben, die eine Übertragbarkeit der Forschungsergebnisse aus der Erwachsenenforschung in der Pädiatrie unmöglich machen[25]. Dies wurde etwa bei der Anwendung des Antibiotikums „Chloramphenicol" deutlich, das im Jahre 1947 entwickelt wurde[26]. Von Erwachsenen wurde das Präparat im allgemeinen ohne Nebenwirkungen vertragen. Bei der Verabreichung an Neugeborene kam es jedoch trotz entsprechender Dosisanpassung zu akuten Vergiftungser-

---

[18] Zu der nur sehr bedingten Übertragbarkeit der Resultate des Tierversuchs auf den Menschen siehe auch *Staak/Weiser*, Klinische Prüfung von Arzneimitteln, S. 10 f.

[19] *Helmchen*, in: Max-Planck-Gesellschaft (Hrsg.), Verantwortung und Ethik in der Wissenschaft, S. 43.

[20] Vgl. *Lenard*, in: Konrad-Adenauer-Stiftung, Arbeitspapier, S. 11 ff.

[21] *Staak/Uhlenbruck*, MedR 1984, 177, 178.

[22] *Schmidt-Elsaeßer*, Medizinische Forschung an Kindern und Geisteskranken, S. 18; *Staak/Uhlenbruck*, MedR 1984, 177, 178; *Deutsch*, Das Recht der klinischen Forschung am Menschen, S. 84.

[23] Mit dem Begriff „klinisch" soll in diesem Zusammenhang zum Ausdruck gebracht werden, daß die Erprobung am *Menschen* erfolgt (im Gegensatz zu Labor- oder Tierversuchen). Siehe auch unten § 4 B I 1.

[24] Unter Pharmakokinetik wird die Lehre von der Wirkung des Organismus auf das Pharmakon verstanden, vgl. Roche Lexikon Medizin, Stichwort: Pharmakokinetik; siehe auch *Staak/Weiser*, Klinische Prüfung von Arzneimitteln, S. 8 f.

[25] *Schmidt-Elsaeßer*, Medizinische Forschung an Kindern und Geisteskranken, S. 19 f.; *Niethammer*, in: Toellner/Wiesing (Hrsg.), Strukturen ärztlichen Handelns und ihre ethische Relevanz, S. 109, 115.

[26] Vgl. dazu *Deutsch*, Das Recht der klinischen Forschung, S. 84.

scheinungen bis hin zu Todesfällen durch das sog. Grey-Syndrom[27]. Erst nach Jahren geriet die Substanz „Chloramphenicol“ in Verdacht, Auslöser dieses Syndroms zu sein. Ein daraufhin eingeleitetes Experiment wurde vorzeitig eingestellt, da sich die Vermutung bald bestätigte. Die Untersuchungen ergaben, daß die kindliche Leber den Wirkstoff nicht in eine wasserlösliche Form überführen kann, da das Enzym-System, das den Wirkstoff abbaut, bei Neugeborenen noch nicht ausreichend entwickelt ist.

Vor dem Hintergrund der vorgenannten Beispiele wird deutlich, daß medizinische Forschung auch mit einwilligungsunfähigen Patienten in bestimmten Fällen unverzichtbar sein kann. Zugleich ist es allerdings dringend erforderlich, geeignete *Schutzkriterien* zu entwickeln, die die Grenze ziehen zwischen der noch erlaubten medizinischen Forschung und Behandlung und dem rechtlich unzulässigen und ethisch nicht mehr vertretbaren Forschungseingriff am einwilligungsunfähigen Menschen. Die Entwicklung derartiger Schutzkriterien ist gleichermaßen wichtig für den forschenden Mediziner wie auch für betroffene Patienten, die an einer Krankheit leiden, die mit der fehlenden Einwilligungsfähigkeit in Zusammenhang steht. Beide, Patient *und* Arzt, sind an größtmöglicher Rechtssicherheit auf diesem Gebiet interessiert, um den beteiligten Rechtspositionen und Interessen größtmöglichen Schutz zu gewähren.

Bei der *rechtlichen* Betrachtung der medizinischen Forschung fällt auf, daß es sich dabei um eine Materie handelt, die bislang nur teilweise durch Gesetze geregelt ist. Zulässigkeitsvoraussetzungen für die Forschung am Menschen sind nur für einzelne Spezialbereiche ausdrücklich geregelt[28]. So findet sich für Arzneimittelprüfungen am Menschen im Arzneimittelgesetz (AMG) in den §§ 40 bis 42 ein Abschnitt über den „Schutz des Menschen bei der klinischen Prüfung“. Ähnliche Regelungen enthalten die §§ 17 bis 19 Medizinproduktegesetz (MPG)[29] für die klinische Prüfung von Medizinprodukten am Menschen. Damit erschöpft sich auch schon der Kreis anwendbarer Spezial-Rechtsnormen. Rechtliche Problemstellungen aus dem Bereich der sonstigen medizinischen Forschung (außerhalb der Spezialgesetze) sind daher überwiegend auf dem Boden der *allgemeinen Gesetze*, also des Zivil-, Straf- und Öffentlichen Rechts zu lösen[30].

---

[27] Kennzeichen der Vergiftung ist unter anderem ein aschgraues Hautkolorit, das dem Krankheitsbild den Namen gab (vgl. Roche Medizin Lexikon, Stichwort „Grey-Syndrom“).

[28] Siehe unten § 4.

[29] BGBl. I (1994), 1963 ff.

[30] Siehe unten § 5.

B. Thematische Eingrenzung der Untersuchung

Gegenstand der vorliegenden Untersuchung ist die rechtliche Einordnung und Bewertung therapeutischer und nichttherapeutischer medizinischer und biomedizinischer Forschung am einwilligungsunfähigen Menschen. Die Untersuchung beschränkt sich auf die Darstellung derjenigen Probleme, die sich bei der Forschung am *geborenen* und *lebenden* einwilligungsunfähigen Menschen ergeben. Nicht Gegenstand der Untersuchung sind besondere Problemstellungen, die bei der Forschung an *befruchteten Eizellen, Embryonen* und *Feten* auftauchen. Auch Besonderheiten der Forschung mit *Hirntoten*[31] bzw. *Leichen*[32] bleiben ausgeklammert.

C. Gang der Untersuchung

Im folgenden werden zunächst die *Grundtypen* medizinischer Forschungsuntersuchungen am Menschen dargestellt (§ 2). Ausgangspunkt ist dabei die begriffliche Unterscheidung zwischen Heilversuch und klinischem Experiment. Darauf aufbauend werden Vorschläge zur weitergehenden begrifflichen Differenzierung erarbeitet. Im Anschluß an die Forschungsgrundtypen wird erörtert, welche Bedeutung die *Einwilligungsfähigkeit* des Patienten oder Probanden im Rahmen von medizinischen Forschungseingriffen hat und welche Grundsätze bei der Feststellung der Einwilligungsfähigkeit gelten (§ 3). Den Schwerpunkt der Darstellung bilden die rechtlichen Voraussetzungen für medizinische Forschungsuntersuchungen mit solchen Personen, die nicht wirksam in den Forschungseingriff einwilligen können. Dabei sind zunächst *spezialgesetzliche Bestimmungen* zur medizinischen Forschung mit nichteinwilligungsfähigen Personen zu untersuchen (§ 4). Im einzelnen wird hierbei auf die Vorschriften des Arzneimittelrechts, des Medizinprodukterechts sowie der Strahlenschutzverordnung eingegangen. Im darauf folgenden Abschnitt wird die Rechtslage für medizinische Forschung *außerhalb* des Anwendungsbereichs spezialgesetzlicher Bestimmungen untersucht (§ 5). Ausgehend von den zahlreichen nationalen und internationalen Regelwerken zur medizinischen Forschung am Menschen sowie den allgemeinen Gesetzen werden die wesentlichen *Schutzkriterien* herausgearbeitet, die bei der Forschung mit nichteinwilligungsfähigen Personen zu beachten sind. Besondere Bedeutung kommt dabei der Frage zu, ob und inwieweit dritte Personen über die Teilnahme einer nichteinwilligungsfähigen Person an medizinischen Forschungsvorhaben entscheiden können und welche Möglichkeiten für den Betroffenen selbst bestehen, in noch einwilligungsfähigem Zustand Entscheidungen zur

---

[31] Dazu *Deutsch*, Medizinrecht, Rdnr. 567.

[32] Zur Problematik von Versuchen an menschlichen Leichen siehe *Taupitz*, Das Recht im Tod: Freie Verfügbarkeit der Leiche?, passim; *Pluisch/Heifer*, NJW 1994, 2377 ff.; *Deutsch*, Medizinrecht, Rdnr. 566.

Teilnahme an medizinischen Forschungsuntersuchungen zu treffen. Die Untersuchung wird mit der Zusammenfassung der Ergebnisse (§ 6) abgeschlossen.

§ 2 Grundtypen medizinischer Forschung am Menschen

A. Heilbehandlung, Heilversuch und wissenschaftlicher Versuch

I. Die ärztliche Heilbehandlung als Ausgangspunkt

Medizinische Forschung am Menschen und mit Menschen ist auf allen Gebieten der Medizin denkbar und möglich. Entsprechend vielgestaltig sind daher die Versuchstypen. Dennoch lassen sich die verschiedenen Versuchsformen auf einige *Grundtypen* reduzieren, was letztendlich auch für die rechtliche Bewertung komplexer Forschungsvorhaben hilfreich und bedeutsam sein kann.

Ausgangspunkt ist die ärztliche *Heilbehandlung*, die als solche nicht zum Bereich der medizinischen Forschung gehört, aber gewissermaßen die Grundlage zum Verständnis und zur rechtlichen Beurteilung der medizinischen Forschungstypen bildet. Unter dem Begriff der ärztlichen *Heilbehandlung* versteht man alle „Eingriffe und andere Behandlungen, die nach den Erkenntnissen und Erfahrungen der Heilkunde und nach den Grundsätzen eines gewissenhaften Arztes zu dem Zweck angezeigt sind und vorgenommen werden, Krankheiten, Leiden, Körperschäden, körperliche Beschwerden oder seelische Störungen zu verhüten, zu erkennen, zu heilen oder zu lindern"[33]. Neben den eigentlichen *therapeutischen* Eingriffen (z. B. medikamentöse Behandlung, Operation einschließlich Anästhesie, Intensivbehandlung, Strahlenbehandlung, Psychotherapie[34]) zählt man zur Heilbehandlung auch *diagnostische* und *prophylaktische* Maßnahmen, soweit sie in die *Körperintegrität* des Patienten eingreifen, z. B. Blutentnahme, Röntgenaufnahmen und Schutzimpfungen. Nicht zur Heilbehandlung selbst gehört dagegen *äußeres* Abklopfen, Betasten, Abhören oder die reine ärztliche Beratung, da es insoweit an einer typischen Heileinwirkung auf den Körper des Patienten fehlt[35].

Die reine Heilbehandlung steht außerhalb der medizinischen Forschung; allenfalls unbeabsichtigt und zufällig können sich aus der Standardbehandlung auch Erkenntnisse für die medizinische Forschung ergeben. Die Heilbehand-

---

[33] So die Definition in § 161 Entwurf eines Strafgesetzbuches von 1962; siehe *Rieger*, Lexikon des Arztrechts, Rdnr. 802.

[34] *Rieger*, Lexikon des Arztrechts, Rdnr. 802 m. w. Nwen.

[35] *Rieger*, Lexikon des Arztrechts, Rdnr. 802.

lung selbst wird aber niemals mit dem Ziel vorgenommen, neue Erkenntnisse für die medizinische Forschung zu gewinnen.

II. Heilversuch und wissenschaftlicher Versuch

1. Einleitung

Verläßt man das Feld der reinen Heilbehandlung und wendet sich dem Bereich der medizinischen *Forschung* zu, wird herkömmlicherweise weiter unterschieden zwischen dem *Heilversuch* und dem *wissenschaftlichen Versuch*[36]. Bereits den Richtlinien des Reichsministers des Innern für neuartige Heilbehandlungen und wissenschaftliche Versuche am Menschen aus dem Jahre 1931 lag diese Unterscheidung zugrunde[37]. Gleiches gilt für die entsprechenden Bestimmungen des Arzneimittelgesetzes und des Medizinproduktegesetzes, die diese Unterscheidung ebenfalls gesetzessystematisch zum Ausdruck bringen indem sie unterschiedliche rechtliche Voraussetzungen für die genannten Forschungstypen statuieren[38].

2. Heilversuch (therapeutischer Versuch)

Der *Heilversuch*, auch *therapeutischer Versuch* genannt, ist ein Unterfall des ärztlichen *Heileingriffs*. Er ist gekennzeichnet durch den Einsatz einer neuen, noch nicht gesicherten Diagnose- oder Therapiemethode oder eines noch nicht erprobten Medikaments. Der Heil*versuch* ist also nicht etwa deshalb eine „versuchsweise" Heilbehandlung eines Patienten, weil der Ausgang

---

[36] Vgl. zu dieser Unterscheidung, (im Einzelfall mit etwas abweichender Terminologie): *Rieger*, Lexikon des Arztrechts, Rdnrn. 848 ff., 966 ff.; *Fischer*, Medizinische Versuche am Menschen, S. 4 f.; Schönke/Schröder-*Eser*, StGB, Rdnr. 50a; *Keller*, MedR 1991, 11, 13; *Kollhosser/Kubillus*, JA 1996, 339, 341; *Hennies*, ArztR 1996, 95, 96; *Hart*, MedR 1994, 94 ff.; *ders.*, MedR 1998, 8, 9; *Deutsch*, VersR 1978, 289 f.; *ders.*, JZ 1980, 289; *ders.*, Medizinrecht, Rdnr. 528; *Trockel*, NJW 1979, 2329, 2331 f.; *Eberbach/Schuler*, JZ 1982, 356, 357; *Eser*, in: Gedächtnisschrift für Horst Schröder, S. 191, 198 ff.; *Lippert/Kern*, Arbeits- und Dienstrecht der Krankenhausärzte von A-Z, Rdnr. 161 f.; *Tiedemann/Tiedemann*, in: FS Rudolf Schmitt, S. 141; *Schreiber*, in: Martini (Hrsg.), Medizin und Gesellschaft, S. 181, 183; *Czwalinna*, Ethik-Kommissionen, S. 71; *Bussmann*, Die strafrechtliche Bedeutung von ärztlichen Heileingriffen, S. 8 ff. Auch international orientiert man sich an dieser Unterscheidung: vgl. etwa die Revidierte Deklaration von Helsinki, Abschnitt II und III; siehe auch *Berghmans/Ter Meulen*, International Journal of Geriatric Psychiatry, Vol. 10 (1995), 647, 648; *Kitwood*, International Journal of Geriatric Psychiatry, Vol. 10 (1995), 655 ff.

[37] Richtlinien für neuartige Heilbehandlung und für die Vornahme wissenschaftlicher Versuche am Menschen vom 28.2.1931, Reichsgesundheitsblatt 1931, 174 sowie DMW 1931, 509; siehe auch *McNeill*, The Ethics and Politics of Human Experimentation, S. 40 f.

[38] Näher unten unter § 4.

der Behandlung und ein etwaiger Heilerfolg ungewiß sind, denn auch bei längst eingeführten Standardtherapien ist der Erfolg und das Ergebnis der Behandlung häufig nicht vorhersehbar. Entscheidend ist vielmehr, daß der Heilversuch den medizinischen Standard überschreitet, die Behandlung also mit *neuartigen*, noch *nicht standardisierten* Mitteln vorgenommen wird[39]. Man spricht deshalb in diesem Zusammenhang häufig auch von einer „Neulandbehandlung"[40] oder von „Neulandmedizin".

Ein Heilversuch muß – wie jede Heilbehandlung – auch nicht unmittelbar auf die kausale Behandlung einer Krankheit gerichtet sein. Über den Wortlaut hinaus unterfallen dem Begriff „Heilversuche" neben therapeutischen auch bestimmte *diagnostische* und *prophylaktische* Maßnahmen, die nicht in erster Linie auf Heilung, sondern auf das *Erkennen* und *Verhüten* von Krankheiten gerichtet sind[41].

Unschädlich für die Qualifizierung als „Heilversuch" ist es, wenn mit dem zu therapeutischen Zwecken vorgenommenen Versuch – gewissermaßen als „Nebenzweck" – (auch) wissenschaftliche Interessen verfolgt werden, etwa indem die aus der Behandlung gewonnenen Erkenntnisse *ausgewertet* und für *Forschungszwecke* genutzt werden[42]. Der Heilversuch wird (wie auch die einfache Heilbehandlung) durch die wissenschaftliche Auswertung der Ergebnisse nicht ohne weiteres zum wissenschaftlichen Versuch, denn bei diesem muß die Erlangung wissenschaftlicher Ergebnisse *im Vordergrund* der Bemühungen stehen. Zur begrifflichen Abgrenzung ist damit jeweils im Einzelfall zu untersuchen, welcher Zweck im Mittelpunkt des Forscherinteresses steht. Aufschlußreich kann dabei insbesondere der *Prüfplan* sein, aus dem sich Zielsetzung und Ablauf der Untersuchung entnehmen lassen[43].

---

39 *Laufs*, VersR 1978, 385, 387; *ders.* in: Laufs/Uhlenbruck (Hrsg.), Handbuch des Arztrechts, § 130 Rdnr. 4; *Deutsch*, Medizin und Forschung vor Gericht, S. 42; *ders.*, NJW 1978, 570; *A. Jung*, Die Zulässigkeit biomedizinischer Versuche am Menschen, S. 28.

40 *Hirsch*, in: Kleinsorge/Hirsch/Weißauer (Hrsg.), Forschung am Menschen, S. 13.

41 *Fischer*, Medizinische Versuche am Menschen, S. 4 f.; vgl. auch *Rieger*, Lexikon des Arztrechts, Rdnr. 802. Zu der problematischen Abgrenzung der diagnostischen und prophylaktischen Heilversuche vom nichttherapeutischen Versuch sogleich unter § 2 B 2.

42 *Rieger*, Lexikon des Arztrechts, Rdnr. 848; *Hennies*, ArztR 1996, 95, 96; *Eser*, in: Gedächtnisschrift für Horst Schröder, 1978, S. 191, 199; *Taupitz/Fröhlich*, VersR 1997, 911, 913 f.; a. A. *Kollhosser/Krefft*, MedR 1993, 93, 94 m. w. N., die von einem Heilversuch nur dann sprechen, wenn die Behandlung *ausschließlich* im Interesse des Patienten erfolgt.

43 Vgl. zum Prüfplan im Rahmen klinischer Prüfungen *Schwarz*, Klinische Prüfungen, S. 67 ff., siehe dort auch den Vorschlag für einen Standardprüfplan für klinische Arzneimittelprüfungen, S. 242; *Eberhardt/Söhngen*, Monitoring klinischer Studien 1996, S. 48 ff.

3. *Wissenschaftlicher (nichttherapeutischer) Versuch*

Der *wissenschaftliche (nichttherapeutische) Versuch*, der zum Teil auch als „klinisches Experiment" oder „Humanexperiment" bezeichnet wird, läßt sich – im Gegensatz zum Heilversuch – nicht mehr dem Bereich ärztlicher Heilbehandlung zuordnen[44].

Ein rein wissenschaftlicher – nichttherapeutischer – Versuch liegt immer dann vor, wenn Heilmittel oder Heilmethoden *ohne* auf den konkreten Probanden bezogene therapeutische Zielsetzung erprobt werden oder diese gegenüber den wissenschaftlichen Interessen in den Hintergrund tritt. Nicht die Behandlung des Patienten, sondern die Gewinnung neuer Erkenntnisse und Erfahrungen bestimmen beim wissenschaftlichen Versuch die Motivation des Forschers. Während der Heilversuch also in erster Linie auf das Wohl des *Patienten* gerichtet ist, dient der wissenschaftliche Versuch dagegen primär dem Wohl der *Allgemeinheit* oder einer bestimmten *Personengruppe*[45]. Der entscheidende Unterschied zwischen den beiden Grundtypen medizinischer Forschung liegt damit primär im subjektiven Bereich, im Motiv des Arztes[46]. Insbesondere wenn der Wille des Arztes nicht erkennbar ist, müssen jedoch auch objektive Kriterien (etwa der Prüfplan) herangezogen werden, um die primäre Zielsetzung des Forschungsvorhabens zu bestimmen.

Bei Forschungsvorhaben mit *gesunden* Menschen (Probanden) ist die Zuordnung meist eindeutig[47]. Soweit ein *Heilzweck* schon begrifflich ausgeschlossen ist, handelt es sich zwingend um einen wissenschaftlichen – nichttherapeutischen – Versuch. Nichttherapeutische Versuche sind allerdings auch am *Kranken* (Patienten) möglich, wenn der Versuch in erster Linie zu Forschungszwecken erfolgt und die Heilung der Krankheit dahinter zurücktritt. Diese Konstellation findet sich häufig bei der Erforschung neuartiger und noch weitgehend unbekannter Krankheiten. Solange noch nicht mit therapeutischen Erfolgen gerechnet werden kann, sind Forschungsvorhaben am Menschen daher nur als nichttherapeutischer Versuch möglich.

Nicht nur in der Literatur finden sich Überlegungen zur Abgrenzung des Heilversuchs vom wissenschaftlichen Versuch. Auch der BGH beschäftigte sich mit dieser Frage bereits im Jahr 1956 in der sog. „Thorotrast-Entscheidung"[48]: Während des Krieges hatte in der Heidelberger Universitätsklinik ein griechischer Oberarzt Behandlungen mit dem radioaktiven Kon-

---

44 *Rieger*, Lexikon des Arztrechts, Rdnr. 802.

45 *Hirsch*, in: Kleinsorge/Hirsch/Weißauer (Hrsg.), Forschung am Menschen, S. 14 m. w. Nwen.

46 *Hirsch*, in: Kleinsorge/Hirsch/Weißauer (Hrsg.), Forschung am Menschen, S.13; *Deutsch*, VersR 1978, 289, 290 f.; *ders.*, Medizinrecht, Rdnr. 528.

47 Problematisch bleibt die Zuordnung allerdings bei der Prüfung von Diagnostika und Prophylaktika: siehe unten unter B II.

48 BGHZ 20, 61 ff.

trastmittel Thorotrast vorgenommen. Der Kläger, der als Soldat eine Verwundung erlitten hatte, wurde wegen einer Blutgefäßerweiterung (Aneurysma) behandelt. Im Rahmen dieser Behandlung führte der Arzt zweimal eine Arteriographie der Beinschlagader (Femoralis) unter Verwendung des Kontrastmittels Thorotrast durch. Zwar waren schon 1938 in der wissenschaftlichen Literatur Bedenken an der Ungefährlichkeit dieses Mittels veröffentlicht worden; der beklagte Arzt bemühte sich aber, die seiner Meinung nach zu Unrecht erhobenen Bedenken dadurch zu entkräften, daß er das Mittel bei seinen Patienten anwandte. Der Kläger erlitt durch das Präparat eine Leberzirrhose, wurde erwerbsunfähig und verklagte den Arzt schließlich auf Zahlung von Schadensersatz und Schmerzensgeld. Bei der Frage des Sonderopfers im Rahmen eines Aufopferungsanspruchs des Soldaten unterschied auch der BGH der Sache nach zwischen rein wissenschaftlichen Versuchen auf der einen und Heilversuchen auf der anderen Seite, indem er nach Intention und Motivationslage des Arztes bei der Verabreichung des Medikaments abgrenzte:

> „Vielmehr war es der Forschungszweck, der bei der Behandlung des Klägers gerade mit Thorotrast im Vordergrund stand und ihr das entscheidende Gepräge gab. Dieser Sachverhalt ist rechtlich anders zu beurteilen als die Fälle, in denen bei einem erkrankten oder verwundeten Soldaten ein in seinen Auswirkungen noch nicht voll ausprobiertes Mittel zur Anwendung gekommen ist, das damit verbundene Risiko aber mangels anderer erfolgversprechender Mittel im Interesse der andernfalls voraussichtlich überhaupt nicht oder nicht so gründlich zu erzielenden Heilung in Kauf genommen werden mußte."[49]

Der BGH ging damit in der „Thorotrastentscheidung" von einem wissenschaftlichen Versuch an dem Patienten aus, da der Forschungszweck *im Vordergrund* des ärztlichen Bemühens stand. Er bejahte das Sonderopfer und erkannte dem Soldaten den geltend gemachten Schadensersatzanspruch zu.

B. Schwierigkeiten bei der Abgrenzung der Forschungs(grund-)typen

I. Abgrenzung von Versuch und Standard

Bei aller Klarheit, mit der sich rein *begrifflich* die Heilbehandlung vom Heileingriff und dem wissenschaftlichen Versuch abgrenzen läßt, darf nicht außer acht gelassen werden, daß in der praktischen Anwendung die Abgrenzung der Forschungstypen erhebliche Probleme bereiten kann[50]. Sowohl zwischen der ärztlichen Heilbehandlung und dem Heilversuch als auch zwischen Heilversuch und wissenschaftlichem Versuch können die Übergänge fließend

---

49 BGHZ 20, 61, 66.

50 Vgl. etwa *Wasserburg*, Geburtshilfe und Frauenheilkunde 1995, M 146, M 147.

sein[51]. Nicht selten stellt sich etwa bei einer medizinischen Behandlung die Frage, ob der Eingriff bereits medizinischem *Standard* entspricht oder ob es sich (noch) um medizinisches Neuland und damit um einen ärztlichen *Heilversuch* handelt[52].

Beim Einsatz von *Arzneimitteln* ist diese Frage noch relativ einfach zu beantworten, da man dort den jeweiligen Stand des arzneimittelrechtlichen Zulassungsverfahrens gewissermaßen als „Indikator" heranziehen kann[53]: Solange das Arzneimittel noch nicht zugelassenen ist, zählt eine Behandlung mit dem fraglichen Präparat regelmäßig noch nicht zum medizinischen Standard; nachdem das Arzneimittel mehrere Prüfungsphasen durchlaufen hat und schließlich zugelassen ist, entsprechen Behandlungen im Rahmen der zugelassenen Indikation dagegen regelmäßig dem medizinischen Standard[54].

Weitaus schwieriger wird die Abgrenzung zwischen Standardbehandlung und Heilversuch bei medizinischen Maßnahmen außerhalb formeller Zulassungsverfahren, etwa bei einer neuartigen Operationstechnik. Der Standard ist zumindest aus haftungsrechtlicher Sicht dann eingehalten, wenn ein nach wissenschaftlicher *Erkenntnis*, ärztlicher *Erfahrung* und nach bereits erfolgter Erprobung *bewährtes* Verfahren angewendet wird[55]. In Grenzfällen ist es – zumindest für den Juristen – aber meist nicht möglich zu beurteilen, ob die neuartige Methode (schon) medizinischem Standard entspricht oder als (noch) nicht etablierter Heilversuch dem Gebiet der medizinischen Forschung zuzurechnen ist. Anhaltspunkte für die Abgrenzung des Standards vom Versuch können sich im Einzelfall allenfalls aus ärztlichen Leitlinien – z. B. Qualitätssicherungsrichtlinien – ergeben[56].

Insbesondere im Rahmen einer gerichtlichen Auseinandersetzung wird die Abgrenzung zwischen Versuch und Standard aber meist nur mit Hilfe von Gutachten medizinischer Sachverständiger beantwortet werden können und dürfen[57]. Der BGH nimmt in einer neueren Entscheidung[58], in der es um die

---

51 *Schröder/Taupitz*, Menschliches Blut: verwendbar nach belieben des Arztes?, S. 69; *Grahlmann*, Heilbehandlung und Heilversuch, S. 3; *A. Jung*, Die Zulässigkeit biomedizinischer Versuche am Menschen, S. 28; *Held*, Strafrechtliche Beurteilung von Humanexperimenten und Heilversuchen in der medizinischen Diagnostik, S. 23; *Rieger*, Lexikon des Arztrechts, Rdnr. 966; *Hennies*, ArtzR 1996, 95, 96; *Laufs*, VersR 1978, 385, 387; *Helmchen/Lauter* (Hrsg.), Dürfen Ärzte mit Demenzkranken forschen?, S. 13 f.; *Hart*, MedR 1998, 8, 9.

52 *Schreiber*, in: Helmchen/Winau (Hrsg.), Versuche mit Menschen, S. 15, 17 f.

53 Vgl. zur Zulassungspflicht für Arzneimittel *Kloesel/Cyran*, AMG, § 21 Anm. 1 f.

54 *Hennies*, ArztR 1996, 95, 96.

55 *Taupitz*, NJW 1986, 2851, 2858; *Hart*, MedR 1998, 8, 9.

56 Dazu näher *Hart*, MedR 1998, 8 ff.

57 Vgl. *Schreiber*, Zeitschrift für ärztl. Fortbildung 1996, 626 ff.

58 BGH NJW 1995, 776 ff.

Frage der Sorgfaltswidrigkeit ärztlichen Verhaltens ging, sogar eine *Pflicht* des Richters zur Einholung und Berücksichtigung eines medizinischen Sachverständigengutachtens an, soweit die Frage entscheidungserheblich ist, ob eine bestimmte Behandlung dem medizinischen Standard entspricht. Die Vorinstanz hatte die in Frage stehende ärztliche Behandlung *abweichend* von den eingeholten Sachverständigengutachten im Wege einer „rechtlich gebotenen Gesamtschau" als fehlerhaft betrachtet. Der BGH trat dieser Vorgehensweise entschieden entgegen und hob das Urteil auf. Im Leitsatz der Entscheidung heißt es[59]:

> „Die berufsspezifischen Sorgfaltspflichten eines Arztes richten sich in erster Linie nach medizinischen Maßstäben. Der Richter muß daher den berufsfachlichen Sorgfaltsmaßstab mit Hilfe eines medizinischen Sachverständigen ermitteln. Er darf medizinischen Standard nicht ohne Sachverständigengrundlage allein aus eigener rechtlicher Beurteilung heraus festlegen."

Diese Grundsätze zur richterlichen Pflicht, ein medizinisches Sachverständigengutachten einzuholen und zu berücksichtigen, wird man nicht nur in dem vom BGH entschiedenen Fall der problematischen Abgrenzung des medizinischen Standards vom Behandlungsfehler anzuwenden haben. Auch bei der Abgrenzung von forschendem Heilversuch und Standardbehandlung ist eine Prüfungspflicht des Gerichts unter Zuhilfenahme eines medizinischen Sachverständigen anzunehmen. Das Gericht darf diese primär medizinischen Fragen nicht ohne weiteres abweichend von dem eingeholten Gutachten entscheiden. Zwar steht es dem Gericht zu, das medizinische Gutachten kritisch zu würdigen und ggf. anzuzweifeln. Medizinische Zweifelsfragen darf das Gericht aber nicht aufgrund eigener „rechtlicher Wertung" beantworten, sondern es muß gegebenenfalls bei dem medizinischen Gutachter nachfragen und bei verbleibenden Zweifeln sogar ein medizinisches Obergutachten einholen[60]. Ergänzend können auch medizinische Leitlinien dem Gericht, das sich auf ein Sachverständigengutachten stützt, die Feststellung eines etwaigen Behandlungsfehlers oder die Beurteilung eines medizinischen Eingriffs als Standardbehandlung oder als Heilversuch erleichtern; keinesfalls können sie aber die individuelle sachverständige Bewertung völlig ersetzen[61].

II. Abgrenzung von therapeutischer und nichttherapeutischer Forschung

Auch wenn feststeht, daß es sich bei einer ärztlichen Maßnahme nicht um medizinischen Standard, sondern um einen Forschungseingriff handelt, können Abgrenzungsprobleme auftauchen. Insbesondere die Zuordnung zu einem der Grundtypen „therapeutische Forschung" oder „nichttherapeutische For-

---

59 BGH NJW 1995, 776.

60 BGH NJW 1995, 776, 777.

61 So auch *Hart*, MedR 1998, 9, 12.

schung“ ist nicht immer eindeutig. Da nach der herkömmlichen Begriffsbestimmung subjektive Kriterien entscheidend sind[62], muß versucht werden, den Willen und die Motivationslage des Arztes im Zeitpunkt der Behandlung zu ermitteln[63]. Im einzelnen ist zu fragen, ob der Arzt mit dem Eingriff in erster Linie die Heilung des Patienten verfolgte oder ob die Gewinnung neuer medizinischer Erkenntnisse im Vordergrund seiner Bemühungen stand. In zahlreichen Fällen wird sich der Wille des forschenden Arztes nur schwer oder überhaupt nicht ermitteln lassen, so daß es unumgänglich ist, weitere – objektive – Kriterien zur Abgrenzung von Heilversuch und wissenschaftlichem Versuch heranzuziehen.

Ein Beispiel dafür sind Versuche mit Diagnostika oder Prophylaktika, d. h. Arzneimittel, Medizinprodukte oder sonstige medizinische Verfahren, die zum Erkennen einer Krankheit dienen oder auf Verhütung der Krankheit gerichtet sind (z. B. Impfstoffe). Bei solchen Eingriffen ist zur Abgrenzung der therapeutischen Forschung von nichttherapeutischen (rein wissenschaftlichen) Versuchen danach zu unterscheiden, ob die Diagnose oder Prophylaxe dem Erkennen oder Verhindern einer *konkreten* Krankheit eines Patienten dient oder ob die Untersuchungs- und Behandlungsmaßnahmen ohne nähere Verdachtsmomente an beliebigen Probanden durchgeführt werden, etwa im Wege der ersten Anwendung eines Diagnostikums zur Verträglichkeitsprüfung (z. B. in der Phase I einer Arzneimittelprüfung[64]). Diagnoseversuche lassen sich daher nur dann als Heilversuche qualifizieren, wenn bereits ein *konkreter Verdacht* auf eine bestehende Erkrankung vorhanden ist. Entsprechend wird man auch einen Prophylaxeversuch nur dann als Heilversuch qualifizieren können, wenn der Patient zu einer besonderen *Risikogruppe* gehört und die Art der Krankheit, vor der der Patient durch den Eingriff geschützt werden soll, eine vorbeugende Behandlung rechtfertigt. Vorbeuge- und Diagnoseversuche mit *beliebigen* Probanden ohne konkrete Indikation sind demgegenüber als rein wissenschaftliche Versuche zu qualifizieren.

C. Neuere Abgrenzungsvorschläge

I. Anknüpfung an den individuellen Nutzen für die in die Forschung einbezogenen Personen

Neben den Schwierigkeiten bei der begrifflichen Zuordung bestimmter Forschungsuntersuchungen zu einem der Grundtypen (Heilversuch und wissenschaftlicher Versuch) zeigt sich, daß die bisher übliche Unterscheidung

---

[62] Siehe oben unter A II 2.

[63] *Deutsch*, Medizinrecht, Rdnr. 528; *Hennies*, ArztR 1996, 95, 96.

[64] Zu den Phasen der klinischen Arzneimittelprüfung siehe unten § 4 B I 2.

zwischen Heilversuch und wissenschaftlichem Versuch häufig zu grob ist, um die Vielzahl der heute möglichen Forschungsdesigns angemessen zu erfassen und zu bewerten[65]. Besonders in Grenzfällen – etwa bei bestimmten diagnostischen Versuchen – kann die Zuordnung zu einem der Grundtypen erhebliche Probleme aufwerfen und mit der begrifflichen Zweiteilung in Heilversuch und wissenschaftlichen Versuch kaum zu erfassen sein[66].

Neuere Lösungsvorschläge zielen darauf ab, die systematische und typologische Zuordnung von Forschungsuntersuchungen am Menschen weniger von subjektiven Merkmalen, wie dem Willen und der Motivation des Forschenden abhängig zu machen, sondern die Abgrenzung eher anhand *objektiver* und damit leichter zu bestimmender Kriterien vorzunehmen. Ein solches Unterscheidungskriterium ist der mögliche *individuelle Nutzen* für die an der Forschung teilnehmenden Personen. Die Unterscheidung nach dem individuellen Nutzen für den Forschungsteilnehmer eröffnet die Möglichkeit einer genaueren begrifflichen Unterscheidung der verschiedenen Forschungsuntersuchungen sowie eine Herausbildung von *Fallgruppen*, die – insbesondere bei Forschungsuntersuchungen außerhalb spezieller Gesetze – eine differenzierte ethische und rechtliche Beurteilung des einzelnen Forschungsvorhabens zulassen[67].

Ein Vorschlag geht deshalb auch dahin, die „klassische" begriffliche Unterscheidung von therapeutischem Versuch (Heilversuch) und nichttherapeutischem Versuch (wissenschaftlichem Versuch) völlig aufzugeben und stattdessen bei jedem Forschungseingriff nach dem *potentiellen individuellen Nutzen* für den an der Forschung Teilnehmenden zu fragen[68]. In der Tat spricht viel für eine derartige begriffliche Unterscheidung. Gerade bei Forschungsuntersuchungen außerhalb der spezialgesetzlichen Bestimmungen des Arzneimittel-, Medizinprodukte- oder Strahlenschutzrechts wird die rechtliche Zulässigkeit von Forschungsuntersuchungen mit nichteinwilligungsfähigen Personen ohnehin stark von den Bestimmungen des Betreuungsrechts bzw. des Rechts der elterlichen Sorge beeinflußt, die wiederum die Einwilligung des Vertreters vom *Wohl* des Vertretenen abhängig machen. Dabei ist davon auszugehen, daß zumindest diejenigen Untersuchungen, die einen (wenn auch nur potentiellen) *Nutzen* für den Vertretenen versprechen, dem Wohl des Vertretenen (auch des nichteinwilligungsfähigen Patienten) entsprechen.

Auch von neueren Stellungnahmen, Richtlinien und Empfehlungen wird die Differenzierung nach dem individuellen Nutzen für die Forschungsteilnehmer aufgegriffen. Beispielsweise enthält die am 19.11.1996 vom Europarat verabschiedete „Menschenrechtskonvention zur Biomedizin" in Art. 6 und

---

65 Zutr. *Helmchen/Lauter* (Hrsg.), Dürfen Ärzte mit Demenzkranken forschen?, S. 11.

66 *Helmchen/Lauter* (Hrsg.), Dürfen Ärzte mit Demenzkranken forschen?, S. 11.

67 Dazu sogleich unter II.

68 *Helmchen/Lauter* (Hrsg.), Dürfen Ärzte mit Demenzkranken forschen?, S. 11 f.

17 Bestimmungen, nach denen unter engen Voraussetzungen, die sich am individuellen Nutzen für den Patienten oder Probanden orientieren, auch nichteinwilligungsfähige Personen in medizinische Forschungsvorhaben einbezogen werden können[69]. Auch nationale Empfehlungen und Stellungnahmen greifen die Differenzierung nach einem möglichen unmittelbaren oder mittelbaren Nutzen für die in die Forschung einbezogenen Personen auf[70].

Der französische Gesetzgeber ging noch weiter, als er im Jahr 1988 die „Loi n° 88-1138 du 20 décembre 1988 relative à la protection des personnes qui se prêtent à des recherches biomédicales“[71] verabschiedete, frei übersetzt: „Das Gesetz zum Schutz von Personen, die sich für biomedizinische Forschungen zur Verfügung stellen“. Dort wird gesetzlich unterschieden zwischen biomedizinischer Forschung (recherches biomédicales), die für die Versuchsperson einen *direkten persönlichen Nutzen* (bénéfice individuel direct)[72] erwarten läßt und solcher, bei der dies nicht der Fall ist (sans bénéfice individuel direct)[73].

Vergleicht man die herkömmliche begriffliche Differenzierung von Heilversuchen und wissenschaftlichen Versuchen mit der begrifflichen Abgrenzung nach dem Nutzen für die in die Forschung einbezogenen Personen, so zeigt sich, daß die Unterscheidung nach dem individuellen Nutzen *objektiver* ausgerichtet ist. Die begriffliche Abgrenzung ist weniger vom Zweck der Forschung und der Motivation des Forschenden abhängig, sondern richtet sich nach den objektiv möglichen und zu erwartenden Ergebnissen der Forschung und deren Nutzen für die Patienten.

II. Herausarbeitung von Fallgruppen

Die Unterscheidung nach dem individuellen Nutzen für die in die Forschung einbezogenen Personen ermöglicht zudem die Herausarbeitung von

---

69 Zur Menschenrechtskonvention zur Biomedizin unten § 5 C IV.

70 Vgl. etwa die im Februar 1997 verabschiedete Stellungnahme der Zentralen Ethikkommission bei der Bundesärztekammer „Zum Schutz nichteinwilligungsfähiger Personen in der medizinischen Forschung“, DÄBl. 1997, A-1011 f.; erläuternde Anmerkungen bei *Taupitz/Fröhlich,* VersR 1997, 911 ff.; sowie die Marburger Richtlinien zur Forschung mit einwilligungsunfähigen und beschränkt einwilligungsfähigen Personen vom 27.3.1996 in der Fassung vom 22.1.1997, abgedruckt bei *Freund/Heubel*, MedR 1997, 347, 348 f. (mit Erläuterungen).

71 Zu diesem Gesetz vgl. *A. Jung*, Die Zulässigkeit biomedizinischer Versuche am Menschen, passim.

72 Gemeint ist hier – obwohl dies nicht ausdrücklich im Gesetz steht – nur der direkte *therapeutische* Nutzen, nicht auch sonstige – etwa materielle Vorteile, vgl. *A. Jung*, Die Zulässigkeit biomedizinischer Versuche am Menschen, S. 29.

73 Siehe *A. Jung*, Die Zulässigkeit biomedizinischer Versuche am Menschen, S. 29 ff., die im Ergebnis allerdings doch der Abgrenzung zwischen „Heilversuch“ und „Humanexperiment“ folgt, a. a. O., S. 32 f.

Fallgruppen, was letztlich auch für die rechtliche Bewertung des Forschungseingriffs von Bedeutung ist.

Mit dem Heilversuch am ehesten vergleichbar sind dabei solche nichttherapeutische Studien am Patienten, bei denen zwar eine *direkte* Aussicht auf Heilung oder Besserung fehlt, die aber dem Patienten selbst zumindest *indirekt* oder *mittelbar* von Vorteil sein können. Mittelbar kann der Nutzen insbesondere in zeitlicher Hinsicht sein, etwa bei der Krankheitsursachenforschung oder bei der Entwicklung neuer therapeutischer Verfahren, bei denen noch nicht erwartet werden kann, daß dem Patienten unmittelbar ein therapeutischer Nutzen zugute kommt, wohl aber absehbar ist, daß die so gewonnenen Forschungsergebnisse zumindest schrittweise zu einer Verbesserung in der Behandlung insgesamt führen und an deren Ziel die Möglichkeit zur endgültigen Heilung der Krankheit steht. Z. B. kann bei der Entwicklung eines Arzneimittels gegen Morbus Alzheimer derzeit nicht mit einem unmittelbaren Nutzen im Sinne der Heilung der Krankheit eines beteiligten Patienten gerechnet werden[74]. Dennoch kann der Versuch und die daraus gewonnenen Ergebnisse zu Fortschritten in der Erkennung und Behandlung der Krankheit führen, die einem Erkrankten später zugute kommen können.

Daneben sind auch Fallgestaltungen denkbar, bei denen der potentielle Nutzen (auch mittelbar oder später) nicht mehr dem Betroffenen selbst zugute kommen kann, wohl aber anderen Personen, die der gleichen Altersgruppe angehören oder von der gleichen Krankheit oder Störung betroffen sind. Wenn zumindest solche Patienten von den gewonnenen Erkenntnissen profitieren können, kann die Forschung im Einzelfall durchaus dem Interesse des einzelnen Patienten entsprechen. Es läßt sich insoweit eine eigene Fallgruppe von Forschungsvorhaben mit zumindest *gruppenspezifischem Nutzen* definieren.

Diesen Fällen steht die *rein fremdnützige* Forschung gegenüber (wie etwa die reine Grundlagenforschung), bei der weder ein mittelbarer noch ein unmittelbarer Nutzen für den Betroffenen selbst, noch für andere Betroffene der gleichen Altersgruppe oder mit der gleichen Erkrankung denkbar und möglich ist.

Abgestuft nach dem zu erwartenden individuellen Nutzen für den Probanden oder Patienten lassen sich demnach vier Fallgruppen medizinischer Forschung unterscheiden:

- Heilversuche,
- Forschungsversuche mit mittelbarem Nutzen für die Versuchsteilnehmer,
- Forschung mit zumindest gruppenspezifischem Nutzen sowie
- ausschließlich fremdnützige Forschung.

---

[74] Vgl. zu Stand und Zielen der Demenzforschung *Helmchen/Lauter* (Hrsg.), Dürfen Ärzte mit Demenzkranken forschen?, S. 6 ff.

Schließlich sind auch die zahlreichen „Mischformen" therapeutischer und nichttherapeutischer Forschung zu berücksichtigen, wie etwa *kontrollierte Therapiestudien*, bei denen eine neue Behandlung im Vergleich mit einer etablierten Therapie oder einer Placebo-Therapie durchgeführt werden. Hier muß jeweils im Einzelfall geprüft werden, ob für die jeweilige Gruppe ein direkter oder mittelbarer Nutzen zu erwarten ist.

Es wird im weiteren Gang der Untersuchung zu zeigen sein, daß gerade im Bereich außerhalb spezialgesetzlicher Bestimmungen eine Differenzierung nach dem Nutzen für den Patienten einerseits sowie potentiellen Risiken und Belastungen für ihn andererseits sachlich geboten ist.

Als Zwischenergebnis bleibt schon jetzt festzuhalten: Soweit spezialgesetzliche Bestimmungen für die medizinische Forschung mit nichteinwilligungsfähigen Personen einschlägig sind, wird sich auch die rechtliche Qualifizierung eines Forschungsvorhabens in erster Linie an den Kategorien dieser Gesetze orientieren. Die in Deutschland bestehenden Spezialgesetze (insbesondere das Arzneimittelgesetz und das Medizinproduktegesetz) folgen dabei der begrifflichen *Zweiteilung* medizinischer Forschungsvorhaben in Heilversuche und klinische Experimente[75]. Die herkömmliche Unterscheidung dieser zwei Grundtypen medizinischer Forschung wird deshalb auch in Zukunft von Bedeutung sein. Insbesondere bei Forschungsuntersuchungen *außerhalb* spezialgesetzlicher Bestimmungen[76] (aber auch im Rahmen der *Auslegung* der Spezialgesetze) kann eine am individuellen Nutzen für den Patienten oder Probanden orientierte Unterscheidung jedoch dazu beitragen, eine differenzierte rechtliche und ethische Bewertung von Forschungsuntersuchungen am Menschen zu ermöglichen.

---

[75] Vgl. §§ 40 AMG und 17 MPG (Heilversuch) und §§ 41 AMG und 18 MPG (klinisches Experiment).

[76] Dazu näher unter § 5.

§ 3 Einwilligung und Einwilligungsfähigkeit des Patienten oder Probanden

A. Das Erfordernis der Einwilligung

I. Die Einwilligung in die ärztliche Heilbehandlung

Über das Erfordernis und die rechtsdogmatische Grundlage der Einwilligung in ärztliche Heileingriffe herrscht seit langem Streit[77]. Nach der Rechtsprechung[78] und Teilen der Literatur[79] ist jede ärztliche, die Integrität des Körpers berührende Maßnahme tatbestandlich eine Körperverletzung i. S. v. § 223 StGB bzw. § 823 BGB (Schutzgut „Körper" und „Gesundheit"). Unerheblich ist nach dieser Auffassung, ob die Behandlung erfolgreich oder mißlungen, kunstgerecht oder fehlerhaft war. Zur Vermeidung einer straf- und zivilrechtlichen Haftung ist stets ein besonderer *Rechtfertigungsgrund* für den behandelnden Arzt erforderlich. Regelmäßig wird der ärztliche Eingriff durch Einwilligung des Patienten selbst oder durch einen oder mehrere gesetzliche Vertreter gerechtfertigt; in Notfällen ist auch eine Rechtfertigung durch mutmaßliche Einwilligung[80] oder rechtfertigenden Notstand (§ 34 StGB) denkbar.

Im Gegensatz zu der „Rechtfertigungslösung" der Rechtsprechung und des zivilrechtlichen Schrifttums stellt nach der überwiegenden Meinung im strafrechtlichen Schrifttum der ärztliche Heileingriff schon tatbestandlich keine Körperverletzung dar[81]. Über die exakten Anforderungen an den (tatbestandslosen und damit straflosen) Heileingriff ist man sich indessen uneinig: Zum Teil wird danach unterschieden, ob der Eingriff gelungen oder mißlun-

---

[77] Siehe die knappe und übersichtliche Darstellung des Streitstandes bei *Ulsenheimer*, in: Laufs/Uhlenbruck (Hrsg.), Handbuch des Arztrechts, 1992, § 138 m. w. N.

[78] RGSt 25, 375; 61, 242, 256; BGHSt 11, 111, 112; BGHZ 29, 46; 29, 176, 179; BGH NJW 1956, 1106, 1107; BGH NJW 1971, 1887; BGH NJW 1972, 335, 336; BGH NJW 1982, 1452, 1453; BGH NJW 1994, 127; OLG Hamm, MDR 1963, 520; siehe auch *D. Giesen/Walter*, Jura 1991, 182 ff.

[79] Insbesondere zur zivilrechtlichen Literatur siehe Staudinger-*Schäfer*, BGB, § 823, Rdnr. 21 f.; Soergel-*Zeuner*, BGB, § 823 Rdnr. 17; MünchKomm-*Mertens*, BGB, § 823 Rdnr. 370; RGRK-*Steffen*, BGB, § 823 Rdnr. 9; RGRK-*Nüßgens*, BGB, § 823 Anh. II Rdnr. 64.

[80] Zur mutmaßlichen Einwilligung siehe unten unter § 5 E II 3.

[81] Siehe hier nur Schönke/Schröder-*Eser*, StGB, § 223 Rdnr. 30 m. w. Nwen.; *Tröndle*, StGB, § 223 Rdnr. 9a f.

gen ist (sog. Erfolgstheorie[82]), was den Arzt freilich mit einem erheblichen und kaum zu rechtfertigenden Mißerfolgsrisiko belastet[83]. Überwiegend wird als zusätzliches Kriterium die Kunstgerechtheit des Eingriffs herangezogen: Wird der Eingriff kunstgerecht (*lege artis*) ausgeführt und handelt der Arzt mit Heilwillen, so ist nach dieser Ansicht selbst bei Mißlingen des Eingriffs der Tatbestand der Körperverletzung nicht verwirklicht[84].

Wenngleich im Rahmen dieser Darstellung nicht erschöpfend auf die angesprochenen Streitfragen eingegangen werden soll, so sei doch angemerkt, daß die in der strafrechtlichen Literatur vertretene „Tatbestandslösung" zumindest kriminalpolitische Bedenken aufwirft. Wenn es auf eine rechtfertigende Einwilligung des Patienten überhaupt nicht mehr ankäme, entstünde bei zwar kunstgerechten bzw. gelungenen, aber vom Arzt *eigenmächtig* vorgenommenen Eingriffen eine beträchtliche Schutzlücke im Hinblick auf das Selbstbestimmungsrecht des Patienten, die auch durch Rückgriff auf die „Auffangtatbestände" der §§ 185, 239, 240 StGB (Beleidigung, Freiheitsberaubung, Nötigung) nur unzureichend geschlossen werden könnte. Gleiches gilt auch im Zivilrecht: Würde eine (tatbestandliche) Körper- bzw. Gesundheitsverletzung i. S. v. § 823 Abs. 1 BGB beim ärztlichen Heileingriff generell entfallen, bliebe zwar immer noch der Rückgriff auf das ebenfalls durch § 823 BGB geschützte allgemeine Persönlichkeitsrecht. Dessen Schutz ist jedoch – vor allem im Hinblick auf Schmerzensgeldansprüche – weitaus geringer als der Schutz der in § 823 BGB explizit genannten Rechtsgüter und Rechte. Während für Körper- und Gesundheitsverletzungen Schmerzensgeldansprüche gem. § 847 BGB obligatorisch sind, gewährt die Rechtsprechung bei Verletzungen des allgemeinen Persönlichkeitsrechts nur unter sehr eingeschränkten Voraussetzungen Schmerzensgeld. Es muß sich immer um eine *schwere* Verletzung des Persönlichkeitsrechts handeln und Genugtuung darf nach Art der Verletzung *auf anderem Wege* (etwa durch Widerruf oder Unterlassung) *nicht zu erreichen* sein[85]. De lege lata werden daher den Auffassungen vom tatbestandslosen Heileingriff berechtigte Bedenken entgegengehalten. Anders wäre die Beurteilung zumindest aus strafrechtlicher Sicht, wenn ein eigener Straftatbestand der „eigenmächtigen Heilbehandlung" in das Strafgesetzbuch eingefügt würde, der die in diesem Fall angesprochenen Strafbarkeitslücken schließen würde[86]. Nachdem die zuletzt im Referentenentwurf des Sechsten Gesetzes zur Reform des Strafrechts vorgesehene Einführung der Straftatbe-

---

82 *Beling*, ZStW 44 (1924), 220, 228 ff.; *Bockelmann*, Strafrecht des Arztes, S. 67 ff.; *Hardwig*, GA 1965, 162, 163; *Maurach/Schroeder/Maiwald*, Strafrecht BT1, § 8 IV Rdnr. 29 ff.; *Welzel*, Das deutsche Strafrecht, S. 88, 262 f.

83 Schönke/Schröder-*Eser*, § 223, Rdnr. 30.

84 LK-*Hirsch*, StGB, vor § 223 Rdnr. 5; *Blei*, Strafrecht BT II, S. 57.

85 Siehe statt aller Palandt/*Thomas*, § 823 Rdnr. 200.

86 Kritisch zu den entsprechenden Entwürfen über den Tatbestand der eigenmächtigen Heilbehandlung *Franzki*, F.A.Z. vom 9.9.1997, S. 12.

stände der eigenmächtigen und fehlerhaften Heilbehandlung erneut gescheitert ist[87], ist auf absehbare Zeit allerdings nicht mehr mit einer entsprechenden Gesetzesänderung zu rechnen.

Einen Mittelweg beschreiten einige Stimmen in der Literatur, die zwar – entgegen der Rechtsprechung – ebenfalls der „Tatbestandslösung" folgen, aber dennoch bei jedem ärztlichen Heileingriff eine Einwilligung des Patienten fordern. Die Einwilligung ordnen diese Vertreter dogmatisch nicht als Rechtfertigungsgrund sondern als tatbestandsausschließendes Einverständnis ein. Praktische Unterschiede im Vergleich zu der „Rechtfertigungslösung" der Rechtsprechung ergeben sich hieraus freilich nicht. Der Arzt soll lediglich wertungsmäßig nicht mit einem „Messerstecher" auf eine Stufe gestellt werden, der „nur" gerechtfertigt handelt[88]. Er soll vielmehr durch seine Handlung schon nicht den Tatbestand einer Straftat verwirklichen[89].

Im übrigen muß – ganz unabhängig von dem zwischen Rechtsprechung und Teilen der Literatur herrschenden Meinungsstreit über die Rechtsnatur des ärztlichen Heileingriffs – immer berücksichtigt werden, daß man von einer Körperverletzung oder einer Gesundheitsbeschädigung im strafrechtlichen oder zivilrechtlichen Sinne nur dann ausgehen kann, wenn die ärztliche Behandlung in die körperliche *Integrität* des Patienten eingreift[90]. Ärztliche Eingriffe, die diese Intensität nicht erreichen, können schon per definitionem nicht den Tatbestand der Körperverletzung erfüllen[91]. Beispielsweise stellt eine Diagnosemaßnahme, die nicht in die körperliche Integrität des Patienten eingreift (z. B. eine Ultraschalluntersuchung), *keine* tatbestandliche Körperverletzung im zivil- oder strafrechtlichen Sinne dar. Gleichwohl tangieren solche Eingriffe aber das *allgemeine Persönlichkeitsrecht* und das *Selbstbestimmungsrecht* des Patienten, weshalb auch bei diesen weniger gravierenden ärztlichen Eingriffen eine Einwilligung des Patienten in den Eingriff immer erforderlich ist[92]. Der behandelnde Arzt kann sich bei Behandlungen außerhalb des Körperverletzungstatbestandes, die nicht durch eine wirksame Patienteneinwilligung gedeckt sind, immerhin wegen Nötigung (§ 240 StGB) strafbar machen oder wegen Verletzung des allgemeinen Persönlichkeitsrechts schadensersatzpflichtig werden.

---

87 Siehe hierzu *Egon Müller*, DRiZ 1998, 155 ff.

88 Vgl. *Schlungbaum*, Berliner Ärzte 6/1998, S. 25 f.

89 Vgl. auch *Schreiber*, in: Laufs/Dierks/Wienke/Graf-Baumann/Hirsch (Hrsg.), Die Entwicklung der Arzthaftung, S. 341, 345, wonach die Herausnahme des ärztlichen Heileingriffs aus dem Tatbestand der Körperverletzung „lediglich symbolischen Charakter" habe.

90 Vgl. BGH NJW 1961, 261.

91 Insofern ist es ungenau, wenn häufig behauptet wird, *jeder* ärztliche Heileingriff stelle tatbestandlich eine Körperverletzung dar.

92 BT-Drucks. 11/4528, S. 71; *Stolz*, FamRZ 1993, 642.

Bei medizinischen Forschungsuntersuchungen, die dem Arzneimittel- oder Medizinproduktegesetz unterfallen, kommt zu den allgemeinen straf- und zivilrechtlichen Sanktionsmöglichkeiten noch die Strafdrohung des § 96 Nr. 10 AMG bzw. § 44 Nr. 4 MPG[93] hinzu. Nach diesen Vorschriften macht sich strafbar, wer eine klinische Prüfung durchführt, ohne zuvor die Einwilligung des Probanden eingeholt zu haben. Zur Begründung der Strafbarkeit ist nach diesen Vorschriften nach dem ausdrücklichen Gesetzeswortlaut kein tatbestandlicher Erfolg erforderlich. Es handelt sich damit um (abstrakte) *Gefährdungsdelikte*, die die Strafbarkeit des Forschers allein an die fehlende Einwilligung des Patienten oder Probanden knüpfen[94].

II. Einwilligungserfordernis bei medizinischer Forschung

1. Therapeutische Forschung

Im Hinblick auf das Erfordernis der Einwilligung des Patienten gelten beim *Heilversuch* prinzipiell die gleichen Grundsätze wie beim ärztlichen Heileingriff im Sinne eines standardisierten Verfahrens. Da der Heilversuch ein Unterfall der Heilbehandlung ist, können die vorangegangenen Erwägungen auf Heilversuche übertragen werden; die gegensätzlichen Auffassungen von Literatur und Rechtsprechung zur Frage der Rechtsnatur des Heileingriffs wirken sich damit entsprechend auch beim Heilversuch aus. Vorausgesetzt ist dabei allerdings, daß auch der Heilversuch medizinisch *indiziert* ist. Ist dies nicht der Fall, etwa weil eine ausreichend gesicherte und weitaus risikoärmere Standardbehandlung vorhanden ist, die im wesentlichen die gleichen Erfolgsaussichten hat, so besteht Einigkeit hinsichtlich der rechtlichen Beurteilung. Auch nach Auffassung der strafrechtlichen Literatur wäre bei fehlender medizinischer Indikation der *Tatbestand* der Körperverletzung verwirklicht, d. h. zur Rechtfertigung in jedem Fall die Einwilligung des Patienten erforderlich.

2. Nichttherapeutische Forschung

Für die Durchführung *rein wissenschaftlicher* Versuche ist nach *jeder* Auffassung die Einwilligung des Patienten (Probanden) zur Rechtfertigung erforderlich. Da man bei wissenschaftlichen Versuchen schon begrifflich niemals von einer indizierten Heilbehandlung sprechen kann, wirkt sich die Streitfrage zur Rechtsnatur des ärztlichen *Heil*eingriffs in diesen Fällen überhaupt nicht aus. Ohne rechtfertigende Einwilligung[95] wären wissenschaftliche Versuche stets rechtswidrige Eingriffe in die körperliche Integrität der Betroffenen. An

---

[93] *Lippert*, DMW 1997, 912, 913 weist zutreffend darauf hin, daß diese Strafvorschriften häufig übersehen werden.

[94] Vgl. *Kloesel/Cyran*, AMG, § 96 Anm. 17.

[95] Beim wissenschaftlichen Versuch wird – soweit ersichtlich – auch nicht vertreten, daß die Einwilligung *tatbestandsausschließend* wirke.

die Einwilligung selbst und an die vorangegangene Aufklärung werden dabei – häufig durch Spezialgesetze[96] – erhöhte Anforderungen gestellt.

Andere Rechtfertigungsgründe, die eine Einwilligung entbehrlich machen könnten, stehen dem Arzt bei der Durchführung wissenschaftlicher Versuche nicht zur Verfügung. Insbesondere aus dem Notstandsgedanken (§ 34 StGB) kann ein wissenschaftlicher Versuch ohne Einwilligung des Betroffenen nicht gerechtfertigt werden. Der „Fortschritt der Wissenschaft" ist als solcher kein notstandsfähiges Rechtsgut[97] und auch eine Gesundheits- und Lebensgefährdung Dritter (als prinzipiell notstandsfähige Rechtsgüter) können nach richtiger Auffassung keine Eingriffe in die körperliche Unversehrtheit unbeteiligter Dritter rechtfertigen, da eine gegenüberstellende Abwägung höchstpersönlicher Rechtsgüter im Rahmen des § 34 StGB abzulehnen ist[98]. Auch der Gedanke der „Wahrnehmung berechtigter Interessen" (§ 193 StGB) führt nicht zu einer Rechtfertigung von reinen Forschungseingriffen und macht eine entsprechende Einwilligung des Patienten nicht entbehrlich. Zum einen ist dieser Rechtfertigungsgrund nach h. M. nur auf Eingriffe in sozialbezogene Rechtsgüter anwendbar, wie etwa Freiheit und Ehre, niemals aber für Eingriffe in rein personale Rechtsgüter wie Leben und körperliche Unversehrtheit[99]. Aber auch bei einer etwaigen analogen Anwendung dieses Rechtfertigungsgrundes könnte die im Rahmen des § 193 StGB erforderliche Abwägung niemals zu einem Überwiegen der allgemeinen Interessen gegenüber dem Selbstbestimmungsrecht und Persönlichkeitsrecht des Patienten führen[100].

III. Zusammenfassung

Während beim *indizierten* ärztlichen Heileingriff und damit auch beim Heilversuch zwischen Rechtsprechung und Teilen der Literatur umstritten ist, ob als Rechtfertigungsgrund eine rechtfertigende Einwilligung bzw. ein tatbestandsausschließendes Einverständnis erforderlich ist, herrscht beim nichttherapeutischen Versuch Einigkeit. Da dieser Versuchstyp nicht dem ärztlichen Heileingriff zuzuordnen ist, ist nach allen Auffassungen die Einwilligung des Patienten (Probanden) erforderlich. Bei rein zivilrechtlicher Betrachtung verliert der Streit um das Erfordernis und die dogmatische Einordnung der Ein-

---

[96] So muß z. B. die Einwilligung in nichttherapeutische Arzneimittelversuche gem. § 40 Abs. 2 Nr. 2 AMG *schriftlich* erteilt werden.

[97] *Grahlmann*, Heilbehandlung und Heilversuch, S. 34 f.; *Eberbach*, Die zivilrechtliche Beurteilung der Humanforschung, S. 178.

[98] H. M., vgl. nur Schönke/Schröder-*Lenckner*, § 34 Rdnr. 23; *Böth*, Das wissenschaftlich-medizinische Humanexperiment, S. 58 f.; *Eberbach*, Die zivilrechtliche Beurteilung der Humanforschung, S. 180; a. A. wohl *Beling*, ZStW 44, 220 (237).

[99] *Eser*, Wahrnehmung berechtigter Interessen, S. 40 ff., insbes. 45 f.; *Eberbach*, Die zivilrechtliche Beurteilung der Humanforschung, S. 181

[100] *Eberbach*, Die zivilrechtliche Beurteilung der Humanforschung, S. 182 m. Nwen.

willigung ohnehin an Bedeutung. Aus dem Gesichtspunkt des Schutzes des allgemeinen Persönlichkeitsrechts und des Selbstbestimmungsrechts des Patienten ist für jeden ärztlichen Heileingriff – auch für den medizinisch indizierten – die Einwilligung des Patienten erforderlich.

B. Allgemeine Wirksamkeitsvoraussetzungen der Einwilligungserklärung

Trotz des Streits um die Funktion und die dogmatische Einordnung der Einwilligung besteht weitgehend Einigkeit über die wesentlichen inhaltlichen Voraussetzungen einer rechtswirksamen Einwilligung. Die Einwilligung als Rechtfertigungsgrund ist zwar im Strafrecht oder Zivilrecht nicht ausdrücklich normiert, dennoch gebietet die Entscheidungsautonomie und das Selbstbestimmungsrecht jedes Menschen, daß dieser innerhalb bestimmter Grenzen rechtswirksam in körperliche Eingriffe einwilligen kann. Dabei gilt für die Einwilligung in eine medizinische Standardbehandlung nichts anderes als für die Einwilligung in Forschungseingriffe im Wege eines Heilversuchs oder eines wissenschaftlichen Versuchs. Um als Rechtfertigungsgrund rechtlich Bestand zu haben, muß die Einwilligung des Patienten oder Probanden allerdings bestimmten Anforderungen genügen.

Neben der anschließend noch eingehender darzustellenden *Einwilligungsfähigkeit* des Einwilligenden ist in *zeitlicher* Hinsicht zu fordern, daß die Einwilligung *vor* der Vornahme des medizinischen Eingriffs erklärt wurde und zum Zeitpunkt des Eingriffs noch *fortbesteht*[101]. Insbesondere kann auch eine einmal erteilte Einwilligung während der Behandlung oder während des Forschungseingriffs jederzeit widerrufen werden, was zur Folge hat, daß der medizinische Forschungs- oder Heileingriff abgebrochen werden muß. Ferner muß die Einwilligung *nach außen* kundgegeben worden sein, wobei die Erklärung entweder ausdrücklich oder auch durch schlüssiges Verhalten möglich ist[102]. Eine besondere *Form* der Einwilligungserklärung, z. B. Schriftform, ist dagegen grundsätzlich nicht erforderlich. Gleichwohl wird in einigen Spezialgesetzen (z. B. dem Arzneimittelgesetz oder Medizinproduktegesetz) die Schriftform der Einwilligungserklärung vorgeschrieben, so daß jedenfalls im Anwendungsbereich solcher Spezialgesetze die Sondervorschriften zur Schriftform berücksichtigt werden müssen (§ 126 BGB). Im übrigen ist dem Arzt ohnehin aus Gründen der Beweissicherung zu empfehlen, bei mehr als geringfügigen Eingriffen die Einwilligungserklärung des Patienten immer in

---

[101] Schönke/Schröder-*Lenckner*, vor §§ 32 ff. Rdnr. 44; BGH St 7, 294, 295; 17, 359, 360; LK-*Hirsch*, vor § 32 Rdnr. 112; *Kuhlmann*, Einwilligung in die Heilbehandlung alter Menschen, S. 15; a. A. SK-*Samson*, vor § 32 Rdnr. 67.

[102] *Kuhlmann*, Einwilligung in die Heilbehandlung alter Menschen, S. 15 m. w. Nwen.

schriftlicher Form einzuholen oder aber zumindest entsprechende Aufzeichungen und Vermerke in der Behandlungsakte vorzunehmen[103].

Die Einwilligungserklärung muß *ernstlich* und *frei von Willensmängeln* sein[104]. Ist die Einwilligungserklärung durch Drohung, Täuschung oder Irrtum beeinflußt, kann sie keine rechtfertigende Wirkung entfalten[105]. Ebenso können „rechtsgutsbezogene" Fehlvorstellungen auf seiten des Einwilligenden die Einwilligung unwirksam werden lassen. Eine solche Fehlvorstellung liegt insbesondere dann vor, wenn der Einwilligende Art, Umfang und Folge der Rechtsgutverletzung verkennt und sich deshalb über die Bedeutung und Tragweite der Einwilligung nicht im klaren ist[106]. Gerade bei ärztlichen Heil- und Forschungseingriffen ist wesentliche Voraussetzung einer irrtumsfreien Einwilligung die vorherige umfassende *Aufklärung* des Einwilligenden durch den behandelnden Arzt, insbesondere über die mit der Behandlung verbundenen Risiken[107].

Schließlich ist selbst bei Einhaltung aller vorgenannten Erfordernisse auch die privatautonome und selbstbestimmte Einwilligungserklärung nur innerhalb bestimmter *Grenzen* zulässig. Die Einwilligung in eine Körperverletzung (wozu auch ärztliche Forschungs- und Heileingriffe zählen) darf gem. § 226a StGB nicht gegen die „guten Sitten" verstoßen. Sittenwidrige Behandlungs- und Forschungseingriffe sind der Einwilligungsbefugnis des Einzelnen entzogen und aufgrund gesetzlicher Bestimmung unwirksam[108]. Bei der Beurteilung der Sittenwidrigkeit im Sinne des § 226a StGB ist eine umfassende Gesamtwürdigung unter Berücksichtigung von Art und Umfang des Eingriffs und den mit dem Eingriff verbundenen Zielen vorzunehmen. Nicht einwilligungsfähig, da gegen § 226a StGB verstoßend, wären zum Beispiel lebensgefährliche Versuche an Probanden, die gegen Zahlung einer hohen Geldsumme in die Experimente eingewilligt haben.

Als *subjektive* Voraussetzung auf seiten des behandelnden Arztes wird gefordert, daß der behandelnde Arzt den Eingriff *in Kenntnis* der Einwilligung des Patienten und *mit Heilungswillen* vornimmt[109]. Gerade beim Erfordernis des Handelns mit Heilungswillen sind aber Einschränkungen geboten. Nicht jeder ärztliche Eingriff, der medizinisch nicht indiziert ist, ist per se unzulässig, weil der Arzt nicht mit „Heilungswillen" gehandelt hat. Andernfalls wären experimentelle Versuche mit Menschen, etwa bei der Forschung nach

---

103 S. dazu näher *Voll*, Die Einwilligung im Arztrecht, S. 166 ff.

104 BGH NJW 1974, 604; Schönke/Schröder-*Eser,* § 223 Rdnr. 39.

105 OLG Karlsruhe NJW 1983, 352.

106 Vgl. *Schröder/Taupitz*, Menschliches Blut, S. 29 f. m. w. Nachw.

107 *Böth*, NJW 1967, 1493, 1495. Zu den Anforderungen an die ärztliche Aufklärung umfassend *Kern/Laufs*, Die ärztliche Aufklärungspflicht, passim.

108 Vgl. *Schmid*, NJW 1986, 2339, 2341.

109 *Ulsenheimer*, in: Laufs/Uhlenbruck (Hrsg.), § 139 Rdnr. 39.

Krankheitsursachen oder Krankheitsverläufen sowie nichttherapeutische Versuche im Rahmen der Erprobung neuer Heilverfahren oder Operationstechniken niemals zulässig. Gleiches gilt auch für andere ärztliche Eingriffe, die ohne medizinische Indikation vorgenommen werden, z. B. die vom Patienten gewollte Kastration oder die freiwillige Sterilisation, die unter bestimmten Voraussetzungen zulässig sind[110]. Die Grenzen der zulässigen Einwilligung in solche nichttherapeutischen Eingriffe ergeben sich wiederum aus Spezialgesetzen sowie aus der allgemeinen Sittenwidrigkeitsschranke der §§ 226a StGB und 138 BGB.

C. Begriff und dogmatische Herleitung der Einwilligungsfähigkeit

Wesentliches konstitutives Merkmal für die wirksame und selbstbestimmte Einwilligung in einen medizinischen Eingriff ist die *Einwilligungsfähigkeit* des Patienten bzw. Probanden, wonach sich bestimmt, ob ein Patient oder Proband die Fähigkeit besitzt, *selbst* in eine Behandlung oder in einen medizinischen Versuch einwilligen zu können[111]. Um den Begriff der Einwilligungsfähigkeit näher zu umschreiben oder gar definieren zu können, sollte man sich vorrangig über die Frage der Rechtsnatur der Einwilligungserklärung Klarheit verschaffen. Die rechtliche Zuordnung der Einwilligungserklärung erleichtert die Herausarbeitung der Anforderungen, die an die Person des (rechtswirksam) Einwilligenden zu stellen sind.

Insbesondere im älteren Schrifttum und der älteren Judikatur wurde die Einwilligungserklärung noch als rechtsgeschäftliche Willenserklärung im Sinne der §§ 104 ff. BGB verstanden, was zur Folge hatte, daß der Begriff der *Einwilligungsfähigkeit* rechtlich identisch war mit der bürgerlich-rechtlichen *Geschäftsfähigkeit*[112]. Diese Auffassung wird jedoch heute nahezu einhellig abgelehnt. Es besteht weitgehend Einigkeit, daß die Einwilligung gerade keine *rechtsgeschäftliche* Erklärung ist, und damit die *Geschäftsfähigkeit* des Einwilligenden auch keine Voraussetzung einer wirksamen Einwilligungserklärung ist[113]. Überwiegend wird die Einwilligung heute als Gestattung oder Ermächtigung zur Vornahme tatsächlicher Handlungen, die in den Rechtskreis des Gestattenden eingreifen[114], verstanden.

Die Einwilligung ist damit kein Rechtsgeschäft, sondern allenfalls eine *rechtsgeschäftsähnliche Handlung*, auf die die Vorschriften über Willenser-

---

110 *Ulsenheimer*, in: Laufs/Uhlenbruck (Hrsg.), § 139 Rdnr. 42.

111 *Ukena*, MedR 1992, 202, 203, spricht von der Einwilligungsfähigkeit als „Grundlage der Einwilligung".

112 *Zitelmann*, AcP 99 (1906), 1, 62.

113 Siehe hier nur *Mayer*, Medizinische Maßnahmen an Betreuten, S. 27, m. w. Nwen. in Fn. 95., zu neueren Gegenstimmen vgl. *Mayer*, a. a. O., dort Fn. 89.

114 BGHZ 29, 33, 36.

klärungen grundsätzlich *entsprechend* angewendet werden können[115]. Zudem ist die Einwilligungsfähigkeit von der straf- und zivilrechtlichen *Schuld- bzw. Deliktsfähigkeit* (§§ 19–21 StGB, §§ 827, 828 BGB)[116] zu unterscheiden, denn die Fähigkeit, das Unrecht einer Tat bzw. einer schädigenden Handlung einzusehen, kann nicht mit der für die wirksame Einwilligung erforderlichen Fähigkeit zur Einsicht in die Preisgabe eigener Rechtsgüter gleichgesetzt werden. Die Einwilligungsfähigkeit richtet sich damit nach der *natürlichen Einsichts-, Urteils- und Verständnisfähigkeit*, um den geplanten (ärztlichen) Eingriff, seine Folgen und die damit einhergehenden Risiken zu ermessen und eine darauf gegründete freiverantwortliche Entscheidung zu treffen[117]. Der Einwilligende muß in der Lage sein, Wesen, Bedeutung, Dringlichkeit und Tragweite des Eingriffs zumindest in groben Umrissen zu erkennen und das Für und Wider abzuwägen[118]. Trotz dieser dogmatischen Unterscheidung wird in der Praxis freilich die fehlende Geschäftsfähigkeit häufig mit fehlender Einwilligungfähigkeit zusammenfallen[119].

Zusammenfassend läßt sich feststellen: Bereits die begrifflichen Umschreibungen der Einwilligungsfähigkeit verdeutlichen, daß es keine eindeutige und für alle Fälle verbindliche „Definition“ der Einwilligungsfähigkeit gibt. Im folgenden sollen aber dennoch – unter Berücksichtigung derjenigen Patientengruppen, bei denen sich die meisten Probleme bei der Beurteilung der Einwilligungsfähigkeit stellen – zumindest die wesentlichen Kriterien zur Bestimmung der Einwilligungsfähigkeit näher dargestellt werden.

---

115 Palandt-*Heinrichs*, vor § 104 Rdnr. 7; MünchKomm-*Gitter*, vor § 104 Rdnr. 89; *Mayer*, Medizinische Maßnahmen an Betreuten, S. 27.

116 Schönke/Schröder-*Eser*, § 223 Rdnr. 38.

117 Allg. Meinung; Soergel-*Hefermehl*, BGB, 12. Aufl. 1987, vor § 104 Rdnr. 20; Palandt-*Heinrichs*, vor § 104 Rdnr. 6 ff.; MünchKomm-*Gitter*, vor § 104 Rdnr. 86; Staudinger-*Dilcher*, vor § 104 Rdnr. 22; *Laufs*, Arztrecht, Rdnr. 222; RGRK-*Nüßgens*, § 823 Anh. II Rdnr. 66; BGHZ 29, 35.

118 BGH MDR 1981, 810; *Ulsenheimer*, in: Laufs/Uhlenbruck, § 139 Rdnr. 27; *Bichlmeier*, JZ 1980, 53, 55; ähnlich BGHZ 29, 33, 36.

119 *Schwab*, in: MünchKomm § 1904 Rdnr. 6, scheint die Einwilligungsfähigkeit gar immer mit der Geschäftsfähigkeit gleichsetzen zu wollen mit dem Argument, der Unterscheidung von Geschäfts- und Einwilligungfähigkeit liege „... die veraltete Vorstellung zugrunde, der Rechtsbereich persönlicher Güter sei einfacher strukturiert als derjenige vermögensrechtlicher Beziehungen“.

D. Nichteinwilligungsfähige Personen

I. Die Einwilligungsfähigkeit Minderjähriger

1. Maßgebliche Kriterien für die Einwilligungsfähigkeit

a) Das Lebensalter als Indiz

Die fehlende Einwilligungsfähigkeit eines Minderjährigen ist nicht krankheitsbedingt, sondern von seinem jeweiligen Entwicklungsstand abhängig. Da sich die Einwilligungsfähigkeit nicht nach den Regeln über die bürgerlichrechtliche Geschäftsfähigkeit richtet, kommt den zivilrechtlichen Altersgrenzen für die beschränkte und unbeschränkte Geschäftsfähigkeit bei der Beurteilung der Einwilligungsfähigkeit keine unmittelbare Bedeutung zu[120]. Dennoch gibt gerade beim Minderjährigen das Lebensalter einen wesentlichen Anhaltspunkt zur Beurteilung der Einwilligungsfähigkeit in ärztliche Eingriffe.

Obwohl keine gesetzliche Regelung der Einwilligungsfähigkeit Minderjähriger existiert, hat sich in Rechtsprechung und Literatur ein gewisser Grundkonsens über die Altersgrenzen für die Einwilligungsfähigkeit Minderjähriger herausgebildet. Demnach besteht heute weitgehend Einigkeit, daß Minderjährige unter 14 Jahren grundsätzlich nicht wirksam in ärztliche Eingriffe einwilligen können und daß geistig gesunde Menschen über 18 Jahre grundsätzlich einwilligungsfähig sind[121].

Keine Einigkeit besteht dagegen bei der Beurteilung der Einwilligungsfähigkeit Minderjähriger im Alter von 14 Jahren bis zur Volljährigkeit. Aus Gründen der Rechtssicherheit wurde vereinzelt vorgeschlagen, die Einwilligungsfähigkeit Minderjähriger in ärztliche Heileingriffe an eine *feste Altersgrenze* zu koppeln, wobei überwiegend an das vollendete 16. Lebensjahr als Zeitpunkt der „durchschnittlichen Beendigung der Pubertätsphase" angeknüpft wird[122]. Demgegenüber geht die h. M. davon aus, daß die Angabe einer exakten Altersgrenze wegen der individuellen Abweichungen im Entwicklungs- und Reifeprozeß Jugendlicher nicht möglich ist. Diese Ansicht verdient Zustimmung, denn die Vielzahl der möglichen medizinischen Eingriffe einerseits und die individuell sehr unterschiedliche Reifephase bei Kindern und

---

[120] *Lenckner*, ZStW 72 (1960), 446, 451.

[121] *Voll*, Die Einwilligung im Arztrecht, S. 63; Schönke/Schröder-*Lenckner*, StGB, vor §§ 32 ff., Rdnr. 40; *Eser/Koch*, MedR 1984, 6, 8.

[122] *Seizinger*, Der Konflikt zwischen dem Minderjährigen und seinem gesetzlichen Vertreter, S. 98; vgl. auch *Rouka*, Das Selbstbestimmungsrechts des Minderjährigen bei ärztlichen Eingriffen, S. 122 ff.

Jugendlichen (nicht nur zwischen Jungen und Mädchen[123]) andererseits zwingen dazu, die Einwilligungsfähigkeit immer im Hinblick auf den konkreten Eingriff und auf die Person des Einwilligenden neu zu beurteilen. Dies führt im Einzelfall trotz aller Schwierigkeiten zu angemesseneren und gerechteren Ergebnissen als die einheitliche Beurteilung aus Gründen einer vermeintlichen „Rechtssicherheit".

Damit bleibt festzuhalten, daß das Lebensalter des Minderjährigen nur ein erstes Indiz zur Beurteilung der Einwilligungsfähigkeit in medizinische Eingriffe darstellen kann. Insbesondere bei Minderjährigen im Alter von 14 bis 18 Jahren müssen weitere, ergänzende Kriterien zur Beurteilung der Einwilligungsfähigkeit herangezogen werden.

b) *Kognitive Fähigkeiten und Fähigkeit zur Selbstbestimmung*

aa) Einleitung

In dem Grenzbereich der Minderjährigen im Alter von 14 bis 18 Jahren ist das entscheidende – wenn auch nicht eindeutig definierbare – Kriterium zur Beurteilung der Einwilligungsfähigkeit der Grad der intellektuellen Reife und der kognitiven Fähigkeiten des Minderjährigen. Nur wenn der Minderjährige einen bestimmten Reifegrad in seiner intellektuellen Entwicklung erreicht hat, kann man von der Fähigkeit zu einer freien und selbstbestimmten Einwilligung ausgehen. Ist dies nicht der Fall, kann zum Schutz des Minderjährigen eine durch ihn selbst erklärte Einwilligung keine rechtfertigende Wirkung entfalten.

Wenn auch die Bestimmung kognitiver Fähigkeiten eine primär medizinische Aufgabe ist und in der forensischen Praxis in der Regel durch medizinische und psychologische Sachverständige beurteilt wird, sollen hier dennoch zumindest einige Grundzüge einer differenzierten Bestimmung der für die Einwilligungsfähigkeit relevanten Faktoren aufgezeigt werden, wobei nicht im einzelnen auf die Gemeinsamkeiten und Unterschiede der zahlreichen Modelle[124] zur Beurteilung der Einwilligungsfähigkeit anhand psychischer und kognitiver Faktoren eingegangen werden soll.

Überwiegend wird im Anschluß an *Amelung*[125] die Einwilligungsfähigkeit von drei grundlegenden Anforderungen an die kognitive Reife des Einwilligenden abhängig gemacht. Nur wenn diese Merkmale erfüllt sind, kann davon

---

[123] Darauf weist zutreffend *Neyen*, Die Einwilligungsfähigkeit im Strafrecht, S. 61 hin, vgl. auch *Belling/Eberl/Michlik*, Das Selbstbestimmungsrecht Minderjähriger bei medizinischen Eingriffen, S. 128.

[124] Dazu näher *Helmchen/Lauter* (Hrsg.), Dürfen Ärzte mit Demenzkranken forschen?, S. 38 ff. aus dem Blickwinkel von Demenzerkrankungen.

[125] *Amelung*, ZStW 104 (1992), 525 ff., 821 ff.

ausgegangen werden, daß der Minderjährige „Wesen, Bedeutung und Tragweite“ des medizinischen Eingriffs erkennt und freiverantwortlich über seine Einwilligung entscheiden kann.

bb) Verständnisfähigkeit im Hinblick auf den medizinischen Eingriff

Zunächst ist vom Einwilligenden zu fordern, daß er die Fähigkeit besitzt, den für die Einwilligung relevanten Sachverhalt zu *verstehen* und die erforderlichen Informationen in angemessener Weise zu *verarbeiten*[126]. *Amelung* nennt dies die „Fähigkeit zur Erkenntnis von Tatsachen und Kausalverläufen“[127]. Voraussetzung für das Verständnis des Eingriffs ist zunächst ein bereits vorhandenes Mindestpotential an Wissen. Daneben muß der Einwilligende die Fähigkeit haben, dieses Wissen logisch zu verknüpfen und auf den konkreten Fall anzuwenden. „Wer nicht weiß, was die Milz ist, und nicht versteht, welche Funktionen sie erfüllt, kann schwerlich vernünftig über ihre Entfernung entscheiden.[128]“ Gemeint ist damit aber nicht, daß der Patient, soll er eine wirksame Einwilligungserklärung abgeben können, über ein umfangreiches medizinisches Fachwissen verfügen muß. Da die Einwilligung stets mit der vorherigen ärztlichen *Aufklärung* korrespondiert (sog. „informed consent“), kommt es bei der Einwilligung in ärztliche Behandlungen und Forschungsvorhaben weniger auf bereits vor der Aufklärung vorhandenes Wissen an als vielmehr auf die Fähigkeit, die vom Arzt im Rahmen des Aufklärungsgesprächs gegebenen Informationen zu verstehen. Dabei kann vom behandelnden Arzt erwartet werden, daß er soweit wie möglich auf die intellektuellen Fähigkeiten und das Alter des aufzuklärenden Patienten Rücksicht nimmt. Die Einwilligungserklärung eines „an sich“ bereits einwilligungsfähigen Minderjährigen kann deshalb wegen einer im Einzelfall unzureichenden und nicht altersgemäßen vorherigen Aufklärung rechtlich unwirksam sein. Bei der rechtlichen Beurteilung der Patienten- oder Probandeneinwilligung ist daher immer das „Zusammenspiel“ zwischen vorheriger Aufklärung und anschließender Einwilligung zu berücksichtigen.

Auf der anderen Seite hat ein eventuell schon vorhandenes „Vorwissen“ des Einwilligenden, das durchaus auch beim Minderjährigen denkbar und möglich ist – etwa aufgrund bereits gesammelter Erfahrungen mit der konkreten Behandlung – zur Folge, daß auch die Verständnisfähigkeit dem Vorwissen entsprechend höher einzustufen ist. Beispielsweise liegt es nahe, daß ein 16jähriger Dialysepatient, der sich schon lange Zeit in ärztlicher Behandlung befindet, vom Ablauf der Dialysebehandlung bereits aus eigener Erfahrung entsprechend informiert ist, so daß dieser Patient im Hinblick auf gleichartige medizinische Eingriffe eher einwilligungsfähig sein wird als ein gleich-

---

[126] *Helmchen/Lauter* (Hrsg.), Dürfen Ärzte mit Demenzkranken forschen?, S. 43 f.

[127] *Amelung*, ZStW 104 (1992), 525, 553.

[128] Vgl. *Amelung*, ZStW 104 (1992), 525, 554.

altriger Patient ohne persönliche Erfahrungen mit entsprechenden medizinischen Eingriffen[129].

Die soeben skizzierten Anforderungen an die Verständnisfähigkeit im Hinblick auf die medizinische (Standard)Behandlung müssen für den Bereich der medizinischen *Forschungseingriffe* gewissen Modifikationen unterworfen werden. Bereits bei *Heilversuchen* ist zu berücksichtigen, daß sich das Verständnis und die Informationsverarbeitung durch den Einwilligenden auch auf die Neuartigkeit des Eingriffs, auf eventuell mögliche Alternativbehandlungen und auf die zu erwartenden Risiken der Behandlung erstrecken muß, so daß schon bei Heilversuchen eine Erhöhung der Schwelle zur Einwilligungsfähigkeit auf seiten des einwilligenden Patienten geboten ist. Noch deutlicher wird dies bei den *rein wissenschaftlichen Versuchen* oder bei *kontrollierten klinischen Therapiestudien*, bei denen der Versuchsaufbau und -ablauf regelmäßig komplexer ist als bei der einfachen Heilbehandlung. Die Einwilligungsfähigkeit für die Teilnahme an klinischen Forschungsreihen wird regelmäßig erst bei volljährigen Probanden anzunehmen sein, da für eine wirksame Einwilligung erforderlich ist, daß der Patient auch die Versuchsanordnung zumindest in groben Zügen versteht[130] und zudem kaum erwartet werden kann, daß der Minderjährige sich mit dem Versuchsablauf und den möglichen Gefahren und Risiken ausreichend auseinandersetzen kann[131].

cc) Die Fähigkeit zur „vernünftigen" Wertung

Das bloße Verständnis und die Fähigkeit zur Verarbeitung der Informationen ist indessen noch kein ausreichendes Kriterium zur Beurteilung der kognitiven Voraussetzungen der Einwilligungsfähigkeit in medizinische Eingriffe. Eine selbstbestimmte Einwilligung setzt weitergehend voraus, daß die *verstandenen* Informationen vom Einwilligenden auch in angemessener Weise *bewertet* werden können. Da jede Einwilligung, insbesondere die Einwilligung in einen medizinischen Forschungseingriff, letztlich auf ein Opfer gerichtet ist und eine bewertende Abwägung zwischen den beteiligten Rechtsgütern und Interessen voraussetzt, ergibt sich dieses Erfordernis bereits aus dem Charakter der Einwilligung als typischer „Wertentscheidung"[132]. Bei medizinischen Eingriffen, gleich ob sie zum Zweck der Heilbehandlung oder zum Zweck bloßer medizinischer Forschung durchgeführt werden, besteht das Opfer in der Regel in der Verletzung oder zumindest der Gefährdung der eigenen körperlichen Unversehrtheit. Die Einwilligung ist nur dann frei und

---

[129] Allerdings werden zu Recht hohe Anforderungen an die Entbehrlichkeit der Aufklärung wegen entsprechenden Vorwissens des Aufzuklärenden gestellt, vgl. unten § 5 D III 2 f dd.

[130] *Neyen*, Die Einwilligungsfähigkeit im Strafrecht, S. 62.

[131] *Neyen*, Die Einwilligungsfähigkeit im Strafrecht, S. 80.

[132] *Amelung*, ZStW 104 (1992), 525, 545 f.

selbstbestimmt, wenn der Einwilligende richtig und angemessen *bewerten* kann, ob sich dieses Opfer für ihn „lohnt“[133].

Allerdings ist nicht jede Entscheidung, die an einem Wertsystem orientiert ist, zugleich auch Ausdruck einer freiverantwortlichen und vom Selbstbestimmungsrecht getragenen Entscheidung. Hinzukommen muß, daß die Bewertung und Abwägung aus der Sicht des Einwilligenden rational nachvollziehbar und nach logischen Kriterien begründbar ist. *Amelung* spricht insoweit von der Fähigkeit zur „vernünftigen“ Wertung[134]. Problematisch ist dabei allerdings, wie sich bestimmen läßt, ob die Wertung des Minderjährigen „vernünftig“ in diesem Sinne ist. Dafür können niemals allein objektive Kriterien ausschlaggebend sein, denn die Lösung kann nicht darin bestehen, durch eine vergleichende Betrachtung mit einem objektiven, allgemeingültigen Wertmaßstab höchstpersönliche Entscheidungen auf deren Plausibilität und Nachvollziehbarkeit zu überprüfen[135]. Auch Entscheidungen, die gemeinhin als „unvernünftig“ und „sinnlos“ eingestuft werden, können im individuellen Wertesystem des Einwilligenden durchaus „vernünftig“ erscheinen. Der Maßstab zur Beurteilung einer Entscheidung als „vernünftig“ muß also stets *subjektiv* – auf das Wertesystem und die Vorstellungen des Einwilligenden ausgerichtet – sein[136]. Die Grenze verläuft immer dort, wo das Wertesystem aufgrund der Minderjährigkeit des Einwilligenden „verzerrt“ ist bzw. aufgrund des jugendlichen Alters noch „unfertig“ ist[137] . Nur dann läßt sich nicht mehr von einer Fähigkeit zur „vernünftigen“ Wertung in dem oben genannten Sinne sprechen.

Trotz dieser grundsätzlich subjektiv ausgerichteten Beurteilung des Wertmaßstabs muß man, um in der Praxis eine „Verzerrung“ des Wertesystems feststellen zu können, gerade beim Minderjährigen einen Vergleich zu allgemeinen, objektiven Wertvorstellungen vornehmen. Anders als beim einwilligungsunfähig *gewordenen* Erwachsenen kann beim *noch einwilligungsunfähigen* Minderjährigen kein Vergleich mit einer individuellen „prämorbiden“ oder „charaktergebundenen“ Wertordnung gezogen werden. Da sich das Wertsystem des Minderjährigen erst im Entstehen befindet, bleibt der vergleichende Rückgriff auf ein „früheres“ Wertsystem versagt[138]. Es spricht daher grundsätzlich eine Vermutung dafür, daß medizinische Forschung, die nach objektiven Kriterien nicht „vernünftig“ ist (z. B. weil die Risiken der Be-

---

[133] *Belling/Eberl/Michlik*, Das Selbstbestimmungsrecht Minderjähriger bei medizinischen Eingriffen, S. 132.

[134] *Amelung*, ZStW 104 (1992), 525, 551.

[135] *Amelung*, ZStW 104 (1992), 525, 551.

[136] *Helmchen*, in: Toellner/Wiesing (Hrsg.), Strukturen ärztlichen Handelns und ihre ethische Relevanz, S. 121.

[137] *Amelung*, ZStW 104 (1992), 525, 552 m. Nwen.

[138] *Amelung*, ZStW 104 (1992), 525, 553.

handlung den möglichen Nutzen für den Patienten oder auch für die Allgemeinheit bei weitem übersteigen) auch nicht als auf einer subjektiv „vernünftigen" Wertentscheidung des Minderjährigen basierend angesehen werden kann. Zumindest spricht in solchen Konstellationen viel dafür, daß die „Verzerrung" des Wertesystems und die damit einhergehende „unvernünftige" Entscheidung durch die Minderjährigkeit beeinflußt ist, etwa weil der Minderjährige finanziellen Anreizen nachgibt oder die möglichen Risiken aufgrund jugendlichen Leichtsinns verdrängt oder als nachrangig einstuft.

dd) Die Fähigkeit zur einsichtsgemäßen Selbstbestimmung

Neben der Fähigkeit zu Verständnis und Bewertung des Eingriffs als wesentlicher kognitiver Voraussetzung der Einwilligungsfähigkeit ist schließlich erforderlich, daß der Einwilligende in der Lage ist, sich entsprechend seiner Einsicht und subjektiven Bewertung zu *verhalten*, d. h. sich der Einsicht entsprechend *selbst zu bestimmen*[139]. Diese Fähigkeit ist zumeist, aber nicht notwendig mit Vorliegen der vorgenannten Voraussetzungen verbunden. Der Minderjährige, der die ihm gegebenen Informationen, versteht und angemessen verarbeiten und bewerten kann, wird zwar regelmäßig auch sein Verhalten entsprechend dieser Einsicht ausrichten können. Dennoch können im Einzelfall Erkenntnis und Bewertung eines Zustandes und das darauf beruhende Verhalten durchaus auseinanderfallen. *Amelung* führt als Beispiel das Kind an, das sich trotz ausreichenden Verständnisses über Notwendigkeit und Ablauf der ärztlichen Behandlung nicht zur Aufopferung eines kranken Zahnes entschließen kann, weil es nicht imstande ist, die Furcht vor dem Schmerz der Extraktion zu überwinden[140]. In dem genannten Beispiel mag der Minderjährige zwar durchaus die erforderlichen kognitiven Fähigkeiten zum *Verständnis* und zur *Verarbeitung* der Informationen über den ärztlichen Eingriff haben, ist aber gleichsam nicht in der Lage, sich nach ihr zu bestimmen[141].

c) Das Kriterium der Dringlichkeit des Eingriffs

Die vorgenannten Anforderungen an die kognitiven Fähigkeiten des Einwilligenden sind aufgrund ihrer subjektiven Ausrichtung praktisch schwer überprüfbar. Insbesondere die Rechtsprechung ist daher bemüht, neben den subjektiven, patientenbezogenen Kriterien der Einwilligungsfähigkeit zusätz-

---

[139] *Amelung*, ZStW 104 (1992), 525, 555 f.

[140] *Amelung*, ZStW 104 (1992), 525, 556; vgl. auch *Helmchen/Lauter* (Hrsg.), Dürfen Ärzte mit Demenzkranken forschen?, S. 45.

[141] Neben der Angst vor dem Eingriff beim Minderjährigen kann das Merkmal der einsichtsgemäßen Selbstbestimmung auch beim einwilligungsunfähigen Erwachsenen Bedeutung erlangen, etwa bei Suchterkrankungen oder anderen psychischen Krankheiten, die die Selbstbestimmungs- und Steuerungsfähigkeit einschränken.

lich *objektive* Merkmale herauszuarbeiten, aus denen sich Rückschlüsse zur Bestimmung der Einwilligungsfähigkeit gewinnen lassen.

Ein in diesem Zusammenhang häufig genanntes Kriterium zur Beurteilung der Einwilligungsfähigkeit in medizinische Eingriffe ist die *Dringlichkeit* des Eingriffs[142]. In einer Entscheidung des BGH aus dem Jahr 1971 war über die Einwilligung einer 16jährigen Patientin in die Entfernung gemeiner Warzen im Chaoul'schen Nahstrahlverfahren (im Jahr 1953) zu entscheiden[143]. Der BGH kam zu dem Ergebnis, daß die 16 Jahre alte Patientin für den „einerseits nicht unwichtigen, andererseits nicht dringlichen" Eingriff *nicht* einwilligungsfähig gewesen sei[144]. Damit bringt der BGH den Grundsatz zum Ausdruck: Je dringlicher der Eingriff ist, desto eher ist von der Einwilligungsfähigkeit des Jugendlichen auszugehen. Umgekehrt ist bei weniger dringlichen, aufschiebbaren Maßnahmen die Einwilligung der gesetzlichen Vertreter notwendig.

Auch wenn mit dem Kriterium der Dringlichkeit im Einzelfall brauchbare Ergebnisse zu erzielen sind, läßt sich hieraus kein allgemeiner Grundsatz ableiten, wonach immer ein Zusammenhang zwischen der Dringlichkeit des Eingriffs und der Einwilligungsfähigkeit des Patienten besteht. Im Gegenteil verlangt doch gerade die schnell zu treffende Entscheidung in dringlichen Situationen ein erhöhtes Maß an Einsichts- und Urteilsfähigkeit, weil gerade dann, wenn dem Einwilligenden wenig Zeit zum Abwägen und Überlegen bleibt, der Lebenserfahrung und Reife erhöhte Bedeutung zukommt[145]. Ein unmittelbare Auswirkung der (objektiven) Dringlichkeit des Eingriffs auf die Fähigkeit zur Abgabe einer wirksamen Einwilligungserklärung besteht daher nicht[146].

Auch der Vorschlag *Amelungs*, daß die Anforderungen an die Einwilligungsfähigkeit um so niedriger angesetzt werden dürfen, „je notstandsähnlicher die Situation des Einwilligenden ist und je mehr seine Entscheidung dem entspricht, was die Regeln über den rechtfertigenden Notstand in einer solchen Lage für 'objektiv vernünftig' erklären", ist aus den genannten Gründen nicht immer zutreffend und findet zudem keine hinreichende Stütze im Gesetz.

Richtiger ist es, in dringenden Situationen, in denen der gesetzliche Vertreter *nicht erreichbar* ist, oder in denen eine vorherige Befragung des Ver-

---

142 BGHSt 12, 379, 382 ff.; BGH NJW 1970, 511, 512 ff.; BGH NJW 1972, 335, 336.

143 BGH FamRZ 1972, 89.

144 BGH FamRZ 1972, 89, 90.

145 *Seizinger*, Der Konflikt zwischen dem Minderjährigen und seinem gesetzlichen Vertreter, S. 74.

146 Krit. auch *Neyen*, Die Einwilligungsfähigkeit im Strafrecht, S. 59, der im Ergebnis (S. 60) die Dringlichkeit dann aber doch für ein „brauchbares Differenzierungskriterium" hält.

treters aus anderen Gründen *nicht möglich* ist, zwar die Einwilligung des Minderjährigen einzuholen, sich zudem aber an den Grundsätzen der mutmaßlichen Einwilligung der gesetzlichen Vertreter des Minderjährigen zu orientieren[147]. In einem so verstandenen Sinne stellt die Dringlichkeit der Entscheidung kein sachliches Kriterium zur Beurteilung der Einwilligungsfähigkeit des Minderjährigen dar, sondern begründet lediglich die Anwendbarkeit des Rechtfertigungsgrundes der „mutmaßlichen Einwilligung".

Schließlich ist zu beachten, daß die „Dringlichkeits-Rechtsprechung" nur bei der reinen ärztlichen Standard-Heilbehandlung Anwendung findet. Auf das Gebiet der medizinischen Forschungseingriffe dürfte sie nur in den seltensten Fällen übertragbar sein. Rein wissenschaftliche Forschung wird fast nie „unaufschiebbar" und „dringend geboten" sein. Allenfalls in dem (sehr seltenen) Fall eines Heilversuchs, bei dem die Behandlung einerseits dringend angezeigt ist und zudem eine erfolgversprechende Standardbehandlung nicht existiert, können Heilversuche – wie jeder andere Heileingriff – auch durch „mutmaßliche Einwilligung" gerechtfertigt werden. In solchen Fällen kann davon ausgegangen werden, daß die mutmaßliche Einwilligung auch die neuartige und unerprobte Behandlung umfaßt.

Zusammenfassend kann festgehalten werden, daß sich die „Dringlichkeit" des Eingriffs als wenig brauchbares Kriterium zur Bestimmung der Einwilligungsfähigkeit des Minderjährigen darstellt. Allenfalls in Notfällen können dringende Eingriffe durch mutmaßliche Einwilligung der gesetzlichen Vertreter gerechtfertigt werden. Eine Taxonomie nach dem Grundsatz „je dringlicher der Eingriff, desto eher ist der Einwilligende als einwilligungsfähig anzusehen", ist nicht anzuerkennen.

d) Schwere des Eingriffs

Ein ebenfalls häufig herangezogenes Kriterium zur Beurteilung der Einwilligungsfähigkeit eines Patienten ist die *Schwere* des geplanten medizinischen Eingriffs[148]. Nach dieser Auffassung gilt: Je schwerer der Eingriff und je gravierender die Auswirkungen des Eingriffs auf das gesundheitliche Gleichgewicht des Patienten, desto eher ist die Einwilligungsfähigkeit in Grenzfällen abzulehnen.

Wenngleich ein Zusammenhang zwischen Schwere des Eingriffs und der Einwilligungsfähigkeit auf den ersten Blick plausibel erscheint, so kommt doch bei genauer Betrachtung dem objektiven Merkmal der „Schwere" des

---

[147] Eine Rechtfertigung wegen mutmaßlicher Einwilligung ist freilich nur bei Heileingriffen möglich, nicht bei reinen Forschungsuntersuchungen.

[148] *Belling/Eberl/Michlik*, Das Selbstbestimmungsrecht Minderjähriger bei medizinischen Eingriffen, S. 134; *Neyen*, Die Einwilligungsfähigkeit im Strafrecht, S. 62; *Voll*, Die Einwilligung im Arztrecht, S. 88 (zu psychisch Kranken und geistig Behinderten); *Ulsenheimer*, in: Laufs/Uhlenbruck (Hrsg.), § 139 Rdnr. 27, 29 ff.

Eingriffs keine eigenständige Bedeutung zu. Die Schwere des Eingriffs korrespondiert vielmehr mit den bereits oben angesprochenen kognitiven Fähigkeiten und der intellektuellen Reife des Minderjährigen. Bei schweren Eingriffen mit hohen Risiken für den Patienten sind auch die Anforderungen an das *Verständnis* für den Ablauf des Eingriffs und dessen Folgen entsprechend hoch einzuschätzen. Aus diesem Grund fehlt häufig gerade bei *schweren* Eingriffen die notwendige intellektuelle Reife des Minderjährigen zur freiverantwortlichen und selbstbestimmten Einwilligung in den Heileingriff[149]. Insoweit erlaubt die Schwere des Eingriffs als objektives, äußeres Merkmal zugleich Rückschlüsse auf die Einsichts- und Verständnisfähigkeit des Minderjährigen im Hinblick auf den konkreten Eingriff. Ein selbständiges Merkmal oder Kriterium zur Beurteilung der Einwilligungsfähigkeit stellt die Schwere des Eingriffs indessen nicht dar.

2. *Zusammenfassung*

Die Einwilligungsfähigkeit eines Minderjährigen beurteilt sich unabhängig von dessen Geschäftsfähigkeit oder der Delikts- oder Schuldfähigkeit. Aus diesem Grund lassen sich auch keine verbindlichen Altersgrenzen angeben, nach der sich die Einwilligungsfähigkeit im Einzelfall bestimmen läßt. Es ist allenfalls *im Grundsatz* davon auszugehen, daß Minderjährige unter 14 Jahren nicht wirksam in ärztliche Eingriffe einwilligen können. Bei älteren Minderjährigen richtet sich die Einwilligungsfähigkeit nach der natürlichen Urteils- und Verständnisfähigkeit, die sich aus der Fähigkeit zu Verständnis, Verarbeitung und Bewertung des Eingriffs und der darauf beruhenden Fähigkeit zur Selbstbestimmung ergibt. Je mehr der Bereich der Standardbehandlung verlassen wird und je weiter man sich dem Bereich der reinen Forschungseingriffe nähert, desto eher ist davon auszugehen, daß erst der Volljährige eine wirksame Einwilligung erklären kann.

II. Die Einwilligungsfähigkeit Volljähriger

1. *Einleitung*

Auch volljährige Patienten können aufgrund einer Erkrankung oder aufgrund hohen Alters nicht die erforderliche Einsichtsfähigkeit in medizinische Eingriffe besitzen und aus diesem Grund für bestimmte Eingriffe einwilligungsunfähig sein. Anders als bei Minderjährigen, bei denen sich der Prozeß des Erwachsenwerdens in vergleichbaren Altersgrenzen vollzieht, kann man sich beim volljährigen Patienten nicht am Lebensalter als einigermaßen sicherer „Richtschnur" zur Bestimmung der Einwilligungsfähigkeit orientieren. Die

---

[149] Änlich auch *Kuhlmann*, Einwilligung in die Heilbehandlung alter Menschen, S. 35.

Feststellung der Einwilligungsfähigkeit ist bei volljährigen Patienten häufig nur schwer möglich.

Grundsätzlich können auch beim volljährigen Patienten die oben zum Minderjährigen dargestellten Grundsätze zur Bestimmung der Einwilligungsfähigkeit entsprechend herangezogen werden[150]. Auch beim Volljährigen bestimmt sich die Einwilligungsfähigkeit nach dessen natürlicher Einsichts-, Urteils- und Verständnisfähigkeit[151], um den geplanten medizinischen Eingriff einschließlich eventueller Folgen und Risiken zu erfassen. Der Einwilligende soll Wesen, Bedeutung, Dringlichkeit und Tragweite des Eingriffs zumindest in groben Umrissen erkennen und das Für und Wider abwägen können[152], mithin eine auf Verständnis, Verarbeitung und vernünftiger und nachvollziehbarer Bewertung getroffene, selbstbestimmte Entscheidung über die Einwilligung treffen können.

Beim geistig gesunden Volljährigen ist grundsätzlich von dessen Einwilligungsfähigkeit auszugehen. Nachfolgend sollen aber einige Besonderheiten derjenigen Patientengruppen aufgezeigt werden, bei denen eine *Krankheit* zu einer Einschränkung oder Aufhebung der Einwilligungsfähigkeit führen kann.

2. *Psychisch Kranke und geistig Behinderte*

a) *Psychiatrischer Krankheitsbegriff und Einwilligungsfähigkeit*

Schon der *Begriff* der psychischen Krankheit ist unklar und umstritten. Es gibt in der Psychiatrie keinen einheitlichen und allgemein akzeptierten Krankheitsbegriff. Die Extrempositionen, die hierbei vertreten werden, reichen von der ganz engen Auffassung, wonach als Krankheit nur anerkannt ist, was Folge eines organischen Prozesses ist, bis zu der sehr weiten Auffassung, wonach bereits derjenige als krank angesehen wird, der sich wegen eines Leidens an einen Arzt wendet[153].

Auch die *systematische Einteilung* der psychischen Krankheiten ist nicht unumstritten. Herkömmlicherweise unterscheidet man drei Hauptgruppen psychischer Krankheiten: Einer Gruppe lassen sich alle körperlich begründbaren, d. h. organischen oder *exogenen Psychosen* zuordnen[154]. Zu diesen Störungen, die auf körperlichen Veränderungen beruhen, zählt man z. B. die senile Demenz, darunter die Alzheimer-Krankheit, Meningitis (Hirnhautentzündung) oder Epilepsien. Daneben gibt es solche Psychosen, die *nicht* auf einem

---

[150] Vgl. *Amelung*, ZStW 104 (1992), 525, 552 f.

[151] *Kuhlmann*, Einwilligung in die Heilbehandlung alter Menschen, S. 70; Schönke/Schröder-*Eser*, § 223 Rdnr. 38 m. w. Nwen.

[152] BGHZ 29, 33, 36.

[153] Zum Streitstand siehe nur *Rasch*, Forensische Psychiatrie, S. 38 m. w. Nwen.

[154] Vgl. *Schüler*, in: Schmidt/Böcker, Betreuungsrecht, Rdnrn. 561 ff.

krankhaften körperlichen Befund beruhen (sog. *endogene Psychosen*)[155]. Hierzu gehören Schizophrenie, Manie, und schwere Depressionen (Melancholie). Zu einer dritten Gruppe psychischer Krankheiten lassen sich schließlich solche Störungen zählen, die ebenfalls *nicht* auf einem krankhaften körperlichen Befund beruhen, bei denen aber – im Unterschied zu den endogenen Psychosen – noch ein einfühlbarer Sinnzusammenhang besteht und die Ordnung des Erlebniszusammenhangs beim Patienten noch erhalten ist. Zu dieser Gruppe zählen Neurosen, psychoreaktive Krankheiten (Konfliktreaktionen), schwere Persönlichkeitsstörungen, Suchterkrankungen und sexualpathologische Erkrankungen[156]. Die Übergänge zwischen den einzelnen Krankheitsformen und Gruppen können dabei fließend sein.

Im Gegensatz zur *Krankheit* als funktionaler Störung, die sich bessern oder verschlimmern und heilbar sein kann, ist eine *Behinderung* durch eine *bleibende* Konditionierung der körperlichen, geistigen oder seelischen Abläufe geprägt[157]. Auch der Übergang zwischen chronischer Erkrankung und Behinderung kann im Einzelfall fließend sein. Das BVerfG nimmt in einer Entscheidung zu Art. 3 Abs. 3 S. 2 GG auf die Definition in § 3 Abs. 1 S. 1 SchwbG bezug und definiert Behinderung als „Auswirkung einer nicht nur vorübergehenden Funktionsbeeinträchtigung, die auf einem regelwidrigen körperlichen, geistigen oder seelischen Zustand beruht“[158]. Eine Heilung ist damit bei einer Behinderung grundsätzlich nicht möglich, doch kann eine Rehabilitation kompensatorische Fähigkeiten beim Behinderten hervorrufen und fördern und dadurch körperlichen und psychischen Folgeschäden vorbeugen. Auch hierfür kann medizinische Forschung hilfreich sein[159]. Soweit jedoch geistige Behinderung als Ausdruck einer besonderen Lebensform verstanden wird, ist ein *Recht auf Behinderung* und mit der Behinderung zu leben, uneingeschränkt zu beachten. Medizinische Forschung hat nicht die Aufgabe, zwangsweise die Lebenssituation der Behinderten verbessern zu wollen.

Von geistiger Behinderung spricht man meist in Zusammenhang mit einem angeborenen oder früherworbenen meßbaren Intelligenzmangel (Oligophrenie). Ursache der geistigen Behinderung können u. a. Stoffwechseldefekte, Schädigungen des Erbguts, Hirnschäden (z.B. durch Sauerstoffmangel bei der Geburt), Enzephalitis oder ungünstige psychosoziale Bedingungen sein. Häufig gibt es auch keine erkennbaren Ursachen für eine geistige Behinderung. Die insbesondere früher vorgenommene weitere Unterscheidung geistiger

---

155 Vgl. *Bayerlein*, in: Schmidt/Böcker, Betreuungsrecht, Rdnrn. 757 ff.

156 Vgl. C. *Mattern*, in: Schmidt/Böcker, Betreuungsrecht, Rdnrn. 1025 ff.

157 Siehe auch zum Begriff „Gesundheit“ *Wolfslast*, Psychotherapie in den Grenzen des Rechts, S. 12 ff.

158 BVerfG, NJW 1998, 131.

159 Vgl. *Pfaltz*, Medizinische Forschung im Spannungsfeld von Staat und Gesellschaft, S. 19.

Behinderungen (nach Schweregrad) in Idiotie, Imbezillität und Debilität wird heute zugunsten einer individuellen Beschreibung der Fähigkeiten des Behinderten zu Recht nicht mehr vorgenommen[160].

Trotz der angesprochenen begrifflichen Unklarheiten im einzelnen ist anerkannt, daß ein Teil der psychischen Erkrankungen oder geistigen Behinderungen zur Minderung oder völligen Aufhebung der Einwilligungsfähigkeit des Patienten führen kann. Dennoch gilt selbstverständlich, daß *nicht jede* psychische Erkrankung zugleich Einfluß auf die Einwilligungsfähigkeit des Patienten hat[161]. Die meisten Erkrankungen und Störungen im seelischen Bereich lassen die Einwilligungsfähigkeit der Betroffenen völlig unberührt. Hinzu kommt, daß psychische Krankheiten häufig in verschiedenen Schweregraden auftreten und zum Teil auch einen stetigen oder schubweisen progredienten Verlauf nehmen können. Sehr häufig sind die Patienten bei leichteren Krankheitsbildern uneingeschränkt einwilligungsfähig; schwerere Erkrankungsformen bzw. spätere Stadien einer psychischen Erkrankung führen dagegen nicht selten zur Einschränkung oder gar zum völligen Verlust der Einwilligungsfähigkeit.

Allein durch die Diagnose einer bestimmten psychischen Krankheit, etwa Schizophrenie, Depression, Manie oder einer schwerwiegenden Persönlichkeitsstörung lassen sich also noch keine Rückschlüsse auf die Einwilligungsfähigkeit des Patienten ziehen. Auch in solchen Fällen ist die Entscheidung von dem genauen Krankheitsbild und von der Person des Erkrankten abhängig; es lassen sich allenfalls bestimmte Kriterien herausarbeiten, die bei der Beurteilung der Einwilligungsfähigkeit hilfreich sein können[162].

b) *Kriterien zur Prüfung der Einwilligungsfähigkeit psychisch Kranker*

aa) *Untauglichkeit rein diagnostischer Kriterien*

Zum Teil wurde versucht, spezielle und greifbare Kriterien für die Bestimmung der Einwilligungsfähigkeit bei psychisch Kranken zu entwickeln, die im Einzelfall eine Entscheidung erleichtern sollen.

---

160 Vgl. nur Roche Lexikon Medizin, Stichwort „Oligophrenia"; anders Erman-*Holzhauer*, BGB, § 1896 Rdnr. 11, der diese Abstufung noch vornimmt.

161 *Kern/Laufs*, Die ärztliche Aufklärungspflicht, S. 26; *Helmchen*, in: FS Tölle, S. 67, 70; *Vollmann/Helmchen*, DMW 1997, 870, 871; vgl. auch *Tondorf*, ZRP 1983, 118, 119: „Es gibt sicherlich wenige Einzelfälle, in denen es der zur Einwilligung in die Behandlung erforderlichen Einsichtsfähigkeit aufgrund der psychischen Erkrankung des Patienten mangelt."

162 Auch soweit sich Spezialgesetze mit der Frage der Einwilligungsfähigkeit bei psychischen Krankheiten befassen (z. B. die [Länder-]Gesetze über die Unterbringung von psychisch Kranken), wird stets an die allgemeine Definition angeknüpft, die die Einwilligungsfähigkeit von der natürlichen Einsichts- und Urteilsfähigkeit abhängig macht.

Die einfachste Methode zur Bestimmung der Einwilligungsfähigkeit psychisch Kranker bestünde in der Differenzierung nach der *Art der psychischen Erkrankung*. Es wurde in der Tat vorgeschlagen, die Beurteilung der Einwilligungsfähigkeit eines Patienten vom psychopathologischen Befund abhängig zu machen, d. h. bei bestimmten psychischen Krankheiten grundsätzlich von der Einwilligungsunfähigkeit des Patienten auszugehen, bei anderen psychischen Krankheiten dagegen Einwilligungsfähigkeit anzunehmen[163].

Dieser Methode ist entgegenzuhalten, daß sie zu ungenau ist, um eine verläßliche Aussage über die Einwilligungsfähigkeit eines psychisch erkrankten Patienten im Hinblick auf einen bestimmten ärztlichen Eingriff zu treffen. Insbesondere das Verlaufsstadium, der individuelle Schweregrad sowie die Art des ärztlichen Eingriffs, in den eingewilligt werden soll, werden bei dieser generalisierenden Betrachtung nicht in die Beurteilung einbezogen, so daß sich annähernd richtige Ergebnisse allenfalls für die Einwilligung in ärztliche „Durchschnittsbehandlungen" im „Normalfall" einer psychischen Erkrankung ergeben dürften.

Zutreffend ist allerdings, daß *Erfahrungswerte*, die man bei bestimmten psychischen Erkrankungen gesammelt hat, erste *Anhaltspunkte* zur Beurteilung der Einwilligungsfähigkeit des Patienten liefern können. Die Diagnose der psychischen Krankheit und ihre Klassifizierung stellt daher den *Ausgangspunkt* zur anschließenden *individuellen* Beurteilung der Einwilligungsfähigkeit psychisch Kranker dar. Ausreichend für ein verläßliches Urteil ist sie jedoch keinesfalls.

bb) Auswirkungen einer Betreuungsanordnung auf die Einwilligungsfähigkeit

Psychisch Kranken oder Behinderten, die ihre Angelegenheiten ganz oder teilweise nicht zu besorgen vermögen, ist gem. § 1896 Abs. 1 BGB auf Antrag oder von Amts wegen ein *Betreuer* zu bestellen. Das Rechtsinstitut der Betreuung wurde mit Wirkung vom 1.1.1992 in das BGB eingefügt und ersetzt die bis dahin geltenden Vorschriften über die Vormundschaft und die Gebrechlichkeitspflegschaft über Volljährige[164]. Vorrangiger Zweck der Regelung ist die Stärkung des Selbstbestimmungsrechts und des Willens des Betreuten und damit eine stärkere Beachtung seiner Wünsche und Vorstellungen. Statt pauschaler Entrechtung soll mit dem Institut der Betreuung nunmehr die Förderung und Stärkung verbliebener Eigenkompetenz des Betreuten im Vordergrund stehen[165]. Ebenfalls komplett entfallen sind die Vorschriften über die Entmündigung wegen Geisteskrankheit, Geistesschwäche, Verschwendung, Trunksucht oder Rauschgiftsucht, die zur Folge hatten, daß der Ent-

---

[163] *Erhardt*, Behandlung und Behandlungsverweigerung untergebrachter psychisch Kranker, S. 45.

[164] Vgl. *Kern*, MedR 1991, 66.

[165] Siehe *Taupitz*, JuS 1992, 9; *Coester*, Jura 1991, 1 ff.; *Foerster*, MedR 1991, 180 ff.

mündigte geschäftsunfähig oder lediglich beschränkt geschäftsfähig war (vgl. §§ 6, 104 Nr. 3, 114, 106 BGB a. F.).

Nach der neuen Rechtslage besteht auch keine Möglichkeit mehr, die Geschäftsunfähigkeit eines psychischen Kranken oder Behinderten durch gerichtlichen Beschluß konstitutiv festzustellen. Die Betreuung läßt die Geschäftsfähigkeit des Betreuten grundsätzlich unberührt. Geschäftsunfähig ist der Volljährige damit nur dann, wenn er sich gem. § 104 Nr. 2 BGB in einem „die freie Willensfähigkeit ausschließenden Zustand krankhafter Störung der Geistestätigkeit" befindet. Ob diese Voraussetzung vorliegt, muß jeweils im Einzelfall – bei Vorliegen entsprechender Anhaltspunkte – festgestellt werden[166].

Auch wenn die rechtliche Situation im Hinblick auf die Beurteilung der Geschäftsfähigkeit somit eindeutig ist, ist dennoch umstritten, welchen Einfluß die Betreuerbestellung auf die *Einwilligungsfähigkeit* eines psychisch Kranken bezüglich medizinischer Eingriffe hat.

Nach h. M. gilt hinsichtlich der Einwilligungsfähigkeit nichts anderes als hinsichtlich der Geschäftsfähigkeit[167]. Die Bestellung eines Betreuers läßt die Einwilligungsfähigkeit des Betreuten grundsätzlich unberührt. Auch ein Betreuter kann, wenn er die erforderliche Einsichtsfähigkeit bezüglich des geplanten Eingriffs besitzt, selbst und *ohne Mitwirkung des Betreuers* in medizinische Eingriffe wirksam einwilligen[168]. Dies gilt selbst dann, wenn der Aufgabenbereich des Betreuers Heilbehandlungen des Betreuten umfaßt. Allein aus der Tatsache, daß dem Patienten für Heilbehandlungen ein Betreuer zugeordnet wurde, läßt sich noch kein sicherer Hinweis dafür entnehmen, daß der Patient selbst keine wirksame Einwilligungserklärung in medizinische Eingriffe erteilen kann. Andererseits stellt die Bestellung eines Betreuers, insbesondere für den Bereich der *Heilbehandlung*, ein gewichtiges *Indiz* für eine mögliche Einwilligungsunfähigkeit in medizinische Eingriffe dar und sollte in jedem Fall für den behandelnden Arzt Anlaß dafür sein, die Einwilligungsfähigkeit des Betreuten für einen bestimmten Eingriff besonders sorgfältig zu überprüfen.

Eine andere Auffassung wird in diesem Zusammenhang von *Holzhauer* vertreten[169]. Auch er ist zwar der Ansicht, daß auch ein Betreuter durchaus noch einwilligungsfähig bezüglich bestimmter medizinischer Eingriffe sein kann. Anders als die h. M. geht er aber davon aus, daß im Falle der Betreuung

---

[166] Es war gerade Ziel des Betreuungsgesetzes, die Stigmatisierung der Betroffenen durch eine gerichtliche Feststellung der Einwilligungsfähigkeit zu verhindern.

[167] Zu dem Zusammenhang zwischen Betreuung und Geschäftsfähigkeit siehe *Gabriele Müller*, Betreuung und Geschäftsfähigkeit, passim.

[168] *Mayer*, Mediznische Maßnahmen an Betreuten, S. 118; *Kuhlmann*, Einwilligung in die Heilbehandlung alter Menschen, S. 140.

[169] Erman-*Holzhauer*, § 1904 Rdnr. 8 ff.

die Einwilligungskompetenz des Betreuers *neben* die des Betreuten trete. Vornehmlich aus Gründen der Rechtssicherheit befürwortet er daher eine „Doppelkompetenz" von Betreuer und Betreutem bei der Einwilligung in medizinische Eingriffe[170]. Kollisionsfälle, d. h. Situationen, in denen sich Betreuer und Betreuter hinsichtlich der Einwilligungserklärung uneinig sind, will *Holzhauer* dadurch lösen, daß er dem Betreuer einen „Vorrang im Konfliktfall" einräumt[171]. Dies sei hinnehmbar, weil der Betreuer bei seiner Entscheidung gem. § 1901 Abs. 2 S. 1 BGB ohnehin die Wünsche des Betreuten zu berücksichtigen habe[172]. Außerdem sei zu berücksichtigen, daß der Betreute für den Abschluß des zivilrechtlichen Behandlungsvertrages ohnehin die zustimmende Willenserklärung des Betreuers benötige, wenn sich dessen Aufgabenkreis auf den Abschluß solcher Verträge beziehe[173]. Schließlich werde durch dieses Ergebnis auch für den Arzt die größtmögliche Rechtssicherheit erreicht, da er sich in Zweifelsfällen immer auf die Handlungen des Betreuers verlassen kann, andererseits aber auch bei offensichtlicher Einwilligungsfähigkeit des Betreuten auf die Einwilligung des Betreuers verzichten kann, ohne negative Konsequenzen befürchten zu müssen[174].

Holzhauers Auffassung von der Doppelkompetenz des Betreuers und des Betreuten mag zwar im Einzelfall der Rechtssicherheit förderlich sein, sie wird jedoch von dem geltenden Betreuungsrecht nicht gedeckt und wird daher von der h. M. zu Recht abgelehnt[175]. Das Betreuungsrecht hat bewußt Abstriche bei der Rechtssicherheit in Kauf genommen, um der verbliebenen Eigenkompetenz des Betreuten weitgehenden Vorrang einzuräumen. Im übrigen widerlegt auch die Entstehungsgeschichte des § 1904 BGB die Auslegung *Holzhauers*. Der 1. Diskussions-Teilentwurf zum Betreuungsgesetz hatte in § 1904 Abs. 1 BGB noch eine ausdrückliche Regelung vorgesehen, wonach der Betreuer *nicht* anstelle des Betreuten in eine Untersuchung des Gesundheitszustandes, in eine Heilbehandlung oder in einen sonstigen ärztlichen Eingriff einwilligen kann, wenn der Betreute selbst einwilligungsfähig ist. Diese Vorschrift wurde später allein deshalb nicht in das Gesetz aufgenommen, weil sie einerseits Selbstverständliches besage und andererseits der Praxis in den kritischen Fällen nicht weiterhelfe[176].

Die h. M. hält daher zu Recht daran fest, daß die Betreuungsanordnung, auch wenn sie den Bereich der Gesundheitsangelegenheiten betrifft, keinen

---

170 Erman-*Holzhauer*, § 1904 Rdnr. 8.

171 Erman-*Holzhauer*, § 1904 Rdnr. 9 f.

172 Erman-*Holzhauer*, § 1904 Rdnr. 10.

173 Erman-*Holzhauer*, § 1904 Rdnr. 11.

174 Näher Erman-*Holzhauer*, § 1904 Rdnr. 12.

175 Gegen *Holzhauer* ausdrücklich *Klüsener/Rausch*, NJW 1993, 617, 619; *Mayer*, Medizinische Maßnahmen an Betreuten, S. 54 ff.

176 BT-Drs. 11/4528 S. 141.

unmittelbaren Einfluß auf die Einwilligungsfähigkeit eines Patienten in medizinische Eingriffe hat. Auch der unter Betreuung stehende Patient ist, wenn er die erforderliche Einsichtsfähigkeit für den konkreten Eingriff besitzt, unbeschränkt einwilligungsfähig. Die Betreuungsanordnung kann insofern lediglich als *Hinweis* dienen, um die Einwilligungsfähigkeit des Patienten näher zu überprüfen; eine in jedem Fall verläßliche und damit rechtssichere Aussage läßt sich ihr jedoch nicht entnehmen.

cc) Einzelfallorientierte Prüfung der Einwilligungsfähigkeit

Auch bei psychisch Kranken ist daher die Einwilligungsfähigkeit einzelfallbezogen und entsprechend den bereits oben zum Minderjährigen genannten Kriterien zu überprüfen. Entscheidend für eine selbstbestimmte Einwilligung ist die Fähigkeit zum Verständnis des geplanten Eingriffs und zu einer darauf beruhenden „vernünftigen" Bewertung sowie die Fähigkeit, sich nach der so gewonnenen Einsicht selbst zu bestimmen.

Dabei gilt aber gerade bei der Einwilligung eines Volljährigen umso mehr, daß nicht aus jeder objektiv „unvernünftigen" Entscheidung auf die Einwilligungsunfähigkeit des Patienten geschlossen werden kann, weil anzunehmen ist, daß der Patient keine richtige Bewertung der entscheidungserheblichen Umstände vorgenommen hat. Dem Patienten muß soweit wie möglich im Rahmen seines Selbstbestimmungsrechts auch ein Recht auf objektiv „unvernünftige" Entscheidungen zustehen. Entscheidend ist nicht, ob der Patient in der konkreten Situation unvernünftig gehandelt und entschieden hat, sondern ob er vernünftig handeln konnte. Erst dann, wenn die Unvernunft des Einwilligenden mit einer *krankheitsbedingten* Verschiebung seiner Wertvorstellungen einhergeht, kann von einer freiverantwortlich erklärten Einwilligung nicht mehr gesprochen werden.

Gerade in dieser Hinsicht besteht ein wesentlicher Unterschied zu der objektiv unvernünftigen Entscheidung eines Minderjährigen, die auf jugendlicher Unreife und einem dadurch noch unvollständigen Wertesystems beruht. Anders als beim Minderjährigen hat sich beim Erwachsenen in der Regel schon ein individuelles Wertesystem ausgebildet, das durchaus von der herkömmlichen Werteauffassung anderer Personen abweichen kann. Dem volljährigen Patienten ist daher im Zweifelsfall mehr noch als dem Minderjährigen ein Recht auf objektiv unvernünftige und vermeintlich sinnlose Entscheidungen zuzuerkennen.

Mit einer entsprechenden Problematik hat sich auch der BGH in der sog. „Zahnextraktions-Entscheidung" befaßt[177]. Die Zeugin (im späteren Strafprozeß gegen den behandelnden Zahnarzt) litt seit Jahren ständig unter starken Kopfschmerzen, deren Ursache nicht ermittelt werden konnte. Schließlich

---

[177] BGH NJW 1978, 1206.

äußerte die Patientin den Wunsch, sich alle plombierten Zähne ziehen zu lassen. Obwohl der behandelnde Arzt darauf hinwies, daß der Zustand der Zähne für die starken Kopfschmerzen nicht ursächlich sein konnte, beharrte sie auf dem Wunsch nach einer Extraktion mit der Bemerkung, sie müsse selbst wissen, ob sie die Zähne „heraus haben" wolle. Daraufhin erklärte sich der behandelnde Arzt schließlich bereit, die Extraktionen vorzunehmen.

Der BGH verurteilte den Arzt wegen Körperverletzung, da die Einwilligung der Patientin nicht wirksam gewesen sei und daher keinen wirksamen Rechtfertigungsgrund darstellen konnte. Der Patientin habe es an der zur Beurteilung von Zahnextraktionen erforderlichen Urteilskraft gefehlt, sie habe „in laienhaftem Unverstand" beharrlich an der von ihr selbst gestellten Diagnose festgehalten. Daher habe die erklärte Einwilligung in die Zahnextraktionen die tatsächlich vom Angeklagten durchgeführten Maßnahmen inhaltlich nicht abgedeckt. Die Patientin habe nach ihrer Vorstellung lediglich eine Einwilligung für einen *therapeutischen Eingriff* erteilen wollen, da sie an eine nicht völlig fernliegende Heilungsaussicht geglaubt habe. Da sich das Vorgehen des Angeklagten hingegen nicht als Heileingriff darstellte, sei schon aus diesem Grund die Einwilligung der Patientin unwirksam gewesen.

Diesem Ergebnis kann aus den vorgenannten Gründen nicht gefolgt werden. Die Auffassung des BGH berücksichtigt nicht ausreichend das dem Patienten zustehende Selbstbestimmungsrecht, das auch objektiv unvernünftige Entscheidungen ermöglichen soll, wenn der Patient grundsätzlich zu vernünftigen Entscheidungen fähig ist und eine für ihn verbindliche Abwägung und Entscheidung im Einzelfall treffen kann. Die bloße objektive Unvernunft der Entscheidung begründet noch kein sicheres Indiz für eine fehlende Einwilligungsfähigkeit des Patienten. Diese Bewertung ändert sich auch nicht dadurch, daß nach der Vorstellung der Patientin im „Zahnextraktionsfall" die Einwilligung in einen „Heileingriff" erteilt wurde, der Arzt den Eingriff aber nicht als „Heilbehandlung" durchführte, weil er die medizinische Sinnlosigkeit erkannte. Der Patient muß auch das Recht haben, in solche Behandlungen einzuwilligen, die objektiv keine „Heilbehandlungen" darstellen. Entscheidend im oben genannten Fall war vielmehr, daß die objektiv unvernünftige Entscheidung der Patientin nicht auf einer psychischen Erkrankung oder Störung beruhte, sondern Ausdruck ihrer freien und selbstbestimmten Entscheidung war. Auch wenn das Verlangen nach der Zahnextraktion objektiv unvernünftig erschien, besaß die Patientin die erforderliche Einsichts- und Urteilsfähigkeit für den Eingriff und war damit einwilligungsfähig[178]. Der Arzt hätte wegen der wirksamen rechtfertigenden Einwilligung freigesprochen werden müssen.

---

[178] Vgl. *Horn*, JuS 1979, 29 ff; *Hruschka*, JR 1978, 519; *Rogall*, NJW 1978, 2344; *Rüping*, Jura 1979, 90; Schönke/Schröder-*Lenckner*, StGB, Vorbem. §§ 32 ff., Rdnr. 36.

Die vorgenannten Grundsätze gelten nicht nur im Bereich medizinischer Heilbehandlungen sondern auch bei medizinischen Forschungseingriffen. Auch hier muß im jeweiligen Einzelfall geprüft werden, ob der psychisch Kranke die erforderliche Fähigkeit zu Verständnis, Bewertung und Verarbeitung der einwilligungsrelevanten Tatsachen hat, oder ob eine freie und selbstbestimmte Einwilligung aufgrund der psychischen Erkrankung nicht möglich ist. Allein eine objektive Beurteilung des Nutzen-Risiko-Verhältnisses hilft gerade in der medizinischen Forschung nicht weiter, da dem einwilligungsfähigen psychisch Kranken keine Entscheidung „zu seinen Gunsten" aufgedrängt werden darf.

3. *Alte Patienten*

a) *Einwilligungsfähigkeit alter Menschen*

Alte Menschen, die aufgrund einer altersbedingten Demenzerkrankung oder eines Verwirrtheitszustands (Delir)[179] nicht mehr wirksam in eine ärztliche Maßnahme einwilligen können, stellen eine weitere Gruppe einwilligungsunfähiger Patienten dar. Der Übergang zu der oben unter 1. gebildeten Gruppe psychisch kranker Patienten ist – insbesondere bei den Demenzerkrankungen – fließend, denn zum einen lassen sich Altersdemenzerkrankungen schon begrifflich zu den psychischen Erkrankungen zählen[180], zum anderen gehen altersdementielle Erkrankungen häufig begleitend mit weiteren – auch psychischen – Krankheiten einher[181].

Die weitaus häufigste dementielle Erkrankung im Alter ist *Morbus Alzheimer*, eine meist im 5. bis 6. Lebensjahrzehnt erstmals auftretende, unaufhaltsam fortschreitende Großhirnrindenatropie mit zunehmender Beeinträchtigung kognitiver Leistungen wie Denken, Urteilen, Gedächtnis sowie häufig Einschränkungen des Antriebs, Veränderungen der Persönlichkeit, Störungen der Motorik, Depressivität und Sinnestäuschungen[182]. Daneben gibt es weitere dementielle Erkrankungen, die meist im Alter auftreten. Zu nennen sind etwa die Picksche Krankheit sowie zerebravaskuläre Demenzen, d. h. alle Demen-

---

179 Siehe zur Abgrenzung *Neubauer/Wetterling/Neubauer*, Fortschr. Neurol. Psychiat. 1994, 306, 308 ff.

180 Hierunter fallen sämtliche degenerativen Hirnprozesse wie Morbus Alzheimer, senile Demenz, Morbus Pick und Chorea Huntington.

181 Man spricht insoweit von Polypathologie und Multimorbidität. Zu den körperlichen Begleiterkrankungen bei Patienten mit Demenz sowie den derzeitigen Möglichkeiten und Grenzen der Behandlung siehe *Meins*, hamburger ärzteblatt, 6/98, S. 240 ff.; vgl. auch *Schroeter*, Ärztliche Aufklärung im Alter, passim; *Falck*, MedR 1985, 110 f.

182 Vgl. Roche Lexikon Medizin, Stichwort: Alzheimer Krankheit; zum Krankheitsbild siehe auch *Helmchen/Lauter* (Hrsg.), Dürfen Ärzte mit Demenzkranken forschen?, S. 6.

zen, die auf Durchblutungsstörungen im Gehirn zurückzuführen sind[183]. Schließlich können auch andere gerontopsychiatrische Krankheiten, z. B. Depressionen, die Einwilligungsfähigkeit des Patienten einschränken bzw. ganz aufheben. Dies gilt insbesondere dann, wenn sie mit Demenzen zusammentreffen[184].

b) Kriterien zur Prüfung der Einwilligungsfähigkeit bei alten Patienten

Auch bei alten Patienten wurde versucht, spezielle Kriterien zur Überprüfung der Einwilligungsfähigkeit zu entwickeln. Auch hier gilt aber letzlich, daß eine verläßliche Aussage zur Einwilligungsfähigkeit *allein* anhand der Krankheitsdiagnose oder anderer griffiger Kriterien nicht möglich ist.

Insbesondere kann bei alten Patienten – anders als bei Minderjährigen – das *Lebensalter* allein nicht als geeigneter Anhaltspunkt für die Beurteilung der Einwilligungsfähigkeit herangezogen weden. Der Alterungsprozeß verläuft weitaus individueller und ist weit weniger vorhersehbar als die körperliche und geistige Entwicklung eines Minderjährigen, so daß aus dem Alter des Patienten keine Rückschlüsse auf dessen körperliche und geistigen Fähigkeiten gezogen werden können[185]. Die Einführung einer festen Altersgrenze (z. B. das 70. Lebensjahr), ab der die Einwilligung eines Patienten von der Zustimmung eines gesetzlichen Vertreters abhängig sein soll, kann daher nicht ernsthaft erwogen werden[186]. Allenfalls bei sicherem Vorliegen einer progredient voranschreitenden Demenzerkrankung kann dem Lebensalter und der Krankheitsgeschichte eine gewisse *Indizwirkung* bei der Beurteilung des Krankheitsstadiums und des weiteren Krankheitsverlaufs zuerkannt werden. So entspricht es etwa medizinischen Erfahrungssätzen, daß die Alzheimersche Krankheit, die in höherem Lebensalter beginnt, insgesamt langsamer voranschreitet und seltener ein Endstadium erreicht, in dem die intellektuelle Leistungsfähigkeit nahezu gänzlich aufgehoben ist, als in Fällen, in denen die Demenzerkrankung schon früh auftritt.

Spezifisch medizinisch-psychiatrische Modelle zur Bestimmung der Einwilligungsfähigkeit alter Menschen sind bislang nicht anerkannt. Ein Versuch

---

[183] Siehe dazu auch *Kuhlmann*, Einwilligung in die Heilbehandlung alter Menschen, S. 56 f. m. w. Nwen.

[184] *Neubauer/Wetterling/Neubauer*, Fortschr. Neurol. Psychiat. 1994, 306, 309.

[185] *Dieter Jeschek*, Einwilligung in der Geriatrie, S. 32 f. spricht von einer „größeren interindividuelle[n] Streubreite" beim älteren Menschen im Vergleich zum Minderjährigen.

[186] Anders offenbar *Kuhlmann*, Einwilligung in die Heilbehandlung alter Menschen, S. 222, der unter der Überschrift „Rechtspolitische Überlegungen" die Frage nach einer Altershöchstgrenze für die Einwilligung aufwirft, dann allerdings doch zu dem Ergebnis kommt, daß dem Alter keine Indizwirkung für die Einwilligungsfähigkeit beigemessen werden könne und feste Altersgrenzen eine Diskriminierung und Stigmatisierung von alten Menschen zur Folge hätte.

*Dieter Jeschek*s ging dahin, ein spezielles Modell zur Bestimmung und Überprüfung der Einwilligungsfähigkeit alter Menschen zu entwickeln, indem er an das (medizinische) Kriterium der *Kompensationsfähigkeit* anknüpfte[187]. Unter Kompensationsfähigkeit versteht *Jeschek* das Vermögen des Organismus, dem Zutagetreten von altersbedingten Abbauerscheinungen durch Ausgleichsmaßnahmen entgegenzuwirken. Solche Ausgleichsmaßnahmen sind auf körperlicher und auf geistiger Ebene denkbar. Mit zunehmendem Alter soll die Kompensationsfähigkeit nachlassen und ein Ausgleich der Alterserscheinungen nicht mehr möglich sein. Es komme zur sich allmählich steigernden *Dekompensation,* deren bedeutendste Erscheinungsformen Depressionen und delirante Verwirrtheitszustände seien. Je nach Zustand des Patienten – kompensiert oder dekompensiert – soll damit auf dessen Einwilligungsfähigkeit geschlossen werden können. Selbst wenn sich der altersbedingte geistige Abbau in der von *Jeschek* geschilderten Weise modellhaft medizinisch begründen läßt, so ist für die *rechtliche* Beurteilung der Einwilligungsfähigkeit dadurch noch nichts gewonnen. Bereits die Feststellung des Zustands der Kompensation oder der Dekompensation ist – genau wie die Feststellung der Einsichts- und Steuerungsfähigkeit – problematisch und anzweifelbar. Hinzu kommt – wie auch *Jeschek* selbst einräumt – daß der kompensierte oder dekompensierte Zustand des Patienten „nur ein Anhaltspunkt für das Vorliegen von Einwilligungsfähigkeit" ist und nicht in jedem Fall eine taugliche Hilfe sein kann[188].

Auch beim alten Menschen lassen sich daher keine eindeutigen Kriterien zur Bestimmung der Einwilligungsfähigkeit angeben. Selbst wenn bestimmte Krankheiten wie Morbus Alzheimer in einem vorangeschrittenen Stadium die Vermutung nahelegen, daß dem Patienten die nötige Einsichts- und Urteilsfähigkeit für den medizinischen Eingriff fehlt, muß die Einwilligungsfähigkeit immer individuell geprüft werden[189]. Dabei sind bei medizinischen *Forschungseingriffen* (Heilversuche und wissenschaftliche Versuche) an die Prüfung der Einwilligungsfähigkeit gerade beim alten Menschen insofern erhöhte Anforderungen zu stellen, als das Verständnis komplexer Versuchsreihen regelmäßig schwieriger ist und höhere geistige Flexibilität erfordert als die Einwilligung in eine „einfache" medizinische Standardbehandlung.

4. *Bewußtlose Notfall- und Intensivpatienten*

Zur Gruppe der *zeitweilig* einwilligungsunfähigen Patienten zählen schließlich bewußtlose Notfallpatienten und komatöse Patienten in intensiv-

---

187 *Dieter Jeschek*, Einwilligung in der Geriatrie, passim.

188 Kritisch insoweit auch *Kuhlmann*, Einwilligung in die Heilbehandlung alter Menschen, S. 71.

189 Zur Diagnostik von Gedächtnisstörungen vgl. *Hofmann,* hamburger ärzteblatt, 6/98, S. 233 ff.

medizinischer Behandlung. Die Gründe für die Bewußtlosigkeit können vielfältig sein. Meist handelt es sich um Patienten mit unfallbedingtem Schädel-Hirn-Trauma, Polytrauma, traumatischem oder septischem Schock. Selbst starke Schmerzen[190] oder die Einnahme von Drogen, Alkohol und anderer psychotroper Substanzen können für die Einwilligungsunfähigkeit ursächlich sein. Schließlich kann die Bewußtlosigkeit im Fall der Narkose auch *absichtlich* hergestellt worden sein, um dem Patienten starke Schmerzen zu ersparen.

Die zu den vorangegangenen Patientengruppen dargestellten Abgrenzungsprobleme bei der Beurteilung der Einwilligungsfähigkeit stellen sich beim bewußtlosen Patienten nicht. Bewußtlose Patienten sind naturgemäß immer einwilligungsunfähig. Grenzbereiche ergeben sich allenfalls bei starker Sedierung, etwa durch Medikamente oder Drogen, gewissermaßen im „Vorstadium“ der Bewußtlosigkeit. Auch in solchen Fällen ist nach den oben genannten Kriterien zu fragen, ob der Patient (noch) die erforderliche Einsichts- und Urteilsfähigkeit in den geplanten Eingriff hat. Im Zweifel wird dies bei starker Sedierung, etwa vor einem operativen Eingriff, abzulehnen sein[191].

Schließlich ist darauf hinzuweisen, daß sich auch im Bereich der Notfall- und Intensivmedizin die Frage der Zulässigkeit von Forschungsvorhaben am einwilligungsunfähigen Menschen stellt, wenngleich in der medizinischen und juristischen Literatur diese Problematik vergleichsweise selten angesprochen wird. Auch in der Notfallmedizin müssen neuartige Arzneimittel oder Behandlungsmethoden erprobt werden, die am gesunden und „wachen“ Patienten nicht klinisch geprüft werden können[192]. Auch medizinische Geräte, die gerade in der Notfall- und Intensivmedizin eine große Rolle spielen, müssen bis zur Marktzulassung mehrere Phasen der klinischen Prüfung durchlaufen. Die Zulässigkeit solcher Prüfungen unterfällt dem Medizinproduktegesetz, das einen eigenen Abschnitt zur klinischen Prüfung von Medizinprodukten enthält[193].

E. Die Feststellung der Einwilligungsfähigkeit

I. Ärztliche Prüfungspflicht

Nachdem vorstehend Grundzüge zur Beurteilung der Einwilligungsfähigkeit im Hinblick auf die verschiedenen Patientengruppen erörtert wurden,

---

190 Vgl. dazu OLG Frankfurt a. M. MedR 1984, 194 = VersR 1984, 289.

191 BGH NJW 1987, 2291, 2293; *D. Giesen*, Arzthaftungsrecht, Rdnr. 220.

192 Vgl. nur *Lippert*, DMW 1994, 1796 ff.; *Eyrich/Spies*, in: Toellner/Wiesing (Hrsg.), Strukturen ärztlichen Handelns und ihre ethische Relevanz, S. 101 ff.

193 Zum Medizinproduktegesetz und seinen Einzelregelungen siehe unten § 4 C.

verbleibt noch die praktisch relevante Frage, *wer* im Einzelfall die Einwilligungsfähigkeit des Patienten zu prüfen hat.

Nach ganz h. M. obliegt die Prüfung der Einwilligungsfähigkeit eines Patienten dem jeweils behandelnden Arzt[194]. Ensprechend obliegt bei Forschungsuntersuchungen dem forschenden Arzt (i. d. R. dem Prüfleiter) die Feststellung der Einwilligungsfähigkeit[195]. Der Sache nach handelt es sich nicht um eine echte vertragliche oder deliktische *Pflicht* des Arztes, etwa vergleichbar mit der Behandlungspflicht aus dem Dienstvertrag. Die unterlassene Prüfung der Einwilligungsfähigkeit kann allerdings für den Arzt nachteilige Folgen nach sich ziehen, so daß terminologisch korrekt am ehesten von einer *Obliegenheit* zur Prüfung der Einwilligungsfähigkeit gesprochen werden kann. Gleichwohl werden auch Obliegenheiten in einem weiteren Sinne oft als Pflichten bezeichnet.

Der Arzt muß also, am zweckmäßigsten im Rahmen seines Anamnese- oder Aufklärungsgesprächs, feststellen, ob der Patient die notwendige Einsichts- und Urteilsfähigkeit besitzt, um in den geplanten medizinischen Eingriff einwilligen zu können. Daß ihm diese Prüfungspflicht bzw. -obliegenheit auferlegt wird, ist auch durchaus sinnvoll, da der Arzt ohnehin bei der Aufklärung des Patienten die individuelle Einsichts- und Verständnisfähigkeit des Patienten zu berücksichtigen hat und seine Aufklärung danach ausrichten muß. In diesem Zusammenhang kann auch erwartet werden, daß er prüft, ob der Patient die ihm gegebenen Informationen verstehen und angemessen bewerten kann. Die Prüfung der Einwilligungsfähigkeit des Patienten muß dabei immer im Hinblick auf einen *bestimmten* medizinischen Eingriff erfolgen. Es ist z. B. durchaus möglich, daß der Patient in eine einfache Diagnosemaßnahme wirksam einwilligen kann, bezüglich einer daran anschließenden komplizierten oder neuartigen Behandlung aber nicht mehr einwilligungsfähig ist und es der Zustimmung eines gesetzlichen Vertreters bedarf.

Der herrschenden Auffassung von der Prüfungspflicht des *Arztes* hinsichtlich der Einwilligungsfähigkeit des Patienten wird entgegengehalten, sie stelle in Fällen einer bereits angeordneten Betreuung eine unzulässige Einschränkung der eigenverantwortlichen Entscheidung des Betreuers dar[196]. Da der Betreuer der einzige sei, der zu einer permanenten und umfassenden Beschäftigung mit der Lebenssituation des Betreuten innerhalb des Aufgabenkreises verpflichtet ist, verfüge er über die besten Voraussetzungen, auch solche be-

---

[194] *Helle*, MedR 1987, 65, 68; MünchKomm-*Schwab*, § 1904 Rdnr. 7; *Mayer*, Medizinische Maßnahmen an Betreuten, S. 57; *Ulsenheimer*, in: Laufs/Uhlenbruck (Hrsg.), Handbuch des Arztrechts, § 139 Rdnr. 28; *Stolz*, FamRZ 1993, 642, 643; *Kern*, MedR 1993, 245, 247.

[195] *Lippert*, in: Toellner/Wiesing (Hrsg.), Strukturen ärztlichen Handelns und ihre ethische Relevanz, S. 92; *ders.*, DMW 1997, 912, 913.

[196] *Voigt*, Pflichten des Betreuers, S. 101.

deutsamen Umstände mit zu berücksichtigen, die nicht in unmittelbarem Zusammenhang mit der ärztlichen Maßnahme stehen, aber dennoch von dieser betroffen werden. Bei bestehendem Betreuungsverhältnis habe daher der Betreuer über die Einwilligungsfähigkeit des Betreuten zu entscheiden. Dieser Ansicht kann nicht zugestimmt werden; sie widerspricht der Funktion und Aufgabenstellung des Betreuers und wäre zudem auch nicht zweckdienlich. Der Betreuer vertritt den Betreuten im Rahmen seines Aufgabenkreises rechtlich und persönlich. Er hat nicht die Aufgabe, rechtsverbindliche *Feststellungen* über den Betreuten zu treffen und insbesondere dem behandelnden Arzt als „Gutachter" zur Seite zu stehen. Ganz abgesehen davon erfordert die Prüfung der Einwilligungsfähigkeit in erster Linie medizinische Sachkenntnis[197], die der – medizinisch regelmäßig nicht ausgebildete – Betreuer nicht hat. Umgekehrt entspricht es vielmehr dem Gebot praktischer Vernunft, daß der Betreuer die eigene (medizinische) Unkenntnis durch die Inanspruchnahme des Sachverstandes eines Dritten (des Arztes) zu überwinden sucht[198]. Bei verbleibenden Zweifeln oder Streitfragen kann zudem das Vormundschaftsgericht eingeschaltet werden, um eine verbindliche Entscheidung zu treffen[199].

Die *Intensität*, mit der der Arzt die Einwilligungsfähigkeit zu prüfen hat, richtet sich nach der Art des geplanten ärztlichen Eingriffs. Der Arzt muß umso genauer die Einwilligungsfähigkeit überprüfen, je mehr er den Bereich der ärztlichen Heilbehandlung verläßt und je mehr er sich dem Bereich der reinen medizinischen Forschung nähert. Hat er Zweifel an der Richtigkeit seiner Feststellung, so sollte er dies in der Behandlungsakte vermerken und bei bedeutenden Eingriffen notfalls einen weiteren Arzt hinzuziehen und auch dessen Meinung in der Behandlungsakte schriftlich festhalten.

II. Gerichtliche Überprüfbarkeit der ärztlichen Einschätzung

Kommt es später zum Streit über die Einwilligungsfähigkeit des Patienten, etwa in einem Prozeß um mögliche Haftungsansprüche, so stellt sich die Frage, inwieweit die ärztliche Beurteilung der Einwilligungsfähigkeit gerichtlich überprüfbar ist.

Einige Autoren fordern, daß dem Arzt bei der Beurteilung der Einwilligungsfähigkeit des Patienten ein *Beurteilungsspielraum* oder eine *Einschätzungsprärogative*[200] zukommen soll[201]. Dies hätte zur Folge, daß das Gericht

---

197 Vgl. BGHZ 29, 46, 51.

198 So zu Recht deutlich *Mayer*, Medizinische Maßnahmen an Betreuten, S. 60.

199 Auch das Vormundschaftsgericht wird im Zweifel ein medizinisches Sachverständigengutachten einholen.

200 *Belling/Eberl/Michlik*, Das Selbstbestimmungsrecht Minderjähriger bei medizinischen Eingriffen, S. 130; *Lesch*, NJW 1989, 2309, 2310.

201 Zum Teil wird auch von einem möglichen *Ermessensspielraum* des Arztes gesprochen. Dieser Begriff ist jedoch – lehnt man sich an die verwaltungsrechtliche Terminologie

die Einschätzuung des Arztes nur auf bestimmte – gravierende – Fehler überprüfen könnte, ansonsten aber von der Richtigkeit der ärztlichen Feststellungen ausgehen müßte. Dieser Auffassung kann nicht gefolgt werden. Die Einwilligungsfähigkeit des Patienten ist eine reine Rechtsfrage, die letztlich von den Gerichten voll überprüfbar sein muß[202]. Eine nur eingeschränkte Kontrolle der ärztlichen Entscheidung durch die Gerichte wäre auch im Hinblick auf den Schutz des Selbstbestimmungsrechts des Patienten nicht hinnehmbar. Zwar ist nicht zu verkennen, daß die *Beurteilung* der Einwilligungsfähigkeit eines Patienten letzlich mit *medizinischen* Fragestellungen verknüpft ist, die der Richter in der Regel nicht aufgrund eigener Sachkunde beantworten kann. Dies ändert aber nichts an der generellen gerichtlichen Überprüfbarkeit der ärztlichen Feststellungen, die das Gericht notfalls mittels eines Sachverständigengutachtens vornehmen kann. Auch der BGH verneint zu Recht einen Beurteilungsspielraum des behandelnden Arztes bezüglich der Feststellung der Einwilligungsfähigkeit des Patienten, fordert aber im Zweifelsfall die Einholung eines Sachverständigengutachtens. In der Entscheidung BGHZ 29, 46, 51 heißt es:

> „Ob ein Kranker willensfähig in diesem Sinne ist, ist eine Frage, deren Beantwortung weitgehend in das Gebiet der ärztlichen Wissenschaft gehört. Der Richter wird sie daher meistens nicht ohne ärztliches Zeugnis oder Gutachten entscheiden können."

Die Gerichte werden sich deshalb in Zweifelsfällen ihrerseits eines medizinischen Sachverständigen bedienen, wenn die Einwilligungsfähigkeit eines Patienten zum Zeitpunkt des Eingriffs überprüft werden muß. Noch weitergehend dürfte sogar eine *Pflicht* der Gerichte bestehen, die medizinischen Zweifelsfragen durch Sachverständigengutachten zu klären und die dort getroffenen Feststellungen der Entscheidung zugrunde zu legen, um ein Auseinanderfallen medizinischer und rechtlicher Anforderungen zu verhindern[203]. Ein Verstoß gegen diese Pflicht kann in der Berufung oder Revision als Verfahrensmangel angegriffen werden.

---

an – weniger passend, da das Ermessen stets auf der *Rechtsfolgenseite* ausgeübt wird. Bei der Beurteilung der Einwilligungsfähigkeit geht es hingegen um die Voraussetzungen der Einwilligungsfähigkeit und damit eher um die „Tatbestandsseite".

[202] So auch *Kuhlmann*, Einwilligung in die Heilbehandlung alter Menschen, S. 45, der dem Arzt allerdings auf S. 87 allerdings einen Entscheidungsspielraum zubilligt, der jedoch „eng zu fassen" sei.

[203] Vgl. BGH NJW 1995, 776.

III. Rechtsfolgen der fehlerhaften ärztlichen Beurteilung der Einwilligungsfähigkeit

1. Irrige Annahme der Einwilligungsfähigkeit

Korrespondierend zur ärztlichen Obliegenheit zur Feststellung der Einwilligungsfähigkeit eines Patienten stellt sich die praktisch bedeutsame Frage, welche (zivil- und strafrechtlichen) Sanktionen der Arzt zu befürchten hat, wenn er die Einwilligungsfähigkeit eines Patienten falsch beurteilt.

Im Hinblick auf die rechtliche Beurteilung sind zwei Konstellationen zu trennen: Hält der Arzt einen einwilligungsunfähigen Patienten irrtümlich für einwilligungsfähig, so handelt er eigentlich nicht aufgrund einer wirksam erteilten Patienteneinwilligung. Man könnte annehmen, der Arzt würde sich wegen einer nicht durch Einwilligung gerechtfertigten vorsätzlichen Körperverletzung strafbar machen, bzw. den Tatbestand des § 823 Abs. 1 BGB rechtswidrig verletzen. Gleichwohl treten in vielen Fällen diese gravierenden Rechtsfolgen nicht ein. Im Strafrecht hilft hier die Irrtumslehre: Wenn der Arzt irrtümlich von der Einwilligungsfähigkeit des Patienten ausgeht, so befindet er sich im Irrtum über ein (an sich) zur Rechtfertigung führendes Geschehen. Es liegt die Situation des sog. „Erlaubnistatbestandsirrtums" vor. Nun ist zwar im strafrechtlichen Schrifttum heftig umstritten, wie diese Konstellation dogmatisch zu würdigen ist, über das Ergebnis besteht jedoch weitgehend Einigkeit: Der Arzt macht sich in solchen Fällen nicht wegen *vorsätzlicher* Körperverletzung strafbar[204]. Die wohl h. M. begründet dies zu Recht über eine analoge Anwendung des § 16 Abs. 1 StGB. Danach fehlt dem Täter im Falle des Erlaubnistatbestandsirrtums das Unrechtsbewußtsein, ein Umstand, der eigentlich zur Anwendung des § 17 StGB führen würde, mit der mißlichen Folge, daß sich der Täter bei Vermeidbarkeit des Irrtums trotzdem strafbar machen würde (es käme lediglich zu einer Strafmilderung über § 49 Abs. 1 StGB). Um dieses vom Gesetz nicht beabsichtigte Ergebnis zu umgehen, hat auch der BGH entschieden, daß der Erlaubnistatbestandsirrtum nicht dem reinen Verbotsirrtum (den § 17 StGB zum Gegenstand hat) gleichgestellt werden könne, der Täter handle beim Erlaubnistatbestandsirrtum schließlich „an sich rechtstreu"[205]. Der BGH und die h. M. gelangen daher im Ergebnis zu einer analogen Anwendung des § 16 Abs. 1 StGB, der auf die Konstellation des Erlaubnistatbestandsirrtums am ehesten zutrifft.

Übrig bleibt aber dennoch eine mögliche Strafbarkeit des Arztes wegen *fahrlässiger* Körperverletzung. Die Möglichkeit einer Fahrlässigkeitstat sieht § 16 Abs. 1 S. 2 StGB (ebenfalls entsprechend anwendbar) ausdrücklich vor. Zu prüfen ist also stets, ob die Tatsache, daß der Arzt die Einwilligungsunfähigkeit des Patienten verkannt hat, auf Fahrlässigkeit beruht. Hätte der Arzt

---

204 Anders lediglich die strenge Schuldtheorie, die zur Anwendung des § 17 StGB gelangt.

205 BGHSt 2, 236; BGHSt 3, 12.

bei entsprechend sorgfältiger Prüfung erkennen müssen, daß der Patient keine wirksame Einwilligung in den Eingriff erteilen kann, so kann er sich wegen fahrlässiger Körperverletzung (§ 223 StGB) strafbar machen[206].

Im Bereich der *zivilrechtlichen* Haftung gilt der Sache nach nichts wesentlich anderes. Auch hier führt die irrige Annahme der Einwilligungsfähigkeit zum Ausschluß der Haftung wegen *vorsätzlicher* Körper- bzw. Gesundheitsverletzung über § 823 BGB. Im Zivilrecht entfällt auch der dogmatische Streit um die Auswirkungen des Erlaubnistatbestandsirrtums. Nach der dort herrschenden „Vorsatztheorie" ist das Unrechtsbewußtsein Teil des Vorsatzes[207]. Fehlt also das Unrechtsbewußtsein, wie im Fall des Erlaubnistatbestandsirrtums, so entfällt auch eine Haftung wegen vorsätzlicher Körper- bzw. Gesundheitsverletzung. Auch im Zivilrecht bleibt allerdings eine Haftung wegen *fahrlässiger* Körper- oder Gesundheitsverletzung denkbar, wenn die irrtümliche Beurteilung des Patienten ihrerseits auf Fahrlässigkeit beruht[208].

Bei der Bestimmung des entsprechenden Grades der Fahrlässigkeit kann sowohl im Zivilrecht als auch im Strafrecht bedeutsam sein, welcher Grundtyp ärztlichen Handelns vorlag. Verläßt der Arzt den Bereich der medizinischen Standardbehandlung und befindet er sich auf dem Gebiet des Heilversuchs oder gar des rein wissenschaftlichen Versuchs, so steigen auch die *Sorgfaltsanforderungen* an den Arzt in Bezug auf die Prüfung der Einwilligungsfähigkeit. Der *forschende* Arzt muß also besonders intensiv prüfen, ob der Patient die nötige Einsichts- und Urteilsfähigkeit besitzt, um die geplanten medizinischen Eingriffe in ihrer Bedeutung und Tragweite zu erfassen. Bei gewissenhafter Prüfung der Einwilligungsfähigkeit und entsprechender Dokumentation, die ggf. durch eine Zweitmeinung bestätigt ist, kann dem Arzt jedoch kein Fahrlässigkeitsvorwurf bezüglich der Bestimmung der Einwilligungsfähigkeit gemacht werden[209].

Zur näheren Bestimmung des erforderlichen Sorgfaltsmaßstabs wird zum Teil weiter unterschieden zwischen der „Schwelle", ab der die Einwilligungsfähigkeit eines Patienten überhaupt geprüft werden soll, und dem „psychologischen Anforderungsniveau", d. h. der Intensität, mit der die Einwilligungsfähigkeit geprüft werden soll[210]. Diese Differenzierung ist entbehrlich, da der Arzt bei medizinischer Forschung *immer* die Frage der Einwilligungsfähigkeit zu bedenken hat und man daher keine „Schwelle" angeben kann, bei der der Arzt überhaupt erst beginnen muß, an die Einwilligungsfähigkeit des Patien-

---

206 Daneben kommen auch die Gefährdungstatbeständen des Arzneimittelgesetzes in Betracht, insbesondere § 96 Nr. 10 AMG; siehe dazu auch BayObLG NJW 1990, 1552 f.

207 BGHZ 69, 142; BGHZ 118, 208; MünchKomm-*Hanau*, § 276 Rdnr. 55; Palandt/*Heinrichs*, § 276 Rdnr. 11.

208 MünchKomm-*Mertens*, 2. Aufl., § 823 Rdnr. 33.

209 Vgl. *Staak/Weiser*, Klinische Prüfung von Arzneimitteln, S. 56.

210 *Helmchen/Lauter* (Hrsg.), Dürfen Ärzte mit Demenzkranken forschen?, S. 48 f.

ten zu denken. Es sind allenfalls Situationen denkbar, in denen die *Sorgfaltsanforderungen* an die Prüfung der Einwilligungsfähigkeit als so gering anzusehen sind, daß der Arzt nur bei besonderer Indikation weiter prüfen muß, ob der Patient einwilligungsfähig ist. Dies gilt immer dann, wenn im Rahmen des Aufklärungsgesprächs und nach dem Krankheitsbild des Patienten keinerlei Anhaltspunkte für eine fehlende Einwilligungsfähigkeit ersichtlich sind.

2. *Irrige Annahme der Einwilligungsunfähigkeit*

Wie bereits angesprochen, sind bei der fehlerhaften Beurteilung der Einwilligungsfähigkeit zwei Konstellationen zu unterscheiden. Neben der soeben dargestellten irrigen Annahme der Einwilligungsfähigkeit (der sicher häufigere Fall) ist auch die umgekehrte Situation möglich: Der Arzt geht irrtümlich davon aus, daß der Patient einwilligungs*un*fähig ist, etwa weil er die geistige Reife eines Minderjährigen oder die Verständnisfähigkeit eines psychisch Kranken unterschätzt. In solchen Fällen wird der Arzt bei einem Minderjährigen die Einwilligung der Eltern einholen bzw. beim volljährigen Patienten einen eventuell vorhandenen Betreuer hinzuziehen oder die Bestellung eines Betreuers anregen.

Stimmen sowohl der gesetzliche Vertreter als auch der (einwilligungsfähige) Patient der geplanten medizinischen Maßnahme zu, so hat die Fehlvorstellung des Arztes keine nachteiligen Konsequenzen. Entscheidend ist, daß der einwilligungsfähige Patient seine Einwilligung in den Eingriff erteilt hat. Die ebenfalls eingeholte Einwilligung der gesetzlichen Vertreter (Eltern, Betreuer) ist daneben unschädlich. Sie kann zivilrechtlich sogar ohnehin nötig sein, da zum Abschluß eines wirksamen Behandlungsvertrags mit einem zwar einwilligungs*fähigen* aber geschäfts*un*fähigen Patienten die Willenserklärung des gesetzlichen Vertreters nötig ist[211].

Probleme ergeben sich nur dann, wenn der Arzt einen etwaigen Widerspruch des Patienten mißachtet, weil er davon ausgeht, es komme ausschließlich auf die Einwilligungsfähigkeit des gesetzlichen Vertreters an. In solchen Fällen liegt ebenfalls die Situation eines Erlaubnistatbestandsirrtums vor, da der Arzt vom Vorliegen einer rechtfertigenden Einwilligung (durch den gesetzlichen Vertreter) ausgegangen ist, diese aber rechtlich nicht wirksam war. Demnach kommt auch in einer solchen Situation eine Haftung des Arztes aus einer Fahrlässigkeitstat in Betracht, wenn der Arzt sorgfaltswidrig die Einwilligungsfähigkeit des Patienten verkannt und übergangen hat. Dabei sind jedoch in solchen Fällen keine allzu hohen Anforderungen an den ärztlichen Sorgfaltsmaßstab zu stellen, in denen dem Patienten bereits ein Betreuer als Vertreter zugeordnet ist und das Aufgabengebiet des Betreuers ausdrücklich auch den Bereich der Heilbehandlung umfaßt. Ebenso darf der Arzt bei der

---

211 Vgl. *Deutsch*, Medizinrecht, Rdnr. 60.

Behandlung eines Minderjährigen regelmäßig darauf vertrauen, daß die Aufklärung und Einwilligung der Eltern ausreicht[212].

Allerdings gilt auch hier, daß bei medizinischen *Forschungseingriffen* im Vergleich zu reinen Heilbehandlungen erhöhte Sorgfaltsanforderungen gelten. Auf dem Gebiet medizinischer Forschung ist der Arzt bei verbleibenden Zweifeln verpflichtet, die Einwilligung *sowohl* des Patienten als auch der gesetzlichen Vertreter einzuholen. Insbesondere bei rein wissenschaftlichen Versuchen ist besondere Rücksicht auf das Selbstbestimmungsrecht des Betroffenen zu nehmen, so daß die ärztliche Prüfung der Einwilligungsfähigkeit und die Ermittlung des Einwilligungsberechtigten besonders sorgfältig erfolgen muß. Schließlich muß auch dem Einwilligungsunfähigen die Möglichkeit bleiben, medizinische Versuche, die ihm keinen direkten Nutzen bringen, abzulehnen. Auch wenn die Einwilligung als solche rechtlich keinen Bestand hätte, muß der Arzt im Rahmen von Forschungsvorhaben *ablehnendes* Verhalten des Einwilligungsunfähigen stets respektieren. Das grundrechtlich gesicherte Selbstbestimmungsrecht schützt insoweit auch den Nichteinwilligungsfähigen und zwingt den Arzt, den natürlichen Willen des Betroffenen zu beachten, wenn dies nicht zu gesundheitlichen Nachteilen für den Einwilligungsunfähigen führen kann.

Die für den Arzt sicherste Lösung zu Vermeidung nachteiliger Rechtsfolgen besteht somit darin, bei einer bestehenden gesetzlichen Vertretung (die dem Arzt bekannt sein muß oder die er ggf. beim Vormundschaftsgericht anzuregen hat) sowohl die Einwilligung des gesetzlichen Vertreters als auch die des Patienten einzuholen. Bei divergierenden Entscheidungen bleibt dann immer noch die Möglichkeit, die Einwilligungsfähigkeit des Patienten näher zu prüfen oder notfalls eine gerichtliche Klärung herbeizuführen.

IV. Ärztliche Dokumentation über Fragen der Einwilligungsfähigkeit

Kommt es zum Streit über die Frage der Einwilligungsfähigkeit eines Patienten, so kann es den Arzt entlasten, wenn er die wesentlichen Vorgänge, so auch die Prüfung der Einwilligungsfähigkeit, in den Behandlungsunterlagen schriftlich festgehalten hat. Neben dieser für den Arzt vorteilhaften Rechtsfolge ist zudem heute anerkannt, daß die Dokumentationspflicht des Arztes eine echte *Rechtspflicht* darstellt[213], wenngleich die Auffassungen über die dogmatische Grundlage der Dokumentationspflicht auseinandergehen. Die Rechtsprechung sieht die Dokumentationspflicht als *vertragliche* und auch *delikti-*

---

212 *Steffen/Dressler*, Arzthaftungsrecht, Rdnr. 432.

213 BGHZ 72, 132, 137; BGHZ 85, 327, 329; *Strohmaier*, VersR 1998, 416; *Rieger*, Lexikon des Arztrechts, Rdnr. 569 (vertragliche Nebenpflicht); *Hohloch*, NJW 1982, 2577, 2580; *Wasserburg*, NJW 1980, 617, 618; *Steffen/Dressler*, Arzthaftungsrecht, Rdnr. 455 ff.; *Uhlenbruck*, in: Laufs/Uhlenbruck (Hrsg.), § 59 Rdnr. 1 m. w. Nwen.; vgl. auch § 10 MBO [1997].

sche Pflicht des Arztes an, die im übrigen „unverzichtbare Grundlage für die Sicherheit des Patienten in der Behandlung" sei[214]. Neuerdings wird auch das *Persönlichkeitsrecht* des Patienten zur Begründung der Dokumentationspflicht herangezogen[215]. Dem Arzt ist also nicht etwa freigestellt, ob er Dokumentationen in Form von Krankenblättern, Patientenkarteien, Befund- oder Operationsberichten als interne Gedächtnisstütze führt. Er hat vielmehr eine *echte Rechtspflicht* zur angemessenen Dokumentation. Schlecht geführte Behandlungsunterlagen können daher erhebliche nachteilige Konsequenzen für den Arzt mit sich bringen[216].

Auch wenn Dokumentationsversäumnisse als solche in aller Regel keinen eigenständigen Anknüpfungspunkt für eine vertragliche oder deliktische Haftung darstellen, ist in dem Dokumentationserfordernis mehr zu sehen als eine reine Obliegenheit, da es sich nicht lediglich um Mitwirkungspflicht ohne eigentlichen Schuldcharakter handelt[217], sondern zumindest um eine echte vertragliche Nebenpflicht[218].

Der ärztlichen Dokumentationspflicht unterliegt die gesamte Behandlung, also Anamnese, Diagnose und Therapie[219]. Demnach ist auch die Einwilligungsfähigkeit des Patienten, die bei Vorliegen bestimmter Anhaltspunkte zu Beginn jeder Behandlung überprüft werden muß, von der Dokumentationspflicht umfaßt. Selbst wenn der Arzt im Ergebnis die Einwilligungsfähigkeit des Patienten feststellt, ist ihm dennoch zu raten, einen etwaigen *Verdacht* im Hinblick auf eine mögliche Einwilligungsunfähigkeit in den Behandlungsunterlagen zu vermerken[220]. Auch wenn der Arzt zu einer Fehleinschätzung gelangt, kann ihn die sorgfältige Dokumentation vom Vorwuf der Fahrlässigkeit freizeichnen, da immerhin die Überprüfung der Einwilligungsfähigkeit dokumentiert wird, und deutlich wird, aufgrund welcher Anhaltspunkte der Arzt in der gegebenen Situation zu seinem Ergebnis gekommen ist.

Wenn die Dokumentationspflicht schon bei der ärztlichen Standardbehandlung gefordert wird, so muß dies erst recht für den Bereich der medizinischen *Forschung* gelten. Für Versuche mit Arzneimitteln und Medizinpro-

---

214 Zu Beispielen aus der Rechtsprechung siehe *Strohmaier*, VersR 1998, 416 ff.

215 BGHZ 85, 327; BGHZ 99, 391; BGHZ 106, 146; BGH NJW 1989, 2330; *Steffen/Dressler*, Arzthaftungsrecht, Rdnr. 456.

216 Zu den prozessualen Auswirkungen siehe *Schmidt-Beck*, Die Dokumentationspflichtverletzung und ihre Auswirkungen im Arzthaftungsprozeß, S. 111 ff.

217 Vgl. die Definition der Obliegenheit bei *Creifelds*, Rechtswörterbuch, Stichwort: Obliegenheit.

218 *Strohmaier*, VersR 1998, 416; *Uhlenbruck*, in: Laufs/Uhlenbruck (Hrsg.), § 59 Rdnr. 1 f.

219 Vgl. *Strohmaier*, VersR 1998, 416, 420.

220 Vgl. dazu auch *Laufs*, Arztrecht, Rdnr. 679. Zur Dokumentationspflicht bei einer Verdachtsdiagnose vgl. *Uhlenbruck*, in: Laufs/Uhlenbruck (Hrsg.), § 59, Rdnr. 10.

dukten ist die Dokumentationspflicht in Spezialgesetzen zum Teil ausdrücklich gesetzlich geregelt[221], aber auch für den Bereich der sonstigen medizinischen Forschung außerhalb des Anwendungsbereichs der Spezialgesetze ist die Dokumentationspflicht Gegenstand des dem Arzt-Patienten/Probanden-Verhältnisses immanenten medizinischen Forschungsvertrags.

Freilich sind kaum Fälle denkbar, in denen ein Patient die Dokumentationspflicht *isoliert* in Form eines „Anspruchs“ gegen den Arzt oder gegen einen Krankenhausträger geltend machen könnte, wenngleich natürlich ein subjektives „Recht auf Dokumentation“ durchaus denkbar wäre[222]. Die Verletzung der Dokumentationspflicht hat damit in erster Linie in späteren Haftungsprozessen Bedeutung, insbesondere bei der Frage der prozessualen Beweislastverteilung[223]. Hat nämlich der Arzt die Behandlung nicht ausreichend dokumentiert, so wird dem Patienten in einem späteren Haftungsprozeß der Nachweis eines Behandlungsfehlers erleichtert. Dies kann so weit reichen, daß bei einer *gravierenden* Verletzung der Dokumentationspflicht eine Umkehr der Beweislast eintritt[224], somit also der Arzt oder der Krankenhausträger im Prozeß das Nichtvorliegen eines Behandlungfehlers beweisen müssen.

Um solchen Beweislastrisiken weitgehend vorzubeugen, sollte daher auch und gerade die Prüfung der Einwilligungsfähigkeit in Zweifelsfällen möglichst genau dokumentiert werden. Bleiben Zweifel bestehen, so ist dem Arzt zu empfehlen, einen Kollegen hinzuzuziehen[225]. Dadurch kann er zum einen seine eigene Auffassung anhand der medizinischen Zweitmeinung überprüfen. Außerdem kann der hinzugezogene Kollege bei einer eventuellen späteren gerichtlichen Klärung des Sachverhalts als Zeuge zur Verfügung stehen. Eine dadurch möglicherweise entstehende Störung des Vertrauensverhältnisses

---

221 Vgl. etwa das Erfordernis des Prüfplans gem. § 40 Abs. 1 Nr. 6 AMG bzw. § 17 Abs. 1 Nr. 8 MPG.

222 Vgl. dazu die Überlegungen von *Schmidt-Beck*, Die Dokumentationspflichtverletzung und ihre Auswirkungen im Arzthaftungsprozeß, S. 37 ff., der jedoch im Ergebnis (S. 55) eine *unselbständige* Nebenpflicht annimmt.

223 *Schmidt-Beck*, Die Dokumentationspflichtverletzung und ihre Auswirkungen im Arzthaftungsprozeß, S. 111 ff.; *Strohmaier*, VersR 1998, 416; *Steffen/Dressler*, Arzthaftungsrecht, Rdnr. 465; BGHZ 85, 212; BGHZ 99, 391; BGH NJW 1981, 2002; BGH VersR 1983, 983; BGH 1985, 2193; BGH NJW 1986, 2365; BGH NJW 1987, 2300; BGH NJW 1988, 762; OLG Düsseldorf VersR 1984, 791; OLG Düsseldorf VersR 1985, 169, 170; OLG Köln VersR 1992, 1231; OLG Düsseldorf VersR 1997, 748 (LS); OLG Köln, VersR 1998, 244 (LS).

224 *Steffen/Dressler*, Arzthaftungsrecht, Rdnr. 467; BGH NJW 1988, 2949; OLG München NJW 1992, 2973.

225 *Schünemann*, VersR 1981, 306, 308; *Neubauer/Wetterling/Neubauer*, Fortschr. Neurol. Psychiat. 1994, 306, 311.

zwischen Arzt und Patienten[226] sollte in derartigen Fällen – letztlich auch im Interesse des Patienten – hingenommen werden.

V. Zusammenfassung

Die Bestimmung der Einwilligungsfähigkeit eines Patienten (Probanden) obliegt dem behandelnden (forschenden) Arzt. Die Beurteilung des Arztes ist uneingeschränkt gerichtlich überprüfbar. Ein nur eingeschränkt überprüfbarer Beurteilungs- oder Ermessensspielraum des Arztes ist nicht anzuerkennen. Kommt es zum gerichtlichen Streit über Fragen der Einwilligungsfähigkeit eines Patienten oder Probanden, wird sich das Gericht bei verbleibenden Zweifeln zur Überprüfung der Einwilligungsfähigkeit in der Regel seinerseits eines medizinischen Sachverständigen bedienen müssen. Um späteren Beweisproblemen vorzubeugen und um der Rechtspflicht zur umfassenden Dokumentation zu genügen, sollte der Arzt – besonders in Zweifelsfällen – die Prüfung der Einwilligungsfähigkeit möglichst genau dokumentieren sowie notfalls einen Kollegen hinzuziehen und auch dessen Meinung schriftlich festhalten.

---

[226] Darauf weisen *Neubauer/Wetterling/Neubauer*, Fortschr. Neurol. Psychiat. 1994, 306, 311 zutreffend hin.

§ 4 Spezialgesetzliche Regelungen zur medizinischen Forschung mit nichteinwilligungsfähigen Personen

A. Einleitung

In einigen Bereichen biomedizinischer Forschung existieren in Deutschland spezialgesetzliche Regelungen, die sich zum Teil auch mit der Frage der Forschung am einwilligungsunfähigen Patienten befassen. Soweit solche Vorschriften bestehen, gehen sie den allgemeinen gesetzlichen Vorschriften des Zivil- und Strafrechts, aber auch den weitgehend rechtlich unverbindlichen internationalen Erklärungen und Richtlinien als *leges speciales* vor; sie werden daher auch im Rahmen dieser Darstellung vorangestellt.

Das wohl bekannteste Spezialgesetz in diesem Zusammenhang ist das *Arzneimittelgesetz* (AMG), das in seinem sechsten Abschnitt Vorschriften zur klinischen Arzneimittelprüfung enthält. Die Arzneimittelforschung dürfte das praktisch wichtigste Gebiet medizinischer Forschung am und mit Menschen darstellen. Im Arzneimittelrecht finden sich demnach detaillierte Regelungen zu therapeutischen und nichttherapeutischen Versuchen im Rahmen der klinischen Erprobung neuartiger Arzneimittel.

Zu einem praktisch ebenso bedeutsamen Gesetz mit weitem Anwendungsbereich hat sich zudem das seit dem 1. Januar 1995 geltende *Medizinproduktegesetz* (MPG) entwickelt, das aus der Umsetzung mehrerer europäischer Richtlinien entstand und in seinem dritten Abschnitt – angelehnt an die Vorschriften des Arzneimittelgesetzes – die klinische Prüfung von Medizinprodukten regelt.

Neben diesen Spezialgesetzen für die klinische Erprobung von Arzneimitteln und Medizinprodukten ist bei bestimmten Forschungsvorhaben, die die Anwendung radioaktiver Stoffe in der medizinischen Forschung vorsehen, ergänzend die *Strahlenschutzverordnung* (StrlSchVO) zu berücksichtigen. Diese Rechtsverordnung enthält zusätzliche Sicherheitsanforderungen und Prüfungsvoraussetzungen für klinische Prüfungen.

Im folgenden sollen die wesentlichen Grundsätze der genannten spezialgesetzlichen Regelungen näher dargestellt werden. Den Schwerpunkt der Darstellung nehmen diejenigen Regelungen ein, die sich mit der Forschung an nichteinwilligungsfähigen Personen befassen.

B. Die klinische Prüfung nach dem Arzneimittelgesetz (AMG)

I. Übersicht

1. Begriff und Anwendungsbereich

Das Arzneimittelgesetz vom 24. August 1976[227] (AMG), zuletzt geändert durch das Fünfte Gesetz zur Änderung des Arzneimittelgesetzes vom 9.8.1994[228], stellt die erstmals umfassende gesetzliche Regelung der klinischen Prüfung neuer Arzneimittel am Menschen dar. Das AMG enthält in seinem sechsten Abschnitt mit den §§ 40 bis 42 Vorschriften zum „Schutz des Menschen bei der klinischen Prüfung". Die dortigen Regelungen stellen das zentrale rechtliche Instrumentarium bei der Beurteilung der klinischen Arzneimittelprüfung dar. Ergänzt werden diese gesetzlichen Regelungen durch die Europäische Empfehlung für „Good Clinical Practice" (Bekanntmachung von Grundsätzen für die ordnungsgemäße Durchführung der klinischen Prüfung von Arzneimitteln) vom 9.12.1987[229] sowie die vom Bundesminister für Gesundheit 1987 herausgegebenen „Grundsätze für die ordnungsgemäße Durchführung der klinischen Prüfung von Arzneimitteln". Diese ergänzenden Bestimmungen beziehen sich im wesentlichen auf technische Sicherungen klinischer Arzneimittelstudien. Dem Ziel einer einheitlichen Auslegung und Anwendung der gesetzlichen Regelungen zur klinischen Arzneimittelprüfung dient zudem das „Merkblatt zur Durchführung von klinischen Arzneimittelprüfungen des Bundesverbandes der Pharmazeutischen Industrie e. V."[230]. Im wesentlichen wird in diesem Papier allerdings lediglich der Inhalt der gesetzlichen Bestimmungen der §§ 40, 41 AMG wiedergegeben.

Unter einer *klinischen Prüfung* im Sinne des Arzneimittelgesetzes versteht man jede Anwendung eines Arzneimittels zu dem Zweck, über die Behandlung im Einzelfall hinaus nach einer wissenschaftlichen Methode Erkenntnisse über den therapeutischen Wert des Arzneimittels zu gewinnen[231]. Der Begriff „klinisch" bringt dabei zum Ausdruck, daß die Studien *am Menschen* durchgeführt werden[232], im Unterschied etwa zu reinen Labor- oder Tierversu-

---

[227] BGBl. I, 2445.

[228] BGBl. I , 2077.

[229] BAnz. 1987, 16 617.

[230] Pharm.Ind. 1988, 1223.

[231] Vgl. die amtliche Begründung zum AMG 1976 bei *Sander* § 40 AMG unter A.; *Rieger*, Lexikon des Arztrechts, Rdnr. 952; *Sander*, § 40 AMG Erl. 1.

[232] *Sander*, § 40 AMG Erl. 1; vgl. auch die Definition in den EG-Empfehlungen „Good Clinical Practice" (GCP) vom 9. Dezember 1987, abgedruckt bei *Kloesel/Cyran*, AMG, A 2.13g, Ziff. 1.2: „Klinische Prüfung im Sinne dieser Grundsätze ist die Anwendung eines Arzneimittels am Menschen zu dem Zweck, über den einzelnen Anwendungsfall hinaus Erkenntnisse über den therapeutischen oder diagnostischen Wert eines Arznei-

chen[233]. Mit dem Begriff „klinisch" wird also nicht etwa zum Ausdruck gebracht, daß die Prüfung nur in einer Klinik durchgeführt werden kann. Die klinische Prüfung nach dem Arzneimittelrecht kann sowohl in der Klinik als auch bei einem niedergelassenen Arzt durchgeführt werden[234]. Unerheblich ist auch, wer die klinische Prüfung finanziert. Dem Anwendungsbereich der §§ 40 ff. AMG unterfallen damit sowohl die eigen- und drittmittelfinanzierte Krankenhausforschung als auch durch die Industrie im Interesse der Zulassung eines Arzneimittels durchgeführte oder gesponserte Prüfungen[235].

Zum Teil wird der Begriff der „klinischen Prüfung" abgegrenzt vom *Heilversuch*, bei dem ein Arzneimittel im Einzelfall aufgrund der Therapieentscheidung des behandelnden Arztes auf einem Indikationsgebiet angewendet wird, für das das Arzneimittel keine arzneimittelrechtliche Zulassung besitzt[236]. Diese begriffliche Unterscheidung engt den Begriff des Heilversuchs jedoch zu weit ein. Heilversuche sind durchaus auch im Rahmen der klinischen Erprobung von Arzneimitteln denkbar. Dies gilt insbesondere dann, wenn die klinische Prüfung die *Heilbehandlung* der teilnehmenden Patienten bezweckt. Eine daneben beabsichtigte Gewinnung *zusätzlicher* wissenschaftlicher Erkenntnisse aufgrund systematischer Auswertung der Versuchsergebnisse lassen die Qualifizierung des Vorhabens als „Heilversuch" unberührt. „Heilversuch" und „klinische Prüfung" stellen damit keinen begrifflichen Gegensatz dar. Auch klinische Prüfungen mit neuartigen Arzneimitteln können zur Behandlung einer Krankheit ärztlich indiziert sein und damit „Heilversuche" darstellen[237].

Umgekehrt gilt natürlich, daß Heilversuche nicht zwingend im Rahmen klinischer Prüfungen vorgenommen werden müssen. Auch außerhalb einer klinischen Prüfung kann ein Arzt ein Arzneimittel in einem einzelnen Thera-

---

mittels, insbesondere über seine Wirksamkeit und Unbedenklichkeit, zu gewinnen; dies gilt unabhängig davon, ob die Prüfung in einer Klinik oder in der Praxis eines niedergelassenen Arztes durchgeführt wird."

233 Vgl. die Legaldefinition in § 22 Abs. 2 Nr. 2 AMG, wo es heißt: „die Ergebnisse der klinischen oder sonstigen ärztlichen, zahnärztlichen oder tierärztlichen Erprobung (klinische Prüfung)".

234 *Rieger*, Lexikon des Arztrechts, Rdnr. 952; *Kollhosser/Kubillus*, JA 1996, 339, 341. Zur klinischen Prüfung in der Arztpraxis siehe auch das Merkblatt der Bundesärztekammer „Prüfung neuer Arzneimittel in der Praxis des niedergelassenen Arztes", Abdruck bei *Kloesel/Cyran*, A 2.13 b; siehe auch DÄBl. 1996, A-1873 „Klinische Prüfung in der Arztpraxis"; *Kleinsorge*, Arzneimittelstudien beim niedergelassenen Arzt, 1988.

235 *Hart*, MedR 1997, 51, 55.

236 *Sander*, AMG, § 40 Erl. 1.

237 So ausdrücklich *Rieger*, Lexikon des Arztrechts, Rdnr. 848, 959; siehe ferner *Laufs*, Arztrecht, Rdnr. 678; *ders.* in: Handbuch des Arztrechts, § 130 Rdnr. 8 ff.; *Ulsenheimer*, in: Laufs/Uhlenbruck (Hrsg.), Handbuch des Arztrechts, § 148 Rdnr. 9; *Ratzel/Lippert*, MBO, § 1 Rdnr. 47.

pieversuch an einem Patienten anwenden, weil er eine Chance sieht, mit diesem Mittel einen therapeutischen Erfolg zu erzielen. Solche Heilversuche außerhalb klinischer Prüfungen unterliegen nicht den arzneimittelrechtlichen Schutzvorschriften der §§ 40 und 41 AMG[238].

Auch international wird der Begriff der „klinischen Prüfung" nicht einheitlich verwendet. In dem international bedeutendsten ethischen Regelwerk des Weltärztebundes, der „Revidierten Deklaration von Helsinki", werden „klinische Versuche" definiert als „Medizinische Forschung in Verbindung mit ärztlicher Versorgung"[239]. Anders als das deutsche Arzneimittelrecht bezieht die Deklaration von Helsinki den Begriff „klinischer Versuch" damit nur auf den *therapeutischen* Versuch.

2. Die Phasen der klinischen Arzneimittelprüfung

a) Vorbemerkung

Die Arzneimittelprüfung am Menschen wird – abhängig vom Stand der klinischen Erprobung – üblicherweise in vier *Phasen* (Phase I bis IV) eingeteilt[240]. Ziel ist die möglichst vorsichtige und schrittweise Erprobung eines neuen Arzneimittels von dessen Entwicklung bis zur arzneimittelrechtlichen Zulassung sowie für den Zeitraum nach der Zulassung.

b) Phase I

Die Phase-I-Prüfungen stellen die erste Anwendung eines neuen Präparates am Menschen dar. Sie erfolgen nach Abschluß der präklinischen Phase[241], in der Labor- und Tierversuche mit dem neuen Präparat durchgeführt wurden. Bei der Phase-I-Prüfung geht es darum, im Wege einer ersten Orientierung festzustellen, ob die Medikation vom Menschen vertragen wird. Es handelt sich also um eine reine *Verträglichkeitsprüfung*. Ein Wirksamkeitsnachweis des Arzneimittels wird in dieser frühen Phase der Erprobung regelmäßig nicht angestrebt. Um die Risiken im Anfangsstadium der klinischen Erprobung so gering wie möglich zu halten, wird die Gesamtzahl der Probanden je Prü-

---

238 *Kloesel/Cyran*, AMG, § 40 Anm. 1b.

239 So die Überschrift zum Abschnitt II der Revidierten Deklaration von Helsinki.

240 *Kloesel/Cyran*, AMG, § 40 Anm. 1d; *Sander*, AMG, § 40 Erl. 2; *A. Jung*, Die Zulässigkeit biomedizinischer Versuche am Menschen, S. 34 ff.; *Biermann*, Die Arzneimittelprüfung am Menschen, S. 53 ff.; *Müller-Römer*, Arzneimittelrecht von A-Z, S. 130; *Caasen*, Die „klinische Prüfung" im Arzneimittelrecht, S. 9 ff.; *Schwarz*, Klinische Prüfungen, S. 51 f.; *Eberhardt/Söhngen*, Monitoring klinischer Prüfungen, S. 41 ff.; *Staak/Weiser*, Klinische Prüfung von Arzneimitteln, S. 12 ff.; *Lippert/Stobel*, VersR 1995, 637, 638; *Kleinsorge*, MedR 1987, 140, 141.

241 Zum Ablauf der präklinischen Prüfungen siehe *Staak/Weiser*, Klinische Prüfung von Arzneimitteln, S. 6 ff.

fungsabschnitt so klein wie möglich gehalten. Sie übersteigt in der Regel die Zahl von insgesamt 50 Probanden nicht, auch wenn mehrere kleine Gruppen gebildet werden[242].

Da die Prüfung in der Phase I nicht der Überprüfung der therapeutischen Wirksamkeit des Arzneimittels dient, werden die Prüfungen regelmäßig an gesunden, freiwilligen Probanden vorgenommen[243]. Die Prüfung an Patienten ist in dieser frühen Phase der Prüfung meist nicht erforderlich. Allerdings gibt es auch hier Ausnahmen. Wenn die zu prüfende Substanz potentielle Gefahren für den gesunden Probanden erwarten läßt, etwa wegen besonderer Toxizität des zu prüfenden Präparats, wäre eine Prüfung am Gesunden nicht vertretbar[244]. Dies kann etwa der Fall sein bei Mitteln gegen Krebs[245], AIDS, aber auch bei neuartigen Arzneimitteln gegen Demenzerkrankungen. In einer solchen Situation geht man zu Recht davon aus, daß es zulässig ist, bereits in der Phase I eine geringe Anzahl von Kranken (Patienten) in die Prüfung einzubeziehen[246]. Zwar setzt ein therapeutischer Versuch grundsätzlich voraus, daß dieser medizinisch indiziert ist[247]; ausnahmsweise muß aber bei einer strengen Nutzen-Risiko-Abwägung auch die *Chance* auf einen therapeutischen Nutzen ausreichen, um Phase-I-Versuche auch an Kranken durchzuführen. Dies gilt gerade dann, wenn es bisher noch keine wirksame Standardbehandlung für die spezifische Erkrankung gibt und wenn bei dem neuartigen Arzneimittel die berechtigte und wissenschaftlich begründete Erwartung auf eine therapeutische Wirksamkeit besteht[248]. Nur wenn man diesen Ausnahmefall anerkennt, gelingt es, neuartige, potentiell sehr wertvolle Arzneimittel nach vorheriger Erprobung und Zulassung in die Therapie einzuführen.

In dem vorbezeichneten Ausnahmefall kann es zudem ethisch und rechtlich zu rechtfertigen sein, auch nichteinwilligungsfähige Patienten an den Phase-I-Prüfungen teilnehmen zu lassen (Beispiel: Phase-I-Studie eines Präparats gegen Demenzerkrankungen). Zwingend vorausgesetzt ist dabei allerdings, daß die Erprobung mit einwilligungsfähigen Patienten oder Probanden medizinisch unmöglich ist[249]. Wären z. B. bei der Entwicklung eines Arzneimittels

---

242 *Müller-Römer*, Arzneimittelrecht von A-Z, S. 130.

243 *Schwarz*, Klinische Prüfungen, S. 51.

244 *Gross*, Notwendigkeit und Ethik klinisch-therapeutischer Prüfungen, S. 13 f.

245 Vgl. hierzu auch die „Bekanntmachung einer Empfehlung über die Mindestanforderungen an die pharmakologisch-toxikologische Prüfung als Voraussetzung für den Beginn der klinischen Prüfung onkologischer Arzneimittel bei Menschen“ vom 21. Juni 1988, BAnz. S. 2965.

246 *Sander*, AMG, § 41 Erl. 4; *Eberhardt/Söhngen*, Monitoring klinischer Prüfungen, S. 42 f.

247 Siehe § 41 Nr. 1 AMG.

248 *Sander*, AMG, § 41 Erl. 4; *Eberhardt/Söhngen*, Monitoring klinischer Prüfungen, S. 42 f.

249 Vgl. *Eberhardt/Söhngen*, Monitoring klinischer Prüfungen, S. 42.

zur Behandlung von Demenzerkrankungen auch Prüfungen mit einwilligungsfähigen Patienten möglich – etwa in einem frühen Stadium ihrer Demenzerkrankung –, müßte die klinische Erprobung vorrangig mit solchen – einwilligungsfähigen – Patienten durchgeführt werden.

Festzuhalten bleibt damit, daß Prüfungen der Phase I in den meisten Fällen nur mit gesunden, einwilligungsfähigen Probanden zulässig sind. Nur in eng begrenzten Ausnahmefällen und nach sorgfältiger Nutzen-Risiko-Abwägung können ausnahmsweise auch therapeutische Versuche mit erkrankten Personen durchgeführt werden.

c) Phase II

Im Rahmen der anschließenden Prüfungsphase der Arzneimittelerprobung, den Phase-II-Prüfungen, wird damit begonnen, an einer begrenzten Zahl von Personen erste *Wirksamkeitsprüfungen* vorzunehmen[250]. Die Zahl der Prüfpersonen liegt meist bei maximal 200 Personen. Bei den Phase-II-Prüfungen handelt es sich regelmäßig um Heilversuche an Patienten, die an einer Krankheit leiden, zu deren Therapie das Arzneimittel entwickelt werden soll. Da sich Abweichungen im Hinblick auf die Verträglichkeit des Arzneimittels bei Kranken gegenüber gesunden Probanden ergeben können, kann man die Ergebnisse der Phase-I-Prüfungen nicht ohne weiteres auf die Phase II übertragen. Aus diesem Grund hält man bei der Phase-II-Prüfung die Fallzahl so klein wie möglich, um die Risiken weitgehend zu minimieren. Hinzu kommt, daß zu diesem Zeitpunkt meist noch nicht sicher ist, ob das Arzneimittel überhaupt therapeutisch wirksam ist. Auch deshalb muß die Prüfung auf einen kleineren Personenkreis beschränkt werden, um möglichst wenige Patienten mit dem – möglicherweise wirkungslosen – Arzneimittel zu behandeln. Neben ersten Wirksamkeitsnachweisen steht bei der Phase-II-Prüfung zudem die *Dosisfindung* im Vordergrund[251]. Ziel ist die Ermittlung einer geeigneten Dosierung, die einerseits eine gute Wirksamkeit, andererseits akzeptable Nebenwirkungen verspricht.

Da die Phase-II-Prüfungen regelmäßig als therapeutische Versuche durchgeführt werden, können bei Einhaltung der Schutzbestimmungen des Arzneimittelgesetzes in Ausnahmefällen auch nichteinwilligungsfähige Patienten in die Erprobung miteinbezogen werden. Auch hier gilt aber, daß die Einbeziehung einwilligungsunfähiger Patienten in diesem frühen Stadium der klinischen Erprobung nur dann zulässig ist, wenn dies unter Abwägung aller zu erwartenden Vorteile und Risiken unbedingt erforderlich ist. Soweit sich die gleichen Ergebnisse auch bei einwilligungsfähigen Patienten erzielen lassen, sind Versuche am Nichteinwilligungsfähigen unter keinem Gesichtspunkt gerechtfertigt.

---

[250] *Eberhardt/Söhngen*, Monitoring klinischer Prüfungen, S. 43.

[251] *Eberhardt/Söhngen*, Monitoring klinischer Prüfungen, S. 44.

d) Phase III

Haben die bisherigen Studien der Phasen I und II zu positiven Ergebnissen geführt, so beginnt man in der Phase III die Wirksamkeit des Arzneimittels an einer größeren Zahl von Patienten zu prüfen, um genaue Ergebnisse über die therapeutische Wirksamkeit und eventuelle Nebenwirkungen zu erhalten. Phase-III-Prüfungen können an bis zu mehreren tausend Patienten durchgeführt werden[252]. Die Prüfung erfolgt entweder in einer Klinik oder auch bei niedergelassenen Ärzten. Häufig werden in der Phase III *multizentrische* Studien durchgeführt, d. h. parallel nach einheitlichem Versuchsplan an mehreren Orten angelegte Versuchsreihen, um möglichst aussagekräftige Ergebnisse und eine weitgehende Unabhängigkeit von äußeren Faktoren zu erzielen.

Um die therapeutische Wirksamkeit statistisch möglichst genau nachzuweisen, bedient man sich in der Phase III meist auch *kontrollierten* Studien, in denen das zu prüfende Präparat gegen ein Standardpräparat oder gegen ein Placebo kontrolliert wird. Die Phase III stellt gleichzeitig die letzte Prüfungsphase vor der arzneimittelrechtlichen Zulassung dar. Sie schließt mit einem Zulassungsdossier ab, das alle Erkenntnisse der klinischen und vorklinischen Untersuchungen dokumentiert und dann an die Zulassungsbehörde weitergeleitet wird[253].

e) Phase IV

Auch nach der arzneimittelrechtlichen Zulassung müssen Arzneimittel ständig auf etwaige Nebenwirkungen überwacht werden, die bei den bisherigen Untersuchungen noch nicht erkannt wurden. Bereits haftungsrechtlich besteht eine Pflicht des Arzneimittelherstellers zur Beobachtung seiner Produkte[254]. Die Verletzung dieser *Produktbeobachtungspflicht* kann im Schadensfall eine deliktische Haftung des Pharmaunternehmens begründen[255]. Ein Bedürfnis zur Überwachung besteht besonders im Hinblick auf sog. „selten auftretende unerwünschte Ereignisse" (SAE = *Serious Adverse Event*), die auch bei vorheriger Erprobung an mehreren Tausend Patienten nicht aufgetreten oder unerkannt geblieben sein können. Denkbar ist auch, daß unerwünschte Nebenwirkungen bei bestimmten Risikogruppen auftreten, die vorher nicht oder nur in beschränktem Umfang in die klinische Forschung einbe-

---

[252] *Eberhardt/Söhngen*, Monitoring klinischer Prüfungen, S. 44.

[253] *Eberhardt/Söhngen*, Monitoring klinischer Prüfungen, S. 45; *Biermann*, Die Arzneimittelprüfung am Menschen, S. 58 f.

[254] LG Aachen, JZ 1971, 515, 516; *Ulsenheimer*, in: Laufs/Uhlenbruck (Hrsg.), Handbuch des Arztrechts, § 148 Rdnr. 8. Dies kommt im übrigen auch durch § 25 Abs. 10 AMG zum Ausdruck, wo klargestellt wird, daß die arzneimittelrechtliche Zulassung die zivil- und strafrechtliche Haftung unberührt läßt.

[255] Zu der Produktbeobachtungspflicht des Arzneimittelherstellers siehe *Deutsch*, Medizinrecht, Rdnr. 914; *Sander*, AMG, Erl. zu § 84.

zogen wurden. Auch Wechselwirkungen mit anderen Arzneimitteln lassen sich häufig erst bei späterer Beobachtung nachweisen.

Arzneimittelrechtlich sind Phase-IV-Prüfungen daher nicht nur sinnvoll, sondern in vielen Fällen auch rechtlich vorgeschrieben, da die Phase-IV-Prüfungsergebnisse zur Wirksamkeit und Verträglichkeit zur Verlängerung der Zulassung oder zur Nachzulassung gem. §§ 31, 105 AMG nötig sind[256].

Früher war die Frage umstritten, ob die Vorschriften des Arzneimittelgesetzes über die klinische Prüfung (§§ 41, 42 AMG) auch auf Phase-IV-Prüfungen nach der Zulassung des Arzneimittels anwendbar sind[257]. Diese Problematik stellt sich aber seit der gesetzgeberischen Klarstellung durch das vierte Änderungsgesetz nicht mehr[258]. Nach dem mittlerweile eindeutigen Wortlaut des § 42 AMG, sind die Patienten- und Probandenschutzvorschriften der §§ 40, 41 AMG grundsätzlich auch auf Phase-IV-Prüfungen nach Zulassung des Arzneimittels anwendbar[259]; lediglich die Vorschriften über die pharmakologisch-toxikologische Prüfung in § 40 Abs. 1 Nr. 5 und 6 AMG sind gem. § 42 AMG nicht anwendbar. Von den Phase-IV-Prüfungen zu unterscheiden sind dagegen reine *Anwendungsbeobachtungen* oder *Beobachtungsstudien* ohne Prüfplan (*drug monitoring*). Sie unterfallen nicht den Vorschriften der §§ 40 ff. AMG[260].

Fraglich bleibt allerdings auch nach dem jetzigen Gesetzeswortlaut des § 42 AMG, ob die Vorschriften über die Einholung eines Gutachtens einer Ethikkommission auch auf Phase-IV-Prüfungen anwendbar sind. Die Verweisungsvorschrift des § 42 AMG führt insoweit zu einer gespaltenen Regelung: Die in § 40 Abs. 1 Nr. 6 AMG enthaltene Pflicht zur *Vorlage* des Votums der Ethikkommission bei der zuständigen Bundesbehörde (Bundesinstitut für Arzneimittel und Medizinprodukte) wird durch § 42 AMG bezüglich Phase-IV-Prüfungen für *unanwendbar* erklärt[261]. Dies darf jedoch nicht zu dem voreiligen Schluß führen, daß bei Phase-IV-Prüfungen auf eine Begutachtung durch die Ethikkommission völlig verzichtet werden könne. Die *sonstigen* Bestimmungen der §§ 40, 41 AMG bleiben nämlich nach der Neufassung des

---

256 *Eberhardt/Söhngen*, Monitoring klinischer Prüfungen, S. 46.

257 Vgl. *Sander*, in: Kleinsorge/Steichele/Sander (Hrsg.), Klinische Arzneimittelprüfung, S. 84 ff.

258 Vgl. die amtliche Begründung zum 4. Änderungsgesetz, abgedruckt bei *Kloesel/Cyran*, AMG, § 42.

259 *Sander*, AMG, § 42 Erl. 1; *Kloesel/Cyran*, AMG, § 42 Anm. 1; *Deutsch*, Zeitschr. für ärztl. Fortbild. 88 (1994), 1040; *ders.*, Arztrecht und Arzneimittelrecht, 2. Aufl. 1991, S. 375, letzterer allerdings nur in bezug auf die Einwilligung und Aufklärung der Probanden der Phase IV.

260 Zu Anwendungsbeobachtungen und Beobachtungsstudien siehe unten § 5 B III.

261 Ungenau insoweit *Kloesel/Cyran*, AMG, § 42 Anm. 1, wo es pauschal heißt: „Für die klinische Prüfung der Phase IV bestehen die gleichen Anzeige- und Mitwirkungspflichten wie für klinische Prüfungen in den Phasen I bis III".

§ 42 AMG auch bei der klinischen Prüfung bereits zugelassener Arzneimittel anwendbar. Dies gilt auch für den neu eingefügten § 40 Abs. 1 S. 2 AMG, der die Begutachtung der klinischen Prüfung durch die zuständige Ethikkommission nunmehr auch arzneimittelrechtlich ausdrücklich festschreibt. Auch Phase-IV-Prüfungen bedürfen daher arzneimittelrechtlich[262] der zustimmenden *Begutachtung* der zuständigen Ethikkommission, wenngleich in diesem Fall keine behördliche *Vorlagepflicht* bezüglich des Votums der Ethikkommission besteht[263].

II. Allgemeine Voraussetzungen der klinischen Prüfung

1. Vorbemerkung

Die zahlreichen Voraussetzungen für die klinische Prüfung, soweit sie nicht die Problematik der Einwilligungsunfähigkeit betreffen, sollen hier nur kurz und überblicksartig angesprochen werden[264], da sich insoweit keine Besonderheiten gegenüber der Forschung mit einwilligungsfähigen Personen ergeben. Natürlich ist aber die Einhaltung jeder der dort genannten Voraussetzungen auch bei der Forschung mit einwilligungsunfähigen Patienten und Probanden erforderlich, um eine rechtlich zulässige Forschungsuntersuchung am Menschen durchführen zu können.

2. Zulässigkeitsvoraussetzungen für nichttherapeutische Versuche (§ 40 AMG)

a) § 40 AMG als Ausgangsnorm

Die Prüfung am *gesunden* Menschen im Wege eines wissenschaftlichen (nichttherapeutischen) Versuchs ist Gegenstand der Regelung des § 40 AMG, wenngleich die Überschrift „Allgemeine Voraussetzungen" insoweit wenig aussagekräftig ist. Für die Prüfung am gesunden Menschen stellt § 40 AMG zahlreiche Voraussetzungen auf, die dem Schutz des Probanden dienen. Sämtliche dort genannten Voraussetzungen müssen zudem *kumulativ* vorliegen, um eine rechtmäßige klinische Prüfung durchführen zu können.

---

262 Standesrechtlich besteht ohnehin vor jeder klinischen Prüfung die Pflicht zur Beratung durch eine Ethikkommission, vgl. § 15 MBO und unten § 5 C II.

263 Ob diese divergierenden Anforderungen hinsichtlich Begutachtungs- und Vorlagepflicht vom Gesetzgeber bewußt gewählt wurden oder bei der Neufassung des § 40 AMG schlicht übersehen wurden, ist nicht erkennbar. Angesichts des klaren Verweisungsvorschrift des § 42 AMG ist eine andere Auslegung aber nicht möglich.

264 Zu den Zulässigkeitsvoraussetzungen im einzelnen vgl. *Kloesel/Cyran*, AMG, Kommentierung zu den §§ 40 bis 42. Siehe auch *Biermann*, Die Arzneimittelprüfung am Menschen, passim.

b) *Vertretbarkeit des Risikos*

Die Vertretbarkeit des Risikos gem. § 40 Abs. 1 Nr. 1 AMG statuiert eine für die Arzneimittelforschung und auch für die Forschung am Menschen überhaupt geltende zentrale Forderung. Die Risiken, die mit der Arzneimittelprüfung verbunden sind, müssen, gemessen an der voraussichtlichen Bedeutung des Arzneimittels für die Heilkunde, ärztlich *vertretbar* sein.

Mit diesem Erfordernis wird der bereits in der Deklaration des Weltärztebundes von Helsinki geforderte Grundsatz der Verhältnismäßigkeit gesetzlich normiert[265]. Die Abwägung ist, wie sich aus der Formulierung „ärztlich vertretbar" ergibt, vom Arzt vorzunehmen. Dieser hat dabei aber nicht etwa einen gerichtlich nur beschränkt nachprüfbaren Beurteilungs- oder Ermessensspielraum. Die Risikoabwägung ist gerichtlich voll überprüfbar. Eine gewisse Erleichterung stellt für den Arzt die – ebenfalls gesetzlich vorgeschriebene – Einholung des Gutachtens einer unabhängigen Ethikkommission dar. Soweit auch diese das Vorhaben zustimmend bewertet, stellt dies zumindest ein starkes Indiz für die Richtigkeit der ärztlichen Entscheidung dar.

c) *Aufklärung und Einwilligung*

Arzneimittelrechtlich geregelt ist auch die bereits nach allgemeinem Recht erforderliche *Einwilligung* des Probanden nach vorheriger *Aufklärung* über Wesen, Bedeutung und Tragweite der klinischen Prüfung. Dabei muß die Aufklärung durch einen Arzt erfolgen, darf also nicht auf nichtärztliches Hilfspersonal delegiert werden[266]. Die Einwilligung muß sich auch auf die Aufzeichnung und Weitergabe der bei der klinischen Prüfung anfallenden Patientendaten erstrecken[267]. Inhalt und Umfang der Aufklärung werden von der jeweiligen Komplexität und den spezifischen Risiken der klinischen Prüfung bestimmt. Es gelten dabei die allgemein zur Einwilligung in Heil- und Forschungseingriffe entwickelten Rechtsgrundsätze[268].

Bei geschäftsunfähigen Personen muß die Aufklärung gegenüber dem gesetzlichen Vertreter erfolgen (vgl. § 40 Abs. 4 Nr. 4 AMG, § 41 Nr. 5 AMG). Ist die nichteinwilligungsfähige Person in der Lage, Wesen, Bedeutung und Tragweite der klinischen Prüfung einzusehen und ihren Willen danach zu bestimmen, so ist auch die Einwilligung dieser Person erforderlich (§ 40 Abs. 4 Nr. 4 S. 3 AMG, § 41 Nr. 3 AMG).

In jedem Fall muß dem Probanden deutlich gemacht werden, daß er in eine *klinische Prüfung* einbezogen wird und daß es sich bei dem geprüften Arz-

---

265 Vgl. die Revidierte Deklaration von Helsinki unter Ziffer I Nr. 4 und 5.

266 *Kloesel/Cyran*, AMG, § 40 Anm. 5.

267 § 40 Abs. 1 Nr. 2 AMG spricht insofern ungenau von „Krankheitsdaten", obwohl § 40 AMG primär die klinische Prüfung am gesunden Probanden erfaßt.

268 Siehe dazu näher unten unter § 5 D III.

neimittel um die Anwendung eines *neuartigen* Arzneimittels handelt, das in seiner Wirkungsweise möglicherweise von bereits eingeführten Standardpräparaten abweicht[269]. Zu Recht werden *allgemein* gehaltene oder gar *verharmlosende* Formulierungen wie z. B. „noch nicht im Handel erhältlich", „noch nicht zugelassen", „mit gutem Erfolg erprobt", „neu entwickeltes Mittel" als *nicht ausreichend* angesehen, um den Charakter der Untersuchung als klinische Studie deutlich zu machen[270].

Die bei der Aufklärung verwendete *Sprache* muß auch für Laien *verständlich* sein. Medizinische Fachbegriffe müssen übersetzt und erläutert werden. Dabei ist auf den Bildungsgrad und auf einschlägige Vorkenntnisse der Aufklärungsperson einzugehen und der Umfang der Aufklärung möglichst individuell anzupassen[271].

Eine Zeitspanne für die übliche Dauer eines Aufklärungsgesprächs läßt sich angesichts der individuellen Besonderheiten klinischer Prüfungen nur schwer angeben. Im Rahmen der Arzneimittelprüfung am Menschen wird eine durchschnittliche Zeit von 30 Minuten für das Aufklärungsgespräch für üblich gehalten[272].

d) Keine Versuche an untergebrachten Personen

Nicht zulässig sind gem. § 40 Abs. 1 Nr. 3 AMG klinische Prüfungen an Probanden, die auf gerichtliche oder behördliche Anordnung in einer Anstalt untergebracht[273] sind[274]. Der Begriff der „Unterbringung" ist weit auszulegen[275] und umfaßt alle freiheitsentziehenden Maßnahmen aufgrund hoheitlicher Anordnung[276]. Ein bloßer stationärer Aufenthalt in einer Klinik fällt demgegenüber nicht unter den Begriff der „Unterbringung". Gesetzgeberisches Motiv dieser Regelung war der Gedanke, daß bei untergebrachten Personen wegen des bestehenden Gewaltverhältnisses davon ausgegangen werden muß,

---

269 *Kloesel/Cyran*, AMG, § 40 AMG 5.

270 *Kloesel/Cyran*, AMG, § 40 Anm. 5.

271 *Kloesel/Cyran*, AMG, § 40 Anm. 5.

272 *Kewitz*, in: Bock (Hrsg.), Arzneimittelprüfung am Menschen, S. 135, 136; vgl. dazu auch den Diskussionsbeitrag von *Gebhardt*, ebenda, S. 141.

273 Bis zum 5. Änderungsgesetz vom 9.8.1994 sprach das Gesetz noch von „verwahrten" Personen.

274 Siehe auch *Gersemann/Illhardt*, MedR 1986, 299.

275 Vgl. auch die Legaldefinition in § 2 des Gesetzes über das gerichtliche Verfahren bei Freiheitsentziehungen (FreihEntzG) vom 29. Juni 1956 (BGBl. I, 599), abgedruckt in *Sartorius* I, Verfassungs- und Verwaltungsgesetze der Bundesrepublik Deutschland, Nr. 617.

276 Zu den zahlreichen Möglichkeiten der Unterbringung vgl. die Übersicht bei *Kloesel/Cyran*, AMG, § 40 Anm. 6a, wo allerdings noch der Begriff „Verwahrung" verwendet wird.

daß eine freie Willensentscheidung nicht möglich oder zumindest nicht nachprüfbar ist[277], weshalb hier besonders restriktive Schutzvorschriften geschaffen wurden.

e) Anforderungen an den Leiter der klinischen Prüfung

§ 40 Abs. 1 Nr. 4 AMG verlangt, daß der Leiter der klinischen Prüfung ein Arzt sein muß, der mindestens eine zweijährige Erfahrung in der klinischen Prüfung von Arzneimitteln nachweisen kann[278]. Darüber hinaus muß der Prüfleiter durch einen für die pharmakologisch-toxikologische Prüfung verantwortlichen Wissenschaftler über die Ergebnisse der Prüfung und über die voraussichtlich mit der klinischen Prüfung verbundenen Risiken informiert werden (§ 40 Abs. 1 Nr. 7 AMG). Diese Informationspflicht dient dazu, eine Abschätzung der Gefahr für die Probanden bei der bevorstehenden oder laufenden klinischen Prüfung zu ermöglichen[279].

Zur Konkretisierung der gesetzlichen Bestimmungen hat eine Konsensuskonferenz unter Beteiligung interessierter Verbände der Ärzteschaft und der pharmazeutischen Industrie ein detailliertes Anforderungsprofil des Leiters der Klinischen Prüfung i. S. v. § 40 Abs. 1 Nr. 4 AMG erstellt, das insbesondere die Aufgaben und erforderlichen Kenntnisse des Prüfleiters stichpunktartig umschreibt[280]. Dieses Papier wurde am 25. April 1997 vom Vorstand der Bundesärztekammer zustimmend zur Kenntnis genommen[281]. Als rechtliche und ethische Grundlagen müssen dem Prüfleiter danach bekannt sein[282]: Das Arzneimittelgesetz, EG-Verordnungen/-Richtlinien und -Empfehlungen, die Bestimmungen zur Good Clinical Practice (GCP), Empfehlungen der WHO sowie die Arzneimittelprüfrichtlinien.

f) Pharmakologisch-toxikologische Prüfung

Vor Durchführung der klinischen Versuche muß eine dem jeweiligen Stand der wissenschaftlichen Erkenntnisse entsprechende pharmakologisch-toxikologische Prüfung durchgeführt worden sein (§ 40 Abs. 1 Nr. 5 AMG). In der Regel handelt es sich hierbei um Tierversuche, wenngleich dies nicht zwingend ist. Es können u. U. auch bereits vorhandene Versuchsergebnisse am Menschen, Ergebnisse oder Erfahrungen aus der Arbeitsmedizin, Erkenntnisse aus Suiziden oder Suizidversuchen oder gar Selbstversuche Berücksich-

---

[277] Vgl. die amtliche Begründung, abgedruckt bei *Kloesel/Cyran*, AMG, § 40 unter Nr. 2.

[278] Vgl. zu diesem Erfordernis *Kloesel/Cyran*, AMG, § 40 Anm. 7.

[279] *Kloesel/Cyran*, AMG, § 40 Anm. 12.

[280] Abdruck in DÄBl. 1997, A-2680 unter Nennung der beteiligten Verbände; zur weiteren Diskussion um das Konsensuspapier siehe auch *Gugler*, DÄBl. 1997, A-2620.

[281] Vgl. DÄBl. 1997, A-2680.

[282] Zu den weiteren Anforderungen siehe DÄBl. 1997, A-2680.

tigung finden[283]. Die pharmakologisch-toxikologischen Prüfungen müssen ihrerseits bestimmten Standards entsprechen[284]. Alle Unterlagen der pharmakologisch-toxikologischen Prüfung müssen vor Beginn der klinischen Prüfung bei der zuständigen Bundesoberbehörde (Bundesinstitut für Arzneimittel und Medizinprodukte) vorgelegt worden sein (§ 40 Abs. 1 Nr. 6 AMG)[285].

g) *Probandenversicherung*

Der wirtschaftlichen Absicherung des Probanden im Schadensfalle dient die Probandenversicherung, deren Abschluß für jede klinische Arzneimittelprüfung zwingend vorgeschrieben ist (§ 40 Abs. 1 Nr. 8 AMG)[286]. Streitig ist die Rechtsnatur der Probandenversicherung. Wohl überwiegend wird die Probandenversicherung als Versicherungsform „sui generis" angesehen[287], die entweder wie eine Schadensversicherung praktiziert werden soll[288] oder als Mischform aus Unfall-, Haftpflicht- und Personen-Schadensversicherung behandelt werden soll[289].

Zutreffend dürfte die Auffassung von *Deutsch* sein, der die Probandenversicherung als eine Unfallversicherung zugunsten eines Dritten ansieht, deren Grundlage eine Aufopferungserwartung darstellt[290], denn die Probandenversicherung greift – entsprechend dem Aufopferungsgedanken – auch dann ein, wenn niemanden ein Verschulden an der Schädigung trifft bzw. wenn ein entsprechendes Verschulden nicht nachweisbar ist.

---

283 *Kloesel/Cyran*, AMG, § 40 Anm. 8.

284 Vgl. die Richtlinie des Rates zur Angleichung der Rechts- und Verwaltungsvorschriften der Mitgliedstaaten über die analytischen, toxikologisch-pharmakologischen und ärztlichen oder klinischen Vorschriften und Nachweise über Versuche mit Arzneimitteln (75/318/EWG) vom 20. Mai 1975 (ABl. EG Nr. L 147/1 vom 9. Juni 1975), die inzwischen mehrfach geändert wurde, vgl. Abdruck bei *Kloesel/Cyran*, A 2.34. Ferner die Arzneimittelprüfrichtlinien vom 5. Mai 1995 (BAnz. Nr. 96a), Abdruck bei *Kloesel/Cyran*, AMG, A 2.13, sowie die „Grundsätze der Guten Laborpraxis" (Good Laboratory Practises), Abdruck bei *Kloesel/Cyran*, AMG, A 2.7.

285 Bei Arzneimittelprüfungen der Phase IV entfällt diese Vorlagepflicht gem. § 42 AMG.

286 Vgl. auch *Granitza*, Versicherungsrechtliche Aspekte bei der klinischen Prüfung von Arzneimitteln, in: Kleinsorge/Steichele (Hrsg.), Klinische Arzneimittelprüfung, S. 96; zum österreichischen Recht: *Holzer/Posch/Schick*, Arzt- und Arzneimittelhaftung in Österreich, S. 134 ff.

287 *Kreß*, Die Ethik-Kommissionen im System der Haftung, S. 47.

288 *Kloesel/Cyran*, AMG, § 40 Anm. 20; *Lippert/Adler*, VersR 1993, 277, 279; *Littbarski*, in: Westphalen (Hrsg.), Produkthaftungshandbuch, § 56 II 3; *Sander*, AMG, § 40 Erl. 16; *Kollhosser*, MedR 1983, 201; siehe auch *Bausch*, VersR 1979, 212 ff.

289 *Holzhauer*, NJW 1992, 2325, 2326.

290 *Deutsch*, NJW 1995, 3019, 3022; *ders.*, Medizinrecht, Rdnr. 551, 579; *ders.*, Versicherungsvertragsrecht, Rdnr. 136.

§ 40 Abs. 3 AMG konkretisiert die Voraussetzungen, die das Arzneimittelgesetz an die Ausgestaltung der Probandenversicherung stellt[291]. Danach muß die Versicherung bei einem deutschen Versicherer abgeschlossen werden, die Deckungssumme für den Fall des Todes oder der dauernden Erwerbsunfähigkeit muß mindestens eine Million Deutsche Mark betragen[292].

h) *Prüfplan*

Eine besondere gesetzliche Ausprägung der ärztlichen *Dokumentationspflicht* stellt das Erfordernis der Erstellung eines Prüfplans dar[293]. Zwar ist die mit dem zweiten Änderungsgesetz eingeführte Regelung des § 40 Abs. 1 Nr. 7a AMG, die das Erfordernis der Erstellung eines Prüfplans ausdrücklich regelte, zwischenzeitlich wieder aufgehoben worden. Dennoch muß auch nach der jetzt gültigen Fassung des Arzneimittelgesetzes für jede klinische Prüfung ein Prüfplan erstellt werden, da gem. § 40 Abs. 1 Nr. 6 AMG „der dem jeweiligen Stand der wissenschaftlichen Erkenntnisse entsprechende Prüfplan" mit Angabe von Prüfern und Prüforten der zuständigen Bundesoberbehörde vorgelegt werden muß.

Abgesehen von den genannten gesetzlichen Bestimmungen ist die Erstellung eines Prüfplans zudem wesentlicher Teil der ärztlichen Dokumentationspflicht und damit ohnehin für eine rechtmäßige Arzneimittelprüfung erforderlich. Auch die Verfahrensordnungen der Ethikkommissionen fordern überwiegend die Einreichung eines Prüfplans in den Antragsunterlagen. Hinweise zu den praktischen Anforderungen an den Prüfplan im einzelnen enthält die „Bekanntmachung von Grundsätzen für die ordnungsgemäße Durchführung der klinischen Prüfung von Arzneimitteln" des Bundesministers für Jugend, Familie, Frauen und Gesundheit vom 9. Dezember 1987[294].

---

291 Siehe daneben auch die „Allgemeinen Versicherungsbedingungen für klinische Prüfungen von Arzneimitteln (Probandenversicherung)", abgedruckt bei *Kloesel/Cyran*, A 2.13 d.

292 Auch diese Änderung wurde durch das fünfte Änderungsgesetz vom 9.8.1994 vorgenommen. Vorher betrug die Mindestdeckungssumme noch 500.000 Deutsche Mark.

293 Zu den Anforderungen an den Prüfplan im Rahmen klinischer Prüfungen siehe *Schwarz*, Klinische Prüfungen, S. 67 ff.; *Eberhardt/Söhngen*, Monitoring klinischer Prüfungen, S. 48 ff.; *Gleiter*, DÄBl. 1997, A-439.

294 BAnz. S. 16 617; abgedruckt bei *Kloesel/Cyran*, AMG, A 2.13g. Unter 2.5 werden dort 24 Punkte aufgezählt, zu denen der Prüfplan Angaben enthalten soll (z. B. Zielsetzung und Begründung der Prüfung [2.5.1], Carakterisierung des zu prüfenden Arzneimittels [2.5.2], Beschreibung des Prüfdesigns und gegebenenfalls Definition der Beobachtungseinheit [2.5.3]).

i) Ethikkommission

Erstmals durch das Fünfte Änderungsgesetz[295] neu eingefügt wurde das Erfordernis, vor klinischen Arzneimittelprüfungen die Stellungnahme einer nach Landesrecht gebildeten unabhängigen Ethikkommission einzuholen (§ 40 Abs. 1 S. 2 und 3 AMG). Neben dieser nunmehr *gesetzlichen* Verpflichtung bestand schon bisher gem. § 1 Abs. 4 der früheren (bis 1997 geltenden) Musterberufsordnung der deutschen Ärzte (MBO)[296] eine *berufsrechtliche* Pflicht des Arztes, sich vor Versuchen am Menschen durch eine Ethikkommission beraten zu lassen. Diese berufsrechtliche Verpflichtung besteht auch nach der umfassenden Überarbeitung der Musterberufsordnung gem. § 15 Abs. 1 der (Muster-)Berufsordnung für die deutschen Ärztinnen und Ärzte in der Fassung der Beschlüsse des 100. Deutschen Ärztetages in Eisenach 1997 fort.

Umstritten sind die Anforderungen an die Organisationsstruktur der Ethikkommission. Die gesetzliche Regelung im Arzneimittelgesetz[297] läßt nach dem nunmehr eindeutigen Wortlaut nur noch das Gutachten einer *öffentlich-rechtlichen* (nämlich nach Landesrecht gebildeten) Ethikkommission zu, womit die früher streitige Frage, ob auch das Gutachten einer privaten Ethikkommission ausreicht, zumindest für die Arzneimittelprüfung de lege lata verneint werden muß[298]. Voraussetzung für den Beginn der klinischen Prüfung ist nunmehr die zustimmende Bewertung des Forschungsvorhabens durch die zuständige Ethikkommission oder der ausbleibende Widerspruch der zuständigen Bundesoberbehörde (gem. § 77 AMG grundsätzlich das Bundesinstitut für Arzneimittel und Medizinprodukte)[299].

3. Zulässigkeitsvoraussetzungen für Heilversuche (§ 41 AMG)

a) Praktische Bedeutung des § 41 AMG

Wie schon erwähnt, sind die meisten klinischen Versuche in der Arzneimittelprüfung – insbesondere solche der Phasen I bis IV – Heilversuche[300].

---

[295] 5. Gesetz zur Änderung des Arzneimittelgesetzes vom 9.8.1994, BGBl. I, 2077.

[296] Zur rechtlichen Bedeutung der Musterberufsordnung siehe *Taupitz*, Die Standesordnungen der freien Berufe, S. 748 ff.

[297] Zum Gesetzgebungsverfahren siehe *Deutsch*, NJW 1994, 2381 ff.

[298] *Classen*, MedR 1995, 148. – *Schenke*, NJW 1996, 745ff., sieht in dieser „öffentlich-rechtlichen Monopolisierung der ethischen Beratung“ allerdings einen Verstoß gegen die Grundrechte der privaten Ethikkommissionen und hält demnach die neue Regelung des § 40 Abs. 1 S. 2 und 3 AMG für verfassungswidrig; ähnlich *Tiedemann*, ZRP 1991, 54, 60 f.

[299] Zur Frage, welche Rechtsqualität der Entscheidung einer Ethikkommission zukommt, siehe unten § 5 D V 3 b.

[300] *Eberhardt/Söhngen*, Monitoring klinischer Prüfungen, S. 41; *Schwarz*, Klinische Prüfungen, S. 52.

Der im Arzneimittelgesetz geregelte „Normalfall“ des § 40 AMG ist in der Praxis also eher die Ausnahme. Praktisch relevant sind bei den meisten Studien die Voraussetzungen des § 41 AMG, der die Regelungen des § 40 AMG modifiziert und ergänzt.

b) Grundsatz: Anwendbarkeit der Voraussetzungen des § 40 AMG

§ 41 AMG enthält Sonderregelungen für die klinische Arzneimittelprüfung am *kranken* Menschen (Patienten), d. h. für arzneimittelrechtliche Heilversuche. Die Anforderungen des § 41 AMG gehen teilweise über die Anforderungen des § 40 AMG hinaus, zum Teil modifizieren sie auch die dortigen Regelungen. Abweichungen ergeben sich insbesondere bei der Frage der *Einwilligung* in den geplanten Eingriff. Da Heilversuche in ihrer Zielrichtung der Behandlung einer Krankheit dienen, und damit dem Patienten unmittelbar zugute kommen können, läßt § 41 AMG die *fremdbestimmte* Einwilligung durch die gesetzlichen Vertreter des Einwilligungsunfähigen zu. Abgesehen von diesen Modifikationen gilt aber, daß die in § 40 AMG genannten Voraussetzungen auch auf Heilversuche anwendbar sind[301].

Die in § 40 AMG aufgeführten Schutzbestimmungen sind damit grundsätzlich auch auf Heilversuche anzuwenden, soweit sich aus § 41 AMG nichts anderes ergibt. Insbesondere bedarf auch der Heilversuch einer umfassenden Abwägung von Nutzen und Risiko, der vorherigen Begutachtung durch eine Ethikkommission, der Erstellung eines Prüfplanes sowie der Leitung durch einen in klinischen Prüfungen erfahrenen Arztes. Vor Durchführung des klinischen Heilversuchs muß eine umfassende pharmakologisch-toxikologische Prüfung vorgenommen worden sein sowie der Abschluß einer Probandenversicherung[302] nachgewiesen werden.

c) Das Erfordernis der medizinischen Indikation des Arzneimittels

Zusätzliche Voraussetzung bei Heilversuchen ist gem. § 41 Nr. 1 AMG, daß das zu prüfende Arzneimittel nach den Erkenntnissen der medizinischen Wissenschaft „angezeigt ist, um das Leben des Kranken zu retten, seine Gesundheit wiederherzustellen oder sein Leiden zu erleichtern“. Damit verlangt § 41 AMG eine echte *medizinische Indikation* des Arzneimittels für den geplanten Heilversuch. Eine als Heilversuch ausgestaltete klinische Prüfung eines Arzneimittels ist also nur dann zulässig, wenn eine bisherige Standardbehandlung nicht mit größerer Wahrscheinlichkeit zum Erfolg führt. Die

---

301 Dies ergibt sich aus der Formulierung in § 41 AMG, die auf § 40 AMG bezug nimmt: „Auf eine klinische Prüfung bei einer Person, die an einer Krankheit leidet, zu deren Behebung das zu prüfende Arzneimittel angewendet werden soll, findet § 40 Abs. 1 bis 3 mit folgender Maßgabe Anwendung: ...“.

302 Im Fall des Heilversuchs müßte eigentlich von einer *Patienten*versicherung gesprochen werden.

Heilungschancen des Patienten dürfen durch den Heilversuch nicht verringert werden[303]. Probleme ergeben sich besonders bei kontrollierten klinischen Versuchen, wenn ein neuartiges Arzneimittel gegen ein eingeführtes Standardpräparat oder gegen ein Placebopräparat getestet werden soll. In solchen Fällen wird man ein „Angezeigtsein" hinsichtlich des Placebopräparates meist verneinen müssen, zumindest wenn ein gleichermaßen geeignetes Standardpräparat bereits zur Verfügung steht.

Demgegenüber wird allerdings durch das Erfordernis des „Angezeigtseins" die *Ersterprobung* von Arzneimitteln im Rahmen eines Heilversuchs dann nicht ausgeschlossen, wenn eine Verträglichkeitsprüfung an gesunden Menschen, etwa wegen besonderer Toxizität des Präparats, nicht erfolgen kann[304]. Zwar kann man bei solchen Versuchen nicht von einer medizinischen „Indikation" im Sinne einer Standardtherapie sprechen. Gerade in den Fällen, in denen aber eine wirksame und sichere Standardbehandlung nicht besteht und der Heilversuch wissenschaftlich begründete Erfolgsaussichten verspricht, muß auch die Ersterprobung im Wege des therapeutischen Versuchs zulässig sein[305].

d) *Absolutes Verbot der Forschung mit untergebrachten Personen?*

Problematisch erscheint bei den auf Heilversuche entsprechend anwendbaren Bestimmungen des § 40 AMG das ausnahmslose Verbot der Prüfung an untergebrachten Personen (§ 40 Abs. 1 Nr. 3 AMG). Würde man dieses Verbot uneingeschränkt auch auf Heilversuche entsprechend anwenden, würde man untergebrachten Patienten eine eventuell dringend nötige und einzig erfolgversprechende Behandlung vorenthalten. Dies kann aber nicht der Wille des Gesetzgebers bei der Schaffung des Arzneimittelgesetzes gewesen sein. Im Vordergrund stand der Gedanke, untergebrachten Personen wegen des besonderen Gewaltverhältnisses, in dem sie sich bei Unterbringung befinden, besonderen Schutz zukommen zu lassen, weil bei diesen Personen nicht mit Sicherheit davon ausgegangen werden kann, daß ihre Einwilligung auf einem freien Willensentschluß beruht[306].

Aus diesem Grund wird die uneingeschränkte entsprechende Anwendung des Verbots der Prüfung an untergebrachten Personen auf Heilversuche von der wohl überwiegenden Meinung zu Recht abgelehnt[307]. Wenn die Anwendung eines neuartigen, noch nicht zugelassenen Arzneimittels die einzige oder

---

303 *Sander*, AMG, § 41 Erl. 5; *Bork*, NJW 1985, 654, 656.

304 Vgl. oben § 4 A I 2 a.

305 Vgl. auch den Ausschußbericht zum Gesetzgebungsverfahren des AMG, abgedruckt bei *Kloesel/Cyran*, AMG, § 41.

306 *Kloesel/Cyran*, AMG, § 40 Anm. 6.

307 *Deutsch*, Medizinrecht, Rdnr. 540.

die im Vergleich zur Standardbehandlung weitaus erfolgversprechendere Behandlung darstellt, erscheint es nicht vertretbar, dem Patienten diese Behandlung zu versagen, nur weil er aufgrund einer freiheitsentziehenden Maßnahme untergebracht ist. Sehr umstritten ist allerdings, wie man dieses Ergebnis rechtlich begründet und wo die Grenzen im Einzelfall verlaufen.

Zum Teil wird vorgeschlagen, die Vorschrift des rechtfertigenden Notstands (§ 34 StGB) anzuwenden. Bei Vorliegen der Voraussetzungen des § 34 StGB sei medizinische Forschung auch an untergebrachten Personen – entgegen dem Wortlaut des § 40 Abs. 1 Nr. 3 AMG – ausnahmsweise zulässig. Unklar bleibt bei dieser Argumentation allerdings der Anwendungsbereich des § 34 StGB. Können durch Notstand nur *therapeutische Versuche* an untergebrachten Patienten gerechtfertigt werden oder sind im Ausnahmefall auch nichttherapeutische Studien an untergebrachten Personen möglich?[308]. Überzeugender ist daher die Auffassung, die nur für solche Versuche, die einen individuellen Nutzen für den Patienten versprechen, eine Einschränkung nach *Sinn und Zweck* der Norm fordert[309]. Im Wege *teleologischer Reduktion*[310] ist daher § 40 Abs. 1 Nr. 3 AMG dahin auszulegen, daß neuartigen Arzneimitteln ausnahmsweise auch an untergebrachten Personen erprobt werden dürfen, wenn keine Standardbehandlung existiert oder wenn sich das neuartige Arzneimittel als gegenüber einer bisher durchgeführten Behandlung als eindeutig überlegen erweist[311].

III. Nichteinwilligungsfähige Personen in der klinischen Arzneimittelprüfung

1. *Ausgangspunkt: Einwilligung und Aufklärung*

Zentrale Zulässigkeitsvoraussetzung für klinische Arzneimittelversuche ist das Erfordernis der *Einwilligung* des Probanden (Patienten). Wie beim ärztlichen Heileingriff muß auch in der klinischen Forschung ein ärztlicher Eingriff, der in die körperliche Integrität des Betroffenen eingreift und somit tatbestandlich eine Körperverletzung i. S. v. § 223 StGB darstellt, durch Einwilligung des Betroffenen gerechtfertigt sein.

---

308 Unklar insoweit *Kloesel/Cyran*, AMG, § 40 Anm. 6, wo bei der Anwendbarkeit des § 34 StGB nicht ausdrücklich zwischen therapeutischem und nichttherapeutischem Versuch unterschieden wird.

309 Vgl. auch *Fischer*, Medizinische Versuche am Menschen, S. 68, der die Anwendung des § 34 StGB – ergebnisorientiert – wegen der zu engen Voraussetzungen dieses Rechtfertigungsgrundes ablehnt.

310 Siehe zur Methode der teleologischen Reduktion *Larenz*, Methodenlehre der Rechtswissenschaft, S. 265 ff.

311 *Bork*, NJW 1985, 654, 659; *Fischer*, Medizinische Versuche am Menschen, S. 68.

Eine wirksame Einwilligung in den geplanten Eingriff kann nur erfolgen, wenn der Patient oder Proband die erforderliche *Einwilligungsfähigkeit* besitzt und wenn die nach dem Arzneimittelgesetz vorgesehene vorherige umfassende ärztliche *Aufklärung* über Wesen, Bedeutung und Tragweite der klinischen Prüfung erfolgt ist. Die gesetzlichen Bestimmungen des Arzneimittelgesetzes geben insoweit lediglich die bereits nach allgemeinem Recht geltenden Grundsätze wieder. Als Verschärfung gegenüber den allgemeinen Rechtsgrundsätzen stellt sich dagegen das Erfordernis der *schriftlichen* Erteilung der Einwilligungserklärung dar, das gem. § 40 Abs. 2 Nr. 2 AMG zwingende Voraussetzung für Versuche ohne therapeutischen Nutzten ist. Die Einwilligungserklärung für solche Arzneimittelversuche muß vom Patienten *handschriftlich* unterzeichnet sein. In der Praxis stellt dieses Erfordernis jedoch – zumindest bei größeren Eingriffen – keine Besonderheit dar, da ein Arzt bei einer größeren und risikoreichen medizinischen Behandlung schon aus Beweissicherungs- und Dokumentationszwecken eine schriftliche Einwilligungserklärung des Patienten einholen wird.

Solange also der Proband einwilligungsfähig ist und nach umfassender Aufklärung in die klinische Arzneimittelprüfung eingewilligt hat, stellen sich damit im Rahmen der Aufklärung und Einwilligung keine anderen Probleme als bei allgemeinen ärztlichen (Heil-)eingriffen[312]. Problematisch und hier näher zu untersuchen ist allerdings die Frage, inwieweit Arzneimittelversuche auch an *nichteinwilligungsfähigen* Patienten und Probanden zulässig sind und welche weiteren Voraussetzungen gegebenenfalls zusätzlich eingehalten werden müssen, um solche Versuche durchführen zu können.

2. *Nichttherapeutische Versuche mit einwilligungsunfähigen Probanden*

a) *Grundsatz der persönlichen Einwilligung*

Das Arzneimittelgesetz unterscheidet streng zwischen therapeutischen Versuchen, die der Behandlung der Krankheit eines Patienten dienen, und solchen Versuchen, die keinen Therapiezweck verfolgen (nichttherapeutische Versuche)[313]. Versuche ohne Heilzweck sind – wegen der notwendigen persönlichen Einwilligung des Probanden – bei Einwilligungsunfähigen grundsätzlich unzulässig. Nur bei therapeutischen Versuchen läßt das Arzneimittelgesetz die Einwilligung des gesetzlichen Vertreters einer einwilligungsunfähigen Person zu.

---

312 Zu den allerdings erhöhten Anforderungen an Inhalt und Umfang ärztlicher Aufklärung im Rahmen von Forschungseingriffen siehe unten § 5 D III.

313 Obwohl das Arzneimittelgesetz zwar nicht die Begriffe „Heilversuch" bzw. „therapeutischer Versuch" und „nichttherapeutischer" bzw. „wissenschaftlicher Versuch" verwendet, kommt diese Unterscheidung durch die Systematik der §§ 40 und 41 AMG zum Ausdruck.

b) Verbot der nichttherapeutischen Forschung mit volljährigen Probanden

Für *volljährige* Probanden enthält das Arzneimittelgesetz keine Ausnahmeregelung zum Grundsatz der persönlichen Einwilligung. Eine „Vertretung im Willen" – etwa durch einen Betreuer – ist nach dem Arzneimittelgesetz nicht zulässig. Es bleibt damit bei dem Grundsatz des § 40 Abs. 2 Nr. 2 AMG, wonach der Betroffene die Einwilligung *selbst* und *schriftlich* erteilt haben muß. Da die einwilligungsunfähige Person selbst aber keine wirksame Einwilligung erklären kann, sind rein wissenschaftliche Arzneimittelversuche mit nichteinwilligungsfähigen volljährigen Probanden *ausnahmslos* unzulässig. Aufgrund der insoweit eindeutigen Regelung des Arzneimittelgesetzes kommt es auf die weiteren in § 40 AMG genannten Schutzbestimmungen nicht mehr an[314].

c) Minderjährige Probanden

aa) Zulässigkeit der Prüfung von Vorbeugemitteln und Diagnostika

Weniger restriktive Regelungen enthält das Arzneimittelgesetz hinsichtlich der Zulässigkeit nichttherapeutischer Forschung mit *minderjährigen* Probanden. § 40 Abs. 4 AMG schafft eine eigene Sondervorschrift für die Arzneimittelerprobung an Minderjährigen. Auch diese Sondervorschrift hält die nach Arzneimittelrecht zulässigen Versuche allerdings in engen Grenzen. § 40 Abs. 4 Nr. 1 AMG bestimmt, daß das Arzneimittel „zum Erkennen oder zum Verhüten von Krankheiten bei Minderjährigen" bestimmt sein muß. Zulässig ist damit nur die Erprobung von *Diagnostika* und *Prophylaktika*. Aus dem Bereich der Prophylaktika kommen insbesondere Impfstoffe gegen Kinderkrankheiten wie z. B. Masern, Scharlach oder Keuchhusten in Betracht. Bei diagnostischen Arzneimitteln ist z. B. an Präparate zu denken, die zur Erkennung einer überstandenen oder bestehenden Kinderkrankheit dienen[315].

Hiervon abzugrenzen sind alle primär *therapeutischen* Arzneimittel bzw. solche Diagnose- und Prophylaxepräparate, die nicht speziell zur Vorbeugung und Erkennung von Kinderkrankheiten bestimmt sind. Damit läßt sich etwa die Ermittlung von Arzneimittel-Dosierungsvorschriften für Säuglinge und Kleinstkinder nicht über § 40 Abs. 4 AMG rechtfertigen. Klinische Studien zur Ermittlung der geeigneten Dosierung lassen sich in solchen Fällen nur am kranken Minderjährigen in Form *therapeutischer* Versuche durchführen, deren Zulässigkeit sich wiederum nach § 41 AMG beurteilt.

---

[314] Problematisch kann im Einzelfall allerdings die Feststellung sein, um welche Art des Versuchs es sich bei der Arzneimittelprüfung handelt, d. h. ob auf das Forschungsvorhaben § 40 oder § 41 AMG anwendbar ist.

[315] Zweifelhaft ist hingegen, ob das bei *Kloesel/Cyran*, AMG, § 40 Anm. 23a angeführte Beispiel eines Diagnostikums zur Erkennung einer Tuberkulose-Erkrankung zutreffend ist, da es sich bei Tuberkulose zumindest nicht um eine typische Kinderkrankheit handelt.

bb) Subsidiaritätsprinzip

Zudem ist die klinische Prüfung mit Minderjährigen nur dann zulässig, wenn die Prüfung am Erwachsenen nach den Erkenntnissen der Wissenschaft keine ausreichenden Prüfergebnisse erwarten läßt (§ 40 Abs. 4 Nr. 3 AMG). Die Erprobung am Minderjährigen muß daher geboten sein, weil spezifische, altersbedingte biologische Unterschiede die Übertragung der Studienergebnisse aus der Erwachsenenforschung unmöglich machen[316]. Damit wird der ethische Grundsatz gesetzlich verankert, wonach die Forschung am einwilligungsunfähigen Patienten *subsidiär* gegenüber der Forschung am einwilligungsfähigen Patienten sein muß. Soweit die Prüfung am Volljährigen die gleichen Ergebnisse verspricht, wäre ein Eingriff in das Selbstbestimmungsrecht des Minderjährigen unter keinen Umständen zu rechtfertigen.

Aber auch *innerhalb* der Gruppe der Minderjährigen hat man den Subsidiaritätsgedanken insoweit entsprechend anzuwenden, als klinische Forschung mit nichteinwilligungsfähigen Minderjährigen nur dann zulässig ist, wenn Versuche mit einwilligungsfähigen Minderjährigen keine ausreichenden Prüfergebnisse erwarten lassen. In entsprechender Anwendung von § 40 Abs. 4 Nr. 3 AMG sind daher klinische Prüfungen möglichst mit Minderjährigen durchzuführen, die nahe am Volljährigkeitsalter sind und damit entweder bereits einwilligungsfähig sind oder zumindest den geplanten Versuchsablauf bei Erläuterung in einfacher und verständlicher Form nachvollziehen können, auch wenn man noch nicht von einer vollen Einwilligungsfähigkeit bezüglich der gesamten Prüfung ausgehen kann.

cc) „Angezeigtsein" i. S. d. § 40 Abs. 4 Nr. 2 AMG

Nach § 40 Abs. 4 Nr. 2 AMG muß die Anwendung des geprüften Arzneimittels „nach den Erkenntnissen der medizinischen Wissenschaft angezeigt sein, um bei dem Minderjährigen Krankheiten zu erkennen oder ihn vor Krankheiten zu schützen". Die Auslegung dieses einschränkenden Erfordernisses ist – mit u. U. erheblichen praktischen Auswirkungen im Einzelfall – unklar und umstritten. Hintergrund der Auslegungsproblematik ist die schwierig zu bestimmende Grenze zwischen § 40 Abs. 4 AMG und § 41 AMG[317].

---

[316] Solche Unterschiede können insbesondere sein: Volumina der verschiedenen Verteilungsräume für Medikamente; Wachstumsdynamik von Organen und Organsystemen; Nierenfunktion; Leberfunktion; allgemeiner Stoffwechsel; Resorption; Membranpermeabilität; aktive und passive Austauschprozessse an biologischen Grenzen sowie die unterschiedliche Rezeptorempfindlichkeit (vgl. dazu *Olbing* in: H. Müller/H. Olbing, Ethische Probleme in der Pädiatrie und ihren Grenzgebieten, 1982).

[317] Vgl. *Deutsch*, NJW 1995, 3019, 3022: „Die Sonderregelung der Prüfung von Arzneimitteln an Minderjährigen in § 40 AMG ist einerseits so beschränkt, andererseits so unklar, daß sie den Ethik-Kommissionen erheblichen Raum zur eigenverantwortlichen Entscheidung gewährt."

Weitgehend einig ist man sich noch darin, daß § 40 Abs. 4 AMG insoweit eine Sondervorschrift darstellt, als danach klinische Prüfungen diagnostischer und prophylaktischer Arzneimittel auch mit *gesunden* Minderjährigen zugelassen werden[318]. Insoweit unterscheidet sich die klinische Prüfung nach § 40 Abs. 4 AMG vom rein therapeutischen Versuch, der mit *Patienten* durchgeführt wird und auf Heilung ihrer *Krankheit* gerichtet ist.

Darüber hinaus herrscht hinsichtlich der Auslegung des „Angezeigtseins" bei der klinischen Prüfung am gesunden Minderjährigen weitgehend Unklarheit:

Nach einer (engen) Auffassung wird die Vorschrift so verstanden, daß das Arzneimittelgesetz eine *echte medizinische Indikation* des zu prüfenden Arzneimittels fordert. Zwar könne ein Vorbeuge- oder Diagnosemittel auch zur Anwendung bei einem gesunden oder „nicht einschlägig Kranken"[319] Minderjährigen medizinisch indiziert sein. Bei der klinischen Prüfung am gesunden Minderjährigen sei allerdings erforderlich, daß für jeden Versuchsteilnehmer ein *persönlicher Vorteil* dadurch zu erwarten sei, daß er durch das neue Arzneimittel vor einer Krankheit besonders geschützt wird oder eine Krankheit früher diagnostiziert wird[320]. Im Ergebnis würde dies bedeuten, daß bei der Prüfung eines *Diagnostikums* aufgrund bestimmter Symptome ein *konkreter Verdacht* auf eine bestehende Krankheit vorliegen müßte. Entsprechendes würde für die Erprobung eines *prophylaktisch* wirksamen Arzneimittels gelten. Ein „Angezeigtsein" i. S. v. § 40 Abs. 4 Nr. 2 AMG läge nur vor, wenn bei dem Minderjährigen Anhaltspukte für eine besondere Anfälligkeit im Hinblick auf eine entsprechende Erkrankung bestünden oder wenn sonstige Risikofaktoren erkennbar wären, die die Anwendung des vorbeugenden Arzneimittels rechtfertigten. Gerade bei der Prüfung von Impfstoffen gegen Kinderkrankheiten – einem Hauptanwendungsbereich des § 40 Abs. 4 Nr. 2 AMG – wäre es damit äußerst schwierig, die Grenze zwischen echter medizinischer Indikation und „bloß vorbeugendem" Impfschutz zu ziehen. Bei entsprechend enger Auslegung wäre die Erprobung eines Impfstoffs gegen eine bestimmte Kinderkrankheit fast immer unzulässig.

---

318 *Kloesel/Cyran*, AMG, § 40 Anm. 24; *Sander*, AMG, § 40 Erl. 20; *Fischer*, Medizinische Versuche am Menschen, S. 35; *Staak/Weiser*, Klinische Prüfung von Arzneimitteln, Stuttgart 1978, S. 54; *Staak/Uhlenbruck*, MedR 1984, 177, 179; *Schimikowski*, Experiment am Menschen, S. 20; *Held*, Strafrechtliche Beurteilung von Humanexperimenten und Heilversuchen, S. 41; *Deutsch*, Medizin und Forschung vor Gericht, S. 45, 48.

319 Ausdruck bei *Sander*, AMG, § 41 Erl. 1 f.

320 *Kloesel/Cyran*, AMG, § 40 Anm. 24; *Sander*, AMG, § 40 Erl. 20; *Fischer*, Medizinische Versuche am Menschen, S. 35; *Staak/Weiser*, Klinische Prüfung von Arzneimitteln, Stuttgart 1978, S. 54; *Staak/Uhlenbruck*, MedR 1984, 177, 179; offen gelassen bei *Hasskarl/Kleinsorge*, in: Kleinsorge/Steichele/Sander (Hrsg.), Klinische Arzneimittelprüfung, S. 37.

Von der Gegenauffassung wird daher zu Recht geltend gemacht, daß § 40 Abs. 4 Nr. 2 AMG keine „echte" medizinische Indikation in dem oben genannten Sinne voraussetzt[321]. Dieses Ergebnis folgt letztlich aus der konsequenten methodischen Auslegung des § 40 AMG. Schon *gesetzessystematisch* wäre es kaum einzusehen, weshalb § 40 Abs. 4 AMG (als Sondervorschrift für die klinische Erprobung von Diagnostika und Prophylaktika) in die Vorschrift des § 40 AMG eingefügt wurde, die nur die medizinisch *nicht* indizierte Forschung am Menschen betrifft. Wollte man bei den Versuchen mit Minderjährigen eine echte medizinische Indikation fordern, dann hätte man die Regelung in die bei dieser Auslegung viel eher passende Vorschrift des § 41 AMG eingefügt. Auch wenn die Erprobung von Diagnostika und Prophylaktika Versuche darstellen, die sich nicht eindeutig der Fallgruppe „therapeutische" oder „nichttherapeutische Forschung" zuordnen lassen und damit nicht von den Grundnormen der §§ 40 und 41 AMG erfaßt werden, ist doch davon auszugehen, daß man eine systematische Zuordnung zu der sachlich am ehesten passenden Vorschrift vorgenommen hätte. Hätte man also nur therapeutisch voll indizierte Versuche mit Diagnose- und Prophylaxemitteln zulassen wollen, hätte man die Vorschrift in § 41 AMG verankert.

Im übrigen würde der in § 40 Abs. 4 Nr. 3 AMG normierte Subsidiaritätsgedanke wenig Sinn ergeben, wenn man mit der engen Auffassung eine echte medizinische Indikation verlangte. § 40 Abs. 4 Nr. 3 AMG bestimmt, daß die klinische Prüfung bei Minderjährigen nur dann zulässig ist, wenn die klinische Prüfung an Erwachsenen nach den Erkenntnissen der medizinischen Wissenschaft keine ausreichenden Prüfergebnisse erwarten läßt. Ließe man beim Minderjährigen generell nur solche Versuche zu, die auch medizinisch indiziert sind, müßte man die Zulässigkeit solcher Versuche nicht zusätzlich davon abhängig machen, daß entsprechende Untersuchungen am Erwachsenen nicht möglich sind. Dies würde nicht nur sachlich wenig Sinn machen, sondern würde sogar in Widerspruch zu dem von der Rechtsprechung entwickelten Grundsatz stehen, wonach der Arzt *verpflichtet* ist, ein neuartiges Arzneimittel oder eine neuartige Behandlungsmethode beim nichteinwilligungsfähigen Patienten anzuwenden, wenn diese im konkreten Fall indiziert ist[322]. Eine medizinisch indizierte ärztliche Maßnahme, sei sie auch noch nicht etabliert und erprobt, darf dem Patienten – auch dem Minderjährigen – nicht vorenthalten werden[323].

---

[321] *Schimikowski*, Experiment am Menschen, S. 20; *Held*, Strafrechtliche Beurteilung von Humanexperimenten und Heilversuchen, S. 41; *Deutsch*, Medizin und Forschung vor Gericht, S. 45, 48.

[322] So ausdrücklich BSG NJW 1989, 794.

[323] *Klinger*, Strafrechtliche Kontrolle medizinischer Außenseiter, S. 48 ff.

Schließlich spricht auch die *Entstehungsgeschichte* der Regelung für die weitere Auslegung des Begriffs des „Angezeigtseins“[324]. Der Regierungsentwurf zum AMG 1976 hatte noch den generellen Ausschluß Minderjähriger aus dem Kreis möglicher Probanden vorgesehen[325]. Erst nach einem Vorschlag des Ausschusses für Jugend, Familie und Gesundheit wurde ein „eng umrissener Ausnahmetatbestand“[326] in das Arzneimittelgesetz eingefügt, der die Zulässigkeit der klinischen Prüfung bei Minderjährigen zusätzlich im Gesetz verankerte[327]. Dabei wies der Ausschuß ausdrücklich darauf hin, daß er sich mit seinem Vorschlag bewußt gegen den „generellen Ausschluß von Minderjährigen aus dem Kreis der Probanden“ wendet[328]. Der Ausschuß war der Auffassung, daß gerade bei spezifischen Kinderkrankheiten ein dringendes Forschungsbedürfnis für die Entwicklung und Verbesserung von Diagnostika und Prophylaktika, wie z. B. Impfstoffen gegen Kinderkrankheiten, bestehe. Aus diesem Grund wurde nachträglich die Regelung des § 40 Abs. 4 AMG eingefügt, die bezüglich dieser Arzneimittel die nichttherapheutische Erprobung auch am minderjährigen Probanden zuläßt. Auch aus dem weiteren Hinweis in den Gesetzesmaterialien, daß nämlich der Ausschuß „uneingeschränkt am Grundsatz der therapeutischen Indikation für einen kontrollierten klinischen Versuch am Kranken festgehalten“ habe, läßt sich gewissermaßen im Umkehrschluß entnehmen, daß für klinische Versuche am *gesunden* Minderjährigen bewußt von diesem Grundsatz abgerückt wurde.

Im Ergebnis bleibt damit festzuhalten, daß nach dem arzneimittelgesetzlichen Ausnahmetatbestand diagnostische und prophylaktische Versuche auch mit Minderjährigen zulässig sind. Eine echte medizinische Indikation des Arzneimittels ist dafür nicht erforderlich. Für den Minderjährigen muß durch die Prüfung kein unmittelbarer persönlicher Vorteil erwartet werden[329]; es genügt vielmehr die *generelle Geeignetheit* des Arzneimittels zur Diagnose oder Prophylaxe spezifischer Kinderkrankheiten.

d) Zusammenfassung

Nichttherapeutische Versuche mit einwilligungsunfähigen *volljährigen* Probanden sind nach dem Arzneimittelgesetz nicht zulässig. Voraussetzung

---

[324] Anders *Fischer*, Medizinische Versuche am Menschen, S. 35.

[325] So noch § 38 Abs. 2 Nr. 1 RegE , BT-Drs. 7/3060 vom 7.1.1975, S. 20 f.

[326] Vgl. den Bericht des Ausschusses für Jugend, Familie und Gesundheit vom 28.4.1976, BT-Drs. 7/5091, S. 9, wobei hier allerdings – wohl aufgrund eines Druckfehlers – auf § 39 Abs. 4 RegE Bezug genommen wird, die Vorschrift aber im damaligen § 38 RegE (dem heutigen § 40 AMG) eingefügt wurde.

[327] So der überarbeitete RegE, BT-Drs. 7/5025 vom 12.4.1976, S. 38 f.; die entsprechende Ergänzung findet sich in § 38 Abs. 4 AMG, der dem jetzigen § 40 AMG entspricht.

[328] BT-Drs. 7/5091, S. 9.

[329] *Held*, Strafrechtliche Beurteilung von Humanexperimenten und Heilversuchen, S. 41.

für jegliche nichttherapeutische Arzneimittelforschung ist die wirksame Einwilligung des einwilligungs- und geschäftsfähigen Probanden. Dem gesetzlichen Vertreter (z. B. Betreuer) eines einwilligungsunfähigen Probanden wird im Rahmen des Arzneimittelrechts nicht das Recht zuerkannt, für den Vertretenen die Einwilligung zu erklären. Auch nichttherapeutische Versuche mit *minderjährigen* Probanden sind nach dem Arzneimittelgesetz grundsätzlich unzulässig, da § 40 Abs. 2 Nr. 1 AMG die Geschäftsfähigkeit und die Einwilligungsfähigkeit des Probanden fordert. In eng begrenzen *Ausnahmefällen* ist jedoch aufgrund der Spezialregelung des § 40 Abs. 4 AMG die nichttherapeutische Arzneimittelforschung mit minderjährigen Probanden unter engen Voraussetzungen zulässig. Es muß sich dabei jedoch um Versuche mit Diagnose- und Vorsorgemitteln handeln.

3. *Therapeutische Versuche mit nichteinwilligungsfähigen Patienten*

a) *Grundsätzliche Zulässigkeit*

Die Zulässigkeit von therapeutischen Versuchen (Heilversuchen) ist in § 41 AMG gesondert geregelt. Anders als bei der Zulässigkeit nichttherapeutischer Versuche differenziert das Arzneimittelgesetz bei den therapeutischen Versuchen am Einwilligungsunfähigen nicht zwischen Versuchen am Minderjährigen und am Erwachsenen. Es knüpft in § 41 Nr. 2 AMG lediglich an die Geschäftsfähigkeit an, indem es dort heißt:

> „Die klinische Prüfung darf auch bei einer Person, die geschäftsunfähig oder in der Geschäftsfähigkeit beschränkt ist, durchgeführt werden."

Demnach sind also klinische Arzneimittelversuche am einwilligungsunfähigen Patienten, soweit sie als Heilversuche, d. h. mit therapeutischer Zielrichtung durchgeführt werden, *grundsätzlich zulässig*. Die speziellen Voraussetzungen für die Zulässigkeit nichttherapeutischer Versuche sind in § 41 AMG enumerativ aufgezählt: Insbesondere muß die klinische Prüfung nach den Erkenntnissen der medizinischen Wissenschaft *angezeigt* sein, um das Leben des Kranken zu retten, seine Gesundheit wiederherzustellen oder sein Leiden zu erleichtern (§ 41 Nr. 1 AMG). Bei der Auslegung des Begriffs „angezeigt" herrscht im Gegensatz zu der umstrittenen Auslegung des – im Wortlaut gleichen – § 40 Abs. 4 Nr. 2 AMG weitgehend Einigkeit, daß hier eine *echte medizinische Indikation* des zu prüfenden Arzneimittels gemeint ist. Auch dies ergibt sich letztlich aus der Gesetzessystematik, denn § 41 AMG ist eine Vorschrift zur *therapeutischen* Forschung, die schon begrifflich eine *echte Indikation* der ärztlichen Maßnahme voraussetzt. Wäre die Anwendung des zu prüfenden Arzneimittels medizinisch nicht indiziert, ließe sich der Forschungseingriff schon begrifflich nicht als Heilversuch qualifizieren.

Neben den in § 41 AMG genannten (speziellen) Voraussetzungen für therapeutische Versuche müssen zudem die in § 40 AMG genannten Voraussetzungen vorliegen, soweit diese nicht durch § 41 AMG modifiziert werden.

Insbesondere ist auch bei therapeutischen Versuchen die zustimmende Stellungnahme der zuständigen Ethikkommission erforderlich.

b) *Einwilligungserfordernis*

Ist der Kranke, nicht fähig, eine wirksame Einwilligungserklärung in den Heilversuch abzugeben, so genügt nach dem Arzneimittelgesetz die Einwilligung seines gesetzlichen Vertreters (§ 41 Nr. 4 AMG). Bei einem Minderjährigen sind dies in der Regel die Eltern (§ 1629 Abs. 1 BGB), bei einem nichteinwilligungsfähigen Erwachsenen der zuständige Betreuer[330] (§ 1902 BGB). Wenn der Patient zwar geschäftsunfähig ist, aber dennoch die nötige Einsichtsfähigkeit in die medizinische Behandlung besitzt, muß auch der Patient selbst neben seinem gesetzlichen Vertreter die Einwilligung erklären (§ 41 Nr. 3 AMG). Die kombinierte Anknüpfung sowohl an die Einwilligungsfähigkeit als auch an die Geschäftsfähigkeit erklärt sich dadurch, daß zu der Einwilligung als strafrechtlichem und deliktsrechtlichem Rechtfertigungsgrund der Abschluß eines zivilrechtlichen Behandlungs- bzw. Forschungsvertrags hinzukommt[331]. Für den Vertragsabschluß ist nach den allgemeinen Vorschriften des BGB bei einem Geschäftsunfähigen der gesetzliche Vetreter zuständig, so daß die alleinige Zustimmung des Patienten – auch bei entsprechender Einwilligungsfähigkeit – nicht ausreichen würde. Zu kritisieren ist allerdings, daß die Unterscheidung zwischen der zum Vertragsschluß notwendigen *Geschäftsfähigkeit* und der zur rechtfertigenden Einwilligung erforderlichen *Einwilligungsfähigkeit* in der Systematik des Arzneimittelgesetzes nicht hinreichend deutlich zum Ausdruck kommt. Wenn das AMG schon beide Voraussetzungen erwähnt, sollte zumindest deutlich gemacht werden, daß die Geschäftsfähigkeit eine für den *Vertragsschluß* notwendige Voraussetzung ist.

Ob der gesetzliche Vertreter im Einzelfall in die Durchführung des Heilversuchs einwilligen darf, ist nicht im Arzneimittelgesetz geregelt. Die *Entscheidungskompetenz* des gesetzlichen Vertreters richtet sich nach den entsprechenden Regelungen im Familienrecht, insbesondere dem Recht der elterlichen Sorge (§§ 1626 ff. BGB) und den Vorschriften der Betreuung (§§ 1896 ff. BGB). Das Arzneimittelgesetz läßt eine abschließende Aussage zur Rechtswirksamkeit der Betreuereinwilligung nur in den Fällen zu, in denen ein absolutes Forschungsverbot angeordnet wird und eine Einwilligung durch den gesetzlichen Vertreter damit von vornherein ausscheidet (insbesondere bei klinischen Versuchen i. S. v. § 40 AMG mit nichteinwilligungsfähigen volljährigen Personen). In allen anderen Fällen müssen zur Beurteilung der Ein-

---

330 Das Aufgabengebiet des Betreuers muß auch Heilbehandlungen umfassen.

331 So auch *Helmchen/Lauter* (Hrsg.), Dürfen Ärzte mit Demenzkranken forschen?, S. 30 zu § 40 Abs. 2 AMG. Zum zivilrechtlichen Forschungsvertrag siehe *Eberbach*, Die zivilrechtliche Beurteilung der Humanforschung, S. 40 ff. und passim.

willigung des gesetzlichen Vertreters die entsprechenden Vorschriften des Familienrechts herangezogen werden[332].

c) *Aufklärung*

Ebenfalls eine bloße gesetzliche Normierung der allgemeinen Voraussetzungen für den medizinischen Heileingriff stellt das Erfordernis der Aufklärung dar (§ 41 Nr. 5 AMG). Die Einwilligung des Patienten oder des gesetzlichen Vertreters ist nur nach deren *vorheriger* umfassender Aufklärung über „Wesen, Bedeutung und Tragweite der klinischen Prüfung" wirksam (Grundsatz des *informed consent*). Auch hier gilt: Ist der Patient einwilligungsunfähig, muß dessen gesetzlicher Vertreter über den geplanten Heilversuch umfassend aufgeklärt werden, denn dieser hat später auch die erforderliche Einwilligung zu erklären. Ist neben einem gesetzlichen Vertreter auch der Patient fähig, den geplanten Eingriff zumindest in groben Zügen zu erfassen und zu verstehen, so muß auch der Patient in die Aufklärung mit einbezogen werden. Die Aufklärung selbst bedarf keiner besonderen Form. Im Gegensatz zur Einwilligungserklärung sieht das Arzneimittelgesetz für die Aufklärung und deren Nachweis keine Schriftform vor. Empfehlenswert ist aber dennoch, dem Probanden und seinen gesetzlichen Vertretern vor der klinischen Prüfung einen schriftlichen *Aufklärungsbogen* mit den wichtigsten Informationen auszuhändigen[333]. Der Patient kann sich auf diese Weise einen ersten Überblick über das Forschungsvorhaben oder den Heilversuch verschaffen. Nicht zuletzt dient eine solche Vorgehensweise aber auch der Beweissicherung bei etwaigen Streitigkeiten über eine ordnungsgemäße Aufklärung. Ein schriftlicher Aufklärungsbogen kann allerdings niemals an die Stelle eines *mündlichen* Aufklärungsgesprächs treten[334], denn nur im persönlichen Gespräch kann der Arzt prüfen, ob der Aufzuklärende die Informationen versteht und daneben auf etwaige ergänzende Fragen ausreichend eingehen.

4. *Zusammenfassung*

Das Arzneimittelgesetz läßt die klinische Forschung mit einwilligungsunfähigen Personen nur in beschränktem Umfang zu. Besonders restriktiv sind die Regelungen im Bereich der rein wissenschaftlichen, nichttherapeutischen Forschung. Arzneimittelversuche mit geschäfts- oder einwilligungsunfähigen Probanden sind nach dem Arzneimittelgesetz grundsätzlich unzulässig. Einzige Ausnahme ist die Erprobung bestimmter Arzneimittel für Kinder und Jugendliche (Pädiatrika). Unter bestimmten engen Voraussetzungen wird die Forschung am Minderjährigen mit Vorsorge- oder Diagnosemitteln aus-

---

332 Näher zur matierellen Entscheidungskompetenz des Vertreters unten bei § 5 E.

333 Näher unten § 5 D III 2.

334 *Deutsch*, Zeitschr. für ärztl. Fortbild. 1994, 1040, 1044.

nahmsweise zugelassen, wenn die gesetzlichen Vertreter ihre Einwilligung in die Versuchsteilnahme des Minderjährigen erklären. Weniger restriktiv sind die Schutzvorschriften für Heilversuche in der Arzneimittelforschung. Da die Versuche der Heilbehandlung dienen, erlaubt das Arzneimittelgesetz die Einbeziehung geschäftsunfähiger und einwilligungsunfähiger Patienten in therapeutische Versuche. Erforderlich ist in diesen Fällen – neben den allgemeinen arzneimittelrechtlichen Schutzbestimmungen – die Einwilligung des gesetzlichen Vertreters nach dessen vorheriger umfassender Aufklärung über Verlauf und Risiken der klinischen Prüfung.

C. Die klinische Prüfung nach dem Medizinproduktegesetz (MPG)

I. Entstehung und Anwendungsbereich des Medizinproduktegesetzes; Begriff des Medizinprodukts

Das Gesetz über Medizinprodukte (Medizinproduktegesetz – MPG) vom 2. August 1994[335] ist seit dem 1. Januar 1995 in Kraft. Es regelt umfassend den Umgang mit Medizinprodukten und löst weitgehend die bis dahin bedeutsame Medizingeräteverordnung (MedGVO) ab[336]. Das Medizinproduktegesetz entstand aus einer Umsetzung von insgesamt 16 Richtlinien der Europäischen Union[337]. Von Bedeutung sind in diesem Zusammenhang allerdings nur zwei dieser Richtlinien: Die Richtlinie 90/385/EWG des Rates vom 20.6.1990 zur Angleichung der Rechtsvorschriften der Mitgliedstaaten über aktive implantierbare medizinische Geräte[338] und die Richtlinie 93/42/EWG des Rates vom 14.6.1993 über Medizinprodukte[339]. Vorerst noch nicht umgesetzt, jedoch später für eine Überführung durch das MPG auch ins deutsche Recht vorgesehen, ist die von der EU geplante Richtlinie über in-vitro-Diagnostika. Für medizinisch-technische Geräte zur in-vitro-Diagnostik gilt daher zur Zeit weiter uneingeschränkt die Medizingeräteverordnung.

Zweck des Gesetzes ist gem. § 1 MPG, „den Verkehr mit Medizinprodukten zu regeln und dadurch für die Sicherheit, Eignung und Leistung der Medizinprodukte sowie die Gesundheit und den erforderlichen Schutz der Patienten, Anwender und Dritter zu sorgen“. Das Medizinproduktegesetz dient insbesondere dem Schutz aller Patienten, die mit Medizinprodukten im Rahmen der medizinischen Diagnose und Behandlung in Berührung kommen. Indem

---

335 BGBl I S. 1963.

336 Die Medizingeräteverordnung bleibt aber dennoch als Übergangsrecht und für bestimmte Anwendungsfälle weiter in Kraft, vgl. *Hill*, PHi 1995, 122, 123.

337 Vgl. die Aufzählung in BGBl (1994) I, 1963, Fn. *.

338 ABlEG Nr. L 189, S.17.

339 ABlEG Nr. L 169, S.1.

das Medizinproduktegesetz den Schutz des Patienten vor möglichen Gefahren und Risiken im medizinisch-technischen Bereich sichert, stellt es ein wichtiges Instrument ärztlicher *Qualitätssicherung* dar.

Der Begriff „Medizinprodukt" ist eine Wortschöpfung und entstammt der deutschsprachigen amtlichen Übersetzung des englischen Begriffs „Medical Devices"[340]. Die definitorische Umschreibung der Medizinprodukte ist in § 3 MPG bewußt weit gefaßt. Sie geht über den Begriff der medizinisch-technischen Geräte, den die Medizingeräteverordnung zum Gegenstand hatte, weit hinaus. Medizinprodukte können nicht nur technische Vorrichtungen sein, sondern auch Stoffe und Zubereitungen. Vorsichtigen Schätzungen zufolge soll das Medizinproduktegesetz auf über 400.000 verschiedene Produkte Anwendung finden[341].

Im Hinblick auf den Anwendungsbereich des Medizinproduktegesetzes und in Abgrenzung zum Arzneimittelgesetz (AMG) gewinnt der Unterschied zwischen *Medizinprodukten* und *Arzneimitteln* an Bedeutung. Überblicksartig lassen sich die beiden Gesetze folgendermaßen voneinander abgrenzen: Der Zweck der Medizinprodukte wird vorwiegend auf *physikalischem* Weg erreicht, während Arzneimittel ihren Zweck vorwiegend auf *pharmakologischem* Weg erfüllen. Unschädlich für die Anwendbarkeit des Medizinproduktegesetzes ist es jedoch gem. § 3 Nr. 2 MPG, wenn Arzneimittel bei der Anwendung des Medizinproduktes *beteiligt* sind.

II. Allgemeine Voraussetzungen der klinischen Prüfung von Medizinprodukten

1. *Gesetzlicher Rahmen: §§ 17 bis 19 MPG*

Der Hersteller eines Medizinprodukts hat vor der Zulassung den Nachweis der medizinischen Wirksamkeit und Unbedenklichkeit zu führen. Ein solcher Nachweis kann u. U. mit wissenschaftlichem Erkenntnismaterial (z. B. Literaturdaten) geführt werden. Nicht selten sind allerdings klinische Prüfungen des Medizinprodukts erforderlich. Aus diesem Grund enthält das Medizinproduktegesetz im dritten Abschnitt (§§ 17 bis 19 MPG) Vorschriften zum Schutz der Versuchsteilnehmer an einer klinischen Prüfung. Die Vorschriften sind weitgehend inhaltsgleich mit den Regelungen des Arzneimittelgesetzes über den Schutz des Menschen bei der klinischen Prüfung von Arzneimitteln (§§ 40 bis 42 AMG)[342]. Der Regelung des § 40 AMG für nichttherapeutische Versuche entspricht die Vorschrift des § 17 MPG und der Regelung des § 41

[340] *Hill*, PHi 1995, 122.

[341] Vgl. *Nöthlichs/Weber*, Kommentar zum Medizinproduktegesetz und zur Medizingeräteverordnung, Vorwort.

[342] *Hill*, PHi 1995, 122, 126.

AMG (therapeutische Versuche) entspricht die weitgehend identische Vorschrift des § 18 MPG.

Schließlich klammert auch das Medizinproduktegesetz bestimmte klinische Prüfungen aus dem Schutzbereich des Gesetzes aus. § 19 MPG regelt – ähnlich der Vorschrift des § 42 AMG –, in welchen Fällen die §§ 17 und 19 MPG nicht anwendbar sind. Dies ist insbesondere dann der Fall, wenn die Medizinprodukte bereits eine CE-Kennzeichnung tragen dürfen[343]. Vergleichbar ist diese Situation mit den Prüfungen der Phase IV im Arzneimittelrecht, also den Prüfungen mit bereits zugelassenen Arzneimitteln. Wie bei den Phase-IV-Prüfungen in der Arzneimittelprüfung kann auch bei Medizinprodukten eine klinische Prüfung zur Verhinderung etwaiger seltener Nebenwirkungen im Rahmen der Produktbeobachtungspflicht des Herstellers angezeigt sein. Anders als nach der entsprechenden Regelung des Arzneimittelgesetzes sind aber bei derartigen Medizinproduktestudien die Vorschriften des Medizinproduktegesetzes *nicht* anwendbar. Dies bedeutet jedoch nicht, daß klinische Versuche mit bereits zertifizierten Medizinprodukten keinerlei Beschränkungen unterliegen und sich im „rechtsfreien Raum" abspielen. Für sie gelten die allgemeinen gesetzlichen Bestimmungen außerhalb der Spezialgesetze[344].

2. *Allgemeine Schutzbestimmungen*

Die bei Heilversuchen und wissenschaftlichen Versuchen mit Medizinprodukten einzuhaltenden Patienten- und Probandenschutzvorschriften entsprechen im wesentlichen denen des Arzneimittelgesetzes. Neben einer sorgfältigen *Nutzen-Risiko-Abwägung* ist auch bei klinischen Medizinprodukteprüfungen die Leitung des Versuchs durch einen erfahrenen *Prüfleiter* erforderlich. Es muß ein *Prüfplan* erstellt werden und eine *Probandenversicherung* mit ausreichender Deckungssumme abgeschlossen worden sein. Die Forschung an *untergebrachten Personen* ist auch nach dem Medizinproduktegesetz nicht zulässig, wobei man aber auch hier – entsprechend den obigen Ausführungen zum Arzneimittelrecht – bei therapeutischen Versuchen eine Einschränkung dieses strikten Verbots im Wege teleologischer Reduktion vornehmen sollte, um untergebrachten Patienten eine erfolgversprechende Heilbehandlung nicht vorzuenthalten.

Das Medizinproduktegesetz sieht vor, daß vor der klinischen Prüfung eine *Ethikkommission* das Forschungsvorhaben begutachtet haben muß (§ 17 Abs. 6, 7 MPG). Im Hinblick auf die gesetzlichen Anforderungen an die Organisationsstruktur der Ethikkommissionen weicht das MPG vom AMG deutlich ab. Nach dem Medizinproduktegesetz muß die Ethikkommission „unabhängig, interdisziplinär besetzt und bei der zuständigen Bundesoberbehörde registriert

---

343 Zur Bedeutung der CE-Kennzeichnung für Medizinprodukte siehe *Hill*, PHi 1995, 122, 132 f.

344 Vgl. unten § 5.

sein". Das MPG bestimmt also – anders als das Arzneimittelgesetz – *nicht*, daß die Ethikkommission *öffentlich-rechtlich* organisiert sein muß; zur Beratung sind bei der Prüfung von Medizinprodukten auch *freie* Ethikkommmissionen zugelassen. Da kein sachlicher Grund für die unterschiedliche Regelung in AMG und MPG ersichtlich ist, sollte insoweit eine Rechtsangleichung erfolgen. Richtigerweise sollte auch im Medizinproduktegesetz die Prüfung durch *öffentlich-rechtliche* Ethikkommissionen vorgeschrieben werden, der Wortlaut des MPG insoweit also an das AMG angeglichen werden[345]. Dies folgt schon aus der Richtlinie über Medizinprodukte vom 14.6.1993[346], aus deren Umsetzung das Medizinproduktegesetz entstanden ist. Art. 15 der Richtlinie verlangt, daß die „zuständige" Ethikkommission eine befürwortende Stellungnahme abgeben müsse. Das Wort „zuständig" hat der deutsche Gesetzgeber unzulässigerweise nicht in das Medizinproduktegesetz übernommen und damit die Richtlinie fehlerhaft umgesetzt[347]. Eine gesetzgeberische Korrektur ist daher dringend angezeigt[348].

III. Die klinische Prüfung von Medizinprodukten mit nichteinwilligungsfähigen Personen

Die Bestimmungen über die klinische Forschung mit Minderjährigen und Geschäftsunfähigen sind im Wortlaut nahezu identisch mit den entsprechenden Vorschriften des Arzneimittelgesetzes. Aus diesem Grund kann hinsichtlich der klinische Medizinprodukte-Forschung am Einwilligungsunfähigen auf die obigen Ausführungen zur klinischen Arzneimittelprüfung verwiesen werden. Auch in der Medizinprodukteforschung wird zwischen wissenschaftlichen Versuchen ohne Nutzen für den Patienten und Heilversuchen mit Therapiezweck unterschieden. Die Abgrenzung richtet sich danach, wie das zu prüfende Medizinprodukt eingesetzt wird (zu Heilzwecken oder nur zu Forschungszwecken). Nach § 17 Abs. 2 MPG sind *rein wissenschaftliche Versuche* am Einwilligungsunfähigen grundsätzlich unzulässig. Einzige Ausnahme ist die Erprobung solcher Medizinprodukte, die zum *Erkennen* oder *Verhüten* von Krankheiten bei *Minderjährigen* bestimmt sind (§ 17 Abs. 4 MPG). Hin-

---

345 *Deutsch*, NJW 1995, 752, 754; *ders.*, Medizinrecht, Rdnr. 1006 ff.; *Schlund*, ArztR 1995, 235, 241; *Laufs*, NJW 1995, 1590, 1592.

346 ABlEG Nr. 169, S. 1.

347 *Deutsch*, NJW 1995, 752, 754; ganz anders argumentiert allerdings Schenke, NJW 1996, 745 ff. Nach seiner Auffassung ist die Regelung in § 40 Abs. 1 S. 2 AMG verfassungswidrig und verletzt die privaten Ethikkommissionen in ihren Grundrechten. Er schlägt daher die Angleichung des Arzneimittelgesetzes an das MPG vor mit dem Ziel, bei beiden Zulassungsverfahren auch *private* Ethikkommissionen zuzulassen.

348 So zu Recht *Deutsch*, NJW 1995, 752, 754. Vgl. auch *Krahforst*, Brandenburgisches Ärzteblatt 1998, 262, der darauf hinweist, daß auch bei klinischen Prüfungen nach dem Medizinproduktegesetz jedenfalls berufsrechtlich das Votum einer „kommerzielen Ethikkommission" nicht genügt.

sichtlich der Auslegung dieser Vorschrift kann auf die obigen Ausführungen zu § 40 Abs. 4 AMG verwiesen werden.

Unrichtigerweise verlangt allerdings § 17 Abs. 4 Nr. 4 MPG bezüglich der klinischen Prüfung bei Minderjährigen eine Einwilligung durch den gesetzlichen Vertreter *oder Betreuer*. Einen Betreuer gibt es aber bei Minderjährigen überhaupt nicht und auch die (ab dem 17. Lebensjahr mögliche) *vorsorgliche* Bestellung eines Betreuers nach § 1908a BGB würde erst mit Volljährigkeit des Minderjährigen wirksam. In § 40 Abs. 4 Nr. 4 AMG heißt es dagegen richtig: „Die Einwilligung wird durch den gesetzlichen Vertreter oder Pfleger abgegeben." Auch insoweit ist eine Berichtigung des Gesetzestextes in § 17 Abs. 4 Nr. 4 MPG angezeigt.

Die im Rahmen klinischer Prüfungen zu beachtenden Probandenschutzbestimmungen und das Erfordernis der Einwilligung des gesetzlichen Vertreters für den Minderjährigen entsprechen den Anforderungen des Arzneimittelgesetzes. Ist der Minderjährige einsichtsfähig, so ist auch er gemäß seinem Entwicklungsstand in die Aufklärung und Einwilligung einzubeziehen. Neben dem Sonderfall der diagnostisch und prophylaktisch wirkenden Medizinprodukte für Minderjährige läßt auch das Medizinproduktegesetz keine wissenschaftlichen Versuche am Einwilligungs- und Geschäftsunfähigen zu.

Zulässig sind dagegen *therapeutische* Medizinprodukte-Versuche mit einwilligungsunfähigen Patienten, soweit die gesetzlichen Schutzbestimmungen eingehalten werden. Wichtigste Voraussetzung für den Heilversuch ist, daß der Patient an einer Krankheit leidet, zu deren Behebung das zu prüfende Medizinprodukt angewendet werden soll (§ 18 MPG). Auf diese Weise kann z. B. ein neuartiges medizinisches Gerät auf der Intensivstation klinisch erprobt werden, wenn es zur Behandlung des Patienten angezeigt ist (medizinische Indikation) und wenn eine entsprechende Einwilligung des Vertreters des einwilligungsunfähigen Patienten vorliegt.

D. Die Schutzbestimmungen der Strahlenschutzverordnung

I. Anwendungsbereich

Wegen der besonderen Gefahren im Zusammenhang mit dem Einsatz radioaktiver Substanzen und ionisierender Strahlung in der klinischen Forschung am Menschen wurden mit den §§ 41 und 42 der Strahlenschutzverordnung (StrlSchVO) Sondervorschriften geschaffen, die die gesetzlichen Schutzbestimmungen des Arzneimittelgesetzes und des Medizinproduktegesetzes ergänzen und verstärken[349]. Die Strahlenschutzverordnung ist eine

[349] Zum Verhältnis von § 41 zu § 42 StrlSchVO siehe *Roedern*, Die „neue" Strahlenschutzverordnung, S. 15 ff.

Rechtsverordnung des Bundes, die ihre Rechtsgrundlage im Atomgesetz hat. Sämtliche Patienten- und Probandenschutzvorschriften der Strahlenschutzverordnung gelten *neben* den Bestimmungen des Arzneimittel- und Medizinproduktegesetzes und verdrängen diese nicht etwa in ihrem Anwendungsbereich. Wenn z. B. eine klinische Prüfung mit radioaktiv markierten Arzneimitteln durchgeführt werden soll, sind sowohl die Schutzbestimmungen des Arzneimittelgesetzes als auch die der Strahlenschutzverordnung *nebeneinander* anzuwenden. Gleiches gilt für klinische Versuche mit Röntgengeräten. Hier sind neben der Strahlenschutzverordnung auch die Schutzbestimmungen des Medizinproduktegesetzes einzuhalten.

II. Verbot nichttherapeutischer Forschung

§ 41 StrlSchVO betrifft die „Anwendung radioaktiver Stoffe oder ionisierender Strahlen am Menschen in der medizinischen Forschung". Der Begriff der „medizinischen Forschung" wird hier – wie sich aus der Gesetzessystematik ergibt – in einem engen Sinne verstanden, so daß vom Regelungsbereich dieser Vorschrift nur die nichttherapeutischen Versuche erfaßt sind. § 41 StrlSchVO ergänzt damit die Bestimmungen des § 40 Arzneimittelgesetz und des § 17 Medizinproduktegesetz. *Heilversuche* werden dagegen nicht vom Regelungsbereich des § 41 StrlSchVO umfaßt.

Nichttherapeutische Versuche mit Einwilligungsunfähigen sind im Anwendungsbereich der Strahlenschutzverordnung nicht zulässig. Gem. § 41 Abs. 6 Nr. 1 StrlSchVO ist die persönliche und schriftliche Einwilligung des Probanden erforderlich. Weiter heißt es dort: „Die Einwilligung ist nur wirksam, wenn der Proband geschäftsfähig und in der Lage ist, das Risiko der Anwendung der radioaktiven Stoffe für sich einzusehen und seinen Willen hiernach zu bestimmen." Angesichts des klaren Wortlauts dieser Bestimmung ist die Teilnahme Einwilligungsunfähiger damit von vornherein ausgeschlossen. Auch die Einwilligung eines gesetzlichen Vertreters genügt nicht[350]. Die Strahlenschutzverordnung fordert sowohl die Einwilligungs- als auch die Geschäftsfähigkeit des teilnehmenden Probanden. Wenn nicht beide Voraussetzungen kumulativ erfüllt sind, ist eine wirksame Einwilligung des Probanden nicht möglich. Selbst Versuche mit Diagnostika und Prophylaktika am Minderjährigen – nach AMG und MPG ausnahmsweise zulässig – sind im Anwendungsbereich der Strahlenschutzverordnung nicht möglich. Weitergehend sollen sogar alle Versuche, die der Strahlenschutzverordnung unterfallen, grundsätzlich nur an Personen durchgeführt werden, die das 50. Lebensjahr vollendet haben (§ 41 Abs. 4 StrlSchVO). Damit soll die Gefahr einer genetischen Schädigung der Probanden weitgehend minimiert werden[351]. Versuche

---

[350] *Kramer/Zerlett*, StrlSchVO, § 41 Anm. 14.

[351] *Kramer/Zerlett*, StrlSchVO, § 41 Anm. 21.

mit jüngeren Probanden bedürfen einer besonderen gutachtlichen Begründung (vgl. § 41 Abs. 4 StrlSchVO).

III. Therapeutische Forschung (Heilversuche)

Wie bereits festgestellt unterfallen therapeutische Versuche nicht dem Regelungsbereich des § 41 StrlSchVO, sondern unterliegen – als Unterfall der Heilbehandlung – allein den Schutzbestimmungen des § 42 StrlSchVO. Die Anwendung ionisierender Strahlung und radioaktiver Stoffe im Rahmen einer medizinisch notwendigen Behandlung ist danach zulässig, wenn die Dosis den Erkenntnissen der medizinischen Wissenschaft entspricht (§ 42 StrlSchVO). Die Strahlenschutzverordnung enthält somit keine besonderen Bestimmungen zur Durchführung therapeutischer Versuche. Es sind daher die allgemeinen Vorschriften sowie die Bestimmungen des Arzneimittelgesetzes und des Medizinproduktegesetzes anwendbar. Heilversuche im Anwendungsbereich der Strahlenschutzverordnung sind daher auch mit Einwilligungsunfähigen möglich, wenn die maßgeblichen Schutzbestimmungen eingehalten werden und wenn der gesetzliche Vertreter seine Einwilligung erklärt hat.

IV. Zusammenfassung

Die Strahlenschutzverordnung enthält ergänzende strenge Schutzbestimmungen für die medizinische Forschung mit radioaktiven Substanzen und ionisierender Strahlung. Nichttherapeutische Versuche setzen die volle Einwilligungs- und Geschäftsfähigkeit des Probanden voraus. Eine Vertretung im Willen durch einen gesetzlichen Vertreter ist nicht zulässig. Selbst die im Arzneimittel- und Medizinprodukterecht zugelassenen Diagnose- und Prophylaxeversuche mit einwilligungsunfähigen Minderjährigen sind im Anwendungsbereich der Strahlenschutzverordnung nicht zugelassen.

Heilversuche sind dagegen bei Einhaltung der maßgeblichen Strahlenschutzbestimmungen als Unterfall der ärztlichen Heilbehandlung auch mit Einwilligungsunfähigen grundsätzlich zulässig. Die Strahlenschutzverordnung enthält keine besonderen Schutzvorschriften für therapeutische Versuche, so daß insoweit die allgemeinen gesetzlichen Schutzbestimmungen gelten.

§ 5 Die Rechtslage außerhalb des Anwendungsbereichs spezialgesetzlicher Regelungen

A. Einleitung

Die in Deutschland geltenden Spezialgesetze erfassen zwar einen großen Teil der medizinischen Forschungsvorhaben mit einwilligungsunfähigen Patienten und Probanden. Es verbleibt jedoch noch ein weiter Bereich medizinischer Forschung, der keiner der spezialgesetzlichen Regelungen unterfällt[352]. Angesichts fehlender klarer und verbindlicher Regelungen ist die Rechtslage außerhalb der Spezialgesetze besonders unsicher[353]. Zur Lösung ist hier der Rückgriff auf allgemeine Rechtsgrundsätze erforderlich, die sich insbesondere aus der Verfassung und aus den Grundregeln des Straf- und Zivilrechts ergeben[354]. Ergänzend – wenn auch nicht mit der rechtlichen Verbindlichkeit von Gesetzen – können die von ärztlichen Organisationen entwickelten Erklärungen und Deklarationen herangezogen werden[355].

Im folgenden soll zunächst anhand einiger Beispiele verdeutlicht werden, auf welchen *Gebieten* medizinische Forschung mit nichteinwilligungsfähigen Personen außerhalb spezialgesetzlicher Bestimmungen in Betracht kommt (dazu unter B). Danach soll geklärt werden, welche *Normen* und *sonstigen Regelwerke* außerhalb spezialgesetzlicher Bestimmungen auf derartige Forschungsuntersuchungen anwendbar sind (C). Daran anknüpfend sind schließlich die wesentlichen *Schutzkriterien* bei Forschungsuntersuchungen mit nichteinwilligungsfähigen Personen zu untersuchen (D), wobei der *Einwilli-*

---

352 Nach *Deutsch*, MedR 1995, 483, 484 haben bei einer universitären Ethikkommission etwa 25 % der Anfragen nichts mit Arzneimitteln oder Medizinprodukten zu tun; siehe auch *Kollhosser/Kubillus*, JA 1996, 339, 341; *Helmchen/Lauter*, Nervenarzt 1995, 231, 232; aus haftungsrechtlicher Perspektive siehe *Lippert/Adler*, VersR 1993, 277, 279.

353 *Deutsch*, Das Recht der klinischen Forschung, S. 52 ff., 81 ff., 144 ff.; *ders.*, NJW 1995, 3019; *Helmchen/Lauter*, Dürfen Ärzte mit Demenzkranken forschen?, passim; *Helmchen*, in: Helmchen/Winau (Hrsg.), Versuche mit Menschen, S. 172 ff.; *Laufs*, Die klinische Forschung am Menschen nach deutschem Recht, in: Karlsruher Forum 1978, S. 3 ff.; *Steinberg*, Berliner Ärzte 9/1997, S. 11, 12 f.; *Fischer*, Medizinische Versuche am Menschen, passim; Vgl. auch zu den Schwierigkeiten bei der Abgrenzung des Anwendungsbereichs der Spezialgesetze *Samson*, DMW 1981, 667.

354 Vgl. *Koch/Klug*, DMW 1997, 205 ff.

355 *Schreiber*, in: Helmchen/Winau (Hrsg.), Versuche mit Menschen, S. 15, 18.

gungsproblematik und insbesondere der Frage der Zulässigkeit der stellvertretenden Einwilligung durch Dritte besondere Bedeutung zukommt (E).

B. Beispiele für medizinische Forschungsvorhaben außerhalb des Anwendungsbereichs spezialgesetzlicher Bestimmungen

I. Krankheitsursachen- und Grundlagenforschung

Forschungsuntersuchungen am Menschen im Rahmen medizinischer *Krankheitsursachen-* und *Grundlagenforschung*, die nicht auf die Entwicklung eines bestimmten Arzneimittels oder eines medizinischen Geräts ausgerichtet sind, unterliegen in der Regel keinen spezialgesetzlichen Bestimmungen. Insbesondere bei Krankheiten, deren Ursachen und Entstehungsmechanismen noch unbekannt sind, ist Grundlagenforschung unverzichtbar, um zumindest erste Anhaltspunkte für eine eventuelle zukünftige Behandlung oder Prävention solcher Krankheiten zu erhalten.

Viele der noch nicht ausreichend therapierbaren Krankheiten stehen unmittelbar mit der Einwilligungsunfähigkeit der davon betroffenen Patienten in Zusammenhang, so daß sich gerade hier das Problem der Einbeziehung nichteinwilligungsfähiger Patienten in medizinische Forschungsuntersuchungen besonders häufig stellt. Ein Beispiel stellt etwa die Creutzfeld-Jakob-Krankheit mit dem BSE-Erreger dar. Zur Aufklärung der Ursachenzusammenhänge dieser Krankheit mit dem Ziel, die Diagnostik zu verbessern und zu einem späteren Zeitpunkt einmal eine Prävention oder Therapie zu ermöglichen, kann auch medizinische Forschung mit nichteinwilligungsfähigen Personen erforderlich sein. Erkrankt z. B. ein Minderjähriger an dieser Krankheit oder ist ein erwachsener Patient aufgrund vorangeschrittener Erkrankung nicht mehr einwilligungsfähig, kann sich die Frage stellen, ob es rechtlich und ethisch zulässig ist, alle zur Aufklärung der Krankheit beitragenden Befunde zu erheben und systematisch auszuwerten, wenngleich für den Patienten selbst keine konkrete Aussicht auf einen Heilungserfolg besteht.

Vergleichbar stellt sich die Situation in der Notfall- und Intensivmedizin dar. Viele der Patienten sind bewußtlos oder stark sediert und können keine Einwilligung in medizinische Eingriffe erklären. Dennoch ist auf dem Gebiet der Intensivmedizin Grundlagen- und Ursachenforschung nach wie vor unverzichtbar[356]. Beispielsweise sind Blut-, Herz-Kreislauf und Stoffwechselparameter nicht mit denen anderer Patienten vergleichbar, so daß sich aus systematischen Messungen wichtige Ergebnisse für weitere Behandlungen ergeben könnten. Zwar werden viele dieser Messungen im Rahmen einer intensivmedizinischen Behandlung ohnehin durchgeführt werden müssen, so daß die rein

---

[356] Vgl. *Eyrich/Spies*, in: Toellner/Wiesing (Hrsg.), Strukturen ärztlichen Handelns und ihre ethische Relevanz, S.101 ff.

statistische Auswertung der dabei gewonnenen Daten[357] in der Regel keinen zusätzlichen Forschungseingriff darstellt. Soweit aber *zusätzlich* zu den medizinisch indizierten Maßnahmen *weitere* Untersuchungen durchgeführt werden, z. B. bei einer Blutentnahme die Entnahme einer weiteren geringen Menge Blutes zu Forschungszwecken, stellt dies einen eigenen Forschungseingriff dar, dessen Zulässigkeit rechtlich zu prüfen ist.

II. Weiterentwicklung von Operationstechniken und Behandlungsmethoden

Auch die Weiterentwicklung und Verbesserung von *Operationstechniken* und medizinischen *Behandlungsmethoden* unterfällt regelmäßig keinen spezialgesetzlichen Bestimmungen. Gleichwohl beruht medizinischer Fortschritt auch hier selten auf Zufallsergebnisssen, sondern stellt sich zumeist als Ergebnis systematischer Forschung und Erprobung dar[358]. Genau wie in der Arzneimittel- und Medizinprodukteforschung kann auch zur Verbesserung von Operationstechniken – insbesondere in späteren Stadien der Forschung und Erprobung – die Einbeziehung des Menschen in Forschungsuntersuchungen unverzichtbar sein.

Beispielsweise kann es zur Gewinnung medizinischer Vergleichsdaten erforderlich sein, gesunde Personen in medizinische Forschung einzubeziehen, um daraus Erkenntnisse für die Behandlung Kranker zu entwickeln. Als Beispiel aus der Kinderheilkunde sei etwa die Behandlung des Sauerstoffmangels von Frühgeborenen genannt. Da sich bei frühgeborenen Kindern die noch unfertigen Lungen nur unzureichend entfalten können, ist nach der Geburt häufig die Verabreichung von Sauerstoff erforderlich. Bei dieser Behandlung kommt es auf eine genaue Dosierung an, da die Verabreichung von zu wenig Sauerstoff die Gefahr von Gehirnschäden mit sich bringt, zu viel Sauerstoff hingegen zur Blindheit des Säuglings führen kann. Um im Rahmen dieser Behandlung möglichst genaue Dosiswerte zu ermitteln, ist es erforderlich, Blutproben von gesunden Neugeborenen ohne Atmungsprobleme auf deren Sauerstoffgehalt zu untersuchen und auszuwerten. Rechtlich handelt es sich dabei um einen medizinischen Forschungseingriff, der – wie jede medizinische Behandlung – einer Rechtfertigung bedarf. Spezialgesetzliche Vorschriften, etwa des Arzneimittel- oder Medizinprodukterechts sind auf diesen Fall nicht anwendbar, da solche Forschung außerhalb der Entwicklung eines Arzneimittels oder eines Medizinprodukts betrieben wird. Dennoch stellt sich

---

[357] Aus Gründen des Datenschutzes sind diese Daten grundsätzlich in anonymisierter Form zu speichern, vgl. zum Datenschutz in der medizinischen Forschung auch *Kilian*, NJW 1998, 787 ff.; *Lippert/Strobel*, VersR 1996, 427 ff.; *Weichert*, MedR 1996, 258 ff.

[358] Zu Problemen experimenteller und klinischer chrirurgischen Forschung siehe *Scherer/von Gumppenberg*, EthikMed 1997, 151 ff.

die Frage, ob und inwieweit solche Forschungsuntersuchungen an Neugeborenen nach allgemeinem Recht zulässig sind.

III. Anwendungsbeobachtungen und Beobachtungsstudien zu bereits eingeführten Arzneimitteln

Schließlich gibt es selbst auf dem Gebiet der Arzneimittelentwicklung Forschungsuntersuchungen, die nicht dem Anwendungsbereich des Arzneimittelgesetzes unterfallen. So unterliegen *Anwendungsbeobachtungen* und *Beobachtungsstudien* (auch *Drug Monitoring* genannt) zu bereits eingeführten und zugelassenen Arzneimitteln nicht den Schutzbestimmungen der §§ 40 ff. AMG (vgl. auch § 67 Abs. 6 AMG)[359]. Anwendungsbeobachtungen dienen der Dokumentation von Daten, die bei der Anwendung bereits zugelassener Arzneimittel anfallen um insbesondere unerwünschte Wirkungen eines Arzneimittels festzustellen[360]. Die Durchführung der Anwendungsbeobachtungen liegt bei dem jeweiligen Hersteller, d. h. den pharmazeutischen Unternehmen[361]. Diese treffen mit einzelnen niedergelassenen Ärzten Vereinbarungen, nach denen sich diese – gegen ein angemessenes Honorar[362] – verpflichten, Behandlungsdaten zu dem Arzneimittel zu erheben, diese in regelmäßig auszufüllende Erfassungsbögen (sog. *Followups*) einzutragen und umgehend zurückzusenden[363].

Abzugrenzen sind solche Anwendungsbeobachtungen von den Arzneimittelprüfungen der Phase IV, die gem. § 42 AMG den Regelungen des Arzneimittelgesetzes unterfallen[364]. Die Prüfungen der Phase IV dienen zwar auch der Produktbeobachtung *nach* Zulassung des Arzneimittels. Sie beruhen aber immer auf einem *Prüfplan* und sind damit als *kontrollierte* klinische Studien an *ausgewählten* Patienten möglich. Bei den Anwendungsbeobachtungen trifft hingegen immer der behandelnde Arzt die Entscheidung über eine bestimmte therapeutische oder diagnostische Maßnahme. Die pharmazeutische Industrie

---

359 *Kloesel/Cyran*, AMG, § 67 Anm. 15; *Sander*, AMG, § 40 Erl. 2 und § 67 Erl. 7b. Ausführlich zu Begriff, Zweck und Ablauf von Anwendungsbeobachtungen *Kiep/Bethge*, DÄBl. 1996, A-3008; *Herbold*, DÄBl. 1996, A-3010.

360 *Schwarz*, Klinische Prüfungen, S. 166; vgl. auch *Hasskarl/Kleinsorge*, Arzneimitelprüfung, Arzneimittelrecht, S. 376 ff.

361 Zu Problemen im Zusammenhang mit der Qualitätssicherung von Anwendungsbeobachtungen vgl. *Korzilius*, DÄBl. 1997, A-2965.

362 Die Honorierung der eine Anwendungsbeobachtung durchführenden Ärzte sollte sich nach § 12 des Kodex des BPI richten, vgl. *Schwarz*, Klinische Prüfungen, S. 166. Der Kodex des BPI ist abgedruckt bei *Kloesel/Cyran*, Arzneimittelrecht, A 2.18.

363 Näher zum Ablauf der Anwendungsbeobachtungen bzw. Beobachtungsstudien *Kiep/Bethge*, DÄBl. 1996, A-3008.

364 Vgl. *Krahforst*, Brandenburgisches Ärzteblatt 1998, 262.

schaut dem Arzt lediglich „über die Schulter“[365], indem sie anhand der Dokumentationsbögen Daten zu Verlauf und Ergebnis der Behandlung sammelt.

Da Anwendungsbeobachtungen im Rahmen von ohnehin notwendigen und medizinisch indizierten Heilbehandlungen durchgeführt werden, handelt es sich in der Regel nicht um medizinische „Forschungsvorhaben“ im Sinne von therapeutischen oder nichttherapeutischen *Versuchen*, sondern um medizinische *Standardbehandlungen* mit anschließender statistischer Auswertung. Aus diesem Grund ist die Einbeziehung nichteinwilligungsfähiger Patienten in Anwendungsbeobachtungen regelmäßig zulässig. Allerdings ist es in Einzelfällen auch denkbar, daß im Rahmen eines *individuellen Heilversuchs* Anwendungen eines an sich zugelassenen Arzneimittels in bisher nicht zugelassenen Indikationen von der Anwendungsbeobachtung erfaßt werden[366]. Solche therapeutischen Versuche bedürfen der Einhaltung der besonderen Schutzbestimmungen zur Forschung am Menschen.

C. Außergesetzliche Regelwerke zur Forschung mit Nichteinwilligungsfähigen

I. Einleitung

Die vorgenannten Beispiele haben deutlich gemacht, daß nicht alle medizinischen Forschungsvorhaben am Menschen spezialgesetzlich geregelt sind. Das Arzneimittel- und Medizinproduktegesetz sowie die Strahlenschutzverordnung regeln jeweils nur Teilbereiche, so daß viele Forschungsuntersuchungen keinen spezialgesetzlichen Vorschriften unterliegen[367]. Dennoch spielen sich derartige Forschungsvorhaben nicht im rechtsfreien Raum ab. Auch nach den „allgemeinen“ Bestimmungen der geltenden Zivil-, Straf- und Verfahrensgesetze sind dem Arzt und Forscher Grenzen gesetzt. Hinzu kommen zahlreiche *außergesetzliche* Bestimmungen sowie *ethische Richtlinien und Kodizes*, etwa im ärztlichen Berufsrecht oder in internationalen Erklärungen. Obwohl derartige Vorschriften für den Arzt *rechtlich* nicht bindend sind, handelt es sich um hilfreiche und zumeist anerkannte Regelwerke zur ethischen und rechtlichen Beurteilung medizinischer Forschungseingriffe[368].

Im folgenden sollen zunächst die wichtigsten außergesetzlichen Vorschriften aus dem Blickwinkel der Forschung mit nichteinwilligungsfähigen Perso-

---

365 *Sander*, AMG, § 40 Erl. 2.

366 Dazu *Herbold*, DÄBl. 1996, A-3010, A-3012.

367 *Laufs*, Arztrecht, Rdnr. 672; *Kollhosser/Kubillus*, JA 1996, 339, 341; *Helmchen/Lauter*, Nervenarzt 1995, 231, 232; *Schreiber*, in: Martini (Hrsg.), Medizin und Gesellschaft, S. 181, 182.

368 *Schreiber*, in: Martini (Hrsg.), Medizin und Gesellschaft, S. 181.

nen überblicksartig vorgestellt werden. Um Wiederholungen zu vermeiden, wird an dieser Stelle jedoch nicht jede Einzelregelung detailliert behandelt und kommentiert. Viele Regelungen weisen insofern Gemeinsamkeiten auf, als sie allgemeinen (medizin-)rechtlichen Grundsätzen entsprechen oder sich an den Schutzbestimmungen des Arzneimittel- und Medizinprodukterechts orientieren. Eine zusammenfassende Darstellung der Anforderungen zum Schutz des nichteinwilligungsfähigen Versuchsteilnehmers im Bereich außerhalb spezialgesetzlicher Bestimmungen folgt daher in den Abschnitten C und D.

II. Ärztliches Standesrecht

Das ärztliche *Standesrecht* ist Teil des ärztlichen *Berufsrechts*[369]. Unter „Berufsrecht“ versteht man „den Inbegriff der Normen, die in irgendeiner Form die Ausübung eines bestimmten Berufs regeln“[370]. Das Standesrecht ist innerhalb dieser großen Gruppe der berufsrechtlichen Normen derjenige Teil, der nicht unmittelbar auf den Gesetzgeber zurückgeht, sondern vom Berufsstand selbst gesetzt wurde. Beim Standesrecht handelt es sich also niemals um formelle Parlamentsgesetze, sondern um unterstaatliche, sublegale Normen der Standesorganisationen[371]. Die wichtigsten standesrechtlichen Vorschriften in diesem Sinne sind die ärztlichen Berufsordnungen. Rechtlich handelt es sich dabei um *Satzungen*, die die (Landes-)Ärztekammern aufgrund der gesetzlichen Ermächtigung in den Kammer- und Heilberufegesetzen der Länder erlassen.

Inhaltlich orientieren sich die Berufsordnungen der Länder trotz einiger Unterschiede im Detail weitgehend an der *Musterberufsordnung* für die deutschen Ärztinnen und Ärzte (MBO)[372]. Auch die Musterberufsordnung hat keinen Rechtssatzcharakter[373], denn sie wird vom Deutschen Ärztetag beschlossen. Der Deutsche Ärztetag ist die Hauptversammlung der Bundesärztekammer, die als nichtrechtsfähiger Verein den Zweck verfolgt, den gegenseitigen Erfahrungsaustausch unter den Ärztekammern und die gegenseitige Abstimmung ihrer Ziele und Tätigkeiten zu sichern[374].

---

[369] Im Schrifttum ist die Terminologie nicht einheitlich. Die Begriffe „Berufs- und Standesrecht“ werden häufig undifferenziert nebeneinander verwendet, siehe dazu *Taupitz*, Die Standesordnungen der freien Berufe, S. 155 ff. m. w. Nwen.

[370] *Taupitz*, Die Standesordnungen der freien Berufe, S. 157.

[371] Näher *Taupitz*, Die Standesordnungen der freien Berufe, S. 155 ff. m. w. Nwen; *ders.*, MDR 1989, 385 m. w. Nwen; a. A. *Hartstang*, Anwaltsrecht, S. 683.

[372] Abgedruckt in DÄBl. 1997, A-2354 ff.; siehe auch *Klinkhammer*, DÄBl. 1997, A-1634; *Bertram*, Ärzteblatt Thüringen 1997, 346 f.

[373] *Taupitz*, Die Standesordnungen der freien Berufe, S. 748 ff.; *Laufs*, Arztrecht, Rdnr. 66.

[374] Vgl. dazu *Laufs*, Arztrecht, Rdnr. 66.

Die ärztlichen Berufsordnungen enthalten im wesentlichen Bestimmungen zu den Pflichten der Ärzte bei der Berufsausübung. Für den Fall der Verletzung drohen dem Arzt berufsgerichtliche Sanktionen. Natürlich gelten die Berufspflichten nicht nur für den behandelnden, sondern auch für den *forschenden* Arzt. Für den Bereich der Forschung enthalten daher viele Berufsordnungen ethische *Generalklauseln*. So heißt es etwa in § 1 Abs. 2 MBO:

> „Aufgabe des Arztes ist es, das Leben zu erhalten, die Gesundheit zu schützen und wiederherzustellen, Leiden zu lindern, Sterbenden Beistand zu leisten und an der Erhaltung der natürlichen Lebensgrundlagen im Hinblick auf ihre Bedeutung für die Gesundheit der Menschen mitzuwirken."

Auch konkret zur medizinischen Forschung am Menschen enthält die Musterberufsordnung Bestimmungen. § 15 Abs. 1 S. 1 MBO lautet:

> „Der Arzt muß sich vor der Durchführung biomedizinischer Forschung am Menschen – ausgenommen bei ausschließlich epidemiologischen Forschungsvorhaben – durch eine bei der Ärztekammer oder bei einer medizinischen Fakultät gebildeten Ethikkommission über die mit seinem Vorhaben verbundenen berufsethischen und berufsrechtlichen Fragen beraten lassen."

Damit enthält die Berufsordnung zwar keine konkreten und abschließenden Regelungen zur Durchführung medizinischer Forschung am Menschen, zumindest aber die standesrechtliche Verpflichtung, sich vor Durchführung von Forschungsuntersuchungen bei einer Ethikkommission beraten zu lassen.

III. Nationale und internationale Erklärungen

1. Bedeutung

Neben den allgemeinen standesrechtlichen Bestimmungen existieren zahlreiche nationale und internationale Erklärungen, in denen sich die Ärzteschaft und ihre Vereinigungen Selbstbeschränkungen aus ethischen Gründen auferlegt haben. Derartigen „Kodizes", „Vereinbarungen" und „Stellungnahmen" kommt zwar keine Rechts- oder Gesetzesqualität zu. Gleichwohl stellen auch solche Regelungen wichtige Instrumente ärztlicher Selbstkontrolle dar, denen außerhalb spezieller Gesetze große Bedeutung zukommt[375]. Zu den bedeutendsten Erklärungen dieser Art gehört der *Nürnberger Kodex* von 1947 und die *Revidierte Deklaration von Helsinki*. Im folgenden sollen diese beiden Regelwerke näher erläutert werden. Im Anschluß daran wird der jüngst erschienene *Nürnberger Kodex 1997* vorgestellt und einer kritischen Betrachtung in bezug auf die Regelungen zur biomedizinischen Forschung unterzogen.

---

[375] Vgl. dazu *Tröhler/Reiter-Theil* (Hrsg.), Ethik und Medizin 1947 - 1997.

2. Der Nürnberger Kodex von 1947

Der Nürnberger Kodex entstand im Jahr 1947 im Rahmen des ersten Nürnberger Nachfolgeprozesses vor dem Internationalen Militärtribunal, dem sog. Medical Case, in dem gegen eine größere Zahl von Ärzten und Arztfunktionären verhandelt wurde[376]. In dem Verfahren *United States v. Rose* stellten zwei amerikanische Ärzte, *Dr. Ivy* und *Dr. Leo Alexander* als Berater der Anklage Grundsätze zur Zulässigkeit medizinischer Versuche am Menschen auf[377]. Diese Grundsätze sind später vom Amerikanischen Militärgericht vermutlich überarbeitet und in der Urteilsbegründung übernommen worden[378].

Der Nürnberger Kodex besteht aus 10 Punkten. Die meisten der dort genannten Voraussetzungen sind auch heute noch aktuell und entsprechen den anerkannten ethischen und rechtlichen Grundsätzen, die bei der Forschung am Menschen zu beachten sind[379]. An der Spitze steht das Erfordernis der freiwilligen Zustimmung nach umfassender Aufklärung über Verlauf, Zweck und Risiken des Versuchs (Punkt 1). Der Versuch muß „fruchtbare" Ergebnisse für die Gesellschaft erwarten lassen und so angelegt sein, daß die vermutlichen Ergebnisse die Ausführung des Versuchs rechtfertigen (Punkt 2 und 3). Unnötige körperliche und geistige Leiden und Verletzungen für die teilnehmenden Personen sollen weitestgehend vermieden werden (Punkt 4). Gefahren und zu erwartender Nutzen müssen in einem angemessenen Verhältnis stehen (Punkt 5 und 6). Es sind ausreichende Vorbereitungen zum Schutz der Probanden zu treffen (Punkt 7). Der Versuchsleiter muß wissenschaftlich geschult sein (Punkt 8). Im übrigen muß den teilnehmenden Personen jederzeit gestattet sein, ihre Zustimmung zur Versuchsteilnahme zu widerrufen und den Versuch zu beenden (Punkt 9). Auch der Versuchsleiter muß den Versuch abbrechen, wenn er erkennt, daß den teilnehmenden Personen erhebliche Gesundheitsverletzungen drohen (Punkt 10).

Trotz dieser auch heute noch gültigen Aussagen des Nürnberger Kodex ist nicht zu verkennen, daß die 10 Punkte an einigen Stellen deutliche Schwächen aufweisen oder zu Mißvertändnissen bei der praktischen Umsetzung führen können[380]. Die augenfälligste Schwäche besteht darin, daß innerhalb der

---

[376] Vgl. im einzelnen die Dokumente zum Nürnberger Ärzteprozeß bei *Mitscherlich/Mielke*, Medizin ohne Menschlichkeit. Siehe auch *Peter*, Der Nürnberger Ärzteprozeß; *McNeill*, The Ethics and Politics of Human Experimentation, S. 42 ff.

[377] *McNeill*, The Ethics and Politics of Human Experimentation, S. 42.

[378] Vgl. *Wuermeling*, EthikMed 1997, 156.

[379] *Deutsch*, in: Tröhler/Reiter-Theil (Hrsg.), Ethik und Medizin 1947 - 1997, S. 103, 110; *Bockenheimer-Lucius*, EthikMed 1997, 1.

[380] Kritisch auch *Deutsch*, VersR 1978, 289, 294; *ders.*, NJW 1978, 570, 573; *ders.*, Niedersächsisches Ärzteblatt 13/1984, S. 18 (550) f.; *Schröder*, Kommissionskontrolle in Reproduktionsmedizin und Gentechnologie, S. 63; a. A. wohl *Hansen*, in: Osnowski (Hrsg.), Menschenversuche, S. 98, 107, der zum Nürnberger Kodex bemerkt: „Dieses hohe Niveau von Schutzgarantien im Interesse der Versuchs-Subjekte haben, soweit

Schutzbestimmungen keinerlei Differenzierungen nach der Art der Forschung vorgenommen werden. Insbesondere differenziert der Kodex nicht einmal zwischen therapeutischen und nichttherapeutischen Versuchen als den beiden Grundtypen medizinischer Forschung am Menschen[381]. Eine undifferenzierte Übertragung der Grundsätze des Nürnberger Kodex auf alle medizinischen Forschungsvorhaben würde daher zu kaum tragbaren Ergebnissen führen. Für bestimmte nichttherapeutische Versuche ergäbe sich ein deutlich zu niedriges Schutzniveau, für bestimmte Heilversuche wären hingegen einige Schutzbestimmungen weit überzogen. Beispielsweise ist es kaum einzusehen, weshalb nach Nr. 1 des Kodex sämtliche Forschungsuntersuchungen mit Kindern oder einwilligungsunfähigen Erwachsenen – ganz gleich ob sie deren Gesundheit unmittelbar zugute kommen oder nicht – unzulässig sein sollten[382]. Es entspricht einhelliger Meinung, daß gerade Heilversuche auch mit nichteinwilligungsfähigen Patienten zulässig sind, wenn Standardbehandlungen keine ausreichende Erfolgsaussicht versprechen und der Heilversuch die einzige Möglichkeit zur Verbesserung oder Heilung der Krankheit darstellt[383]. Aus heutiger Sicht unhaltbar ist auch die Regelung, daß Forschungsuntersuchungen, die teilnehmende Personen der Gefahr des Todes oder dauerhafter körperlicher Schädigungen aussetzen, zulässig sein können, wenn auch der Versuchsleiter selbst an dem Versuch teilnimmt[384]. Die bewußte Selbstgefährdung des Versuchsleiters ist kein brauchbares Kriterium zur Abwägung und Bestimmung zumutbarer Gefahren und Risiken für die teilnehmenden Probanden.

Insbesondere zur Frage der Zulässigkeit biomedizinischer Versuche mit *einwilligungsunfähigen* Personen bietet der Nürnberger Kodex kaum eine Hilfestellung zur Entscheidungsfindung. Dem Nürnberger Kodex kommt damit in erster Linie ein historischer Wert zu, da er als erstes internationales Regelwerk zu rechtlichen und ethischen Fragen medizinischer Forschungseingriffe am Menschen Stellung genommen hat.

3. *Die Deklaration von Helsinki*

a) *Entstehung und Bedeutung*

Im Jahre 1964 wurde – nach einer ersten Fassung von 1962 – vom Weltärztebund (World Medical Association) die sog. „Deklaration von Helsin-

---

meine erste Durchsicht des Textmaterials eine Bewertung erlaubt, die später nachfolgenden ethischen Regelwerke nicht halten können."

381 *Schröder*, Kommissionskontrolle in Reproduktionsmedizin und Gentechnologie, S. 64.

382 *Schröder*, Kommissionskontrolle in Reproduktionsmedizin und Gentechnologie, S. 64.

383 Vgl. im Arzneimittel- und Medizinprodukterecht § 41 Nr. 4, 5 AMG; § 18 Nr. 2 MPG.

384 So Punkt 5 des Nürnberger Kodex.

ki"[385] beschlossen, die überschrieben ist mit „Empfehlungen für Ärzte, die in der biomedizinischen Forschung am Menschen tätig sind"[386]. Mittlerweile wurde die Deklaration von Helsinki mehrfach revidiert: im Jahre 1975 in Tokio, 1983 in Venedig, 1989 in Hongkong und zuletzt im Oktober 1996 bei der 48. Generalversammlung des Weltärztebundes in Somerset West, Südafrika. Seither spricht man von der „Revidierten Deklaration von Helsinki".

Die Regelungen der Deklaration sind gegenüber dem Nürnberger Kodex moderner, aktueller und differenzierter, wenngleich die wesentlichen Grundaussagen beibehalten wurden. Die Deklaration von Helsinki wird deshalb zu Recht als Fortschreibung und Weiterentwicklung des Nürnberger Kodex verstanden[387]. Früher wurde zum Teil noch die Auffassung vertreten, daß beide Regelwerke strikt voneinander zu trennen seien. Der Nürnberger Kodex als ein von Juristen aufgestelltes Regelwerk enthalte eher *rechtliche* und damit *verbindliche* Regelungen; die Bestimmungen der Helsinki-Deklaration seien demgegenüber eher unverbindliche *ethische* Richtlinien[388]. Diese Aufassung wird heute zu Recht nicht mehr vertreten. *Beide* Dokumente haben – obwohl sie in einer formalen Normensprache verfaßt sind – keine Gesetzeskraft und sind rechtlich nicht unmittelbar verbindlich[389]. Sie können wegen des dennoch allgemein anerkannten Inhalts und der nahezu weltweiten Bedeutung als „quasi-legal sources"[390] bezeichnet werden.

In Deutschland kommt der Deklaration von Helsinki zumindest mittelbar standesrechtliche Bedeutung zu. Zwar besteht nach deutschem Standesrecht keine *unmittelbare* Verpflichtung des forschenden Arztes, die Grundsätze der Deklaration von Helsinki einzuhalten. Nach den ärztlichen Berufsordnungen (vgl. § 15 Abs. 2 MBO) haben die beratenden Ethikkommissionen aber ihre Entscheidungen auf der Grundlage der Deklaration von Helsinki in der revidierten Fassung zu treffen[391]. Der Antragsteller ist daher gut beraten, von An-

---

385 Englische Originalfassung: „Declaration of Helsinki Guiding Physicians in Biomedical Research Involving Human Subjects".

386 Abdruck in BAnz 1971, Nr. 113, S. 3; DÄBl. 1964, 2533 sowie – als offizielle deutschsprachige Ausgabe – in: Weltärztebund, The World Medical Association, Inc., Handbuch der Deklarationen, Stand: 48. Generalversammlung, Oktober 1996, unter 17.C.

387 *Deutsch*, VersR 1978, 289, 294; *ders.*, NJW 1978, 570, 573; *Ratzel/Lippert*, MBO, § 1 Rdnr. 54.

388 Vgl. *Deutsch*, NJW 1978, 570, 573, mit Nachw. aus der amerikanischen Literatur in Fn. 37.

389 *Deutsch*, NJW 1978, 570, 573.

390 Vgl. *Deutsch*, NJW 1978, 570, 573.

391 Siehe im übrigen auch die Verfahrensgrundsätze für medizinische Ethik-Kommissionen, beschlossen vom Arbeitskreis medizinischer Ethik-Kommissionen, abgedruckt bei *Kloesel/Cyran*, AMG, A 2.13 j. Dort heißt es unter § 1 „Die Ethik-Kommission arbeitet auf der Grundlage der revidierten Deklaration von Helsinki des Weltärztebundes. Sie ist Bestandteil dieser Grundsätze."

fang an die Versuchsplanung an den Bestimmungen der Deklaration von Helsinki auszurichten.

Insgesamt dürfte der Deklaration von Helsinki aufgrund der jahrzehntelangen Anwendung und Anerkennung zudem standes-gewohnheitsrechtliche Geltung zukommen, so daß man insoweit sicherlich von „internationalem Standesgewohnheitsrecht" sprechen kann. Im übrigen hat die Deklaration von Helsinki bereits viele Regelungen des deutschen Arzneimittelgesetzes und Medizinproduktegesetzes zur Forschung am Menschen erkennbar beeinflußt[392].

b) *Kernaussagen der Deklaration*

Anders als der Nürnberger Kodex unterscheidet die Deklaration von Helsinki zwischen therapeutischer und nichttherapeutischer Forschung am Menschen und macht die Zulässigkeit medizinischer Versuche von jeweils unterschiedlichen Voraussetzungen abhängig[393]. In einem ersten Teil werden unter der Überschrift „Allgemeine Grundsätze" zunächst generelle Regeln für alle Bereiche biomedizinischer Forschung aufgestellt. Neben der Nutzen-Risiko-Abwägung, der Verhältnismäßigkeit des Forschungseingriffs und der Pflicht zur Beratung durch einen unabhängigen Ausschuß (Ethikkommission) wird bereits in den allgemeinen Grundsätzen der Deklaration das Prinzip der Einwilligung nach umfassender Aufklärung hervorgehoben. Der zweite Abschnitt der Deklaration enthält sechs Grundsätze zur medizinischen Forschung „in Verbindung mit ärztlicher Versorgung"[394]. Für derartige *therapeutische* Forschung geht die Helsinki-Deklaration zu Recht vom Grundsatz der Therapiefreiheit des behandelnden Arztes aus, betont aber zugleich, daß auch bei neuartigen und unerprobten Behandlungsmethoden immer die möglichen Vorteile und Risiken für den Patienten in Relation zu den Vorzügen der bisherigen Standardbehandlung gesetzt werden müssen.

Hinsichtlich *kontrollierter* medizinischer Forschung (d. h. dem Vergleich einer neuartigen Behandlungsmethode mit einer etablierten Methode oder mit einem Placebo) fordert die Deklaration, daß alle Patienten – auch die Kontrollgruppe – die beste erprobte diagnostische und therapeutische Behandlung erhalten sollten. Ob diese Soll-Vorschrift in der Praxis freilich immer erfüllt werden kann, erscheint zweifelhaft[395], ist es doch gerade den kontrollierten Versuchen immanent, erprobte Standardbehandlungen mit neuartigen und noch unerprobten Behandlungsformen zu vergleichen. Dabei dürfte es in den

---

392 *Schreiber*, in: Helmchen/Winau (Hrsg.), Versuche mit Menschen, S. 15, 19.

393 *McNeill*, The Ethics and Politics of Human Experimentation, S. 46.

394 In der Revidierten Deklaration von Helsinki werden solche therapeutischen Versuche (abweichend von der in Deutschland gebräuchlichen Terminologie) als „klinische Versuche" bezeichnet.

395 Krit. insoweit auch *Fanchamps*, Die Arzneimittelprüfung am Menschen, S. 46.

seltensten Fällen gelingen, allen Versuchsteilnehmern eine absolut gleichrangige medizinische Behandlung zukommen zu lassen[396].

Im letzten Abschnitt enthält die Deklaration unter Ziff. III schließlich vier Grundsätze zur *nichttherapeutischen* Forschung am Menschen. Die Deklaration betont, daß medizinische Forschung, die nicht in Zusammenhang mit einer konkreten ärztlichen Behandlung steht, auf dem Grundsatz der *Freiwilligkeit* der Versuchsteilnahme beruhen soll. Wenn sich zeige, daß eine Fortführung den Versuchsteilnehmern schaden könne, solle der ärztliche Forscher oder das Forschungsteam den Versuch abbrechen[397].

c) Forschung mit nichteinwilligungsfähigen Personen

Trotz der recht differenzierten Regelungen ist die Revidierte Deklaration von Helsinki hinsichtlich der Frage der Zulässigkeit und Grenzen von Forschungsvorhaben mit nichteinwilligungsfähigen Personen wenig aussagekräftig. Für Versuchspersonen, die „nicht voll geschäftsfähig" sind, enthält Ziff. I 11 der Deklaration von Helsinki die (allgemeine) Regelung:

> „Ist die Versuchsperson nicht voll geschäftsfähig, sollte die Einwilligung nach Aufklärung vom gesetzlichen Vertreter entsprechend dem nationalen Recht eingeholt werden. Die Einwilligung des mit der Verantwortung betrauten Verwandten (darunter ist nach deutschem Recht der 'Personensorgeberechtigte' zu verstehen) ersetzt die der Versuchsperson, wenn diese infolge körperlicher oder geistiger Behinderung nicht wirksam zustimmen kann oder minderjährig ist."

Die Deklaration von Helsinki schließt damit Forschung mit geschäfts- bzw. einwilligungsunfähigen Versuchspersonen nicht generell aus, verweist aber bezüglich der Frage der Entscheidungsbefugnis des gesetzlichen Vertreters auf die Vorschriften des nationalen Rechts. Unklar bleibt dennoch, inwieweit einwilligungsunfähige Personen auch in *nichttherapeutische* Forschungsvorhaben einbezogen werden können. Hierzu heißt es unter Ziff. III 2 der Deklaration von Helsinki lediglich:

> „Die Versuchspersonen sollten Freiwillige sein, entweder gesunde Personen oder Patienten, für die die Versuchsabsicht nicht mit ihrer Krankheit in Zusammenhang steht."

Auch diese Bestimmung läßt in verschiedener Hinsicht Fragen offen. Vor allem bleibt unklar, was mit dem Begriff „Freiwillige" gemeint ist. Die Deklaration macht nicht deutlich, ob zur freiwilligen Entscheidung die *persönliche* Einwilligung der Versuchsperson erforderlich ist, oder ob – wie unter Ziff. I 11 der Deklaration ausgeführt – auch ein gesetzlicher *Vertreter* die Einwilligung für den Vertretenen erklären kann und damit von einer „freiwilligen"

---

396 Vgl. auch *Kimbel*, Münch. med. Wschr. 8/1996, S. 16.

397 Ziff III 3 Deklaration von Helsinki.

Teilnahme der Versuchsperson ausgegangen werden kann[398]. Schließlich läßt die Deklaration durch die Ausgestaltung der Bestimmung als Soll-Vorschrift offen, ob Ausnahmen vom Grundsatz der freiwilligen Versuchsteilnahme zulässig sein sollen. Auch wenn die Deklaration von Helsinki der international bedeutendste Kodex zur biomedizinischen Forschung am Menschen ist, enthält sie somit nur wenig aussagekräftige Bestimmungen zu Zulässigkeit und Grenzen der Einbeziehung nichteinwilligungsfähiger Personen in therapeutische und nichttherapeutische Forschungsvorhaben.

d) *Novellierungsvorschläge der American Medical Association*

Auf der 49. Generalversammlung des Weltärztebundes in Hamburg[399] hat die American Medical Association den Entwurfsvorschlag einer komplett überarbeiteten Fassung der Revidierten Deklaration von Helsinki vorgelegt. Auf sämtliche der dort vorgeschlagenen Änderungen kann im Rahmen dieser Darstellung nicht eingegangen werden. Erwähnenswert gerade im Hinblick auf Forschungsvorhaben mit nichteinwilligungsfähigen Personen ist allerdings der Vorschlag, die Unterscheidung zwischen therapeutischer und nichttherapeutischer Forschung völlig aufzugeben und Forschung am Menschen einheitlichen Anforderungen zu unterwerfen. Die American Medical Association ist der Auffassung, daß heute aus ethischem Blickwinkel eine Unterscheidung zwischen therapeutischer und nicht-therapeutischer Forschung entbehrlich sei[400]. Dieser Ansicht ist klar zu widersprechen. Wie bereits dargelegt wurde, ist die grundsätzliche Unterscheidung von therapeutischen und nichttherapeutischen Forschungsuntersuchungen keinesfalls entbehrlich, sondern – auch international[401] – ein entscheidendes Kriterium zur rechtlichen und ethischen Bewertung medizinischer Forschungsvorhaben am Menschen. Die Trennung von therapeutischer und nichttherapeutischer Forschung stellt eines der Kernelemente der Deklaration von Helsinki dar und wird zu Recht als wesentliche

---

398 Dieser Auslegung folgt wohl *Fanchamps*, Die Arzneimittelprüfung am Menschen, S. 48 vor dem Hintergrund der insofern eindeutigeren Richtlinien der Schweizerischen Akademie der Medizinischen Wissenschaften für Forschungsuntersuchungen am Menschen (abgedruckt bei *Fanchamps*, a. a. O., S. 81 ff.). Dort heißt es unter Ziff. IV 3: „Forschungsuntersuchungen an handlungsunfähigen Personen sind nur mit Zustimmung des gesetzlichen Vertreters und nur dann zulässig, wenn sie aus medizinischen Gründen nicht an handlungsfähigen Personen durchgeführt werden können. ... Nichttherapeutische Forschungsuntersuchungen an urteilsunfähigen Personen sind unzulässig, wenn sie die Gefahr einer Beeinträchtigung bedingen.“.

399 Vgl. *Korzilius*, DÄBl. 1997, A-3230 f.; siehe auch den Bericht in DÄBl. 1997, A-3060 f.

400 So die „Background Comments and Text Comparison Aid for the Proposed Draft of the WMA Declaration of Helsinki submitted by the American Medical Association“, September 1997.

401 Vgl. nur zur Bedeutung der Unterscheidung etwa für die französische Rechtslage *A. Jung*, Die Zulässigkeit biomedizinischer Versuche am Menschen, S. 31 ff.

Verbesserung und Modernisierung gegenüber den Bestimmungen des Nürnberger Kodex von 1947 verstanden.

Gerade bei medizinischer Forschung mit nichteinwilligungsfähigen Personen erweitern und präzisieren viele Stellungnahmen und Richtlinien die typisierende Zuordnung sogar, indem sie weitere Fallgruppen medizinischer Forschungsuntersuchungen unterscheiden und diese jeweils mit eigenen rechtlichen und ethischen Problemen verknüpfen[402]. Eine Auflösung sogar der beiden *Grundtypen* medizinischer Forschung am Menschen würde daher einen nicht vertretbaren Rückschritt bei der rechtlichen und ethischen Bewertung medizinischer Forschungsvorhaben bedeuten.

4. Der Nürnberger Kodex 1997

Zum 50. Jahrestag der Urteilsverkündung im Rahmen des Nürnberger Ärzteprozesses und des Nürnberger Kodex von 1947 erarbeitete die IPPNW (Internationale Ärzte für die Verhütung des Atomkrieges, Ärzte in sozialer Verantwortung e. V.) einen Nürnberger Kodex 1997. Der Kodex 1997 nimmt inhaltlich auf die 1947 vorgelegten Grundsätze Bezug und hat sich zum Ziel gesetzt, aus heutiger Perspektive ethische Leitlinien für Ärzte und Pflegepersonal zu statuieren. Genau wie der Kodex aus dem Jahr 1947 enthält auch der Kodex 1997 insgesamt 10 Punkte. Davon beziehen sich allerdings nur die ersten drei Punkte auf die medizinische Forschung am Menschen. Die weiteren Punkte 4 bis 10 enthalten Grundsätze zur Fortpflanzungsmedizin und Pränataldiagnostik, zur Gendiagnostik, Gentherapie, Transplantationsmedizin, Sterbebegleitung und Sterbehilfe, zum Spannungsfeld „Medizin und Ökonomie“ sowie zu dem ganz allgemein gehaltenen Thema „Medizin in einer Welt“. Durch die Vielzahl der angesprochenen Sachthemen werden die einzelnen Themenkomplexe des Kodex allerdings nur knapp und oberflächlich angesprochen. Der Nürnberger Kodex 1997 beschränkt sich auf allgemein gehaltene Aussagen zu den angesprochenen Problemkreisen. Für die praktische Anwendung, etwa als Entscheidungshilfe für medizinische Ethikkommissionen, dürfte sich der Kodex 1997 nur wenig eignen.

Zur Forschung am Menschen enthält der Nürnberger Kodex 1997 folgende Grundsätze: Grundlage jeder medizinischen Forschungsuntersuchung am Menschen ist die freiwillige und informierte Einwilligung jedes Versuchsteilnehmers[403]. Medizinische Versuche an nichteinwilligungsfähigen Personen ohne Nutzen für die Betroffenen sind nicht zulässig. Als „einzige Ausnahme“ sind allerdings medizinische Versuche mit nichteinwilligungsfähigen *Kindern* zulässig. Für diese Versuche können der oder die gesetzlichen Vertreter die Einwilligung in den Versuch erteilen.

---

[402] Dazu näher im folgenden unter IV.

[403] Siehe dazu die Punkte 1 und 2 des Nürnberger Kodex 1997 (Punkt 1 wird vom Kodex 1947 übernommen).

Diese knappen Regelungen zur Forschung am Menschen sind inhaltlich bedenklich. Es bleibt weitgehend unklar, welche Typen medizinischer Versuche der Kodex 1997 überhaupt erfassen möchte. Soweit allein von Versuchen „ohne Nutzen“ die Rede ist, ist der Kodex ungenauer als die europäische Menschenrechtskonvention zur Biomedizin[404], die zumindest zwischem direktem und mittelbarem Nutzen unterscheidet. Nicht gefolgt werden kann dem Kodex darin, daß Versuche „ohne Nutzen für die Betroffenen“ an *Kindern* – wie es scheint – ausnahmslos zulässig sein sollen[405]. Eine solche Regelung würde Kinder im Rahmen medizinischer Forschungsuntersuchungen weitgehend schutzlos stellen.

Abgesehen davon ist der sachliche Grund für die gesonderte Behandlung Minderjähriger im Verhältnis zu anderen nichteinwilligungsfähigen Personen nicht nachvollziehbar. Warum soll fremdnützige Forschung mit nichteinwilligungsfähigen Kindern zulässig sein, vergleichbare Forschung mit erwachsenen Personen (z. B. Demenzkranken) dagegen nicht? Man kann nur vermuten, daß sich die Verfasser des Nürnberger Kodex 1997 hinsichtlich der Zulässigkeit nichttherapeutischer Versuche mit Minderjährigen am Arzneimittel- und Medizinprodukterecht orientiert haben. Dann hätte man allerdings deutlich machen müssen, daß selbst nach diesen (Spezial-)Gesetzen nichttherapeutische Versuche mit Kindern zwar unter bestimmten Bedingungen zugelassen werden, nicht aber *ausnahmslos* zulässig sind. Der Gesetzgeber beschränkt nichttherapeutische Versuche mit Minderjährigen ausdrücklich auf die Spezialfälle der Erprobung von *Diagnostika* und *Prophylaktika* und läßt selbst solche Untersuchungen nur bei Einhaltung weiterer strenger Schutzkriterien zu.

Die übrigen Bestimmungen zum Schutz der Versuchsteilnehmer bleiben ebenfalls vage und unbestimmt[406]. Beispielsweise fordert der Kodex, daß Versuche am Menschen stets so angelegt sein müssen, daß sich von ihnen ein gesundheitlicher Gewinn für konkrete Personen oder -gruppen erwarten lasse, der durch andere Methoden nicht erreichbar sei. Bei wörtlicher Auslegung ließe der Kodex damit sogar rein fremdnützige Forschung allein zum Nutzen anderer, völlig unbeteiligter Dritter zu[407]. Der Kodex wäre insoweit noch weiter und unbestimmter als die (deshalb) umstrittene Menschenrechtskonvention zur Biomedizin, die Forschungsuntersuchungen ohne direkten Nutzen für den Betroffenen nur dann zuläßt, wenn ein Nutzen für andere Personen zu erwarten ist, die sich in der gleichen Altersgruppe befinden, von der gleichen Krankheit oder Störung betroffen sind oder sich in dem gleichen Zustand wie der Betroffene befinden.

---

404 Siehe dazu sogleich unter IV.

405 Kritisch auch *Wuermeling*, EthikMed 1997, 156, 157.

406 Vgl. *Wuermeling*, EthikMed 1997, 156, 157.

407 Zutreffend *Wuermeling*, EthikMed 1997, 156, 157.

Zusammenfassend ist festzuhalten, daß die Schutzbestimmungen des Nürnberger Kodex 1997 – insbesondere für Forschungsvorhaben mit nichteinwilligungsfähigen Personen – nicht ausreichend sind. Wenn man sich schon zur Veröffentlichung eines derart allgemein gehaltenen Papiers entschließt, wäre ein deutlicher Hinweis darauf wünschenswert und erforderlich gewesen, daß die Bestimmungen des Nürnberger Kodex 1997 nicht als abschließende und verbindliche Leitlinien für Einzelfallentscheidungen zu verstehen sind, sondern lediglich allgemeine medizinethische Grundsätze enthalten, ohne den Anspruch auf eine umfassende und abschließende Regelung der angesprochenen Problemkreise zu erheben.

IV. Die Menschenrechtskonvention zur Biomedizin

1. Entstehung der Konvention

Aus jüngster Zeit stammt auch der Versuch, einen völkerrechtlichen Konsens über biomedizinische Fragen auf europäischer Ebene zu schaffen. Grundlage hierfür ist die am 19.11.1996 vom Europarat in Straßburg verabschiedete „Menschenrechtskonvention zur Biomedizin“. Die volle Bezeichung der Konvention lautet „Convention for the Protection of Human Rights and Dignity of the Human Being with Regard to the Application of Biology and Medicine: Convention on Human Rights and Biomedicine“[408].

Der im Jahr 1949 gegründete Europarat ist eine zwischenstaatliche Organisation, die sich insbesondere dem Schutz der Demokratie und der Fortentwicklung der Menschenrechte und Grundfreiheiten widmet. Der Beitritt zum Europarat steht allen europäischen Staaten offen. Zu den derzeit 40 Mitgliedern zählen neben den fünfzehn Mitgliedstaaten der Europäischen Union auch osteuropäische Staaten wie Albanien, Bulgarien, Kroatien, Estland, Lettland, Litauen, die Republik Moldau, Polen, Rußland, die Türkei, die Ukraine und Zypern. Organe des Europarats sind das Ministerkomitee und die Parlamentarische Versammlung.

Nach langjährigen Vorarbeiten[409] wurde das Biomedizin-Abkommen am 4.4.1997 in Oviedo (Spanien) von zunächst 21[410] der 40 Mitgliedsstaaten des

---

[408] Council of Europe, Convention for the Protection of Human Rights and Dignity of the Human Being with Regard to the Application of Biology and Medicine: Convention on Human Rights and Biomedicine, European Treaty Series/164.

[409] Vgl. den „Entwurf einer Konvention des Europarates zum Schutz der Menschenrechte und der Menschenwürde im Hinblick auf die Anwendung von Biologie und Medizin: Bioethik-Konvention und erläuternder Bericht“, BR-Drs. 117/95 vom 20.2.1995. Siehe ferner BR-Drs. 117/1/95 vom 28.4.1995 (Empfehlungen der Ausschüsse); BR-Drs. 117/2/95 vom 11.5.1995 (Antrag aller Länder); BR-Drs. 117/95 (Beschluß) vom 12.5.1995 (Stellungnahme des Bundesrats). Zu den Vorarbeiten siehe auch die Informationsschrift des Bundesministeriums der Justiz: „Das Übereinkommen zum Schutz der Menschenrechte und der Menschenwürde im Hinblick auf die Anwendung von

Europarates unterzeichnet[411]. Mehrere Mitgliedstaaten kündigten ihre Unterzeichnung an[412]. Rechtlich handelt es sich bei der Biomedizin-Konvention um einen *völkerrechtlichen Vertrag*, der – um rechtliche Geltung zu erlangen – der Annahme und Unterzeichnung durch die Vertragsstaaten bedarf (Art. 33)[413]. Durch Mehrheitsbeschluß besteht zudem auch die Möglichkeit des Beitritts für Nicht-Mitgliedstaaten des Europarats (Art. 34)[414].

2. *Der Begriff „Bioethik“*

Bereits im Vorfeld löste die ursprünglich für das Abkommen vorgesehene Kurzbezeichnung „Bioethik-Konvention“ bzw. „Convention on Bioethics“ heftige Kritik aus. Während der Begriff „Bioethics“ im englischsprachigen Raum weitgehend in den Sprachgebrauch übergegangen ist[415], wurde in Deutschland von den Gegnern der „Bioethik-Konvention“ eingewendet, daß der Begriff „Bioethik“ bereits das Programm des Dokumentes vorwegnehme, indem eine Ethik *für* die Biomedizin geschaffen werde, zumindest aber eine solche Auslegungsmöglichkeit eröffne und insofern widersprüchlich und irreführend sei[416]. Besonders vehemente Kritik an dem Begriff „Bioethik“ äußert

---

Biologie und Medizin – Übereinkommen über Menschenrechte und Biomedizin – des Europarats vom 4. April 1997“, Januar 1998, S. 7 ff.

410 Dänemark, Estland, Finnland, Frankreich, Griechenland, Island, Italien, Lettland, Litauen, Luxemburg, Makedonien, Niederlande, Norwegen, Portugal, Rumänien, San Marino, Slowakei, Slowenien, Schweden, Spanien, Türkei, vgl. *Braun*, DÄBl. 1997, A-1034.

411 Bis Dezember 1997 haben 22 Mitgliedsstaaten (zusätzlich zu den in der vorangegangenen Fußnote genannten die Republik Moldau) das Übereinkommen unterzeichnet, vgl. Informationsschrift des Bundesministeriums der Justiz: „Das Übereinkommen zum Schutz der Menschenrechte und der Menschenwürde im Hinblick auf die Anwendung von Biologie und Medizin – Übereinkommen über Menschenrechte und Biomedizin – des Europarats vom 4. April 1997“, Januar 1998, S. 11. – Andere Angaben bei *Elzer*, MedR 1998, 122 Fn. 4 (wonach 33 Staaten in Oviedo unterzeichnet haben sollen).

412 Informationsschrift des Bundesministeriums der Justiz: „Das Übereinkommen zum Schutz der Menschenrechte und der Menschenwürde im Hinblick auf die Anwendung von Biologie und Medizin – Übereinkommen über Menschenrechte und Biomedizin – des Europarats vom 4. April 1997“, Januar 1998, S. 10; *Braun*, DÄBl. 1997, A-1034.

413 *Kienle*, ZRP 1996, 252, 256.

414 Informationsschrift des Bundesministeriums der Justiz: „Das Übereinkommen zum Schutz der Menschenrechte und der Menschenwürde im Hinblick auf die Anwendung von Biologie und Medizin – Übereinkommen über Menschenrechte und Biomedizin – des Europarats vom 4. April 1997“, Januar 1998, S. 11, 29.

415 Vgl. etwa das Jahrbuch für Recht und Ethik, Bd. 4, mit dem Themenschwerpunkt „Bioethics and the Law“; *Riedel*, 5 Ind. J. Global Legal Stud. 1997, 179 ff.; siehe auch *Seidler*, Berliner Ärzte 2/1997, S. 19; *Bockenheimer-Lucius*, Ethik Med. 1995 146, 148 f.

416 Vgl. *Bockenheimer-Lucius*, Ethik Med. 1995 146, 148; siehe auch *Leist*, in: Ach/Gaidt (Hrsg.), S. 19; *Rösler*, in: Rösler (Hrsg.), Biologie im Horizont der Pilosophie, S. 30 ff.

die „Grafenecker Erklärung zur Bioethik“, eine „Stellungnahme des Arbeitskreises zur Erforschung der ‘Euthanasie’-Geschichte“ vom Juni 1996[417]. Dort heißt es:

> „Ethik im philosophischen Sinne bezieht sich immer auf den Menschen als ein soziales Wesen, nicht auf den Menschen als biologische Materie. Der Begriff ‘Bioethik’ ist deshalb irreführend. Eine ‘Bioethik’ als Grundlagen-Ethik ist nicht möglich ... Die Bioethik lehnt letzte Werte ab, so auch die Unantastbarkeit menschlichen Lebens. Menschliches Leben ist für sie prinzipiell ohne Sinn und ohne Wert, kann aber durch Handlungen Sinn und Wert erwerben ... Auf der Grundlage dieser bioethischen Grundaussage werden Menschen mit Behinderungen oder Alterserkrankungen abgewertet und zu Forschungsobjekten und Materiallagern für Transplantate degradiert, werden Sterbende als Kostenfaktor betrachtet und Embryonen zu Sachen erklärt.“

Die in dieser Form gegenüber dem Begriff „Bioethik“ vorgebrachte Kritik vermag nicht zu überzeugen, unterstellt doch gerade sie in einseitiger und negativer Form, daß Bioethik allein dazu dient, eine Legitimationsbasis für schrankenlose biomedizinische Forschung zu schaffen[418]. Bioethik sollte demgegenüber bei wertneutraler Betrachtung als ein Sammelbegriff aller ethischen Probleme und Fragestellungen auf dem Gebiet der biomedizinischen Wissenschaft, d. h. der Wissenschaft im Grenzbereich zwischen Biologie und Humanmedizin betrachtet werden[419]. Zu Recht definiert *Zülicke* Bioethik in diesem Sinn als Auseinandersetzung mit Problemen, die aus der Anwendung von Erkenntnissen der Biowissenschaften (Biologie und angrenzende Gebiete und Medizin im weitesten Sinne) auf den Menschen (Bioethik im engeren Sinn), Tier, Pflanze und Umwelt (Bioethik im weiteren Sinn) erwachsen[420]. Der Begriff „Bioethik“ ist deshalb weiter als der Begriff „Medizinethik“, da bei der Medizinethik vor allem das *ärztliche* Ethos, insbesondere das Arzt-Patient-Verhältnis im Mittelpunkt steht, die Bioethik dagegen generell die aus dem Fortschritt der biologischen Wissenschaften und der Medizin erwachsenden normativen Probleme zum Gegenstand hat[421]. Bioethik in einem so verstande-

---

[417] Vgl. dazu *Klinkhammer*, DÄBl. 1996, A-2290; Auszüge aus der „Grafenecker Erklärung“ finden sich in Berliner Ärzte 2/1997, S. 19.

[418] *Zülicke*, Bioethik, S. 11; vgl. auch die Informationsschrift des Bundesministeriums der Justiz: „Das Übereinkommen zum Schutz der Menschenrechte und der Menschenwürde im Hinblick auf die Anwendung von Biologie und Medizin – Übereinkommen über Menschenrechte und Biomedizin – des Europarats vom 4. April 1997“, Januar 1998, S. 30 sowie *Rössler*, Ethik Med 1996, 167.

[419] *Gaidt/Ach*, in: Ach/Gaidt (Hrsg.), S. 9, 11; *Gruter/Masters*, in: Byrd/Hruschka/Joerden (Hrsg.), Jahrbuch für Recht und Ethik, Bd. 4, S. 561; *Zülicke*, Bioethik, S. 11; vgl. auch *Toellner*, in: Ach/Gaidt (Hrsg.), S. 175.

[420] *Zülicke*, Bioethik, S. 11. Ähnlich *Kienle*, ZRP 1996, 253, 254, der den Begriff Bioethik in diesem weiten Sinn versteht und „die durch den kranken Menschen aufgeworfenen Probleme“ von der „biomedizinischen Ethik“ umfaßt sieht.

[421] *Gaidt/Ach*, in: Ach/Gaidt (Hrsg.), S. 9, 11; vgl. auch *Riedel*, 5 Ind. J. Global Legal Stud. 1997, 179.

nen Sinn leistet einen wichtigen Beitrag zur Förderung des Dialogs zwischen Natur- und Geisteswissenschaften und dem Überdenken des Verhältnisses von Natur und Mensch, Natur und Ethik, Sein und Sollen[422].

Nachdem sich die wertneutrale Interpretation des Begriffs „Bioethik" offenbar nicht durchsetzen konnte, reagierte man auf die – vornehmlich in Deutschland – vorgebrachte Kritik an dem Begriff und hat die für das Übereinkommen gebräuchliche Kurzbezeichnung „Bioethik-Konvention" im Zuge der Überarbeitung des ersten Entwurfs und mit Verabschiedung des zweiten Entwurfs am 6. Juni 1996 wieder aufgegeben[423]. Um „Mißverständnissen entgegenzuwirken", aber auch um den „Rechtscharakter des Dokuments verstärkt zu betonen"[424], wurde die Bezeichnung in „Menschenrechtsübereinkommen zur Biomedizin" oder kurz „Biomedizin-Konvention" geändert[425].

3. *Einzelregelungen der Konvention zur Forschung mit nichteinwilligungsfähigen Personen*

Weitaus bedeutsamer als der wenig ergiebige Streit um die Bezeichnung des Abkommens sind freilich die Meinungsverschiedenheiten hinsichtlich der einzelnen *Regelungen* der Konvention. Biomedizinische Forschung mit nichteinwilligungsfähigen Personen war und ist dabei einer der umstrittensten Regelungsbereiche der Konvention[426]. Die Biomedizin-Konvention enthält mehrere Bestimmungen zum Schutz der Patienten und Probanden in klinischen Prüfungen, ermöglicht aber – unter engen Voraussetzungen – auch die Einbeziehung nichteinwilligungsfähiger Personen in medizinische Forschungsvorhaben.

Art. 6 der Konvention enthält zunächst *allgemeine* Vorschriften zum Schutz einwilligungsunfähiger Personen im Rahmen medizinischer Behandlung und Forschung und geht in Abs. 1 zunächst davon aus, daß medizinische Eingriffe an nichteinwilligungsfähigen Personen *grundsätzlich* nur zu ihrem *unmittelbaren Nutzen* vorgenommen werden dürfen. Zudem wird für jede „medizinische Intervention" am Nichteinwilligungsfähigen die Einwilligung des gesetzlichen Vertreters gefordert (Art. 6 Abs. 2 und 3). Bei minderjährigen Patienten sei zudem mit zunehmendem Lebensalter auch deren Wille zu beachten, entsprechend sollen beim einwilligungsunfähigen Erwachsenen verbliebene Restfähigkeiten berücksichtigt werden. Auch der gesetzliche

---

422 *Zülicke*, Bioethik, S. 11.

423 BT-Drs. 13/5435, S. 2.

424 Informationsschrift des Bundesministeriums der Justiz: „Das Übereinkommen zum Schutz der Menschenrechte und der Menschenwürde im Hinblick auf die Anwendung von Biologie und Medizin – Übereinkommen über Menschenrechte und Biomedizin – des Europarats vom 4. April 1997", Januar 1998, S. 9.

425 Englisch: „Convention on Human Rights and Biomedicine".

426 Vgl. *Taupitz*, VersR 1998, 542, 544; *ders.*, DÄBl. 1998, A-1078 f.

Vertreter ist vor der Einwilligung über den geplanten Eingriff umfassend aufzuklären (Art. 6 Abs. 4). Ein Widerruf der einmal erteilten Einwilligung eines Vertreters ist jederzeit möglich (Art. 6 Abs. 5).

Art. 17 erweitert und präzisiert die allgemeinen Schutzbestimmungen im Hinblick auf medizinische *Forschungsvorhaben* mit einwilligungsunfähigen Personen. Die Vorschrift stellt einen Kernpunkt des Übereinkommens dar und ist im Zusammenhang mit den Artikeln 16 und 6 zu lesen[427]. Neben allgemeinen Erfordernissen wie einer umfassenden Nutzen-Risiko-Abwägung und der Begutachtung durch ein unabhängiges Gremium (Ethikkommission) werden spezielle Anforderungen an die medizinische Forschung mit einwilligungsunfähigen Personen gestellt. Die Biomedizin-Konvention differenziert dabei:

Forschung, die potentiell von *unmittelbarem Nutzen* für die Gesundheit des Betroffenen ist, ist zulässig, wenn

- Forschung von vergleichbarer Wirksamkeit an einwilligungsfähigen Personen nicht vorgenommen werden kann,
- die Einwilligung des gesetzlichen Vertreters in schriftlicher Form erteilt wurde und
- der Betroffene nicht widerspricht.

Demgegenüber ist Forschung *ohne* unmittelbaren Nutzen für die Versuchsteilnehmer grundsätzlich nicht zulässig. Nur in eng umgrenzten Ausnahmefällen läßt die Biomedizin-Konvention auch solche Forschungsuntersuchungen mit nichteinwilligungsfähigen Personen zu, die potentiell zwar nicht von unmittelbarem Nutzen für die Gesundheit des Betroffenen sind, aber die nachfolgenden Voraussetzungen kumulativ erfüllen:

- Forschung von vergleichbarer Wirksamkeit ist mit Einwilligungsfähigen nicht möglich;
- die Forschung hat zum Ziel, durch eine spürbare Verbesserung[428] des wissenschaftlichen Verständnisses für den Zustand, die Krankheit oder die Störung der Person dazu beizutragen, letzlich Ergebnisse zu erreichen, die geeignet sind, dem Betroffenen oder anderen Personen, die sich in der gleichen Altersstufe befinden oder die an der gleichen Krankheit oder Störung leiden oder sich in dem gleichen Zustand befinden, zu nutzen;

---

[427] BT-Drs. 13/5435, S. 3.

[428] Im englischen Originaltext heißt es "... through significant improvement". In der (nichtamtlichen) Übersetzung in der Informationsschrift des Bundesministeriums der Justiz: „Das Übereinkommen zum Schutz der Menschenrechte und der Menschenwürde im Hinblick auf die Anwendung von Biologie und Medizin – Übereinkommen über Menschenrechte und Biomedizin – des Europarats vom 4. April 1997", Januar 1998, Anhang 1, wird dieser Passus freier übersetzt mit den Worten „... durch eine wesentliche Erweiterung".

- eine Einwilligung des gesetzlichen Vertreters ist speziell für diesen Eingriff und in schriftlicher Form erklärt worden;
- der Betroffene selbst widerspricht nicht;
- die Forschung wurde von dem zuständigen Gremium gebilligt;
- die Forschung geht für den Betroffenen nur mit einem minimalen Risiko und einer minimalen Belastung einher.

4. Der Streit um die Unterzeichung der Konvention

In Deutschland entwickelte sich bereits im Zuge der Vorarbeiten zu der Konvention eine bis heute anhaltende Diskussion um die entsprechenden Regelungen[429]. Von den Gegnern des Biomedizin-Übereinkommens wird vorgebracht, daß das Schutzniveau der Konvention besonders hinsichtlich der Zulässigkeit medizinischer Forschung mit nichteinwilligungsfähigen Personen dem deutschen nicht entspreche[430]. Auch wenn die Konvention ausdrücklich strengere gesetzliche Regelungen einzelner Staaten zulasse, bestehe die Gefahr des „Dammbruchs", einer negativen „Sogwirkung" bzw. eines „Rutschbahneffekts"[431] durch Anpassung deutscher Regelungen an die weniger strengen Bestimmungen des europäischen Übereinkommens („slippery slope argument")[432]. Nationale Verbote könnten zudem leicht dadurch umgangen werden, daß entsprechende Forschung in europäischen Nachbarstaaten durchgeführt werde[433].

Angesichts der massiven Kritik an der Biomedizin-Konvention hat sich Deutschland – neben Belgien und Polen – bei der Abstimmung über die Annahme des Übereinkommens zunächst der Stimme enthalten[434] und die Konvention vorerst nicht unterzeichnet. In einer Erklärung hat die Bundesrepublik

---

429 Vgl. F.A.Z. Nr. 72 vom 26.3.1998, S. 5; F.A.Z. Nr. 75 vom 30.3.1998, S. 14.

430 Vgl. etwa die „Grafenecker Erklärung zur Bioethik" des Arbeitskreises zur Erforschung der 'Euthanasie'-Geschichte vom Juni 1996; *Glauben*, DRiZ 1997, 89, 93. Siehe zum Ganzen auch *Klinkhammer*, DÄBl. 1995, B-25; *dies.*, DÄBl. 1996, A-2290; *dies.*, DÄBl. 1996, A-2527; *dies.*, DÄBl. 1995, A-2817; *Laufs*, NJW 1997, 776 f.; *Graf von Westphalen*, MDR 3/1997, R 1.

431 Siehe dazu den stenographischen Bericht der 131. Sitzung des Deutschen Bundestages vom 17.10.1997 mit den Redebeiträgen von *Nickels* und *Beck*, S. 11857 f.

432 Zur medizinethisch eher zweifelhaften und wenig brauchbaren Argumentation mit dem „Dammbruchargument" siehe *Schöne-Seifert*, in: Nida-Rümelin (Hrsg.), S. 553, 590 ff.

433 *Roitzheim*, DRiZ 1997, 92.

434 Vgl. Explanatory Report to the Convention for the Protection of Human Rights and Dignity of the Human Being with Regard to the Application of Biology and Medicine: Convention on Human Rights and Biomedicine, Directorate of Legal Affairs, Januar 1997, Ziff. 6, Fn. 3; Informationsschrift des Bundesministeriums der Justiz: „Das Übereinkommen zum Schutz der Menschenrechte und der Menschenwürde im Hinblick auf die Anwendung von Biologie und Medizin – Übereinkommen über Menschenrechte und Biomedizin – des Europarats vom 4. April 1997", Januar 1998, S. 10.

ihr Abstimmungsverhalten gegenüber den anderen Mitgliedstaaten des Europarates damit begründet, daß sie die Konvention „insbesondere als rechtliche Leitlinie für neue Gesetzgebung in Staaten ohne angemessene Schutzbestimmungen“ sehe. Da die deutsche Rechtslage im Einklang mit den Schutznormen der Konvention stehe, ja im Einzelfall sogar darüber hinaus gehe, sei es für die Bundesregierung von großer Bedeutung, daß es das Übereinkommen erlaube, das hohe deutsche Schutzniveau in vollem Umfang beizubehalten. Mit der Stimmenthaltung sollte zum Ausdruck gebracht werden, daß die Bundesrepublik Deutschland den weiteren Fortgang des Verfahrens nicht aufhalten wolle. Gleichzeitig sei durch die Stimmenthaltung eine spätere Entscheidung über die Unterzeichnung und Ratifikation des Übereinkommens nicht präjudiziert[435]. Da die Debatte über die Menschenrechtskonvention zur Bioethik und die damit in Zusammenhang stehenden Fragen noch nicht abgeschlossen seien, bestünde ein Bedürfnis nach weiteren Diskussionen in den parlamentarischen Gremien und in der Öffentlichkeit[436]. Erst danach könne eine abschließende Entscheidung über die Unterzeichnung des Übereinkommens seitens der Bundesrepublik Deutschland getroffen werden.

Bei der Kritik an den einzelnen Punkten scheint allerdings ein Aspekt zu wenig beachtet: Ziel der vorstehend skizzierten Bestimmungen sowie der Biomedizin-Konvention insgesamt ist nicht eine vollständige Rechtsvereinheitlichung in Europa hinsichtlich bioethischer Fragen, sondern primär die Sicherung eines *Mindestschutzstandards* insbesondere in solchen Staaten, in denen bisher keine oder nur unzureichende Schutzbestimmungen existieren[437]. Dies bringt auch Art. 27 der Konvention zum Ausdruck, wonach es den einzelnen Vertragsstaaten ausdrücklich unbenommen bleibt, einen über die Vorschriften der Konvention hinausreichenden gesetzlichen Schutz zu gewähren. Bei einer Unterzeichnung der Biomedizin-Konvention durch die Bundesrepublik Deutschland blieben daher die Regelungen des Arzneimittelgesetzes, des Medizinproduktegesetzes und der Strahlenschutzverordnung unberührt, soweit in diesen Gesetzen strengere Schutzbestimmungen hinsichtlich der Teilnahme nichteinwilligungsfähiger Personen an Forschungsuntersuchungen (z. B. das generelle Verbot nichttherapeutischer Arzneimittel- und Medizinprodukteforschung mit nichteinwilligungsfähigen Erwachsenen) enthalten sind.

Durch die Unterzeichung des Abkommens würde sich die Bundesrepublik Deutschland daher nur zu dem europäischen Mindestschutzniveau bekennen, nicht aber zu einer Änderung bestehender Gesetze verpflichten, soweit diese

---

435 Informationsschrift des Bundesministeriums der Justiz: „Das Übereinkommen zum Schutz der Menschenrechte und der Menschenwürde im Hinblick auf die Anwendung von Biologie und Medizin – Übereinkommen über Menschenrechte und Biomedizin – des Europarats vom 4. April 1997“, Januar 1998, S. 10; s. dazu wib 14/1997, S. 4; BT-Drs. 13/8469 (Antwort der Bundesregierung auf die kleine Anfrage der PDS).

436 Vgl. DRiZ 1998, 190.

437 *Taupitz*, VersR 1998, 542, 543; *ders.*, DÄBl. 1998, A-1078.

ein höheres Schutzniveau enthalten[438]. Daß darüber hinaus eine Unterzeichnung des europäischen Übereinkommens die Diskussion über biomedizinische und ethische Fragen in Deutschland insgesamt förderte und zu einem Überdenken einzelner Vorschriften führte, ist nur zu begrüßen und entspricht im übrigen auch der Zielsetzung der Konvention, die in Art. 28 ausdrücklich die öffentliche Diskussion über „die von den Entwicklungen in Biologie und Medizin aufgeworfenen grundlegenden Fragen" fordert. Die Biomedizin-Konvention versteht sich insoweit selbst nicht als statisches Regelwerk oder gar als neues ethisches und rechtliches „Grundgesetz" in allen Fragen der Biomedizin[439], sondern ist bewußt auf Weiterentwicklung und Präzisierung angelegt. Diesem dynamischen Prozeß der Konkretisierung dienen zudem die zahlreichen beabsichtigten *Zusatzprotokolle*[440] (Art. 31) zu bislang noch nicht ausreichend behandelten Themen – z. B. zum Schutz menschlicher Embryonen und Föten, zur Organtransplantation, zur medizinischen Forschung und zur Humangenetik – die die Grundprinzipien der Konvention ergänzen und präzisieren sollen[441]. Durch Unterzeichnung der Konvention und aktiver Mitarbeit an künftigen Änderungen und den Zusatzprotokollen sollte sich auch die Bundesrepublik Deutschland an der Sicherung europäischer Standards beteiligen[442].

V. Nationale Stellungnahmen, Richtlinien und Empfehlungen

1. Entstehen und Bedeutung

Vor dem Hintergrund der kontroversen Diskussion um die Menschenrechtskonvention zur Biomedizin und der weiterhin bestehenden Unsicherheiten über Zulässigkeit und Grenzen medizinischer Forschung mit nichteinwilligungsfähigen Personen haben sich auch in Deutschland bereits einige Ethikkommissionen und deren Zusammenschlüsse mit dem Problemkreis

---

438 *Taupitz*, VersR 1998, 542, 544 f.; *ders.*, DÄBl. 1998, A-1078, 1079.

439 *Kienle*, ZRP 1996, 253; *Taupitz*, VersR 1998, 542, 546.

440 Vgl. etwa das bereits verabschiedete Zusatzprotokoll über das Verbot des Klonens von menschlichen Lebewesen vom 12. Januar 1998; vorläufige deutsche Arbeitsübersetzung abgedruckt als Anhang 2 der Informationsschrift des Bundesministeriums der Justiz: „Das Übereinkommen zum Schutz der Menschenrechte und der Menschenwürde im Hinblick auf die Anwendung von Biologie und Medizin – Übereinkommen über Menschenrechte und Biomedizin – des Europarats vom 4. April 1997", Januar 1998, S. 41 f.

441 Informationsschrift des Bundesministeriums der Justiz: „Das Übereinkommen zum Schutz der Menschenrechte und der Menschenwürde im Hinblick auf die Anwendung von Biologie und Medizin – Übereinkommen über Menschenrechte und Biomedizin – des Europarats vom 4. April 1997", Januar 1998, S. 28.

442 Für einen Beitritt der Bundesrepublik spricht sich auch *Taupitz*, VersR 1998, 542 ff.; *ders.*, DÄBl. 1998, A-1078 f. aus.

medizinischer Forschung mit Einwilligungsunfähigen befaßt und hierzu Dokumente in Form von „Stellungnahmen“, „Richtlinien“ oder „Empfehlungen“ verabschiedet. Auch solche Dokumente sind rechtlich unverbindlich und haben keine Bindungswirkung für Ärzte oder für erkennende Gerichte. Es handelt sich lediglich um kollektive Meinungsäußerungen privater oder öffentlich-rechtlicher Vereinigungen, denen allerdings insofern durchaus wichtige Bedeutung zukommt, als sie gerade im gesetzlich nicht geregelten Bereich zur Weiterentwicklung und Präzisierung der Schutzanforderungen und ethischen Standards bei biomedizinischen Forschungseingriffen am Menschen beitragen.

Soweit ersichtlich, haben sich in der Bundesrepublik bislang drei Gremien mit der Problematik befaßt und entsprechende Dokumente zur Forschung mit nichteinwilligungsfähigen Personen ausgearbeitet. Es handelt sich dabei um die Stellungnahme der Zentralen Ethikkommission bei der Bundesärztekammer, die Richtlinien der Marburger Ethikkommission sowie um den Entwurf zu Empfehlungen des Arbeitskreises Medizinischer Ethik-Kommissionen in der Bundesrepublik Deutschland. Diese drei Papiere sollen nachfolgend im Überblick dargestellt werden[443].

2. *Die Stellungnahme der „Zentralen Ethikkommission“ bei der Bundesärztekammer „Zum Schutz nichteinwilligungsfähiger Personen in der medizinischen Forschung“*

a) Die Zentrale Ethikkommission

Die „Zentrale Ethikkommission“ bei der Bundesärztekammer hat im Februar 1997 eine Stellungnahme „Zum Schutz nichteinwilligungsfähiger Personen in der medizinischen Forschung“[444] verabschiedet, in der Grundsätze zu ethischen und rechtlichen Grenzen medizinischer Forschung mit nichteinwilligungsfähigen Personen benannt werden[445].

Die Zentrale Kommission zur Wahrung ethischer Gundsätze in der Medizin und ihren Grenzgebieten (die Kurzbezeichnung lautet: „Zentrale Ethikkommission“) besteht seit Januar 1995. Neben Medizinern gehören der unabhängigen und multidisziplinär besetzten Kommission, die zur Zeit 16 Mitglieder umfaßt, auch Philosophen, Juristen, Naturwissenschaftler, Theologen und Sozialwissenschaftler an. Zum Arbeitsschwerpunkt der Zentralen Ethikkommission gehört es, übergreifende ethische Fragestellungen im Zusammenhang

---

443 Aufgrund der aktuellen Diskussion besteht die Möglichkeit, daß weitere Gremien (z. B. Ethikkommissionen) entsprechende Dokumente veröffentlichen werden, so daß insoweit kein Anspruch auf Vollständigkeit erhoben werden kann.

444 Abdruck in DÄBl. 1997, A-1011 f.

445 Umfassend zu der Stellungnahme *Taupitz/Fröhlich*, VersR 1997, 911 ff.; vgl. auch *Klinkhammer*, DÄBl. 1997, A-814; *Jäger*, Ärztebl. Thüringen 1997, 156 f.

nit der medizinischen Forschung und der Anwendung der so gewonnenen ;rkenntnisse zu beraten und zu bewerten und dadurch Ärzten und der Gesell- .chaft Auskunft – etwa in Form von „Stellungnahmen" – in ethischen Fragen 'on grundsätzlicher Bedeutung zu geben. Die Kommission hat dabei die Verteordnung des Grundgesetzes – besonders im Hinblick auf die Men- ;chenwürde und den Lebensschutz – zu wahren. Außerdem ist sie den für die ırztliche Tätigkeit und für die biomedizinische Forschung maßgeblichen ethi- ;chen Grundsätzen, wie sie insbesondere in den Deklarationen des Weltärzte-)undes niedergelegt sind, verpflichtet.

)) Inhalt der Stellungnahme

Die Stellungnahme der Zentralen Ethikkommission erklärt medizinische ?orschung mit nichteinwilligungsfähigen Personen ohne unmittelbaren thera-)eutischen Nutzen für die Forschungsteilnehmer nicht generell für unzulässig, ;ondern hält auch solche Forschung in bestimmten, genau definierten Fällen ıusnahmsweise für zulässig. Hierfür werden zur Typisierung der medizini- ;chen Forschungseingriffe vier *Fallgruppen* gebildet, um sodann die Zuläs- ;igkeit medizinischer Forschungsvorhaben an jeweils unterschiedliche Vor- ıussetzungen zu knüpfen. Die Stellungnahme unterscheidet dabei

- individuelle Heilversuche, die auf einer konkreten Therapieentscheidung beruhen,
- Forschungsuntersuchungen, die allenfalls einen mittelbaren Nutzen für die Versuchsteilnehmer haben können,
- Forschungsuntersuchungen mit „gruppenspezifischem Nutzen", d. h. ohne direkten oder mittelbaren Nutzen für den Versuchsteilnehmer selbst, sondern allenfalls für Patienten innerhalb der gleichen Krankheits- oder Altersgruppe,
- ausschließlich „fremdnützige" Forschung.

Bei Forschung der ersten Fallgruppe (reine Heilversuche) stellen sich in der Regel keine rechtliche Probleme, da Heilversuche dem unmittelbaren Nutzen des Patienten dienen und sich von einer üblichen medizinischen Heilbehandlung lediglich dadurch unterscheiden, daß vom medizinischen Standard abgewichen wird[446]. Forschung der vierten Fallgruppe (rein fremdnützige Forschung) ist nach Auffassung der Zentralen Ethikkommission dagegen ethisch nicht zu rechtfertigen und ist im Hinblick auf das „Instrumentalisierungsverbot" und den Schutz der Menschenwürde der Probanden immer unzulässig.

Besondere rechtliche und ethische Probleme stellen sich bei Forschungsuntersuchungen mit nichteinwilligungsfähigen Personen innerhalb der zweiten

---

[446] Ähnlich *Laufs*, NJW 1977, 1081, 1084: „Der Heilversuch unterscheidet sich als therapeutische Maßnahme vom normalen Heilverfahren durch erhöhte Aufklärungserfordernisse, die aus der fehlenden Erprobung folgen".

und dritten Fallgruppe, also immer dann, wenn kein direkter therapeutischer Nutzen für die Versuchsteilnehmer zu erwarten ist, andererseits aber auch nicht von rein fremdnütziger Forschung gesprochen werden kann. Hier entwickelt die Stellungnahme differenzierte Kriterien zum Schutz der Versuchsteilnehmer und versucht, die Rechte und Interessen aller Beteiligten umfassend zu berücksichtigen. Als wesentliche Schutzbestimmungen werden in der Stellungnahme genannt:

- Subsidiarität der Forschung mit nichteinwilligungsfähigen Personen gegenüber Forschung mit einwilligungsfähigen Personen,
- Bedeutung des Versuchs für die medizinische Forschung,
- Umfassende Nutzen-Risiko-Abwägung, wobei insbesondere Versuche der dritten Fallgruppe nur bei minimalem Risiko und minimaler Belästigung für die Versuchsteilnehmer zulässig sind,
- Einwilligung des gesetzlichen Vertreters,
- Berücksichtigung ablehnenden Verhaltens auch des Einwilligungsunfähigen,
- Zustimmendes Votum einer zuständigen Ethikkommission.

Die Stellungnahme entspricht damit hinsichtlich des Schutzumfangs im wesentlichen den Bestimmungen der Biomedizin-Konvention des Europarats. Weitergehend als diese enthält die Stellungnahme der Zentralen Ethikkommission konkrete *Beispiele* zur Auslegung der recht unscharfen Begriffe des „minimalen Risikos" [447] und der „minimalen Belästigung". Ein lediglich minimales Risiko liegt nach der Stellungnahme etwa dann vor, wenn Körperflüssigkeit oder Gewebe in geringen Mengen im Rahmen von ohnehin notwendigen diagnostischen Maßnahmen gewonnen wird[448]. Auch bestimmte nichtinvasive *körperliche* Untersuchungen (z. B. Sonographie oder transkutane Gewebemessungen) oder *psychologische* Untersuchungen (z. B. Fragebogen-Interviews, Tests, Verhaltensbeobachtungen) sind regelmäßig nur mit minimalen Risiken und Belästigungen für die beteiligten Personen verbunden.

In einem Punkt weicht die Stellungnahme der Zentralen Ethikkommission allerdings von den Bestimmungen der Biomedizin-Konvention ab: Anders als nach der europäischen Konvention beschränkt die Zentrale Ethikkommission Versuche mit allenfalls minimalem Risiko und mit minimaler Belästigung auf die dritte Fallgruppe, das heißt auf solche Versuche, die niemals dem Betroffenen selbst, sondern allenfalls der Gruppe der Erkrankten zugute kommen

---

447 Vgl. *Helmchen,* Current Opinion in Psychiatry 1998, 295.

448 Bei genauer Betrachtung handelt es sich bei diesem Beispiel um Forschungsuntersuchungen *ohne* jegliches Risiko für den Betroffenen, da die Risiken der ohnehin notwendigen Blutentnahme hier keine Berücksichtigung finden können und die Entnahme *weiterer* geringerer Mengen Körpersubstanzen in der Regel – wie die Stellungnahme selbst ausführt – kein *zusätzliches* Risiko darstellt.

ınnen. Versuche aus der zweiten Fallgruppe, die dem Betroffenen zumindest *ittelbar* einen Vorteil versprechen, sind dagegen auch dann zulässig, wenn ɜ mehr als nur „minimale Risiken" beinhalten.

Die Konvention des Europarats ist in diesem Punkt aus nicht nachvollziehıren Gründen zu streng. Sie berücksichtigt insoweit nicht, daß medizinische ɔrschung, die zwar keinen *unmittelbaren* therapeutischen Nutzen hat, den ːteiligten Patienten aber immerhin im weiteren Verlauf ihrer Krankheit oder ːi einem späteren Wiederauftreten der Krankheit nutzen kann, wegen des *öglichen* individuellen Nutzens zumindest *auch* im objektiven Interesse der die Forschung einbezogenen Patienten liegen kann. Eine strikte Beschränıng auf nur minimale Risiken und Belastungen auch bei Forschungseingrifn, die einen *mittelbaren* Nutzen für die beteiligten Person erwarten läßt, ist ːm mutmaßlichen Patientenwillen nicht angemessen[449]. Dies gilt zumindest ınn, wenn man der oben dargelegten engen Auslegung des Begriffs des mimalen Risikos und der minimalen Belastung folgt. Beispielsweise stellt eine ı Rahmen eines Forschungsvorhabens durchgeführte einfache Blutentnahme ır den betroffenen Patienten vielleicht mehr als eine nur geringfügige Beläigung dar. Gleichwohl kann die Untersuchung aber zumindest *auch* dem ıutmaßlichen Willen des Patienten entsprechen, wenn ein zumindest mittelırer Vorteil für ihn zu erwarten ist. Derartige Forschung sollte daher mit inwilligung des gesetzlichen Vertreters und unter Einhaltung der übrigen chutzkriterien zulässig sein, wenn die Ergebnisse der Forschung dem Patiıten mittelbar, z. B. zu einem späteren Zeitpunkt, zugute kommen können[450].

Die Stellungnahme der Zentralen Ethikkommission unterscheidet daher zu echt zwischen Forschung mit einem möglichen *mittelbaren* Nutzen für die ersuchsteilnehmer und Forschung, die den beteiligten Patieten oder Probanɛn nicht – auch nicht mittelbar – zugute kommen kann, durch die aber imıerhin anderen Personen in der gleichen Altersgruppe oder mit der gleichen rkrankung geholfen werden kann und beschränkt das Erfordernis des allenılls „minimalen Risikos" aus den genannten Gründen auf die letztgenannte allgruppe.

. *Marburger Richtlinien zur Forschung mit einwilligungsunfähigen und beschränkt einwilligungsfähigen Personen*

Im März 1996 beschloß die Kommission für Ethik in der ärztlichen Forchung bei der Universität Marburg Richtlinien zur Forschung mit einwilliungsunfähigen und beschränkt einwilligungsfähigen Personen (kurz: Mar-

---

[19] Auch das Arzneimittelgesetz beschränkt die gem. § 40 Abs. 4 zulässige Forschung mit Minderjährigen nicht auf Versuche mit minimalem Risiko.

[50] *Taupitz/Fröhlich*, VersR 1997, 911, 914.

burger Richtlinien)[451]. Die Richtlinien sollen im Zuständigkeitsbereich der Kommission für Ethik in der ärztlichen Forschung des Fachbereichs Humanmedizin der Philipps-Universität Marburg eine Hilfestellung bei der Entscheidungsfindung im konkreten Einzelfall sein (vgl. § 1 Abs. 2 Marburger Richtlinien).

§ 2 der Marburger Richtlinien *definiert* zunächst den Begriff der Einwilligungsfähigkeit indem es dort (Abs. 1) heißt:

> „Einwilligungsfähig ist, wer die ihm durch den Eingriff im Verhältnis zu seinem Nutzen drohenden Risiken und sonstigen Nachteile (zu denen nicht nur Art und Umfang körperlicher Eingriffe, sondern etwa auch zeitlicher und finanzieller Aufwand sowie Speichern oder Übermitteln personenbezogener Daten gehören) angemessen einzuschätzen und diese Einschätzung zu äußern vermag. Hierbei ist insbesondere das Lebensalter zu berücksichtigen. Psychische Störungen können die Einwilligungsfähigkeit einschränken oder ausschließen."

Diese Definition kann im Einzelfall freilich nur Anhaltspunkte zur Bestimmung der Einwilligungsfähigkeit liefern, da eine schematisch subsumierbare Definition der Einwilligungsfähigkeit ohnehin nicht möglich ist. Neben dem Begriff der Einwilligungsunfähigkeit wird in § 2 Abs. 2 Marburger Richtlinien ergänzend der Begriff der „beschränkten Einwilligungsfähigkeit" genannt und definiert:

> „Beschränkt einwilligungsfähig ist, wer nach Abs. 1 nicht unbeschränkt einwilligungsfähig ist, aber dennoch einen Willen bilden und diesen kundgeben kann."

Zumindest aus rechtlicher Sicht ist eine solche weitere Unterscheidung entbehrlich. Da ein Patient oder Proband in bezug auf eine konkrete Maßnahme immer nur einwilligungsfähig oder einwilligungsunfähig sein kann[452], hilft bei der Entscheidung im Einzelfall der Begriff der „beschränkten Einwilligungsfähigkeit" nicht weiter. Auch § 3 Abs. 3 der Marburger Richtlinien macht deutlich, daß die Einwilligungsfähigkeit nicht allgemein, sondern immer nur bezogen auf einen konkreten Eingriff festzustellen ist. Der Begriff der „beschränkten Einwilligungsfähigkeit" ist damit keine rechtlich relevante Kategorie, sondern bringt lediglich zum Ausdruck, daß ein Patient (oder Proband) hinsichtlich bestimmter (zumeist komplizierter oder gefährlicher) medizinischer Eingriffe einwilligungsfähig sein kann, zugleich aber hinsichtlich anderer Eingriffe (die weniger kompliziert oder gefährlich sind) voll einwilligungsfähig sein kann. Die Entscheidung und Abgrenzung im Einzelfall wird durch die Unterscheidung von beschränkter Einwilligungsfähigkeit und absoluter Einwilligungsfähigkeit allerdings nicht entbehrlich.

---

451 Der Text der Marburger Richtlinien (in der Fassung vom 22.1.1997) ist abgedruckt bei *Freund/Heubel*, MedR 1997, 347 ff. (mit Erläuterungen der Verfasser).

452 So zutr. *Helmchen/Lauter*, Nervenarzt 1995, 231, 235; *Haupt*, Arzt und Krankenhaus 1997, 116, 117.

Zu begrüßen ist, daß die Marburger Richtlinien nicht an der herkömmlichen terminologischen Unterscheidung zwischen Heilversuchen und therapeutischen Versuchen festhalten, sondern weiter differenzieren und in § 3 insgesamt fünf Arten medizinischer Forschung unterscheiden[453]:

- gewöhnliche Heilbehandlung (§ 3 Abs. 1);
- Heilversuch (§ 3 Abs. 2);
- klinischer Versuch (§ 3 Abs. 3);
- vergleichender klinischer Versuch (§ 3 Abs. 4);
- Wissensversuch im engeren Sinne (§ 3 Abs. 5) sowie
- Wissensversuch im weiteren Sinne (§ 3 Abs. 6).

Die §§ 4 bis 6 der Richtlinie entwickeln hierauf aufbauend Schutzbestimmungen für medizinische Forschungseingriffe am nichteinwilligungsfähigen Patienten und Probanden. Insgesamt gilt dabei auch für die Marburger Richtlinien (entsprechend den sonstigen nationalen und internationalen Bestimmungen), daß therapeutische Versuche regelmäßig zulässig sind, wenn sie im Eigeninteresse des Betroffenen und zu dessen Nutzen angezeigt sind. Die Marburger Richtlinien stellen dazu fest, daß ein Nutzen für den Betroffenen auch darin liegen kann, „daß er von zumindest auch in seinem Interesse gewonnenen Erkenntnissen zu einem späteren Zeitpunkt profitiert (mittelbarer Nutzen)“[454].

Reine „Wissensversuche“ mit einwilligungsunfähigen Patienten seien dagegen im Grundsatz unzulässig (§ 6 Abs. 1 der Marburger Richtlinien). Nur wenn sich die „Nachteile“ und der unmittelbare oder mittelbare Nutzen für den Betroffenen „die Waage halten“ (§ 6 Abs. 3), sei die Studie unter den weiteren Voraussetzungen zulässig, daß das Forschungsvorhaben nicht auch an Einwilligungsfähigen durchgeführt werden könne (Gedanke der Subsidiarität) und der Vertreter des Einwilligungsunfähigen zustimme. Ein auch nur mutmaßlich entgegenstehender tatsächlicher Wille des Forschungsteilnehmers dürfe dabei nicht übergangen werden.

Auch die Marburger Richtlinien halten somit – wie die Biomedizin-Konvention des Europarats – nicht uneingeschränkt am Grundsatz der therapeutischen Indikation für medizinische Forschungsuntersuchungen mit nichteinwilligungsfähigen Personen fest. In Ausnahmefällen werden auch Forschungsuntersuchungen ohne unmittelbaren therapeutischen Nutzen für zulässig erklärt. Dennoch fehlen bei den Marburger Richtlinien einige international anerkannte Schutzkriterien. Z. B. stellen die Richtlinien keine spezifischen Anforderungen an die praktische Bedeutung des Forschungsvorhabens und an die zu erwartenden Ergebnisse. Zu Recht wird daher unter § 1 Abs. 2 der

---

[453] Näher zu den einzelnen Fallgruppen *Freund/Heubel*, MedR 1997, 347, 350.

[454] § 3 Abs. 3 S. 2 Marburger Richtlinien.

Richtlinien festgestellt, daß die Richtlinien „nicht alle dabei möglicherweise relevanten Gesichtspunkte“ erfassen können und deshalb „notwendig allgemein gehalten“ sind.

4. *Empfehlungen des Arbeitskreises Medizinischer Ethik-Kommissionen zur Forschung mit einwilligungsunfähigen Personen*

Schließlich hat der Arbeitskreis Medizinischer Ethik-Kommissionen in der Bundesrepublik Deutschland (eine auf Bundesebene bestehende Arbeitsgemeinschaft der Ethikkommissionen, die insbesondere dem Erfahrungsaustausch der Ethikkommissionen untereinander dient) auf seiner 14. Jahresversammlung im November 1996 einen Diskussionsentwurf vorgelegt, der „Empfehlungen zur Forschung mit einwilligungsunfähigen Personen“ enthält. Es wurde ausdrücklich darauf hingewiesen, daß es sich bei dem Papier erst um einen vorläufigen Entwurf handelt, der „als Grundlage einer Diskussion“ gelten solle und derzeit „noch nicht abstimmungsreif“ sei[455]. Nach weiteren Stellungnahmen einzelner Ethikkommissionen wurde vorerst beschlossen, den Entwurf nochmals zu revidieren. Auch eine Harmonisierung des Textes mit der inzwischen verabschiedeten Stellungnahme der Zentralen Ethikkommission bei der Bundesärztekammer (vgl. dazu die vorangegangenen Ausführungen) wurde in Erwägung gezogen.

Auf der 15. Jahresversammlung des Arbeitskreises Medizinischer Ethik-Kommissionen im November 1997 wurde schließlich erneut über die Problematik „Forschung mit nichteinwilligungsfähigen Personen“ beraten. Als Grundlage der Beratung diente die von der Zentralen Ethikkommission bereits verabschiedete Stellungnahme „Zum Schutz nichteinwilligungsfähiger Personen in der medizinischen Forschung“[456]. Nach Vorstellung und Diskussion der Stellungnahme beschloß der Arbeitskreis, die Entscheidung über die weitere Ausarbeitung einer eigenen Stellungnahme zunächst zurückzustellen[457]. Insbesondere soll abgewartet werden, wie sich die weitere Diskussion um die Menschenrechtskonvention zur Biomedizin entwickelt und ob die Bundesrepublik Deutschland die Konvention ratifiziert[458].

---

[455] *Klinkhammer*, DÄBl. 1996, A-3159; siehe auch *dies.*, DÄBl. 1995, B-2508.

[456] Siehe oben unter 2.

[457] Vgl. *Klinkhammer*, DÄBl. 1997, A-3317.

[458] *Klinkhammer*, DÄBl. 1997, A-3317.

D. Die wesentlichen Schutzkriterien bei medizinischen Forschungsvorhaben mit nichteinwilligungsfähigen Personen

I. Einleitung

Nachdem im vorangegangenen Abschnitt die wichtigsten nationalen und internationalen Richtlinien zur Forschung mit nichteinwilligungsfähigen Personen außerhalb des Anwendungsbereichs spezialgesetzlicher Normen im Überblick dargestellt wurden, sollen nunmehr zusammenfassend die wesentlichen *Schutzkriterien* bei medizinischen Forschungsvorhaben mit nichteinwilligungsfähigen Patienten und Probanden herausgearbeitet werden[459]. Die einzelnen Schutzbestimmungen sind in ihrer Existenz, den rechtlichen Grundlagen und den jeweiligen Voraussetzungen im Einzelfall umstritten. Soweit dies der Fall ist, wird in der weiteren Darstellung hierauf eingegangen. Viele der Anforderungen ergeben sich aber bereits aus den allgemeinen Bestimmungen des Zivil-, Straf- und Öffentlichen Rechts, andere Schutzkriterien, wie etwa die Anrufung einer Ethikkommission, entsprechen standesrechtlichen Vorschriften oder internationalen ethischen Kodizes.

Problematisch ist in diesem Zusammenhang allerdings die *analoge* Anwendung der Vorschriften des Arzneimittel- und Medizinprodukterechts auf Forschungseingriffe außerhalb des Anwendungsbereichs dieser Spezialnormen. Die im Schrifttum häufig vorgebrachte Argumentation, auf Forschungseingriffe außerhalb des Anwendungsbereichs spezialgesetzlicher Bestimmungen seien die entsprechenden Vorschriften zumindest entsprechend anwendbar[460], kann nicht ohne weiteres überzeugen[461]. Denn das Argument, die Spezialvorschriften im Arzneimittel- und Medizinprodukterecht seien ohnehin nichts anderes als Ausdruck allgemeiner rechtlicher Wertungen, erklärt nicht, warum der Gesetzgeber sich dann auf die (ihrerseits nicht einheitliche) Regelung einiger weniger Bereiche (Arzneimittelforschung, Medizinprodukteforschung und Strahlenschutz) beschränkt hat, anstatt *allgemeine* gesetzliche Vorschriften zur Forschung am Menschen zu schaffen oder für die geregelten Spezialbereiche zumindest untereinander *deckungsgleiche* Normen zu erlassen. Zutreffender ist daher der Ansatz, Bereiche außerhalb spezialgesetzlicher Bestimmungen nicht ohne weiteres einer entsprechenden Anwendung dieser

---

[459] Vgl. auch die synoptische Übersicht zu den wichtigsten Schutzkriterien im Anhang unter A.

[460] So etwa *Kern*, MedR 1991, 66, 70; *Rieger*, Lexikon des Arztrechts, Rdnr. 967; *Laufs*, VersR 1978, 385; *ders.* , Arztrecht, Rdnr. 689 ff.; *Hart*, MedR 1994, 94, 95; *Helmchen/Lauter* (Hrsg.), Dürfen Ärzte mit Demenzkranken forschen?, S. 60; *Kollhosser/Kubillus*, JA 1996, 339, 343; *Kloesel/Cyran*, AMG, § 42 Anm. 3; *Röver*, Einflußmöglichkeiten des Patienten, S. 213.

[461] *Taupitz/Fröhlich*, VersR 1997, 911, 912; ausdrücklich eine Analogie ablehnend auch *Elzer*, MedR 1998, 122, 127; krit. hinsichtlich Notwendigkeit und Zulässigkeit einer Analogie auch *Neyen*, Die Einwilligungsfähigkeit im Strafrecht, S. 82.

Bestimmungen zu unterwerfen, sondern nach allgemeinen Rechtsgrundsätzen für medizinische Forschungseingriffe am Menschen zu suchen (die natürlich – jedenfalls zum Teil – *auch* in den spezialgesetzlichen Bestimmungen Ausdruck gefunden haben mögen)[462].

Im Ergebnis kommt damit zwar vielen der spezialgesetzlichen Schutzbestimmungen auch außerhalb ihres Anwendungsbereichs Bedeutung zu. Die dogmatische Begründung dafür liegt jedoch nicht in der Rechtsanalogie der entsprechenden Vorschriften, sondern darin, daß die gesetzlichen Bestimmungen als Ausdruck *allgemeiner rechtlicher Wertungen* über ihren Anwendungsbereich hinaus Gültigkeit haben.

II. Systematik der Schutzkriterien

Systematisch lassen sich die Bestimmungen zum Schutz nichteinwilligungsfähiger Personen bei medizinischen Forschungsvorhaben in *drei Gruppen* einteilen.

Zu unterscheiden sind

- *objektive* Kriterien zum Schutz der Versuchsteilnehmer;
- auf das individuelle *Selbstbestimmungsrecht* des Betroffenen ausgerichtete Schutzkriterien; sowie
- *verfahrensförmige* Sicherungen.

Zu den objektiven Schutzkriterien zählt z. B. das Erfordernis einer umfassenden Nutzen-Risiko-Abwägung. Auf das individuelle Selbstbestimmungsrecht ausgerichtet ist dagegen das Erfordernis der Einwilligung nach umfassender Aufklärung. Dies gilt im übrigen selbst dann, wenn die Einwilligung durch den gesetzlichen Vertreter des Einwilligungsunfähigen erklärt wird. Denn auch dieser hat sich bei seiner Entscheidung am mutmaßlichen Willen des Nichteinwilligungsfähigen zu orientieren und muß damit das Selbstbestimmungsrecht umfassend berücksichtigen. Bei den verfahrensförmigen Sicherungen geht es schließlich um die Einbeziehung unabhängiger Dritter, z. B. durch das Erfordernis eines zustimmenden Votums der zuständigen Ethikkommmission. Aber auch die Einbeziehung des gesetzlichen Vertreters dient in diesem Zusammenhang als verfahrensförmige Schutzbestimmung.

---

[462] *Taupitz/Fröhlich*, VersR 1997, 911, 912; differenzierend auch *Deutsch*, Medizinrecht, Rdnr. 535: „Die allgemeinen Grundsätze, die aus der gesetzlichen Regelung aufscheinen, sind auch auf andere Experimente zu übernehmen. Das gilt etwa für die ärztliche Vertretbarkeit und die Einwilligung nach Aufklärung. Die Sonderregeln, etwa hinsichtlich der Person des Forschungsleiters und der Probandenversicherung, gelten nur für die Arzneimittelprüfung.“. Vgl. zum ganzen auch *Fischer*, S. 36 sowie den Diskussionsbeitrag von *Eser*, in: Max-Planck-Gesellschaft (Hrsg.), Verantwortung und Ethik in der Wissenschaft, S. 69 f.

III. Die Aufklärung über die Forschungsuntersuchung

1. Grundlagen zur ärztlichen Aufklärungspflicht

a) Rechtliche und ethische Begründung der Aufklärungspflicht

Rechtsgrundlage der ärztlichen Aufklärungspflicht über die Risiken der Behandlung ist das in Art. 1 Abs. 1 GG und Art. 2 Abs. 1 und Abs. 2 S. 1 GG verankerte *Selbstbestimmungsrecht* des Patienten[463]. Das Selbstbestimmungsrecht als Teil des allgemeinen Persönlichkeitsrechts bildet damit sowohl den Rechtsgrund wie den Maßstab der ärztlichen Aufklärungsplicht[464]. Zusätzlich zu dem verfassungs- und deliktsrechtlich geschützten Selbstbestimmungsrecht ergibt sich nach zutreffender h. M. auch aus dem *Behandlungsvertrag* eine Pflicht des Arztes zur Aufklärung des Patienten[465]. Die Aufklärungspflicht über Risiken der Behandlung ist zumindest eine vertraglich geschuldete *Nebenpflicht*[466], da der vertraglich geschuldete Rat und Hinweis auch die Pflicht umfaßt, den Patienten über Risiken und Verlauf der Behandlung aufzuklären.

Die Aufklärungspflicht beruht jedoch nicht nur auf rechtlichen, sondern zugleich auch auf ethischen Erwägungen. Neben dem angemessenen Nutzen-Risiko-Verhältnis[467] ist die auf umfassender vorheriger Aufklärung beruhende und damit *freiwillige und jederzeit wiederrufbare Zustimmung* des Patienten oder Probanden eine der wesentlichen ethischen Voraussetzungen ärztlicher Heilbehandlungen und Forschungsuntersuchungen am Menschen[468]. Der Autonomie des Menschen als eines der tragenden ethischen Prinzipien kommt

---

463 BVerfGE 52, 131, 168; BGHZ 29, 46, 49; BGHZ 29, 176, 181; *Deutsch*, Medizinrecht, Rdnr. 103; *ders.*, NJW 1979, 1905; *Laufs*, Arztrecht, Rdnr. 169 ff.; *ders.*, in: Laufs/Uhlenbruck (Hrsg.), Handbuch des Arztrechts, § 61 Rdnr. 14; *Eberbach*, MedR 1986, 180, 181; MünchKomm-*Mertens*, § 823 Rdnr. 422; *Kloppenborg*, MedR 1986, 18; *Tempel*, NJW 1980, 609, 611; *Koppernock*, Das Grundrecht auf bioethische Selbstbestimmung, S. 49 ff.; *Buschmann*, Die ärztliche Aufklärungspflicht, S. 5 ff.

464 *Laufs*, in: Laufs/Uhlenbruck (Hrsg.), Handbuch des Arztrechts, § 68 Rdnr. 1.

465 LG Hannover, NJW 1981, 1320, 1321; *Laufs*, in: Laufs/Uhlenbruck (Hrsg.), Handbuch des Arztrechts, § 61 Rdnr. 13; *Eberbach*, MedR 1986, 180, 181; *ders.*, MedR 1988, 7; *Kloppenborg*, MedR 1986, 18, 19.

466 *Deutsch*, Medizinrecht, Rdnr. 103; *Kern/Laufs*, Die ärztliche Aufklärungspflicht, S. 8; Schweiz. BG BGE 116 II, 519. – Bei bestimmten Behandlungen, etwa einer Vorsorgeuntersuchung kann die Aufklärungspflicht auch ausdrücklich als *Hauptpflicht* vereinbart sein, vgl. etwa *Wolfslast*, in: Byrd/Hruschka/Joerden (Hrsg.), Jahrbuch für Recht und Ethik, Bd. 4, S. 301, 302. Siehe auch *Laufs*, in Laufs/Uhlenbruck (Hrsg.), Handbuch des Arztrechts, § 61 Rdnr. 13; BGH, VersR 1984, 538, 539 („keine bloße Nebenpflicht“).

467 Dazu näher unter § 5 D IV.

468 *Tröhler/Schöne-Seifert*, in: Kahlke/Reiter-Theil (Hrsg.), Ethik in der Medizin, S. 120, 121; *Lauter*, EthikMed 1996, 68 ff.; *Rössler*, EthikMed 1996, 59, 63 f.

insoweit gerade im Arzt-Patienten-Verhältnis eine herausragende Bedeutung zu.

b) *Aufklärung als Wirksamkeitsvoraussetzung der Einwilligung*

Die ärztliche Aufklärung ist stets in Zusammenhang mit der späteren Einwilligungserklärung des Patienten zu sehen. Von einer freien und selbstbestimmten Einwilligung des Patienten kann man nur dann ausgehen, wenn der einwilligende Patient oder Proband *vor* dem medizinischen Eingriff ausreichend über Verlauf und mögliche Risiken der Behandlung informiert wurde (sog. *informed consent*). Hat der Patient – wie im Regelfall üblich – keinerlei Vorwissen zu der in Aussicht genommenen Behandlung, obliegt es dem Arzt, dem Patienten im Rahmen eines persönlichen *Aufklärungsgesprächs* die nötigen Informationen zu geben, damit dieser vor dem Hintergrund der möglichen Risiken eine Entscheidung über seine Einwilligung treffen kann[469]. Die Aufklärung ist daher *Grundlage* der rechtfertigenden Einwilligung[470]. Fehler bei der Risikoaufklärung schlagen unmittelbar auf die Wirksamkeit der Einwilligungserklärung durch und führen letztlich dazu, daß der jeweilige Heil- oder Forschungseingriff mangels wirksamen Rechtfertigungsgrundes als rechtswidrige tatbestandsmäßige Körper- bzw. Gesundheitsverletzung sanktioniert werden kann.

2. *Besonderheiten der Aufklärung bei medizinischen Forschungseingriffen*

a) *Grundsätze*

Die Pflicht zur umfassenden Aufklärung des Patienten besteht nicht nur bei medizinischen Eingriffen, die ausschließlich auf *Heilung* einer Krankheit oder eines Leidens gerichtet sind. Auch bei medizinischen *Forschungseingriffen* besteht sowohl aus dem zugrundeliegenden Vertragsverhältnis zwischen Forscher und Probanden[471] sowie aus dem Selbstbestimmungsrecht des Patienten bzw. Probanden die Verpflichtung zur vorherigen ärztlichen Aufklärung über den Verlauf und die Risiken des Forschungseingriffs[472].

Die Grundsätze zur Patientenaufklärung bei medizinischen Standardeingriffen können dabei aber nicht unbesehen auf Forschungsuntersuchungen am Menschen übertragen werden. Nach ganz h. M. ist bereits bei *Heilversuchen*

---

[469] *Deutsch*, Medizinrecht, Rdnr. 111.

[470] *Eberbach*, MedR 1986, 14.

[471] Zur typologischen Einordnung des „Experimentvertrags“ siehe *Eberbach*, Die zivilrechtliche Beurteilung der Humanforschung, S. 60 ff.

[472] *Fischer*, Medizinische Versuche am Menschen, S. 11 f.; *Deutsch*, NJW 1978, 570, 574; *ders.*, VersR 1983, 1, 3, unklar allerdings der dortige Verweis auf die Thorotrast-Entscheidung des BGH (BGHZ 20, 61), denn in dieser Entscheidung hat der BGH zur Aufklärung des Patienten keine ausdrücklichen Feststellungen getroffen.

Patient in stärkerem Maße als beim schulmedizinischen Eingriff über gliche Risiken der Behandlung aufzuklären[473]. Umso mehr gilt dies im eich der *nichttherapeutischen*, rein wissenschaftlichen Forschung am nschen[474]. Besondere Probleme wirft die Risikoaufklärung bei der Einbeıung *nichteinwilligungsfähiger* Personen auf. Hier bedarf die Bestimmung Aufklärungsadressaten sowie Form, Inhalt und Umfang der Aufklärung onderer Aufmerksamkeit. In den folgenden Abschnitten sollen deshalb die sentlichen Besonderheiten der Risikoaufklärung bei medizinischen Forungsuntersuchungen mit nichteinwilligungsfähigen Personen näher unterht werden.

Arten der Aufklärung

Risikoaufklärung

Wenn man von ärztlicher Aufklärung spricht, versteht man darunter zuist die *Risikoaufklärung* als Teil der Selbstbestimmungsaufklärung. Der ient soll über die möglichen Gefahren und Risiken des in Aussicht genmenen Eingriffs aufgeklärt werden, um sich in Ausübung seines Selbstbemmungsrechts für oder gegen den Eingriff zu entscheiden.

Neben der Risikoaufklärung bestehen jedoch noch eine Reihe anderer Aufrungspflichten, die nicht nur im Rahmen medizinischer Heileingriffe, sonn auch bei Forschungsuntersuchungen am Menschen von Bedeutung sind.

Verlaufsaufklärung

Die *Verlaufsaufklärung* umfaßt Art, Umfang und Durchführung des Einffs[475] aber auch die Weiterentwicklung des Zustandes des Patienten in unıandelter Form und die Aussicht, wie sich die gesundheitliche Situation :h der Behandlung gestalten könnte[476]. Bei Forschungsuntersuchungen sind Teilnehmer möglichst umfassend und genau, zugleich aber in verständli:r Form, über den *äußeren Ablauf* der Untersuchung zu informieren. Dies ßt nicht, daß den Teilnehmern der Prüfplan in allen Einzelheiten zu erläun ist. Erforderlich ist aber, daß die Prüfungsteilnehmer erfahren, an welchen ifungsschritten sie im einzelnen beteiligt sind und wie diese Prüfungen

---

Kern/Laufs, Die ärztliche Aufklärungspflicht, S. 144; *Sommer*, VersMed 1997, 1, 2; *Laufs*, in: Laufs/Uhlenbruck (Hrsg.), Handbuch des Arztrechts, § 65 Rdnr. 13; *Deutsch*, NJW 1979, 1905 m. w. Nwen; *ders.*, Medizinrecht, Rdnr. 537; *Peters/Winterstein*, hamburger ärzteblatt 6/98, S. 249, 250; *Fischer*, in: Breddin/Deutsch/Ellermann/Jesdinsky (Hrsg.), S. 43; *Hasskarl/Kleinsorge*, in: Kleinsorge/Steichele/Sander, Klinische Arzneimittelprüfung, S. 25, 35 f.

Schimikowski, Experiment am Menschen, S. 23 m. w. Nwen.

BGH VersR 1971, 929; *Laufs*, Arztrecht, Rdnr. 204.

Deutsch, Medizinrecht, Rdnr. 114.

durchgeführt werden. Die Verlaufsaufklärung umfaßt darüber hinaus auch die Information über *sichere Eingriffsfolgen*, etwa vorübergehende Zustände (z. B. Schmerzen) oder bleibende Beeinträchtigungen (z. B. Narben)[477].

Zudem hat der Arzt den Patienten im Rahmen der Verlaufsaufklärung über mögliche *Behandlungsalternativen* aufzuklären. Auch dies gilt – erst recht – uneingeschränkt für den medizinischen Forschungseingriff. Gerade bei der Anwendung neuartiger Heilmethoden im Rahmen eines Heilversuchs besteht eine Pflicht des Arztes, den Patienten auf mögliche Alternativen hinzuweisen, ganz gleich ob es sich dabei um eine (weniger wirksame) schulmedizinische Behandlung oder um eine ebenso neuartige weitere Behandlungsalternative handelt. Zwar besteht insoweit Einigkeit, als der Arzt, der eine *schulmedizinische* Behandlung durchführt, nicht auf sämtliche alternativen Behandlungsmethoden hinzuweisen hat, soweit diese noch nicht hinreichend wissenschaftlich anerkannt und gesichert sind. Anders stellt sich die Situation jedoch dar, wenn von vornherein eine *alternative* Heilbehandlung als Heilversuch geplant ist. Der Patient ist in diesem Fall umfassend über sämtliche medizinischen Behandlungsalternativen aufzuklären, insbesondere über die Vorzüge und Nachteile der alternativen Behandlungsmethode neben eventuellen schulmedizinischen Behandlungen[478].

cc) Diagnoseaufklärung

Unter *Diagnoseaufklärung* versteht man die Information des Patienten *über* einen medizinischen Befund – streng zu unterscheiden von der Risikoaufklärung *vor* einem Diagnoseeingriff[479]. Grundsätzlich ist der Patient über sämtliche Diagnosen aufzuklären. Dies umfaßt auch die Feststellung, *daß* ein Patient krank ist und ggf. an welcher Krankheit der Patient leidet. Im Hinblick auf die Diagnoseaufklärung bestehen keine Unterschiede zwischen Forschungseingriffen und standardisierter Heilbehandlung. Auch die im Rahmen von Forschungsuntersuchungen erlangten Diagnoseergebnisse sind dem Patienten grundsätzlich mitzuteilen[480]. Soweit wegen der Neuartigkeit des Diagnoseverfahrens unsichere oder zweifelhafte Ergebnisse gewonnen werden, sind diese dem Patienten bzw. Probanden dennoch – unter Hinweis auf die bestehende Unsicherheit – mitzuteilen. Dies gilt zumindest dann, wenn eine hinreichende

---

[477] *Laufs*, Arztrecht, Rdnr. 205.

[478] Vgl. *Klinger*, Strafrechtliche Kontrolle medizinischer Außenseiter, S. 112 ff. m. w. Nwen; *Holtheide*, Rheinisches Ärzteblatt 9/1996, 39; *Kossen*, Schleswig-Holsteinisches Ärzteblatt 1/1997, 17 ff.

[479] *Laufs*, Arztrecht, Rdnr. 202.

[480] Soweit es der Patient ablehnt, über das Ergebnis der Diagnose unterrichtet zu werden, ist jedoch sein „Recht auf Nichtwissen“ zu respektieren; siehe zum Recht auf Nichtwissen umfassend *Taupitz*, in: FS Wiese, S. 583 ff.; vgl. auch Art. 10 Abs. 2 Menschenrechtskonvention zur Biomedizin.

Gewißheit für die Richtigkeit der Diagnoseergebnisse besteht. Ist das Diagnoseergebnis offensichtlich oder mit hoher Wahrscheinlichkeit falsch, ist der Arzt berechtigt, eine Kontrolluntersuchung durchzuführen, bevor er den Patienten über das Ergebnis aufklärt.

dd) Trendaufklärung

Sobald sich bei einer Langzeitstudie (z. B. einer vergleichenden Therapiestudie) herausstellt, daß eine bestimmte Therapieform einer anderen überlegen ist, oder daß die Forschung insgesamt keine Aussicht auf Erfolg verspricht, ist der Prüfplan entsprechend abzuändern oder die Prüfung insgesamt abzubrechen. Die regelmäßige Ermittlung von Zwischenergebnissen muß bei Langzeitstudien bereits im Prüfplan berücksichtigt werden[481]. Umstritten ist, ob der an einer Studie teilnehmende Patient über derartige Zwischenergebnisse aufzuklären ist, auch wenn hierdurch nur ein erster Trend zum Ausdruck kommt. Zum Teil wird eine umfassende Pflicht zur Trendaufklärung angenommen[482]. Aus dem Gesichtspunkt des Patientenschutzes und um die Anforderungen an die Aufklärung nicht zu überspannen erscheint es dagegen richtiger, nur bei *eindeutigen* Trends oder zumindest bei Trends, die eine *Gefahrerhöhung* für den teilnehmenden Patienten vermuten lassen, eine Aufklärungspflicht anzunehmen[483].

c) An der Aufklärung beteiligte Personen

aa) Die aufklärungspflichtige Person

Grundsätzlich trägt der behandelnde bzw. (bei reinen Forschungsuntersuchungen) der forschende Arzt die Verantwortung für eine ordnungsgemäße und ausreichende Aufklärung der Patienten und Probanden[484]. Handelt es sich bei der Forschungsuntersuchung um einen individuellen Heilversuch, bei dem der behandelnde Arzt neuartige Methoden zur Heilbehandlung einsetzen möchte, so kommt er seiner Verpflichtung zur Aufklärung am sichersten dadurch nach, daß er den Patienten *selbst* im persönlichen Gespräch aufklärt.

Ob und inwieweit eine *Delegation* der Aufklärung auf andere Personen zulässig ist, ist umstritten[485]. Nach überwiegender Meinung in Literatur und

---

[481] *Fischer*, MedR 1987, 77, 79.

[482] *Fischer*, MedR 1987, 77, 79.

[483] Ähnlich *Deutsch*, Medizinrecht, Rdnr. 782.

[484] Vgl. *Voll*, Die Einwilligung im Arztrecht, S. 117.

[485] Eindeutig ist die Rechtslage bei Forschungsuntersuchungen nach dem Arzneimittel- und Medizinprodukterecht: Gem. § 40 Abs. 1 Nr. 2, Abs. 4 Nr. 4 AMG und § 41 Nr. 5 AMG bzw. § 17 Abs. 1 Nr. 2, Abs. 4 Nr. 4 MPG und § 18 Nr. 3 MPG ist ausdrücklich die Aufklärung durch einen *Arzt* (bei Medizinpodukten, die für die Zahnheilkunde bestimmt sind, durch einen *Zahnarzt*) vorgeschrieben.

Rechtsprechung ist eine Delegation der Aufklärung grundsätzlich möglich, allerdings nur, soweit die Übertragung auf einen anderen *Arzt* erfolgt[486]. Zudem kann sich der behandelnde Arzt nur dann wirksam von seiner Aufklärungspflicht befreien, wenn eine klare Absprache und Kompetenzverteilung hinsichtlich der Aufklärung erfolgt[487] und wenn der aufklärende Arzt mit dem Gesamtablauf des Versuchs vertraut ist[488]. Haftungsrechtlich kann sich der behandelnde Arzt *nicht vollständig* durch die Delegation der Aufklärung befreien, da er sich schuldhafte Aufklärungsmängel des anderen Arztes gem. § 278 BGB *zurechnen* lassen muß[489]. Schließlich kann sich der aufklärungspflichtige Arzt auch nicht darauf verlassen, daß ein vorbehandelnder Arzt dem Patienten die erforderlichen Informationen ohnehin schon vermittelt hat; für die Aufklärung über die Risiken *seiner* Behandlung bleibt immer er selbst beweisbelastet[490]. Ausnahmen von diesem Grundsatz sind nur bei der Aufklärung durch Ärzte verschiedener Fachgebiete anerkannt: Hier gilt der Vertrauensgrundsatz, d. h. ein Arzt darf sich hinsichtlich der Aufklärung eines Patienten durch den Kollegen eines anderen Fachgebietes auf eine ausreichende Aufklärung verlassen. Auch dies gilt freilich nur dann, wenn ihm nicht besondere Umstände bekannt sind, die darauf schließen lassen, daß die Aufklärung unzureichend oder fehlerhaft war[491].

Die Übertragung der Aufklärung auf *nichtärztliches* Hilfspersonal, z. B. Krankenschwestern[492], Medizinisch-Technische Angestellte[493], Sprechstundenhilfen oder Mitglieder der Klinikverwaltung wird zu Recht nach überwiegender Meinung als unzulässig angesehen[494]. Zwar lassen sich allein aus der Person des Aufklärenden keine Rückschlüsse auf die Qualität des Aufklärungsgespräches ziehen; die Aufklärung wird jedoch zu Recht als wesentli-

---

486 *Deutsch*, Medizinrecht, Rdnr. 137; *Staak/Weiser*, Klinische Prüfung von Arzneimitteln, S. 49; differenzierend *Kern*, MedR 1986, 176, 179, der die Wissensvermittlung durch den Arzt als formelles Element der Aufklärung ansieht, als materielles Element hingegen nur die Wissensvermittlung als solche (auch durch Nicht-Ärzte) ansieht.

487 OLG Stuttgart VersR 1981, 691; *Laufs*, in: Laufs/Uhlenbruck (Hrsg.), Handbuch des Arztrechts, § 66 Rdnr. 2.

488 *Staak/Weiser*, Klinische Prüfung von Arzneimitteln, S. 49.

489 *Laufs*, in: Laufs/Uhlenbruck (Hrsg.), Handbuch des Arztrechts, § 66 Rdnr. 2; *Staak/Weiser*, Klinische Prüfung von Arzneimitteln, S. 49.

490 BGH NJW 1980, 633; BGH NJW 1984, 1807; BGH VersR 1983, 957; OLG Düsseldorf VersR 1984, 643, 645; *Deutsch*, NJW 1984, 1802 f.

491 *Kern/Laufs*, Die ärztliche Aufklärungspflicht, S. 15 ff. m. w. Nwen.

492 Anders noch RGZ 68, 431, 435.

493 BGH NJW 1974, 604.

494 BGHSt 12, 379, 383; *Voll*, Die Einwilligung im Arztrecht, S. 118; siehe auch *Kern/Laufs*, Die ärztliche Aufklärungspflicht, S. 22: „Unerfahrenes oder nichtärztliches Personal *sollte* er [der Arzt] zur Aufklärung nicht heranziehen." (Hervorh. v. Verf.); vgl. ferner a. a. O. Fn. 65.

cher Teil des Arzt-Patienten-Gesprächs und damit der Heilbehandlung angesehen[495]. Sie kann bereits deshalb vertragsgemäß nur durch einen Arzt erfolgen. Das Aufklärungsgespräch hat zudem neben der bloßen Informationsvermittlung über den Ablauf und die Risiken des Eingriffs die weitere wichtige Funktion, dem Patienten die Möglichkeit zu geben, gezielt *Fragen* an den Arzt zu stellen. Diese Möglichkeit zur ergänzenden Information auf Wunsch des Patienten würde weitgehend leerlaufen, wenn man die Risikoaufklärung durch nichtärztliches Personal zuließe.

Umso mehr gelten die vorgenannten Grundsätze natürlich bei bei der Anwendung neuartiger Behandlungsmethoden im Rahmen eines Heilversuchs oder bei nichttherapeutischer medizinischer Forschung. Weil sich die Indikation des Eingriffs beim Heilversuch mangels hinreichender Erfahrung nicht in gleichem Maße wie bei der eingeführten Standardtherapie feststellen läßt, gewinnt die Aufklärung bei solchen Eingriffen verstärkt an Bedeutung[496]. Dabei gilt grundsätzlich: Je neuer und unerprobter die angewendete Methode, desto umsichtiger und behutsamer muß der Arzt zu Werke gehen und desto eindringlicher und umfassender hat er den Patienten aufzuklären[497]. Um den insoweit erhöhten Anforderungen gerecht zu werden und um Haftungsrisiken wegen Aufklärungsmängeln weitgehend zu minimieren, sollte daher gerade bei Forschungseingriffen die Aufklärung immer durch den behandelnden Arzt *persönlich* erfolgen. Bei großangelegten Forschungsstudien muß dies freilich nicht immer der leitende Arzt selbst sein, zumindest aber ein nachgeordneter Arzt, der mit den entsprechenden Untersuchungsabschnitten betraut ist.

bb) Die aufzuklärende Person

Richtiger Aufklärungs*adressat* ist die Person, die berechtigt ist, die Einwilligung in den Forschungseingriff zu erklären, d. h. im Normalfall der an der Behandlung bzw. an der Forschungsuntersuchung teilnehmende Patient oder Proband[498]. Da die Einwilligung eines nichteinwilligungsfähigen Versuchsteilnehmers rechtlich keine Wirksamkeit entfalten kann, muß bei nichteinwilligungsfähigen Personen die Aufklärung gegenüber dem entscheidungsbefugten *Vertreter* erfolgen[499]. In der Regel sind dies die *gesetzlichen* Vertreter, d. h. bei nichteinwilligungsfähigen Kindern gem. §§ 1626, 1629 BGB die Eltern, bei nichteinwilligungsfähigen volljährigen Patienten – soweit vorhan-

---

495 *Tempel*, NJW 1980, 609, 615; ähnlich *Hollmann*, NJW 1973, 1393, 1396.

496 *Laufs*, in: Laufs/Uhlenbruck (Hrsg.), § 130 Rdnr. 10.

497 *Laufs*, in: Laufs/Uhlenbruck (Hrsg.), § 130 Rdnr. 10.

498 *Tempel*, NJW 1980, 609, 614.

499 *Kloppenborg*, MedR 1986, 18, 20.

den – ein nach § 1896 BGB zu bestellender Betreuer. Haben beide Eltern das Sorgerecht, muß die Aufklärung gegenüber beiden Elternteilen erfolgen[500].

Neuerdings wird die Möglichkeit diskutiert, die Einwilligungsbefugnis einem gewillkürten, vom Patienten in (noch) einwilligungsfähigem Zustand bestimmten *Stellvertreter in Gesundheitsangelegenheiten* zu übertragen. Soweit eine derartige Stellvertretung zulässig ist, muß auch die Risikoaufklärung gegenüber dem gewillkürten Vertreter erfolgen[501].

Zudem kann sich die Situation ergeben, daß der Patient oder Proband zwar einwilligungsunfähig ist, aber dennoch im Rahmen verbliebener Fähigkeiten (bzw. bei Minderjährigen im Rahmen des jeweiligen Entwicklungsstandes) einen natürlichen Willen bilden kann. Solche Fähigkeiten sind auch beim Aufklärungsgespräch zu berücksichtigen, indem neben dem gesetzlichen Vertreter auch der Nichteinwilligungsfähige in möglichst einfachen und verständlichen Worten über den Forschungseingriff aufzuklären ist. Auch wenn letztlich die Einwilligung des gesetzlichen Vertrerters rechtsverbindlich ist, gebietet die Wahrung des Selbstbestimmungsrechts des Nichteinwilligungsfähigen, ihn so weit wie möglich im Rahmen seiner Fähigkeiten in die Aufklärung und Einwilligung miteinzubeziehen.

d) Form der Aufklärung

Die Risikoaufklärung vor medizinischen Heil- und Forschungseingriffen bedarf grundsätzlich keiner Form[502]. Gleichwohl hat sich in der Praxis weitgehend durchgesetzt, den Patienten insbesondere vor größeren Eingriffen *schriftlich* durch vorbereitete Formulare über die Risiken des geplanten Eingriffs aufzuklären. Dennoch können solche Aufklärungsbögen, selbst wenn sie übersichtlich und inhaltlich richtig sind, das *mündliche* Aufklärungsgespräch zwischen Arzt und Patient nicht ersetzen[503]. Anders als sonst in der Rechtsordnung, wird bei der Risikoaufklärung die Schriftform gerade *nicht* als ausreichend angesehen[504]. Das Aufklärungsgespräch soll bewußt im Vordergrund stehen, um dem Patienten die Möglichkeit zu geben, ergänzende Fragen zu stellen auf die der Arzt individuell eingehen kann. Aufklärungsbögen, Broschüren und sonstige schriftliche Informationen dürfen das mündliche Gespräch daher nur begleiten und unterstützen, keinesfalls aber ersetzen[505].

---

500 *Staak/Weiser*, Klinische Prüfung von Arzneimitteln, S. 55.

501 Näher unten unter § 5 E II 5.

502 *Laufs*, in: Laufs/Uhlenbruck (Hrsg.), § 66 Rdnr. 13; BGHZ 67, 48.

503 BGH NJW 1984, 465, 467; BGH NJW 1985, 1399; OLG Hamm VersR 1979, 848; OLG München VersR 1988, 525.

504 Vgl. auch *Deutsch*, Medizinrecht, Rdnr. 138: „Die Aufklärung des Patienten braucht und sollte nicht schriftlich erfolgen."

505 *Laufs*, in: Laufs/Uhlenbruck (Hrsg.), § 66 Rdnr. 13; *Deutsch*, Medizinrecht, Rdnr. 138.

Den schriftlichen Aufzeichnungen über das Aufklärungsgespräch kann allerdings eine erhebliche *Beweisfunktion* zukommen. Vorsicht ist jedoch bei *vorgedruckten* Aufklärungsformularen angebracht. Die Verwendung und Übergabe derartiger Broschüren kann für den Arzt sogar nachteilige Folgen haben. In der Literatur wird zu Recht darauf hingewiesen, daß derartige Formulare als *vorformulierter Vertragsteil* des Behandlungsvertrages anzusehen sind und damit der umfassenden Kontrolle des AGB-Gesetzes unterliegen. Insbesondere die unterschriftsmäßige Bestätigung eines Patienten über die vollständige und ordnungsgemäße Aufklärung in vorgedruckten Formularen ist gem. § 11 Nr. 15 lit. b AGBG unwirksam[506]. Der Zweck einer unterschriftsmäßigen Bestätigung des Patienten über die ordnungsgemäße Aufklärung – die umfassende Beweissicherung – kann damit vor dem Hintergrund des AGB-Gesetzes schnell leerlaufen oder sich unter Umständen sogar in sein Gegenteil verkehren: Werden dem Patienten nämlich falsche oder unvollständige Aufklärungsformulare vorgelegt, kann solchen Formularen sogar die Indizwirkung einer falschen oder unvollständigen mündlichen Aufklärung zukommen[507]. Der Arzt sollte daher auf die Aushändigung vorformulierter Aufklärungsbögen verzichten und das mündliche Aufklärungsgespräch *individuell* – insbesondere in der Behandlungsakte – dokumentieren[508].

Die vorstehend genannten Grundsätze zur Form der Aufklärung sind grundsätzlich auch auf medizinische *Forschungseingriffe* außerhalb spezialgesetzlicher Bestimmungen entsprechend anzuwenden. Patienten und Probanden, die an einer Forschungsstudie teilnehmen, sind vom Versuchsleiter *mündlich* im Rahmen eines persönlichen Gesprächs über mögliche Risiken aufzuklären. Die Verwendung vorgedruckter Formulare sollte weitgehend unterbleiben, insbesondere die damit verbundene vorformulierte Erklärung der vollständigen und umfassenden Aufklärung. Bei Forschungsuntersuchungen mit nichteinwilligungsfähigen Personen ist das persönliche Gespräch mit dem gesetzlichen oder gewillkürten Vertreter des Probanden zu führen. Dabei sollte soweit als möglich auch die nichteinwilligungsfähige Person selbst an dem Aufklärungsgespräch teilnehmen.

---

506 *Deutsch*, Medizinrecht, Rdnr. 144; *Niebling*, MDR 1982, 193; *Wolf/Horn/Lindacher*, AGBG, § 9 Rdnr. K 30; *Jungbecker*, MedR 1990, 173; *Gounalakis*, NJW 1990, 752. Weniger eindeutig die Rechtsprechung: OLG München VersR 1988, 1136; OLG München VersR 1993, 752; offengelassen bei *Laufs*, in: Laufs/Uhlenbruck (Hrsg.), § 66 Rdnr. 16.

507 *Deutsch*, Medizinrecht, Rdnr. 144.

508 *Laufs*, in: Laufs/Uhlenbruck (Hrsg.), § 66 Rdnr. 15. Die Dokumentation der Aufklärung im Krankenblatt wird auch vom BGH ausdrücklich empfohlen, BGH NJW 1985, 1399.

e) *Inhalt und Umfang der Aufklärung*

Notwendiger Inhalt und Umfang der Aufklärung sind von mehreren Faktoren abhängig. Neben der Art des geplanten Eingriffs, dessen Intensität und Dauer, steht insbesondere die Dringlichkeit des Eingriffs in einem direkten Verhältnis zum erforderlichen Aufklärungsumfang[509]. Einigkeit besteht zudem darin, daß die Aufklärung bei Forschungseingriffen intensiver und umfänglicher durchzuführen ist, als bei Heilbehandlungen nach medizinischem Standard[510]. Selbst bei Behandlungen nach medizinischem Standard ist in der neueren Rechtsprechung eine deutliche Tendenz zur Verschärfung der ärztlichen Pflicht erkennbar, auch auf fernliegende und nur ganz selten auftretende Risiken einer Behandlung hinzuweisen[511]. Der BGH hat etwa entschieden, daß ein Patient über das Infektionsrisiko bei Durchführung einer Kniegelenkspunktion aufgeklärt werden muß, auch wenn dieses statistisch betrachtet bei 1 : 35 000 liegt[512]. Im Rahmen einer staatshaftungsrechtlichen Entscheidung, die eine Drittschädigung nach einer Polioimpfung betraf, verlangte der BGH sogar, daß der Arzt bei einer Polioimpfung selbst dann auf ein vom Geimpften ausgehendes Ansteckungsrisiko hinweisen müsse, wenn dieses bei 1 : 15,5 Millionen liege[513]. Berücksichtigt man, daß bei Behandlungen außerhalb des medizinischen Standards noch strengere Anforderungen an den Aufklärungsumfang gestellt werden, so ist auf der Grundlage dieser Rechtsprechung gerade bei Forschungseingriffen eine Verpflichtung zur Aufklärung über *jedes* mögliche Risiko anzunehmen[514].

Da bei medizinischen Forschungseingriffen die möglichen Risiken häufig noch nicht in vollem Umfang abgeschätzt werden können, ist eine umfassende Aufklärung über alle möglichen Risiken faktisch oft nicht möglich. In einem solchen Fall muß die Aufklärung aber zumindest deutlich machen, daß es sich bei dem Eingriff um einen medizinischen *Versuch* handelt (und nicht um eine bereits eingeführte Standardbehandlung) und daß dabei auch unbekannte und noch nicht beobachtete Risiken drohen können.

---

509 *Kern/Laufs*, Die ärztliche Aufklärungspflicht, S. 68 ff.

510 *Kern/Laufs*, Die ärztliche Aufklärungspflicht, S. 144; *Sommer*, VersMed 1997, 1, 2; *Laufs*, in: Laufs/Uhlenbruck (Hrsg.), Handbuch des Arztrechts, § 65 Rdnr. 13; *Deutsch*, NJW 1979, 1905 m. w. Nwen; *ders.*, Medizinrecht, Rdnr. 537; *Röver*, Einflußmöglichkeiten des Patienten, S. 160.

511 Vgl. *Richard Giesen*, MedR 1997, 17.

512 BGH NJW 1994, 2414 f.

513 BGH NJW 1994, 3012; dazu *Kamps*, MedR 1995, 268 f.; *Laufs*, NJW 1994, 1562, 1566f.

514 Vgl. *Richard Giesen*, MedR 1997, 17, der eine derart weitgehende Aufklärungspflicht faktisch einer Gefährdungshaftung gleichstellt. Krit. auch *v. Mühlendahl*, NJW 1995, 3043.

f) Entbehrlichkeit der Aufklärung

aa) Vorbemerkung

In besonders gelagerten Fällen ist die Aufklärung des Patienten oder Probanden insgesamt entbehrlich. Schon im Rahmen üblicher Heilbehandlungen ist dies jedoch die *Ausnahme*. Nur in ganz bestimmten Fällen ist es dem Arzt aus therapeutischen Gründen oder bei Vorliegen anderer Ausnahmetatbestände gestattet, auf die Aufklärung zu verzichten. In der medizinischen Forschung bedürfen diese Ausnahmetatbestände besonders restriktiver Auslegung. Der Schutz des Probanden gebietet gerade bei ärztlichen Eingriffen außerhalb des medizinischen Standards eine möglichst umfassende Aufklärung über mögliche Risiken. Dies gilt auch und erst recht, soweit nichteinwilligungsfähige Personen in die Forschung einbezogen werden. Auch wenn die Aufklärung in diesen Fällen primär gegenüber dem gesetzlichen Vertreter zu erfolgen hat, ist auch dieser grundsätzlich umfassend über den Versuchsablauf und alle möglichen Risiken aufzuklären, um im Interesse des Patienten und entsprechend dessem wirklichem oder mutmaßlichem Willen eine Entscheidung über die Einwilligung treffen zu können.

Nachfolgend sollen die wesentlichen Fallgruppen, in denen eine Aufklärung entbehrlich sein kann, im Überblick dargestellt werden.

bb) Fälle medizinischer Kontraindikation

Die wohl bedeutendste Fallgruppe zur Entbehrlichkeit der Aufklärung ist die der medizinischen Kontraindikation[515]. Gemeint sind damit die Fälle, in denen eine umfassende Aufklärung den Patienten körperlich oder psychisch schädigen könnte. In solchen Fällen sei der Arzt berechtigt, ja geradezu verpflichtet, den Patienten nicht umfassend aufzuklären. Wegen dieser insoweit bestehenden *Verpflichtung* wird heute zu Recht nicht mehr vom „therapeutischen Privileg" des Arztes gesprochen, das den Arzt berechtigen würde, einen Patienten aus medizinischen Gründen nicht aufzuklären[516]. Die Voraussetzungen, unter denen die Gerichte einen völligen Verzicht auf die Aufklärung aus therapeutischen Gründen zulassen, sind sehr eng[517]. Nur wenn die Aufklärung

---

515 Vgl. dazu *Laufs*, in: Laufs/Uhlenbruck (Hrsg.), § 64 Rdnr. 20; *Kern/Laufs*, Die ärztliche Aufklärungspflicht, S. 123 ff.

516 *A. Jung*, Zulässigkeit biomedizinischer Versuche, S. 118; *Biermann*, Die Arzneimittelprüfung am Menschen, S. 145; *Wolfslast*, in: Byrd/Hruschka/Joerden (Hrsg.), Jahrbuch für Recht und Ethik, Band 4, 301, 305 m. w. Nwen; *Narr/Hess/Schirmer*, Ärztliches Berufsrecht, Stand: Januar 1997, Rdnrn. B 133, B 144.

517 Zu Einzelfällen aus der Rechtsprechung siehe *Kern/Laufs*, Die ärztliche Aufklärungspflicht, S. 123 ff.

Leben oder Gesundheit des Patienten ernstlich gefährdet, kann die Aufklärung entfallen[518].

Die Grundsätze zur Entbehrlichkeit der Aufklärung wegen medizinischer Kontraindikation sind zudem unmittelbar nur auf medizinische Heileingriffe anwendbar. In den hier zu untersuchenden Fällen der medizinischen *Forschung* mit nichteinwilligungsfähigen Personen besteht für die Fallgruppe der medizinischen Kontraindikation kaum ein Anwendungsbereich: Forschung *ohne* therapeutischen Nutzen bedarf *immer* einer umfassenden Aufklärung, denn therapeutische Gründe zur Nichtaufklärung sind in diesen Fällen schon begrifflich nicht vorstellbar[519]. Auch im Rahmen *therapeutischer* Forschung mit Nichteinwilligungsfähigen spielt der Gesichtspunkt der Kontraindikation kaum eine Rolle. Da an Stelle des Nichteinwilligungsfähigen primär der gesetzliche Vertreter aufgeklärt werden muß, ist wegen der insoweit gegebenen Personenverschiedenheit zwischen aufzuklärender Person einerseits und Forschungsteilnehmer andererseits eine Kontraindikation im Interesse des Nichteinwilligungsfähigen ausgeschlossen. Die theoretisch in Betracht zu ziehende Gefahr eines „Schockschadens" durch die umfassende Aufklärung eines nahen Angehörigen (z. B. der Eltern soweit sie für ihr Kind einwilligen sollen) ist ebenfalls kaum wahrscheinlich. Im Gegenteil kann die bloße Absicht, die Eltern nicht unnötig zu beunruhigen, nicht zur Rechtfertigung der unterbliebenen Aufklärung führen. Es entspricht gerade dem Zweck der ärztlichen Aufklärung, den Verlauf und die Risiken der Behandlung umfassend und verständlich darzustellen.

Allenfalls bei der Frage der zusätzlichen Einbeziehung eines Nichteinwilligungsfähigen im Rahmen seiner Fähigkeiten kann der Aspekt der Kontraindikation Bedeutung erlangen. Bei Durchführung eines Heilversuchs kann es medizinisch indiziert sein, nur den gesetzlichen Vertreter aufzuklären, wenn die Gefahr besteht, daß die Heilungsaussichten für die nichteinwilligungsfähige Person durch die Einbeziehung in das Aufklärungsgespräch verschlechtert werden können. Aber auch in diesen Fällen hat aber die *behutsame* Aufklärung, die sich an den Fähigkeiten des Nichteinwilligungsfähigen orientiert, Vorrang vor einem absoluten Verzicht auf jegliche Aufklärung. Zudem sei noch einmal betont, daß diese Überlegungen im Rahmen nichttherapeutischer, fremdnütziger Forschung, ohnehin nicht relevant sind. Fehlende Aufklärung ist beim fremdnützigen Versuch nicht zu rechtfertigen: Wäre die Aufklärung nicht zumutbar, müßte die Einbeziehung der Person in das Forschungsvorhaben ohnehin unterbleiben.

---

518 BGHZ 29, 46, 56; BGHZ 29, 176, 182.

519 So auch *Fischer*, Medizinische Versuche am Menschen, S. 12.

cc) *Aufklärungsverzicht*

Grundsätzlich kann ein Patient darauf verzichten, über mögliche Risiken einer Behandlung aufgeklärt zu werden[520]. Diese Möglichkeit ist Ausfluß des Selbstbestimmungsrechts des Patienten. Genauso wie der Patient auf seinen Wunsch *umfassend* über mögliche Risiken aufzuklären ist und ggf. ergänzende Fragen stellen kann, kann er (wenn er sich z. B. durch die Aufklärung nicht beunruhigen will) auch völlig auf Aufklärung verzichten.

Umstritten sind allerdings die Anforderungen, die an einen wirksamen Aufklärungsverzicht zu stellen sind. Zum Teil wird gefordert, daß der Aufklärungsverzicht *ausdrücklich* vom Patienten erklärt werden muß, um rechtlich wirksam zu sein[521]. Zu Recht läßt aber die h. M. auch einen Aufklärungsverzicht durch *konkludentes* Verhalten zu, wenn dadurch der Aufklärungsverzicht hinreichend deutlich zum Ausdruck kommt[522]. Es ist kein Grund ersichtlich, einer konkludenten Verzichtserklärung nicht die gleiche Rechtswirksamkeit zuzusprechen wie einem ausdrücklichen Verlangen, wenn und soweit der Wille des Erklärenden aus dem Verhalten eindeutig erkennbar ist[523]. Auch in der allgemeinen Rechtsgeschäftslehre ist anerkannt, daß eine Willenserklärung durch konkludentes, schlüssiges Verhalten abgegeben werden kann, wenn sie nicht an bestimmte Formvorschriften gebunden ist[524]. Zur zweifelsfreien Zuordnung eines bestimmten Verhaltens als Aufklärungsverzicht ist es aber erforderlich, daß der Arzt das Verhalten des Patienten nach den besonde-

---

520 BGH VersR 1973, 244, 246; BGHZ 29, 46, 54; *Deutsch*, NJW 1983, 1351, 1354; *ders.*, Medizinrecht, Rdnr. 148; *Francke/Hart*, Ärztliche Verantwortung und Patienteninformation, S. 10, 21, 25, 165; *Narr/Hess/Schirmer*, Ärztliches Berufsrecht, Stand: Januar 1997, Rdnrn. B 130, B 134; *Kern/Laufs*, Die ärztliche Aufklärungspflicht, S. 118 f.; *Laufs*, Arztrecht, 5. Aufl. 1993, Rdnr. 207; MünchKomm-*Mertens*, § 823 Rdnr. 447; *Tempel*, NJW 1980, 609, 614; *Hagedorn*, Die Entbehrlichkeit der Einwilligung und Aufklärung, S. 101 ff.; *Schmid*, NJW 1984, 2601, 2604; *Kleinewefers*, VersR 1964, 349, 350 f.; *Steindorff*, JZ 1960, 139 ff.; Staudinger-*Schäfer*, § 823 Rdnr. 471; *Giesen*, Arzthaftungsrecht, 3. Aufl. 1990, S. 134.

521 *Francke/Hart*, Ärztliche Verantwortung und Patienteninformation, S. 10; OLG Frankfurt, NJW 1973, 1415, 1416; *Ehlers*, Die ärztliche Aufklärung vor medizinischen Eingriffen, S. 101.

522 BGH VersR 1979, 1012; BGH VersR 1980, 68, 70; BGH NJW 1958, 811, 813; *Kern/Laufs*, Die ärztliche Aufklärungspflicht, S. 120; *Narr/Hess/Schirmer*, Ärztliches Berufsrecht, Stand: Januar 1997, Rdnr. B 134; *Roßner*, NJW 1990, 2291, 2294; OLG Bremen, MedR 1983, 111, 112; *Tempel*, NJW 1980, 609, 614; RGRK-*Nüßgens*, § 823 Anh. II Rdnr. 143; Staudinger-*Schäfer*, § 823 Rdnr. 471; *Ehlers*, Die ärztliche Aufklärung vor medizinischen Eingriffen, 1987, S. 101; *Deutsch*, Medizinrecht, Rdnr. 148; *Schmid*, NJW 1984, 2601, 2606; *Hagedorn*, Die Entbehrlichkeit der Einwilligung und Aufklärung bei Heilbehandlungen, S. 104, der im übrigen auf S. 102 darauf hinweist, daß auch in der amtlichen Begründung zum Strafgesetzbuch-Entwurf von 1962 von der Möglichkeit eines konkludenten Verzichts ausgegangen wird.

523 So auch *Roßner*, NJW 1990, 2291, 2294.

524 Vgl. nur Palandt-*Heinrichs*, Einf. v. § 116 Rdnr. 6.

ren Umständen des Falles und unter Berücksichtigung der Verkehrsanschauung *eindeutig* dahin verstehen kann, daß dieser im Bewußtsein möglicher Komplikationen mit dem Eingriff einverstanden ist[525]. Äußert sich der Patient nicht, ist grundsätzlich davon auszugehen, daß er umfassend aufgeklärt werden möchte. Dem bloßen Schweigen kann kein Aufklärungsverzicht entnommen werden[526] (so, wie dem bloßen Schweigen auch keine rechtsgeschäftliche Erklärung entnommen werden kann[527]).

Rechtswirksam ist ein Aufklärungsverzicht im übrigen nur dann, wenn er auf einer *freien* und *selbstbestimmten* Entscheidung des Patienten beruht und nicht durch den Arzt beeinflußt wurde. Legt der Arzt dem Patienten den Verzicht auf Aufklärung nahe, kann dies rechtsmißbräuchlich und sittenwidrig sein, mit der Folge, daß der Aufklärungsverzicht unwirksam ist[528]. Insbesondere ein *formularmäßig* oder im Rahmen des Aufklärungsgesprächs *regelmäßig* nahegelegter Verzicht auf Aufklärung ist als rechtswidrig in diesem Sinne einzustufen[529].

Fraglich ist, ob diese Grundsätze zum Aufklärungsverzicht auf alle medizinischen *Forschungsvorhaben* übertragbar sind. Grundsätzlich wird man auch bei Forschungsuntersuchungen dem teilnehmenden Patienten oder Probanden das Recht zubilligen müssen, auf eine umfassende Risiko- und Verlaufsaufklärung zu verzichten[530]. Bei medizinischen Forschungsvorhaben sind allerdings zum Schutz des Versuchsteilnehmers an den Aufklärungsverzicht besonders strenge Anforderungen zu stellen. Zu Recht wird vorgeschlagen, daß auf die ohnehin wesentlich umfangreichere Aufklärung bei Forschungsvorhaben nicht in vollem Umfang verzichtet werden kann. Die besonderen Gefahren, die sich gerade aus der Tatsache der mangelnden Erprobung ergeben, sind dem Probanden in jedem Fall mitzuteilen, ebenso wie die Feststellung, daß sich bei einem medizinischen Versuch niemals alle möglichen Nebenfolgen mit Sicherheit vorhersehen lassen[531]. Innerhalb dieses „Kernbereichs" ist ein Aufklärungsverzicht unzulässig, da er praktisch auf eine Aufgabe des Selbstbestimmungsrechts hinausliefe[532]. An die Äußerung des Verzichts von seiten

---

525 BGH VersR 1961, 1036; *Schuck*, Strafrechtliche Bedeutung der Verletzung der ärztlichen Aufklärungslast unter besonderer Berücksichtigung der kosmetischen Chirurgie, S. 52; *Roßner*, NJW 1990, 2291, 2294.

526 Näher *Roßner*, NJW 1990, 2291, 2294 m. w. Nwen.

527 Palandt-*Heinrichs*, Einf. v. § 116 Rdnr. 7.

528 *Deutsch*, NJW 1983, 1351, 1354.

529 *Deutsch*, NJW 1983, 1351, 1354.

530 *Fischer*, Medizinische Versuche am Menschen, S. 13.

531 *Fischer*, Medizinische Versuche am Menschen, S. 13.

532 *Fischer*, Medizinische Versuche am Menschen, S. 13; ähnlich *Röver*, Einflußmöglichkeiten des Patienten, S. 160 zum vorweggenommenen Aufklärungsverzicht beim Humanexperiment: „Deshalb wird man … eine nur in Grundzügen erfolgende Aufklärung

des Probanden oder Patienten sind bei medizinischen Forschungsuntersuchungen die gleichen strengen Anforderungen wie bei reinen Heilbehandlungen zu stellen. Ein konkludenter Verzicht auf Aufklärung ist daher grundsätzlich auch bei medizinischen Forschungsvorhaben möglich. Es ist nicht einzusehen, weshalb allein wegen des Charakters einer Behandlung als Forschungsstudie ein Aufklärungsverzicht durch konkludentes Verhalten unzulässig sein soll[533].

Im Rahmen eines Forschungseingriffs ist es somit grundsätzlich zulässig, wenn dem Probanden oder Patienten auf dessen ausdrücklichen Wunsch nicht sämtliche Einzelheiten des Versuchsablaufs oder alle auch noch so entfernten und unwahrscheinlichen Risiken mitgeteilt werden. Praktisch wird dies allerdings die Ausnahme bleiben: Gerade bei Forschungsvorhaben ohne Nutzen für den Probanden dürfte ein solcher Wunsch von seiten des Patienten selten geäußert werden, da der Proband regelmäßig ein Interesse daran hat, zu erfahren welche Risiken bei einem für ihn medizinisch nicht indizierten Forschungsvorhaben drohen können. Schließlich dürfte auch die zustimmende Stellungnahme der Ethikkommission kaum zu erlangen sein, wenn nicht die umfassende Aufklärung des Probanden nachgewiesen wird.

Ganz anders stellt sich die Situation zudem bei der Einbeziehung nichteinwilligungsfähiger Patienten dar. Abgesehen von Eil- und Notfällen, die in der medizinischen Forschung ohnehin nur selten vorkommen, ist die Einwilligung von einem bereits vorhandenen oder eigens dafür bestellten gesetzlichen Vertreter (Eltern oder Betreuer) zu erklären. Der gesetzliche Vertreter hat seine Entscheidung am Wohl und den Wünschen des Vertretenen auszurichten (§ 1901 BGB; §§ 1626 ff. BGB). Um eine sachgerechte und den (mutmaßlichen) Interessen des Vertretenen entsprechende Entscheidung treffen zu können, ist der Vertreter dazu verpflichtet, sich ein umfassendes Bild von dem geplanten Forschungsvorhaben zu machen. Zum Pflichtenkreis des gesetzlichen Vertreters gehört bei medizinischen Forschungseingriffen die sorgfältige Abwägung des möglichen Nutzens und möglicher Risiken vor dem Hintergrund des mutmaßlichen Willens des Vertretenen. Eine solche Entscheidung kann der Vertreter aber nur dann treffen, wenn er nicht nur mit den (subjektiven) Wünschen und Vorstellungen des Vertretenen vertraut ist, sondern zugleich auch die Situation *objektiv* richtig einzuschätzen vermag. Hierfür bedarf es einer umfassenden und ausführlichen Aufklärung über mögliche Risiken. Ein Aufklärungsverzicht durch den gesetzlichen Vertreter, ganz gleich ob es sich um die Eltern oder den Pfleger eines *Minderjährigen* oder den Betreuer einer

des späteren Probanden oder gar einen Aufklärungsverzicht grundsätzlich nicht genügen lassen können, …".

533 *Fischer*, Medizinische Versuche am Menschen, S. 13, fordert aber zu Recht, daß die Erklärung *eindeutig* sein muß.

volljährigen Person handelt, ist als gravierender Pflichtverstoß zu werten und führt zur Unwirksamkeit einer etwaigen Einwilligungserklärung.

dd) „Vorwissen" des Forschungsteilnehmers

Einen bereits umfassend informierten Kranken braucht der Arzt nach zutreffender h. M. nicht mehr aufzuklären[534]. Dabei spielt es keine Rolle, woher der Patient sein Wissen hat, z. B. Bücher, Broschüren, eigene Erfahrungen beruflicher Art oder entsprechende Behandlungserfahrung wegen eigener Vorerkrankungen. Nur selten wird in solchen Fällen aber die Verpflichtung des Arztes zur Aufklärung des Patieten ganz entfallen. Auch die Rechtsprechung nimmt eine Entbehrlichkeit der Risikoaufklärung wegen entsprechenden „Vorwissens" des Patienten nur sehr vorsichtig und unter engen Voraussetzungen an[535]. Selbst wenn deutliche Anzeichen für eine umfängliche Vorinformiertheit eines Patienten bestehen oder wenn sich der Patient auf eine solche beruft, hat der Arzt dennoch die Pflicht, sich über das Vorwissen des Patienten näher *zu vergewissern*[536]. Beruft sich der Patient gegenüber dem behandelnden Arzt darauf, bereits über die entsprechenden Risiken des Eingriffs umfassend informiert zu sein, so kann hierin auch nicht unbedingt ein (konkludenter) Verzicht auf die Risikoaufklärung gesehen werden. Besondere Zurückhaltung bei der Annahme von Vorinformationen ist zudem bei medizinischen Forschungsvorhaben angezeigt. Es dürfte kaum ein Fall denkbar sein, in dem ein Patient oder Proband derart mit den Risiken einer neuartigen Behandlung oder eines Forschungseingriffs vertraut ist, daß eine Aufklärung völlig entbehrlich wäre. Dies gilt auch hinsichtlich der Aufklärung eines gesetzlichen Vertreters. Selbst wenn z. B. der Betreuer einer einwilligungsunfähigen Person über medizinisches Fachwissen verfügt, kann nicht davon ausgegangen werden, daß er mit den besonderen Risiken einer Neulandbehandlung oder eines Forschungseingriffs vertraut ist. Auch der Aspekt des „Vorwissens" hat daher bei der Forschung mit nichteinwilligungsfähigen Personen im Rahmen der Aufklärung des gesetzlichen Vertreters kaum eine praktische Bedeutung.

ee) Eil- und Notfälle

Die unaufschiebbare medizinische Soforthilfe geht einer umfassenden Patientenaufklärung vor. In medizinischen Eil- und Notfällen, wenn schnelles Handeln dringend geboten ist, kann die Aufklärung des Patienten oder des

---

534 *Laufs*, in: Laufs/Uhlenbruck (Hrsg.), Handbuch des Arztrechts, § 64 Rdnr. 15; BGH VersR 1961, 1036, 1038.

535 BGH VersR 1961, 1036; BGH VersR 1980, 428, 429 f.; BGH NJW 1973, 556, 558; BGH NJW 1976, 363, 364; BGH VersR 1980, 847; OLG Karlsruhe VersR 1979, 58; LG Hannover NJW 1981, 1320.

536 *Laufs*, in: Laufs/Uhlenbruck (Hrsg.), Handbuch des Arztrechts, § 64 Rdnr. 16.

gesetzlichen Vertreters unterbleiben oder – soweit möglich – in nur eingeschränktem Umfang erfolgen[537]. Die Rechtfertigung des Eingriffs setzt im Notfall keine Einwilligung nach umfassender Aufklärung voraus; der Arzt kann den Eingriff ohne Aufklärung aufgrund mutmaßlicher Einwilligung vornehmen, wenn er annehmen kann, daß ein verständiger Kranker in dieser Lage bei angemessener Aufklärung eingewilligt hätte[538].

Bei medizinischen Forschungsvorhaben ist der Notfall eine Ausnahmeerscheinung. Medizinischen Forschungsuntersuchungen am Menschen gehen regelmäßig längere Planungen und Voruntersuchungen voraus, so daß eine umfangreiche Aufklärung ohne weiteres möglich ist. Ist der Patient oder Proband einwilligungsunfähig, darf sich der Arzt nicht ohne weiteres auf die mutmaßliche Einwilligung des Patienten stützen, sondern muß die Einwilligung des gesetzlichen Vertreters einholen und – soweit ein solcher (noch) nicht vorhanden oder nicht auffindbar ist – sich um die Bestellung eines Vertreters bemühen[539]. Dennoch kommt auch die Notfall- und Intensivmedizin[540] nicht ohne Forschung am Menschen aus. Forschungsuntersuchungen aufgrund mutmaßlicher Einwilligung sind allerdings nur im Ausnahmefall zulässig, insbesondere bei Heilversuchen, die deutlich bessere Erfolgsaussichten als eine eingeführte Standardtherapie versprechen.

g) Zeitpunkt der Aufklärung

Gegenstand von Rechtsstreitigkeiten um die Wirksamkeit einer Patienteneinwilligung war häufig auch die Frage des richtigen *Zeitpunkts* der ärztlichen Aufklärung. Bereits bei Eingriffen, die dem medizinischen Standard entsprechen, nimmt der BGH hierzu eine restriktive Position ein. Eine Aufklärung „zwischen Tür und Angel“ kurz vor einer Operation oder gar im Operationssaal genügt nicht, um eine freie und unbelastete Entscheidung des Patienten zu erhalten[541]. Auch wenn die Aufklärung inhaltlich richtig und vollständig war,

---

537 OLG Saarbrücken VersR 1988, 95; *Deutsch*, Medizinrecht, Rdnr. 120.

538 *Laufs*, in: Laufs/Uhlenbruck (Hrsg.), Handbuch des Arztrechts, § 64 Rdnr. 11.

539 Das Verhältnis von Betreuerbestellung und mutmaßlicher Einwilligung wird häufig falsch bestimmt. Zumindest unklar ist insoweit auch der „Entwurf der Richtlinie der Bundesärztekammer zur ärztlichen Sterbebegleitung und den Grenzen zumutbarer Behandlung“ (Stand: 25.4.1997), abgedruckt in NJW 1997, Heft 24, S. XXIV f., wo es unter II 2 heißt: „Ist der mutmaßliche Wille nicht erkennbar, so sollte der Arzt die Bestellung eines Betreuers beim Vormundschaftsgericht anregen.“ Richtig müßte es heißen: Der Arzt sollte beim einwilligungsunfähigen Patienten die Bestellung eines Betreuers beim Vormundschaftsgericht anregen. Nur wenn eine solche auch im Eilverfahren nicht mehr durchführbar ist, sollte der Arzt versuchen, den mutmaßlichen Willen des Patienten zu ermitteln.

540 Vgl. dazu *Lippert*, DMW 1994, 1796 ff.

541 BGH NJW 1994, 3009, 3011.

kann sie im Fall einer zu späten Erteilung nicht als Grundlage einer rechtswirksamen Einwilligungserklärung dienen.

Besonders hohe Anforderungen stellte der BGH in zwei Entscheidungen aus dem Jahr 1992 und 1994. In der erstgenannten Entscheidung[542] verlangte der BGH, daß der Patient *schon bei der Terminvereinbarung* für eine Operation über deren Risiken aufgeklärt werden müsse, da er sonst aufgrund der stationären Aufnahme und der zeitlichen Festlegung des Operationszeitpunkts „psychische Barrieren" aufbauen könnte, die es ihm erschweren, die Einwilligung in die Operation zu widerrufen. Eingeschränkt wird diese Rechtsprechung lediglich durch das Erfordernis, die „psychische Barriere" des Patienten nicht ungeprüft anzunehmen; nach Auffassung des BGH bedarf es vielmehr *konkreter Anhaltspunkte*, aus denen sich die fehlende oder eingeschränkte Entschlußfreiheit am Vortag der Operation ergebe. Worin derartige konkrete Anhaltspunkte bestehen und welche Anforderungen an deren Nachweis zu stellen sind, bleibt in der Entscheidung des BGH jedoch unklar[543]. Im Ergebnis ist die Entscheidung des BGH daher zu unsicher und zu restriktiv[544].

In einer Entscheidung aus dem Jahr 1994 schränkte der BGH die restriktive Rechtsprechung zum Aufklärungszeitpunkt teilweise selbst wieder ein[545]. Jedenfalls bei „einfachen" Eingriffen sowie bei solchen „mit geringeren bzw. weniger einschneidenden Risiken" könne eine Aufklärung auch erst *am Tag vor der Operation* noch rechtzeitig sein, um dem Patienten Gelegenheit zur erforderlichen Abwägung von Nutzen und Risiken der Operation zu geben. Auch diese weitere Einschränkung läßt viel Raum für die Wertungsfrage, welcher Eingriff als „einfach" oder „risikoarm" zu werten ist. Konkrete Beispiele werden in der Entscheidung nicht gegeben[546]. Der BGH hält die Abgrenzung bewußt offen, wenn er ausführt, daß man angesichts der heute möglichen Operationstechniken nicht mehr generell sagen könne, daß stationäre Eingriffe stets riskant, ambulante Eingriffe hingegen immer risikoarm seien[547]. Trotz aller Bedenken und der insoweit unsicheren Rechtslage hinsichtlich des jeweils richtigen Aufklärungszeitpunkts bleibt im Ergebnis festzuhalten, daß es nach höchstrichterlicher Rechtsprechung Fälle medizinischer Standardbehandlungen (insbesondere Operationen) gibt, bei denen eine Aufklärung einen Tag vor dem Eingriff schon zu spät sein kann.

Die Frage des richtigen Aufklärungszeitpunkts bei *Forschungseingriffen* wurde, soweit ersichtlich, noch nicht gerichtlich entschieden. Im Ergebnis

---

[542] BGH NJW 1992, 2351.

[543] Kritisch daher auch *Wertenbruch*, MedR 1995, 306 ff.; *Franzki*, MedR 1994, 171, 176 f.; zustimmend hingegen *Giesen*, JZ 1993, 315.

[544] So auch *Laufs*, Arztrecht, Rdnr. 218.

[545] BGH NJW 1994, 3009, 3011.

[546] Kritisch auch insoweit *Wertenbruch*, MedR 1995, 306, 308.

[547] BGH NJW 1994, 3009, 3011.

lassen sich jedoch die Grundsätze zum Aufklärungszeitpunkt bei mehr als „einfachen“ oder „risikoarmen“ Eingriffen auch auf medizinische Forschungsvorhaben übertragen. Gerade Neulandbehandlungen mit noch nicht gesicherten medizinischen Methoden enthalten stets ein (wegen der Neuartigkeit) nicht abzuschätzendes Risikopotential[548]. Allenfalls bloße Beobachtungsstudien, Messungen, Wägungen oder dergleichen lassen sich in bezug auf ihr (geringes oder fehlendes) Risikopotential genauer einschätzen. Bei solchen nahezu risikolosen Forschungsuntersuchungen sollte eine Einwilligung (auch des gesetzlichen Vertreters) am Vortag der Untersuchung genügen[549]. Angesichts der wenig berechenbaren Rechtsprechung und um Haftungsrisiken wegen fehlerhafter Aufklärung weitgehend zu vermeiden, kann dem Arzt allerdings nur geraten werden, die Aufklärung *möglichst frühzeitig* durchzuführen.

Auf der anderen Seite wird allerdings häufig übersehen, daß die Aufklärung auch nicht *zu früh* erfolgen sollte. Der Grund dafür liegt weniger darin, daß der Patient (oder dessen gesetzlicher Vertreter) durch eine zu frühe Aufklärung in „Gewissensqualen“ gestürzt werden könnte[550], denn es ist ja gerade Ziel der Aufklärung dem Patienten Zeit für eine sorgfältig abgewogene Entscheidung zu geben. Auch ein „Übermaß an Bürokratisierung“ ist sicher nicht der entscheidende Grund, der gegen eine zu frühzeitige Aufklärung spricht[551]. Entscheidend ist, daß eine zu frühe Aufklärung unter bestimmten Umständen für einen später vorgenommenen Eingriff keine rechtfertigende Wirkung mehr entfalten kann. Dies ist z. B. dann der Fall, wenn die Einwilligungserklärung erst längere Zeit nach dem Aufklärungsgespräch erteilt wird und sich zwischenzeitlich die Versuchs- oder Behandlungsmodalitäten entscheidend geändert haben[552]. In solchen Fällen ist eine erneute Aufklärung des Patienten notwendig, die die veränderten Versuchs- oder Behandlungsbedingungen umfassend berücksichtigt.

3. *Zusammenfassung*

Es zeigt sich, daß die umfassende ärztliche Aufklärung eine unverzichtbare Zulässigkeitsvoraussetzung für jede medizinische Forschungsuntersuchung am Menschen ist. Forschung am Menschen bedeutet stets einen Eingriff in die Patienten- und Probandenrechte und bedarf der Rechtfertigung durch Einwilligung nach umfassender Aufklärung. Die allgemeinen arztrechtlichen Grund-

---

548 Vgl. *Taupitz/Fröhlich*, MedR 1998, 257, 260.

549 Vgl. auch *Eberbach*, FamRZ 1982, 450, 452, der die – im Ergebnis wohl nicht zu bejahende – Frage stellt, ob in solchen Fällen überhaupt eine Einwilligung erforderlich sei oder ob es an einem tatbestandlichen Eingriff wegen „Sozialüblichkeit“ fehle.

550 Zu diesem Aspekt *Deutsch*, Medizinrecht, Rdnr. 140; *Laufs*, Arztrecht, Rdnr. 218.

551 Anders *Deutsch*, Medizinrecht, Rdnr. 140.

552 So auch *Deutsch*, Medizinrecht, Rdnr. 141 zur Problematik der antizipierten Erklärungen bei Heileingriffen.

sätze zur Aufklärungspflicht lassen sich grundsätzlich auch auf Forschungsuntersuchungen übertragen. Die Aufklärung bei nichteinwilligungsfähigen Personen richtet sich in erster Linie an deren gesetzliche oder gewillkürte Vertreter, wobei allerdings auch der nichteinwilligungsfähige Patient oder Proband soweit wie möglich im Rahmen seiner Fähigkeiten in das Aufklärungsgespräch einzubeziehen ist.

IV. Nutzen-Risiko-Abwägung

1. Rechtsgrundlagen der Nutzen-Risiko-Abwägung

Im Rahmen einer wertenden Abwägung ist vor Durchführung jeder Forschungsuntersuchung am Menschen immer festzustellen, daß das Forschungsvorhaben im Verhältnis zum erwarteten Nutzen nicht mehr als vertretbare Risiken erwarten läßt. Dieses Erfordernis einer umfassenden *Nutzen-Risiko-Abwägung* ist als Voraussetzung klinischer Forschungsuntersuchungen nicht nur in sämtlichen Spezialgesetzen zur klinischen Forschung am Menschen enthalten[553], auch die meisten außergesetzlichen Kodizes und Empfehlungen zur Forschung am Menschen, z. B. die Richtlinien für neuartige Heilbehandlung und für die Vornahme wissenschaftlicher Versuche am Menschen des Reichsministeriums des Innern[554], der Nürnberger Kodex[555], die Deklaration von Helsinki/Somerset West[556] und die Stellungnahme der Zentralen Ethikkommission bei der Bundesärztekammer zur Forschung mit nichteinwilligungsfähigen Personen[557] fordern eine angemessene Risiko-Nutzen-Relation im Rahmen jedes Forschungsvorhabens[558].

Auch bei Forschung außerhalb spezialgesetzlicher Bestimmungen ist damit eine Nutzen-Risiko-Abwägung zwingende Forschungsvoraussetzung. Angesichts der Verankerung in sämtlichen außergesetzlichen Richtlinien und Kodizes ist davon auszugehen, daß das Erfordernis der Nutzen-Risiko-Abwägung bei Forschungsvorhaben am Menschen heute *gewohnheitsrechtlich* anerkannt ist[559]. Die Notwendigkeit zur Abwägung von Nutzen und Risken ergibt sich zudem aber auch aus den allgemeinen Vorschriften des Zivil- und Strafrechts sowie aus dem verfassungsrechtlichen Grundsatz der Verhältnismäßigkeit

---

553 § 40 Abs. 1 Nr. 1 AMG, § 17 Abs. 1 Nr. 1 MPG, § 41 Abs. 1 Nr. 1 StrlSchVO.

554 DMW 1931, 509.

555 Siehe insbesondere Ziff. 2 und 6 des Nürnberger Kodex.

556 Siehe Ziff. I 4 der Revidierten Deklaration von Helsinki/Somerset West.

557 Siehe Ziff. III der Stellungnahme.

558 Zur Bedeutung der Nutzen-Risiko-Abwägung siehe auch *McNeill*, The Ethics and Politics of Human Experimentation, S. 148.

559 Ähnlich *A. Jung*, Die Zulässigkeit biomedizinischer Versuche am Menschen, S. 143, die von einem „allseits anerkannten Grundgedanken, daß Nutzen und Risiko in einem angemessenen Verhältnis zueinander stehen müssen“ spricht.

(Art. 20 Abs. 3 GG)[560]. Die Einwilligung in einen medizinischen Versuch, bei dem der Nutzen außer Verhältnis zu den erwarteten Risiken steht, wäre als sittenwidrig i. S. v. § 226a StGB bzw. § 138 BGB anzusehen und damit unwirksam. Dies gilt erst recht dann, wenn es sich um Forschung mit einwilligungsunfähigen Personen handelt und der gesetzliche Vertreter seine Entscheidung über die Einwilligung in das Forschungsvorhaben am mutmaßlichen Willen des Vertretenen auszurichten hat. Beinhaltet die Forschung ein Risiko, das außer Verhältnis zum erwarteten Nutzen steht, ist der gesetzliche Vertreter schon nach den allgemeinen gesetzlichen Vorschriften des Familien- oder Betreuungsrechts nicht berechtigt, eine Einwilligung in ein derartiges Forschungsvorhaben zu erklären. Auch für die Ermittlung des mutmaßlichen Willens sind daher Aspekte der Nutzen-Risiko-Abwägung einzubeziehen.

2. *Entscheidungskompetenz bei der Nutzen-Risiko-Abwägung*

In erster Linie ist die Nutzen-Risiko-Abwägung Sache des forschenden *Arztes*. Er muß *vor* der klinischen Prüfung und im Verlauf einer klinischen Prüfung das Forschungsvorhaben daraufhin überprüfen, ob der zu erwartende Nutzen zu den Risiken für die Patienten und Probanden in einem angemessenen Verhältnis steht. Diese Beurteilung liegt nicht etwa im freien Ermessen des Arztes. Sie wird institutionell und verfahrensmäßig abgesichert durch die (zumindest nach ärztlichem Standesrecht erforderliche) Pflicht zur Beratung bei einer unabhängigen *Ethikkommission*. Die Ethikkommission wird nur dann zu einer zustimmenden Bewertung des Forschungsvorhabens gelangen, wenn Nutzen und Risiken in einem angemessenen Verhältis stehen.

Auch der gesetzliche *Vertreter* einer nichteinwilligungsfähigen Person hat bei seiner Entscheidung Aspekte der Nutzen-Risiko-Abwägung zu berücksichtigen. Man kann von dem Vertreter zwar nicht verlangen, daß dieser *selbständig* eine umfassende Nutzen-Risiko-Abwägung vornimmt; dies wird ihm bereits mangels eigener Sachkunde nicht möglich sein. Der gesetzliche Vertreter sollte allerdings die im Rahmen des *Aufklärungsgesprächs* von ärztlicher Seite gegebenen Informationen daraufhin überprüfen, welchen konkreten Nutzen und welche Risiken das Forschungsvorhaben für den Vertretenen mit sich bringt. Dies entspricht letztlich der Verpflichtung des gesetzlichen Vertreters, seine Entscheidung am Wohl und am mutmaßlichen Willen des Vertretenen auszurichten.

3. *Besonderheiten bei nichttherapeutischer Forschung*

Problematisch ist die Nutzen-Risiko-Abwägung bei medizinischer Forschung, die keinen direkten Nutzen für den Forschungsteilnehmer erwarten läßt. In solch einem Fall sollen zwei an sich unvergleichbare Größen gegen-

---

[560] *Elzer*, MedR 1998, 122, 127.

einander abgewogen werden[561]. Auf der einen Seite steht dabei der mögliche Nutzen für die medizinische Wissenschaft und Forschung, auf der anderen Seite sind aber die konkreten Risiken für den einzelnen Patienten zur berücksichtigen. Trotz der fehlenden Vergleichbarkeit sollte man hier eine Nutzen-Risiko-Abwägung nicht generell ausschließen. Forschung – auch ohne direkten Nutzen – wird letztlich nicht um der Wissenschaft und Forschung selbst willen vorgenommen, sondern dient dem Wohl zumindest anderer Patienten, deren Krankheit durch die Forschungsergebnisse möglicherweise besser behandelt oder früher erkannt werden kann. Zudem wird man in den meisten Fällen nicht ausschließen können, daß dem teilnehmenden Patienten die gewonnenen Forschungsergebnisse zumindest mittelbar zugute kommen können, indem nämlich die Behandlung der Krankheit insgesamt und möglicherweise zu einem späteren Zeitpunkt verbessert wird. Besonders schwierig ist daher auch die Nutzen-Risiko-Abwägung bei der ethisch und rechtlich umstrittenen Fallgruppe medizinischer Forschung, durch deren Erkenntnisse voraussichtlich nicht (mehr) dem Betroffenen selbst, immerhin aber anderen Personen, die sich in der gleichen Altersgruppe befinden oder die von der gleichen Krankheit oder Störung betroffen sind, geholfen werden kann. Auch derartige Forschung mit „gruppenspezifischem" Nutzen sollte man aber im Interesse aller Patienten, die an der betreffenden Krankheit leiden, nicht generell von der Möglichkeit einer Nutzen-Risiko-Abwägung ausschließen. Zwar besteht bei solcher Forschung ein besonderes Spannungsverhältnis zwischen dem Verbot, eine Person ohne ihre Einwilligung zugunsten anderer Personen einer Maßnahme zu unterziehen, die nicht auch ihrem eigenen Interesse dient („Instrumentalisierungsverbot" als auch verfassungsrechtlich gesichertes Verbot, jemanden zum bloßen Objekt für die Zwecke anderer zu machen), und der ethischen Überzeugung, eine Gruppe von Kranken nicht bewußt von jeglichem Fortschritt in der Erkennung und Behandlung ihrer spezifischen Krankheiten ausschließen zu dürfen. Im Ergebnis wäre es aber kaum verständlich, wenn man Forschungsmaßnahmen mit jenen einwilligungsunfähigen Patienten, die nach ihrem Alter und nach dem zu erwartenden Verlauf ihrer Krankheit noch eine vergleichsweise hohe Lebenserwartung haben und deshalb möglicherweise doch noch selbst von der fraglichen Forschung profitieren können unter bestimmten Voraussetzungen erlaubt, man aber zugleich Forschung bei akut lebensgefährlichen Krankheiten oder Unfällen ausnahmslos unter Hinweis darauf verbietet, daß sie dem konkret Betroffenen ja ohnehin nichts mehr nützen können. Abgesehen davon, daß der „mögliche Eigennutzen" für den Betroffenen auf dem Boden dieser Auffassung in die Gefahr geriete, alibihaft vorgeschoben zu werden, hätte dies letzlich die kaum überzeugende Konsequenz, daß Erkrankungen und Unfallfolgen um so weitergehend von jeglicher Verbesserung in der Erkennung und Behandlung ausge-

---

[561] *Deutsch*, Medizinrecht, Rdnrn. 559, 779.

schlossen wären, je lebensbedrohlicher die Erkrankungen oder Unfallfolgen für die Betroffenen sind[562].

4. *Qualitative Mindestanforderungen an Nutzen und Risiko*

a) *Keine Alternative zur Forschung mit Nichteinwilligungsfähigen*

Bei nichttherapeutischer Forschung mit einwilligungsunfähigen Personen ist gewissermaßen notwendige Voraussetzung dafür, überhaupt eine Abwägung von Nutzen und Risiken vornehmen zu können, daß das Forschungsvorhaben *ultima ratio* für die Gewinnung der angestrebten Erkenntnisse ist[563]. Es darf also *keine Alternative* zu Forschungsvorhaben mit nichteinwilligungsfähigen Personen zur Verfügung stehen, etwa durch Forschung mit Personen, die rechtswirksam in das Forschungsvorhaben einwilligen können oder durch rein epidemiologische Forschung. Es wäre unvertretbar, Personen zur Forschung heranzuziehen, die ihren Willen nicht selbst kundtun können, nur weil nicht genügend einwilligungsfähige Personen ihre Zustimmung erteilen oder es gar „bequemer" ist, nicht erst um deren Einwilligung nachsuchen zu müssen. Forschung mit nichteinwilligungsfähigen Personen ist – soweit es sich nicht um individuell indizierte Therapieversuche handelt – per se *subsidiär* gegenüber der Forschung mit einwilligungsfähigen Personen. Daraus folgt zugleich, daß das Forschungvorhaben mit der Ursache der fehlenden Einwilligungsfähigkeit des Betroffenen in einem sachlichen Zusammenhang stehen muß. Würde es nämlich an einem solchen Zusammenhang fehlen, könnte das Forschungsvorhaben auch mit einwilligungsfähigen Personen durchgeführt werden; die Untersuchung wäre *unverhältnismäßig.* Zwingende Voraussetzung für die Einbeziehung von Kindern ist daher, daß die fragliche Forschung spezifische Kinderkrankheiten betrifft; Voraussetzung für die Einbeziehung von einwilligungsunfähigen Demenzkranken, daß die fragliche Maßnahme nicht ähnlich erfolgversprechend mit einwilligungsfähigen Demenzkranken durchgeführt werden kann[564].

b) *Obere Grenze möglicher Risiken*

Die Nutzen-Risiko-Abwägung im Rahmen eines Forschungsvorhabens ist nicht „linear" in dem Sinne vorzunehmen, daß ein besonders hoher wissenschaftlicher Nutzen zugleich besonders risikoreiche Versuche am Patienten oder Probanden zuläßt. Besteht die begründete Gefahr einer *schweren* ge-

---

562 *Taupitz/Fröhlich*, VersR 1997, 911, 914.

563 Vgl. etwa § 40 Abs. 4 Nr. 3 AMG; § 17 Abs. 4 Nr. 3 MPG; § 41 Abs. 1 Satz 3 StrlSchVO; siehe auch § 6 Abs. 3 Marburger Richtlinien; Ziff. III, 1. Spiegelstrich der Stellungnahme der Zentralen Ethikkommission zum Schutz nichteinwilligungsfähiger Personen in der medizinischen Forschung.

564 *Taupitz/Fröhlich*, VersR 1997, 911, 915.

sundheitlichen Beeinträchtigung oder gar des Todes, können selbst zu erwartende erhebliche wissenschaftliche Fortschritte den Eingriff nicht rechtfertigen. Zwar geben auch die speziellen Gesetze zur Forschung am Menschen keine absolute Grenze hinnehmbarer Risiken vor[565], es läßt sich aber schon aus den Sittenwidrigkeitsschranken des § 226a StGB bzw. § 138 BGB ableiten, daß Forschungsuntersuchungen mit der Gefahr einer *schweren* Gesundheitsschädigung der Versuchtsteilnehmer auch dann nicht zulässig wären, wenn der zu erwartende Nutzen für die medizinische Forschung außerordentlich groß wäre. Da in solchen Fällen bereits die Einwilligung eines einwilligungsfähigen Probanden sittenwidrig und damit nichtig wäre, gilt dies erst recht, wenn der Proband *nicht* fähig ist, eine wirksame Einwilligung in den Eingriff zu erteilen und der Eingriff auf der Einwilligung eines gesetzlichen Vertreters oder auf einer mutmaßlichen Einwilligung beruht[566].

Einen Ausnahmefall stellt insoweit nur der individuelle *Heilversuch* bei einer lebensbedrohlichen und schulmedizinisch nicht ausreichend behandelbaren Krankheit dar. Soweit der Heilversuch die einzige Möglichkeit zur Rettung des Lebens eines Patienten darstellt, ist er selbst dann zulässig, wenn er das Risiko einer schweren Gesundheitsschädigung mit sich bringt oder mit Lebensgefahr für den Patienten verbunden ist[567]. In dieser Situation wäre auch der gesetzliche Vertreter befugt, in den Eingriff einzuwilligen. Zwar ist nach dem Betreuungsrecht bei ärztlichen Eingriffen, die die Gefahr des Todes oder länger dauernder gesundheitlicher Schäden beinhalten, gem. § 1904 BGB die Genehmigung des Vormundschaftsgerichts erforderlich; dies stellt jedoch lediglich eine zusätzliche verfahrensmäßige Absicherung dar und läßt keine Aussage über die materielle Berechtigung zur Erteilung oder Versagung der Einwilligungserklärung zu. In dem oben genannten Fall müßte das Vormundschaftsgericht die Einwilligung des Betreuers in den Heilversuch genehmigen, da sie nicht dem Wohl des Betreuten entgegenstünde.

c) Minimales Risiko und minimale Belastung bei Forschung ohne unmittelbaren Nutzen

Diejenigen Stellungnahmen, die nichttherapeutische Forschung mit einwilligungsunfähigen Personen nicht ausnahmslos verbieten, ziehen für Forschungsvorhaben ohne unmittelbaren Nutzen für den Patienten besonders enge Grenzen für die noch hinnehmbaren Risiken.

---

[565] *Deutsch*, Medizinrecht, Rdnr. 779 bezeichnet es als „erstaunlich“, daß das Arzneimittelgesetz keine allgemeine Risikogrenze für klinische Forschung vorschreibt; siehe auch *Hasskarl/Kleinsorge*, Arzneimittelprüfung – Arzneimittelrecht, S. 27 f.

[566] *Taupitz/Fröhlich*, VersR 1997, 911, 916.

[567] *Fischer*, Medizinische Versuche am Menschen, S. 61, der als Beispiel die ersten Herztransplantationen anführt. Vgl. zur insoweit unklaren Rechtslage in Frankreich *A. Jung*, Die Zulässigkeit biomedizinischer Versuche am Menschen, S. 144.

Die Menschenrechtskonvention zur Biomedizin des Europarats beispielsweise läßt Forschung, deren erwartete Ergebnisse für die Gesundheit der betroffenen Person nicht von *unmittelbarem* Nutzen sind, nur unter der – neben zahlreichen anderen Schutzbestimmungen bestehenden – einschränkenden Voraussetzung zu, daß die Forschung für die betroffene Person nur ein *minimales Risiko* und eine *minimale Belastung* mit sich bringt[568]. Ähnlich formuliert es die Zentrale Ethikkommission bei der Bundesärztekammer in der Stellungnahme „Zum Schutz nichteinwilligungsfähiger Personen in der medizinischen Forschung" unter Ziff. III, wonach Forschung, die dem Betroffenen selbst keinen Nutzen bringen kann, neben anderen Schutzkriterien nur dann zulässig ist, wenn das Forschungsprojekt allenfalls minimale Risiken oder Belästigungen erwarten läßt. Anders als nach der Biomedizin-Konvention wird die Beschränkung auf allenfalls „minimale Risiken" aber zu Recht nur auf solche Forschung bezogen, die für die Betroffenen *keinen* (nicht einmal einen *mittelbaren*) Nutzen erwarten lassen[569].

Entscheidend und für das Schutzniveau von maßgeblicher Bedeutung ist zudem, wie eng man die recht unscharfen Begriffe des „minimalen Risikos" und der „minimalen Belastung" definiert. In der Literatur wurde zu Recht kritisiert, daß die Menschenrechtskonvention zur Biomedizin keine näheren Erläuterungen zur Auslegung dieser Begriffe enthält. Auch in einer Kleinen Anfrage an die Bundesregierung vom 13.8.1997 wurde kritisch darauf hingewiesen, daß die Menschenrechtskonvention „unbestimmte Rechtsbegriffe" wie unter anderem den des „minimalen Risikos" enthalte[570].

Abstrakt definitorisch sind die unbestimmten Begriffe „minimales Risiko" und „minimale Belastung" nur schwer einzugrenzen[571]. In jedem Fall sind sie als unbestimmte Rechtsbegriffe unter Berücksichtigung des Ziels der jeweiligen Regelung auszulegen. Art. 17 Abs. 2 der Menschenrechtskonvention zur Biomedizin etwa ist als Schutzbestimmung zu verstehen, die Forschungsvorhaben nur in Ausnahmefällen[572] und unter restriktiven Bedingungen zuläßt. Auch die Begriffe des „minimalen Risikos" und der „minimalen Belastung" sind letzlich unter dem Gesichtspunkt des Schutzes der betroffenen Person auszulegen. In jedem Fall sollten sowohl das *objektivierbare Risiko* als auch die *subjektive Belastung* für den Betroffenen bei der Entscheidung berück-

---

568 Art. 17 Abs. 2 lit. ii lautet in der verbindlichen englischen Fassung: „the research entails only minimal risk and minimal burden for the individual concerned."

569 Siehe dazu oben § 5 C V 2 b.

570 Kleine Anfrage zum Thema „Bio-Medizin-Konvention und fremdnützige Eingriffe an einwilligungsunfähigen Menschen", BT-Drs. 13/8404 vom 13.8.1997.

571 Dazu bereits *Mc Cartney*, in: Abrams/Buckner (Hrsg.), Medical Ethics, S. 531, 535.

572 Vgl. Art. 17 Abs. 2: „Exceptionally and under the protective conditions prescribed by law, ..."

sichtigt werden[573]. Zum Beispiel hat eine Magnetresonanztomographie keine objektiv feststellbaren Risiken, kann aber bei dem Patienten oder Probanden durchaus zu einer subjektiven Belastung führen. Eine entsprechende Forschungsstudie müßte demnach abgebrochen werden, sobald die subjektive Belastung des Patienten ein minimales Maß übersteigt.

Als mögliche Untersuchungen und Eingriffe mit minimalem Risiko und minimaler Belastung lassen sich folgende *Beispiele* nennen:

- Bestimmte *nichtinvasive* körperliche Untersuchungen.

  Hierzu gehört etwa die Sonographie, transkutane Gewebemessungen, die Messung der Körpergröße, des Kopfumfangs oder ähnliche Untersuchungen, die für den Patienten ohne Risiken oder merkliche Belastungen einhergehen. Umso eher gilt dies, wenn die Untersuchung ohnehin medizinisch indiziert ist und nur geringfügige ergänzende Untersuchungen vorgenommen werden.

  Beispielsweise untersuchte man in einer US-amerikanischen Studie zu Morbus Alzheimer einen möglichen Zusammenhang zwischen Kopfumfang und Häufigkeit und Verlauf der Alzheimer-Krankheit und gelangte dabei zu interessanten Ergebnissen[574]. Derartige Messungen des Kopfumfangs sind für den Patienten ohne Risiko, so daß es bei Einhaltung der sonstigen Schutzkriterien ethisch vertretbar erscheint, auch nichteinwilligungsfähige Patienten in die Versuchsreihen einzubeziehen.

- Bestimmte *psychologische* Untersuchungen.

  Im Rahmen dieser Fallgruppe lassen sich nennen: Verhaltensbeobachtungen, Tests oder Fragebogeninterviews, wobei letztere beim einwilligungsunfähigen Patienten nur selten in Betracht kommen dürften.

- Die Entnahme von Körperflüssigkeit oder Gewebe in geringen Mengen im Rahmen von ohnehin notwendigen diagnostischen Maßnahmen oder Operationen.

  In solchen Fällen entsteht für den Betroffenen regelmäßig kein meßbares zusätzliches Risiko. Vorauszusetzen ist allerdings, daß die Entnahme der Körpersubstanz in einer geringen Menge für den Patienten keine zusätz-

---

573 Stellungnahme der Zentralen Ethikkommission „Zum Schutz nichteinwilligungsfähiger Personen in der medizinischen Forschung“ Ziff. III Fn. 1; siehe auch die Informationsschrift des Bundesministeriums der Justiz: „Das Übereinkommen zum Schutz der Menschenrechte und der Menschenwürde im Hinblick auf die Anwendung von Biologie und Medizin – Übereinkommen über Menschenrechte und Biomedizin – des Europarats vom 4. April 1997“, Januar 1998, S. 19.

574 Siehe den Bericht in Pharm.Ind. 1997, III/79 m. w. N. Hiernach gebe der Kopfumfang einen direkten Hinweis auf die ursprüngliche Hirnmasse, so daß sich in gewissem Maße eine Vorhersage über die „verbleibende Reserve“ bei Eintreten der Alzheimer-Krankheit treffen lasse. Der Kopfumfang lasse damit Rückschlüsse darauf zu, ob sich die Krankheit möglicherweise erst später manifestiere oder langsamer fortschreite.

liche Gefahrerhöhung darstellt, sei es, weil es sich um körperliche Ausscheidungsprodukte handelt (z. B. Urinprobe) oder weil die Körpersubstanz ohnehin und ohne Gesundheitsrisiko nachgebildet wird (z. B. Blutprobe, Speichelprobe).

Nicht einheitlich wird die Frage beurteilt, ob auch die therapeutisch *nicht* indizierte Entnahme einer geringen Menge *Köperflüssigkeit* oder *Gewebe* einen Eingriff mit geringem Risiko und geringer Belastung darstellt. Darf etwa einem einwilligungsunfähigen Patienten im Rahmen einer für ihn nicht nützlichen Untersuchung Blut entnommen werden, wenn die Blutentnahme medizinisch nicht indiziert ist? Man wird hier differenzieren müssen: Zum einen kommt es darauf an, welche Substanz entnommen werden soll und welche *objektiven Risiken* mit der Entnahme verbunden sind. Die Risiken einer Blutabnahme etwa dürften die Grenze des Minimalen regelmäßig nicht überschreiten. Dies gilt auch dann, wenn es sich um eine Venenpunktion handelt. Blut für laborchemische Untersuchungen wird ausschließlich durch Punktion einer oberflächlich liegenden Vene, in der Regel in der Ellenbeuge, gewonnen. Eine solche Blutentnahme birgt nur geringe Risiken, wie geringfügige entzündliche Reizungen oder einen lokalen Bluterguß[575]. Zusätzlich zu den objektiven Risiken ist jedoch auch zu berücksichtigen, daß die Blutentnahme für manche Patienten (insbesondere Kinder) eine nicht unerhebliche und daher mehr als nur minimale *subjektive Belastung* darstellen kann. Bei der Ermittlung der subjektiven Belastung ist jedes ablehnende Verhalten der nichteinwilligungsfähigen Person zu beachten und muß gegebenenfalls zum Abbruch der Untersuchung führen[576]. Die Entnahme einer geringen Menge Blut ist damit zwar grundsätzlich ein Eingriff mit minimalem Risiko, kann jedoch im Einzelfall mit einer mehr als minimalen Belastung für den Patienten oder Probanden einhergehen.

Wenig sinnvoll und praktisch kaum noch zu handhaben ist dagegen die zum Teil in amerikanischen Richtlinien vorgeschlagene weitere Differenzierung geringfügiger und minimaler Risiken, z. B. durch Bildung einer Fallgruppe „geringfügige Steigerung eines minimalen Risikos“[577].

d) Mindestanforderungen an den zu erwartenden Nutzen und an die mögliche Bedeutung des Forschungsvorhabens

Entsprechend der oberen Grenze für die zu erwartenden *Risiken* einer Forschungsuntersuchung sind auch an den zu erwartenden *Nutzen* des Forschungsvorhabens gewisse Mindestanforderungen zu stellen. Vor allem

---

575 *Helmchen/Lauter* (Hrsg.), Dürfen Ärzte mit Demenzkranken forschen?, S. 23. Anders wäre z. B. die Liquorentnahme zu beurteilen, die mit mehr als minimalen Risiken verbunden ist.

576 Naher unten § 5 E II 4.

577 Vgl. *Helmchen/Lauter* (Hrsg.), Dürfen Ärzte mit Demenzkranken forschen?, S. 47.

nichttherapeutische Forschung mit einwilligungsunfähigen Personen ohne unmittelbaren Nutzen läßt sich nur dann rechtfertigen, wenn durch die Forschung bedeutende Fortschritte und *neue, wesentliche Erkenntnisse* in der Erkennung, Aufklärung oder Behandlung einer Krankheit zu erwarten sind.

Zwar ergibt sich dieses Erfordernis nicht unmittelbar aus der Abwägung von Nutzen und Risiko, dennoch sollte nichttherapeutische Forschung zum Schutz der Rechte der teilnehmenden Patienten überhaupt nur dann in Betracht gezogen werden, wenn (bei fehlendem unmittelbaren Nutzen für den Patienten) zumindest neue und wesentliche Erkenntnisse zu erwarten sind, die der zukünftigen Behandlung der Krankheit zugute kommen können.

Auch die Biomedizin-Konvention des Europarats und die Stellungnahme der Zentralen Ethikkommssion bei der Bundesärztekammer stellen entsprechende Mindestanforderungen an die Bedeutung des Forschungsvorhabens. Die Konvention des Europarats fordert in Art. 17 Abs. 2 lit. i, daß die Forschung zum Ziel haben muß, „durch eine wesentliche Erweiterung des wissenschaftlichen Verständnisses des Zustands, der Krankheit oder der Störung der Person letztlich zu Ergebnissen beizutragen, die der betroffenen Person selbst oder anderen Personen nützen können, …". Mit ähnlicher Formulierung fordert die Stellungnahme der Zentralen Ethikkommission bei der Bundesärztekammer unter Ziff. III, 2. Spiegelstrich, daß derartige Forschung nur dann zu rechtfertigen ist, wenn „das Forschungsprojekt wesentliche Aufschlüsse zur Erkennung, Aufklärung, Vermeidung oder Behandlung einer Krankheit erwarten läßt."

Ausgeschlossen ist damit z. B. eine hypothesengenerierende *Suchforschung* mit nichteinwilligungsfähigen Personen oder gar Forschung ohne bestimmtes Forschungsziel. Umgekehrt ist allerdings *nicht* erforderlich, daß ein Forschungsprojekt immer bereits von vornherein *konkrete Lösungsansätze* zur Diagnose oder Heilung einer bestimmten Krankheit erwarten lassen muß. Auch wichtige Erkenntnisse zu Entstehungsmechanismen einer Krankheit reichen aus, um den Anforderungen an die mögliche Bedeutung des Forschungsvorhabens zu genügen.

Da sich der Erfolg eines Forschungsvorhabens nie vorher exakt einschätzen läßt, können sowohl der Forscher als auch die Ethikkommission, die mit einem Forschungsantrag befaßt ist, lediglich *prognostische* Einschätzungen der Bedeutung des Forschungsvorhabens zum Zeitpunkt der Antragstellung vornehmen. Entscheidungsgrundlage für die Ethikkommission ist dabei vor allem der *Prüfplan*, aus dem sich der gesamte Ablauf des Versuchs ergibt[578].

---

[578] Vgl. zu den praktischen Anforderungen an den Prüfplan auch *Schwarz*, Klinische Prüfungen, S. 67 ff.; *Eberhardt/Söhngen*, Monitoring klinischer Studien, S. 48 ff.

e) Verschiebung des Nutzen-Risiko-Verhältnisses als Abbruchkriterium

Das angemessene Verhältnis von Nutzen und Risiko muß nicht nur bei Antragstellung geprüft werden. Die Nutzen-Risiko-Abwägung ist ein *dynamisches* Wertungskriterium und bedarf insbesondere bei länger dauernden Studien einer fortlaufenden Überprüfung. Zeigt sich im Verlauf einer klinischen Prüfung, daß die zunächst als gering erachteten Risiken oder Belastungen höher sind, als vor Beginn der Studie angenommen, oder daß sich der zunächst erwartete Nutzen doch nicht einstellen kann, muß dies zum vorzeitigen Abbruch der Studie führen[579].

V. Beratung und Kontrolle durch medizinische Ethikkommissionen

1. Gesetzliche Grundlagen zur Beratungspflicht

Nicht nur im Rahmen von klinischen Arzneimittelprüfungen nach dem AMG oder klinischen Prüfungen nach dem MPG ist der forschende Arzt verpflichtet, das Forschungsvorhaben einer medizinischen Ethikkommission vorzulegen. Auch die ärztlichen Standesordnungen sehen eine Pflicht zur Beratung durch Ethikkommissionen vor. § 15 Absatz 1 MBO bestimmt, daß der Arzt sich vor der Durchführung biomedizinischer Forschung am Menschen durch eine bei der Ärztekammer oder bei einer Medizinischen Fakultät gebildeten Ethikkommission über die mit seinem Vorhaben verbundenen berufsethischen und berufsrechtlichen Fragen beraten lassen muß. Ausdrücklich ausgenommen sind hiervon nur ausschließlich *epidemiologische* Forschungsvorhaben[580]. Der entsprechende Passus in § 15 MBO hat allerdings nur klarstellende Bedeutung, da sich epidemiologische Forschung bereits begrifflich nicht als Forschung *am* Menschen begreifen läßt, sondern allenfalls als Auswertung von Krankheitsdaten *über* Menschen. Daneben bestimmt auch Ziff. I Nr. 2 der Revidierten Deklaration von Helsinki, daß die Planung und Durchführung jedes Versuchs am Menschen eindeutig in einem Versuchsprotokoll festgelegt werden soll, „welches einem besonders berufenen, vom Forschungsteam und Sponsor unabhängigen Ausschuß zur Beratung, Stellungnahme und Orientierung vorgelegt werden sollte“[581].

Bestand, Aufgabengebiete und Verfahrensgrundsätze der Ethikkommissionen sind zwischenzeitlich in einigen Heilberufsgesetzen gesetzlich verankert. Die nähere Ausgestaltung der Einzelregelungen ist der Satzungsgewalt der jeweiligen Ärztekammer zugewiesen.

---

579 *Deutsch*, Medizinrecht, Rdnr. 550.

580 Vgl. auch *Walter-Sack*, Beilage zum Ärzteblatt BaWü 5/97.

581 Siehe auch die „Checkliste“ zum Prüfplan bei *Walter-Sack*, MedR 1997, 301, 304.

2. *Verfahren vor den Ethikkommissionen*

Zu Recht wird gefordert, daß das Verfahren vor den Ethikkommissionen den Grundsätzen eines rechtsstaatlichen Verfahrens entsprechen soll und sich an die Verfahrensgrundsätze des Prozeßrechts und des Verwaltungsverfahrens anlehnen sollte[582]. Zu den wesentlichen Verfahrensgrundsätzen[583] gehören die Antragspflicht, der Grundsatz rechtlichen Gehörs, die Beratung entweder in mündlicher oder in schriftlicher Form[584], das Mehrheitsprinzip, die Vertraulichkeit bestimmter Informationen und die Mitteilung der Entscheidung.

Internationale Verfahrensregelungen für medizinische Ethikkommissionen existieren derzeit nicht. Auch die Revidierte Deklaration von Helsinki verweist hinsichtlich des Verfahrens vor den Ethikkommissionen lediglich auf die nationalen Vorschriften, indem es in Ziff. I Nr. 2 S.2 heißt: „Dabei wird davon ausgegangen, daß dieser Ausschuß gemäß den Gesetzen oder Bestimmungen des Landes, in welchem der Versuch durchgeführt werden soll, anerkannt ist."

Zur Vereinheitlichung des Verfahrens vor den deutschen Ethikkommissionen hat der Arbeitskreis Medizinischer Ethik-Kommissionen in der Bundesrepublik Deutschland am 19.11.1986 Verfahrensgrundsätze[585] für medizinische Ethik-Kommissionen beschlossen, die einen Mindestkonsens für die Besetzung und das Verfahren dieser Ausschüsse vorsieht[586]. Bei dem Arbeitskreis Medizinischer Ethik-Kommissionen handelt es sich um eine Arbeitsgemeinschaft der öffentlich-rechtlichen Ethikkommissionen in der Bundesrepublik Deutschland. Der Arbeitsgemeinschaft gehören damit sowohl die bei den Landesärztekammern als auch die bei den medizinischen Hochschulen konstituierten Ethikkommissionen an[587]. Die Verfahrensgrundsätze sehen unter anderem vor, daß die Ethikkommission aus mindestens fünf Mitgliedern bestehen soll, davon mindestens vier Ärzten und einem Juristen. Vorsitzender der Ethikkommission ist ein Arzt. Die Kommission wird auf Antrag tätig. Antragsberechtigt ist der *Arzt*[588] als Projektleiter des medizinischen For-

---

[582] *Deutsch*, Medizinrecht, Rdnr. 610; siehe auch *Czwalinna*, MedR 1986, 305, 307 f.; zu den Funktionen des Verfahrens vor Ethikkommissionen näher *Czwalinna*, Ethik-Kommissionen, S. 93 ff.

[583] Ein umfassender Überblick über die wesentlichen Verfahrensgrundsätze findet sich bei *Deutsch*, Medizinrecht, Rdnr. 611 ff. m. w. Nwen.

[584] Gegen die Zulässigkeit eines rein mündlichen Verfahrens *Czwalinna*, MedR 1986, 305, 308.

[585] Abdruck bei *Kloesel/Cyran*, Arzneimittelrecht, A 2.13 j; DÄBl. 1991, B-1779; DÄBl. 1994, B-1515.

[586] *Deutsch*, Medizinrecht, Rdnr. 593.

[587] *Deutsch*, Medizinrecht, Rdnr. 593.

[588] Besondere Probleme hinsichtlich der Antragsbefugnis ergeben sich, wenn ein Nicht-Arzt klinisch forschen möchte (z. B. Pflegepersonal einer Klinik), siehe dazu näher *Taupitz/Fröhlich*, MedR 1998, 257 ff.

schungsvorhabens am Menschen. Sitzungen der Ethik-Kommission sind nicht öffentlich. Die Kommission beschließt im mündlichen oder schriftlichen Verfahren. Bei der Beschlußfassung soll die Ethikkommission möglichst einen Konsens erzielen. Wird dieser nicht erreicht, beschließt die Kommission mit der Mehrheit der Mitglieder. Sondervoten einzelner Mitglieder sind möglich. Ergänzend nehmen die Verfahrensgrundsätze schließlich Bezug auf das Verwaltungsverfahrensgesetz[589]. Verbindliche Regelungen zum Verfahren vor der jeweiligen Ethikkommission sind der jeweils für die Ethikkommission gültigen Satzung zu entnehmen. Im Einzelfall können sich – trotz der vereinheitlichenden Verfahrensgrundsätze des Arbeitskreises – bedeutsame Unterschiede im Hinblick auf die Zusammensetzung und das Verfahren der Kommissionen ergeben.

Bei Forschungsvorhaben mit möglicherweise einwilligungsunfähigen Patienten kann sich das Problem der Feststellung der Einwilligungsfähigkeit stellen. In Grenzfällen wird es auch der Ethikkommission nicht möglich sein, aufgrund eigener Entscheidung die Einwilligungsfähigkeit der Patienten zu beurteilen. Schon im Rahmen des Antragsverfahrens sollte die Ethikkommission daher bei verbleibenden Zweifeln hinsichtlich der Einwilligungsfähigkeit vom Antragsteller ergänzende Unterlagen, Angaben oder Begründungen verlangen. Führt auch dies nicht weiter, so kann die Ethikkommission schließlich Fachgutachten einholen sowie Gutachter beratend hinzuziehen[590].

3. *Entscheidungen der Ethikkommissionen*

a) *Inhalt der Entscheidung*

Die Ethikkommission trifft durch einen schriftlichen *Beschluß*, der dem Antragsteller bekanntzugeben ist, eine zustimmende oder ablehnende Entscheidung zu dem geplanten Forschungsvorhaben. Möglich ist auch ein Beschluß, der das geplante Forschungsprojekt nur bei Einhaltung bestimmter, im einzelnen näher aufgeführter *Auflagen* für zulässig erklärt. Die Auflagen können mit konkreten *Empfehlungen* zur Modifikation des Vorhabens versehen sein. In jedem Fall sollten die ablehnenden Beschlüsse, Auflagen und Empfehlungen schriftlich *begründet* werden. Nicht einheitlich wird die Frage beurteilt, ob auch positive Voten zu begründen sind; zumindest der Aspekt der Nachvollziehbarkeit der Entscheidung spricht jedoch dafür[591].

---

589 Offen bleibt, ob auf das Landes- oder das Bundesverwaltungsverfahrensgesetz Bezug genommen wird, was allerdings hinsichtlich der weitgehenden Übereinstimmung im Wortlaut unschädlich ist.

590 Vgl. § 4 der Verfahrensgrundsätze, *Kloesel/Cyran*, Arzneimittelrecht, A 2.13 j.

591 *Deutsch*, VersR 1995, 121, 124.

b) *Verbindlichkeit und Rechtsnatur der Entscheidung*

aa) Ausgangspunkt: Rechtsnatur der Entscheidung

Die rechtliche *Verbindlichkeit* der Entscheidungen einer Ethikkommission sowie der mögliche *Rechtsschutz* gegen Kommissionsentscheidungen ist von der *Rechtsnatur* der Kommissionsentscheidung abhängig. Dabei sind verschiedene Konstellationen zu unterscheiden.

bb) Votum einer öffentlich-rechtlichen Ethikkommission zur klinischen Arzneimittelprüfung

Nach dem AMG ist Voraussetzung jeder klinischen Prüfung am Menschen das zustimmende Votum einer öffentlich-rechtlichen Ethikkommission. Beim Votum einer öffentlich-rechtlich verfaßten Ethikkommission spricht viel für die Qualifizierung der Entscheidung als *Verwaltungsakt* i. S. v. § 35 VwVfG. Nach der dortigen Legaldefinition ist ein Verwaltungsakt, „jede Verfügung, Entscheidung oder andere hoheitliche Maßnahme, die eine Behörde zur Regelung eines Einzelfalls auf dem Gebiet des öffentlichen Rechts trifft und die auf unmittelbare Rechtswirkung nach außen gerichtet ist. Der Verwaltungsakt ist damit durch insgesamt sechs Begriffselemente geprägt, die sämtlich erfüllt sein müssen, um ein Handeln als Verwaltungsakt zu qualifizieren: „Verfügung“, „Behörde“, „auf dem Gebiet des öffentlichen Rechts“, „Regelung“, „Einzelfall“ und „unmittelbare Rechtswirkung nach außen“.

Das Merkmal „Verfügung“ ist ein weit gefaßtes Merkmal und setzt lediglich eine Willensäußerung voraus. Eine solche liegt bei dem Votum einer Ethikkommission vor. Die öffentlich-rechtlich organisierte Ethikkommission ist insoweit auch als Stelle anzusehen, die „Aufgaben der öffentlichen Verwaltung“ wahrnimmt, wie § 1 Abs. 4 VwVfG definiert und erfüllt demnach den Begriff der „Behörde“. Die Kommission handelt auch „auf dem Gebiet des öffentlichen Rechts“, wenn sie der aus dem Arzneimittelgesetz resultierenden Kontrollpflicht nachkommt. Das abschließende Votum, das dem Antragsteller schriftlich mitgeteilt wird, hat schließlich auch die erforderliche „Außenwirkung“, denn es ergeht nicht nur verwaltungsintern und hat rechtliche Bedeutung für die Zulässigkeit des Forschungsvorhabens nach AMG und MPG.

Problematisch ist allenfalls der Begriff der „Regelung“. Er wird definiert als rechtlich verbindliche Anordnung, die auf die Setzung einer Rechtsfolge gerichtet ist. Die Qualifizierung des Votums einer Ethikkommission als „Regelung“ hängt maßgeblich von dem ihr gesetzlich zugewiesenen Aufgabenumfang ab. Bezogen auf den hier interessierenden Fall der Arzneimittelprüfung gilt dabei folgendes: Bis zur 5. Novelle des AMG hatte die Ethikkommission lediglich *beratende* Funktion. Eine rechtsverbindliche Anordnung konnte daher in dem beratenden Votum nicht gesehen werden. Ein Verwaltungsakt schied mangels „Regelung“ i. S. d. § 35 VwVfG aus. Anders stellt sich die Situation allerdings nach der 5. Novelle zum AMG dar. Bei Arzneimittelprüfungen hat die Stellungnahme der Ethikkommission nicht mehr nur beratende Funktion. § 40 Abs. 1 S. 2 AMG verlangt nunmehr, daß die zuständige Ethikkommission die klinische Prüfung „zustimmend bewertet“ hat, andernfalls darf mit der klinischen Prüfung erst begonnen werden, wenn die zuständige Bundesoberbehörde innerhalb von 60 Tagen nach Eingang der Unterlagen nicht widersprochen hat. Aus dieser Regelung folgt, daß die Ethikkommissionen nunmehr durchaus *rechtsverbindliche* „Anordnungen“ über die Zulässigkeit klinischer Prüfungen erlassen. Das zustimmende oder versagende Votum zu der klinischen Prüfung ist damit als Verwaltungsakt i. S. v. § 35 VwVfG zu qualifizieren.

Folgen hat dies in mehrfacher Hinsicht: Das VwVfG (genauer: das entsprechende VwVfG des Landes) ist auf die Tätigkeit der Ethikkommission nicht nur entsprechend, sondern *direkt* anwendbar. Das abschließende Votum der Ethikkommission ist als Verwaltungsakt mit dem *Widerspruchsverfahren* und der verwaltungsgerichtlichen *Anfechtungsklage* angreifbar. Wird kein Widerspruch eingelegt, wird der Verwaltungsakt binnen eines Monats bestandskräftig.

cc) Klinische Prüfungen nach dem MPG

Bei klinischen Prüfungen nach dem MPG ist die Rechtslage weniger eindeutig. Hier wird auch das Votum einer privaten Ethikkommission zugelassen. Man wird ein solches Votum einer privaten Kommission nicht als Verwaltungsakt einer Behörde qualifizieren können, insbesondere für die Qualifizierung der Ethikkommission als „Beliehener“ sprechen keine Anhaltspunkte. Nur wenn eine öffentlich-rechtliche Ethikkommission tätig wird, gilt das oben zum Arzneimittelrecht Gesagte entsprechend. In den anderen Fällen liegt privatrechtliches Handeln vor, so daß Rechtsschutz gegen Entscheidungen privater Ethikkommissionen nur vor den Zivilgerichten gesucht werden kann.

dd) Klinische Prüfungen außerhalb AMG/MPG

Das Votum einer Ethikkommission zu einem Forschungsvorhaben *außerhalb* der spezialgesetzlichen Bestimmungen des AMG und MPG stellt keinen Verwaltungsakt einer Behörde dar. Zwar sieht das ärztliche Berufsrecht das Votum einer öffentlich-rechtlichen Ethikkommission vor. Diese wird allerdings nach den entsprechenden standesrechtlichen Bestimmungen nur *beratend* tätig. Es fehlt damit an dem für den Verwaltungsakt erforderlichen Begriffsmerkmal der „Regelung“ i. S. v. § 35 VwVfG, denn die Beratungsentscheidung ist keine rechtsverbindliche Anordnung, die auf eine bestimmte Rechtsfolge abzielt. Wegen der reinen Beratungsfunktion bei Forschungen außerhalb des AMG und MPG ist das Votum der Ethikkommission allerdings auch nicht rechtsverbindlich. Das Forschungsvorhaben darf daher auch dann durchgeführt werden, wenn die Ethikkommission ablehnend votiert.

Rechtsschutz gegen solche Kommissionsentscheidungen kann in diesem Fall zwar vor den Verwaltungsgerichten gesucht werden (es handelt sich wegen der öffentlich-rechtlich organisierten Ethikkommission um eine öffentlich-rechtliche Streitigkeit nichtverfassungsrechtlicher Art). Richtige Klageart ist allerdings nicht die Anfechtungsklage, sondern allenfalls eine Feststellungsklage oder eine allgemeine Leistungsklage.

Im Ergebnis ist die Vielfalt der möglichen Kommissionsentscheidungen wenig sinnvoll. Ein sachlicher Grund für die verschiedenartige rechtliche Qualifizierung im Arzneimittelrecht, im Medizinprodukterecht und im Bereich der Forschung außerhalb der Spezialgesetze ist nicht ersichtlich. Aus Gründen der Rechtsklarheit und zur Vereinheitlichung des Rechtsschutzes ist eine Angleichung der Vorschriften zum Verfahren vor den Ethikkommissionen dringend wünschenswert.

4. *Die Ethikkommissionsentscheidung als Schutzkriterium bei Forschungsvorhaben mit nichteinwilligungsfähigen Personen*

Obwohl die Voten der Ethikkommissionen bei Forschungsvorhaben außerhalb spezieller Gesetze derzeit nur empfehlenden Charakter haben und dem Arzt und Forscher die Verantwortlichkeit nicht abnehmen können, ist schon jetzt eine bedeutende Funktion der Ethikkommissionen darin zu sehen, daß sie den Arzt und Forscher bei der Beantwortung interdisziplinärer Grenzfragen unabhängig und aus interdisziplinärem Blickwinkel unterstützen und beraten und damit ein wichtiges Instrument wissenschaftlicher Selbstkontrolle darstellen.

Angesichts der besonderen Schutzbedürftigkeit nichteinwilligungsfähiger Personen in der medizinischen Forschung sollten jedoch gerade solche Forschungsvorhaben, die keinen unmittelbaren Nutzen für den Einwilligungsunfähigen erwarten lassen, generell nur dann zulässig sein, wenn die zuständige Ethikkommission das Forschungsvorhaben *zustimmend* beurteilt hat. Die Kommissionsentscheidung würde damit vom reinen Beratungsinstrument zur echten Zulässigkeitsvoraussetzung für nichttherapeutische Versuche mit nichteinwilligungsfähigen Patienten und Probanden aufgewertet werden[592].

Auch die Menschenrechtskonvention zur Biomedizin erklärt Forschung am Menschen nur dann für zulässig, wenn die zuständige Ethikkommission das Forschungsvorhaben gebilligt hat, „nachdem eine unabhängige Prüfung seinen wissenschaftlichen Wert einschließlich der Wichtigkeit des Forschungsziels bestätigt hat und eine interdisziplinäre Prüfung ergeben hat, daß es ethisch vertretbar ist“ (Art. 16 lit. iii). Die Biomedizin-Konvention, deren Schutzum-

---

[592] Zu praktischen Problemen vgl. *Walter-Sack*, MedR 1997, 504, 505 ff.

fang häufig als gegenüber deutschem Recht zu niedrig kritisiert wird, schafft damit hinsichtlich der Zustimmungspflicht durch Ethikkommissionen für alle Forschungsuntersuchungen am Menschen ein deutlich höheres Schutzniveau als die bislang geltenden deutschen Vorschriften.

Schließlich sieht auch die Stellungnahme der Zentralen Ethikkommission bei der Bundesärztekammer in dem Erfordernis des zustimmenden Votums der zuständigen Ethikkommission eine wesentliche Schutzbestimmung für klinische Forschung mit nichteinwilligungsfähigen Personen. Forschungsvorhaben mit Einwilligungsunfähigen ohne direkten potentiellen Nutzen werden nur dann für zulässig erachtet, wenn die zuständige Ethikkommission dem Vorhaben zugestimmt hat.

Inhaltlich ist dieser Regelung uneingeschränkt zuzustimmen. Die nur beratende Funktion der Ethikkommissionen bei Forschung außerhalb spezialgesetzlicher Bestimmungen wird dem besonderen Schutzbedürfnis nichteinwilligungsfähiger Personen nicht gerecht. Auch in Deutschland sollte insoweit eine Angleichung der gesetzlichen Bestimmungen an das europäische Mindestschutzniveau erfolgen.

E. Die Einwilligungsproblematik im besonderen

I. Einleitung

Schon beim Heileingriff gehört die Einwilligung des Patienten oder Probanden zu den „Kernstücken ärztlicher Legitimation“[593]. In noch stärkerem Maße als beim schulmedizinischen Eingriff bedarf der Arzt zur Legitimation des medizinischen Neulandschritts und der nichttherapeutischen Forschung des Einverständnisses seines Patienten. Bei medizinischen Versuchen mit einwilligungsunfähigen Patienten wird daher der Schutz des Selbstbestimmungsrechts des Versuchsteilnehmers zum zentralen Rechtsproblem. Da die Einwilligung des Versuchsteilnehmers rechtlich keine Wirksamkeit entfalten kann, stellt sich die Frage, inwieweit *andere Personen* in den Entscheidungsprozeß derart einbezogen werden können, daß sie für die nichteinwilligungsfähige Person die Einwilligung erklären können.

Im folgenden ist deshalb zu untersuchen, welche Formen der *Einwilligungssurrogation* nach geltendem Recht möglich sind und ob sich dadurch auch medizinische Forschungseingriffe am Menschen rechtfertigen lassen. Zur Beantwortung dieser Frage sind insbesondere die rechtlichen Bestimmungen zur *Pflichtenbindung* gesetzlicher Vertreter darauf zu untersuchen, ob und in welchen Fällen sie die Einwilligung in (spezialgesetzlich nicht geregelte)

---

[593] Ausdruck bei *Laufs*, in: Laufs/Uhlenbruck (Hrsg.), Handbuch des Arztrechts, § 130 Rdnr. 23.

medizinische Forschungsvorhaben mit nichteinwilligungsfähigen Patienten ermöglichen.

Die Untersuchung orientiert sich dabei auch an der gesetzessystematischen Unterscheidung der Vertretung von volljährigen Personen einerseits (Betreuungsrecht) und minderjährigen Personen andererseits (Recht der elterlichen Sorge, Vormundschaft, Pflegschaft). Bei volljährigen Personen, die ursprünglich einwilligungsfähig waren und aufgrund Krankheit oder sonstiger Umstände einwilligungsunfähig wurden, stellt sich zudem die Frage, welche Möglichkeiten bestehen, in noch einwilligungsfähigem Zustand Erklärungen zur Teilnahme an Heilversuchen und sonstigen Forschungsvorhaben abzugeben und inwiefern diese Erklärungen (als Patientenverfügungen, Betreuungsverfügungen und Vorsorgevollmachten) später Berücksichtigung finden können.

II. Die Einwilligung in Forschungsuntersuchungen bei nichteinwilligungsfähigen volljährigen Personen

1. Einwilligung durch einen Betreuer

a) Systematik der gesetzlichen Vertretung

Das bis zum 31.12.1991 geltende Fürsorgerecht für Volljährige wurde durch das am 1.1.1992 in Kraft getretene Gesetz zur Reform des Rechts der Vormundschaft und Pflegeschaft für Volljährige (Betreuungsgesetz – BtG) umfassend reformiert. Zu den Kernbestimmungen zählt die Abschaffung der Entmündigung sowie die Aufhebung des bisher zweistufigen Systems von Vormundschaft und Gebrechlichkeitspflegschaft durch das einheitliche Institut der *Betreuung*. Die Betreuungsanordung hat nunmehr (wie die Gebrechlichkeitspflegschaft nach altem Recht) keinen Einfluß mehr auf die Geschäftsfähigkeit des Betreuten[594], die sich nunmehr allein nach den Voraussetzungen des § 104 Nr. 2 BGB beurteilt[595].

b) Bestellung eines Betreuers

Die Bestellung eines Betreuers durch das Vormundschaftsgericht kann entweder *von Amts wegen* durch das Vormundschaftsgericht selbst erfolgen, oder auf einem *Antrag* des Betreuten beruhen, der hierfür nicht geschäftsfähig sein muß (§ 1896 Abs. 1 S. 2 BGB). Die Bestellung der Betreuung setzt vor-

---

594 Zum Sonderfall des „Einwilligungsvorbehalts“ für einen bestimmten Kreis von Geschäften siehe *Mitko*, Der Einwilligungsvorbehalt, passim; *Bobenhausen*, Rpfleger 1997, 52 f.

595 Zum bewußten gesetzgeberischen Verzicht auf eine konstitutive Feststellung der Geschäftsunfähigkeit siehe auch BT-Drs. 11/4528, S. 60 ff.

aus, daß „ ... ein Volljähriger auf Grund einer psychischen Krankheit oder einer körperlichen, geistigen oder seelischen Behinderung seine Angelegenheiten ganz oder teilweise nicht besorgen“ kann (§ 1896 Abs. 1 S. 1 BGB). Die Betreuerbestellung beschränkt sich immer auf einen oder mehrere bestimmte *Aufgabenkreise*, die vom Vormundschaftsgericht nach dem *Erforderlichkeitsgrundsatz*[596] zu bestimmen sind[597].

Stellt erstmals der behandelnde Arzt fest, daß eine volljährige Person wegen fehlender Einsichtsfähigkeit einwilligungsunfähig ist, so ist er von sich aus verpflichtet, *vor* der medizinischen Behandlung das Vormundschaftsgericht einzuschalten, um einen Betreuer mit entsprechendem Aufgabenkreis bestellen zu lassen. Ohne die Einwilligung eines Betreuers hat der Arzt keine Rechtsgrundlage, medizinische Eingriffe gleich welcher Art an dem Patienten vorzunehmen. Ausnahmen sind nur die Fälle der medizinischen Dringlichkeit, bei denen sofortiges Handeln im Interesse des Patienten geboten ist. Auch in diesen Fällen kann aber das Vormundschaftsgericht zunächst einen „Eilbetreuer“ im Wege einer einstweiligen Anordung bestellen (§ 69f FGG) oder aber, wenn auch dies zu lange dauern würde, selbst über die Erteilung der Einwilligung entscheiden (§ 1908i Abs. 1 S. 1 BGB i. V. m. § 1846 BGB). Nur als ultima ratio, bei dringender Lebensgefahr, darf der Arzt von der Einschaltung des Vormundschaftsgerichts ganz absehen und den Eingriff auf der Grundlage einer „mutmaßlichen Einwilligung“ des Patienten durchführen. Bei medizinischen Forschungseingriffen kommt diese Situtation allerdings so gut wie nie vor.

Die Befragung und Aufklärung von *Angehörigen* ist dagegen – entgegen nach wie vor weitverbreiteter Auffassung – nicht geeignet, um medizinische Behandlungs- und Forschungseingriffe mit nichteinwilligungsfähigen Personen zu rechtfertigen. Angehörige sind daher nicht berechtigt, die Einwilligung für medizinische Eingriffe am Einwilligungsfähigen zu erklären[598], es sei denn, sie sind ausnahmsweise als Betreuer mit entsprechendem Aufgabenkreis bestellt.

c) *Die formale Berechtigung des Betreuers: Der Aufgabenkreis*

Die Betreuerbestellung beschränkt sich immer auf einen oder mehrere bestimmte *Aufgabenkreise*, die vom Vormundschaftsgericht nach dem *Erforderlichkeitsgrundsatz*[599] zu bestimmen sind. (Nur) in seinem Aufgabenkreis vertritt der Betreuer den Betreuten gerichtlich und außergerichtlich (§ 1902

---

596 MünchKomm-*Schwab*, Vor § 1896 Rdnr. 9.

597 *Egen*, Das Ende der Entmündigung und Vormundschaft, S. 280 ff.

598 Staudinger-*Schäfer*, § 823 Rdnr. 482; *Kern/Laufs*, Die ärztliche Aufklärungspflicht, S. 23; *Stolz*, FamRZ 1993, 642, 643; *Mayer*, Medizinische Maßnahmen an Betreuten, S. 112.

599 MünchKomm-*Schwab*, Vor § 1896 Rdnr. 9.

BGB). Anders als der Vormund hat der Betreuer daher *keine* umfassende, sondern lediglich eine partielle Vertretungsmacht[600].

Die im folgenden näher darzustellende Vertretung eines Patienten oder Probanden durch einen Betreuer zur Einwilligung in medizinische Forschungsuntersuchungen kommt damit überhaupt nur dann in Betracht, wenn die Einwilligung in ein medizinisches Forschungsvorhaben dem Aufgabenkreis des Betreuers entspricht. Dies setzt wiederum voraus, daß die Bestimmungen des Betreuungsrechts auf die Einwilligung in medizinische Eingriffe anwendbar sind. Dies ist nach ganz h. M. der Fall. Bereits aus dem Wesen des Betreuungsverhältnisses als gesetzliches Vertretungsverhältnis ergibt sich, daß sich die Betreuung nicht auf die *rechtsgeschäftliche* Vertretung des Betreuten, insbesondere in Vermögensangelegenheiten, beschränkt, sondern zugleich auch die *persönlichen* Angelegenheiten umfaßt[601]. Zu den persönlichen Angelegenheiten gehört die Aufenthaltsbetreuung, die Umgangsbestimmung, die Betreuung in Eheangelegenheiten und die Gesundheitsbetreuung. Schließlich kommt die Zulässigkeit der Betreuung im personalen Bereich auch in der für die Heilbehandlung geschaffenen Sondervorschrift des § 1904 BGB zum Ausdruck[602].

Nachdem damit feststeht, daß die Einrichtung einer Betreuung zur personalen Vertretung zulässig ist, stellt sich noch die praktisch bedeutsame Frage, wie konkret der Aufgabenkreis beschrieben sein muß, um dem Betreuer die Kompetenz über die Einwilligung in einen medizinischen Forschungseingriff zuzuweisen. Gibt etwa der Aufgabenkreis „Gesundheitsbetreuung“ dem Betreuer die Kompetenz, über die Einwilligung in ein nichttherapeutisches Forschungsvorhaben zu entscheiden? Die Umschreibung des Aufgabenkreises stellt ein generelles Problem des Betreuungsrechts dar. Eine exakte Umschreibung kann begrifflich schwierig sein, eine zu hohe Abstraktion kann die berechtigte Kritik mangelnder Bestimmtheit hervorrufen.

Generell sind bei der Umschreibung des Aufgabenkreises des Betreuers folgende Aspekte zu berücksichtigen:

- Einerseits ist der Aufgabenkreis so *präzise* wie möglich zu bestimmen. Dies ergibt sich bereits aus dem Grundsatz der Erforderlichkeit (§ 1896 Abs. 2 S. 1 BGB), denn ein zu weiter Aufgabenkreis birgt die Gefahr, dem Betreuer Aufgaben zuzuweisen, für die eine Betreuung nicht erforderlich ist.

---

600 Damrau/*Zimmermann*, Betreuung und Vormundschaft, § 1902 Rdnr. 3.

601 MüchKomm-*Schwab*, § 1896 Rdnr. 36.

602 BT-Drs. 11/4528, S. 70 ff., 140 ff.; zur Kritik siehe *Schwab*, Referat zum 57. Deutschen Juristentag, K 29.

- Andererseits ist bei der Bestimmung des Aufgabenkreises *vorausschauend* zu denken[603]. Nur in Ausnahmefällen sollte die Betreuung auf einzelne, dringend zu erledigende Angelegenheiten beschränkt werden. Eine ständig fortlaufende Folge von Betreuerbestellungen und Kompetenzerweiterungen mit allen damit verbundenen Verfahren würden einen kranken oder behinderten Menschen unnötig belasten.
- Schließlich sollte die Formulierung des Aufgabenkreises *eindeutig*, klar und in einer auch für Laien verständlichen Form erfolgen[604]. Die Präzision der Formulierung schafft letztlich Rechtssicherheit, da der Aufgabenkreis die Grenzen der gesetzlichen Vertretungsmacht umschreibt (§ 1902 BGB).

Meist wird der Aufgabenkreis zur Gesundheitsbetreuung mit „Heilbehandlung" oder „Gesundheitssorge" umschrieben sein. Zweifellos fallen dann sämtliche medizinisch indizierten Diagnose- und Therapieeingriffe unter die Vertretungsbefugnis. Der Betreuer ist damit berechtigt, für den einwilligungsunfähigen Patienten die Einwilligung in ärztliche Therapiemaßnahmen zu erklären. Auch der individuelle Heilversuch, d. h. die Anwendung eines neuartigen Verfahrens, läßt sich noch zu dem Aufgabenkreis „Heilbehandlung" zählen. Ist der Eingriff gefährlich und risikoreich, können daneben die Voraussetzungen des § 1904 BGB vorliegen, so daß zusätzlich die Genehmigung des Vormundschaftsgerichts erforderlich ist.

Anders stellt sich die Situation bei klinischen *Forschungsuntersuchungen* dar, die (auch) der Erlangung neuer wissenschaftlicher Erkenntnisse dienen. Der Aufgabenkreis „Heilbehandlung" oder „Gesundheitssorge" gibt dem Betreuer keine Ermächtigung zur Einwilligung in Forschungsstudien. Forschungsvorhaben, die über den individuellen Heilversuch hinausgehen, bedürfen der Bestellung eines Betreuers, dessen Aufgabenbereich ausdrücklich die Einwilligungsbefugnis in medizinische Forschungsuntersuchungen am Betreuten umfaßt. Soweit bereits ein Betreuer für Heilbehandlungen bestellt wurde, kommt eine entsprechende Erweiterung des Aufgabenkreises durch das Vormundschaftsgericht in Betracht.

Bei der Formulierung des Aufgabenkreises ist darauf zu achten, daß der Selbständigkeit des Betreuers bei der Entscheidung über die Einwilligung auch begrifflich Rechnung getragen wird. Der Aufgabenkreis sollte daher nicht „Einwilligung in eine medizinische Forschungsuntersuchung" lauten, sondern z. B. „Entscheidung über die Einwilligung in eine medizinische Forschungsuntersuchung"[605].

---

603 MünchKomm-*Schwab*, § 1896 Rdnr. 35; *ders.*, Referat zum 57. Deutschen Juristentag, K 8, 28.

604 *Schwab*, FamRZ 1992, 493, 496; *Jürgens* (Hrsg.), § 1896 Rdnr. 21.

605 Vgl. auch *Holzhauer/Reinicke*, § 1896 Rdnr. 46; problematisch sind dagegen einige Formulierungsvorschläge bei *Jürgens* (Hrsg.), § 1896 Rdnr. 30: „Zustimmung zur

Das zunächst formale Erfordernis der Bestellung eines Betreuers mit einem speziell auf medizinische Forschungsuntersuchungen zugeschnittenen Aufgabenkreis erweist sich daneben als zusätzliches materielles Schutzkriterium bei der Entscheidung über die Einbeziehung nichteinwilligungsfähiger Personen in medizinische Forschungsvorhaben. Das Vormundschaftsgericht entscheidet zwar nicht selbst über die Einwilligung, hat aber zur Wahrung des Erforderlichkeitsprinzips als Vorfrage zu berücksichtigen, ob *generell* die Notwendigkeit zur Teilnahme der nichteinwilligungsfähigen Person an einem Forschungsvorhaben besteht.

d) Die materielle Entscheidungskompetenz des Betreuers

aa) Bindung an das „Wohl" des Betreuten

Die Zulässigkeit klinischer Forschungsuntersuchungen mit Nichteinwilligungsfähigen ist letztlich davon abhängig, ob dem Betreuer die *materielle Berechtigung* zur Einwilligung in ein medizinisches Forschungsvorhaben zusteht. Der Betreuer ist bei seiner Entscheidung über die Einwilligung in das Forschungsvorhaben nicht frei. Die entsprechende Vorschrift zur Pflichtenbindung des gesetzlichen Vertreters im Betreuungsrecht bestimmt, daß sich der Betreuer bei seinen Entscheidungen in erster Linie am „Wohl" des Vertretenen zu orientieren hat (§ 1901 Abs. 1 S. 1 BGB). Der Terminus „Wohl des Betreuten" bezeichnet damit zunächst ganz allgemein das Ziel und den Maßstab der Betreuertätigkeit[606]. Etwaige Wünsche und Vorstellungen des Vertretenen sind jedoch im Rahmen verbliebener Fähigkeiten vom Vertreter zu berücksichtigen (§ 1901 Abs. 2 BGB). Es ist anerkannt, daß durchaus auch geschäftsunfähige Personen in der Lage sein können, eigene Wünsche zu äußern. Auf dem Gebiet medizinischer Forschungsuntersuchungen stellt sich vor dem Hintergrund dieser Bestimmungen die Frage, in welchen Fällen es die gesetzlichen Bestimmungen dem Betreuer erlauben (oder ihn gar verpflichten), eine Einwilligung in ein medizinisches Forschungsvorhaben im Namen des Vertretenen zu erklären.

Bei medizinischen Standardbehandlungen stellen sich kaum Probleme: Die Behandlung entspricht regelmäßig dem Wohl des Betreuten. Kontroverser sind die Auffassungen, wenn es um medizinische Forschung am Menschen geht. Meist wird schlicht danach differenziert, um welchen *Grundtyp* medizinischer Versuche es sich im Einzelfall handelt[607]. Ein *Heilversuch*, der einen individuellen Nutzen für den Patienten erwarten lasse, entspreche regelmäßig

---

Heilbehandlung, außer ..."; „Zustimmung zu riskanten Untersuchungen, wie ..." oder der Vorschlag bei *Holzhauer*, NJW 1992, 2325, 2328: „Einwilligung in den Heilversuch".

606 MünchKomm-*Schwab*, § 1901 Rdnr. 4.

607 *Mayer*, Medizinische Maßnahmen an Betreuten, S. 74 ff.

dem Wohl des Patienten, so daß der Betreuer bei positiv ausfallender Abwägung von Nutzen und Risiko berechtigt sei, für den Betreuten die Einwilligung zu erklären[608]. Anders verhalte es sich mit *nichttherapeutischen* Forschungsvorhaben, die für die betreffende Person keinen unmittelbaren Nutzen erwarten lassen. Da solche Versuche nicht dem Betreuten selbst zugute kämen, dienten sie auch nicht seinem „Wohl"[609]. Der Betreuer sei daher nicht berechtigt, in derartige Forschungsvorhaben einzuwilligen.

Diese Auffassung kann nicht überzeugen. Der Begriff des „Wohls" im Betreuungsrecht ist richtigerweise nicht rein objektiv zu verstehen, sondern enthält – auch nach Auffassung des Gesetzgebers selbst – zugleich subjektive, individuell auf die Person des Betreuten bezogene Elemente[610]. Was im Einzelfall dem Wohl des Menschen entspricht, ist daher immer von seiner konkreten Lebenssituation, einer etwaigen Krankheit oder Behinderung sowie den inneren und äußeren Möglichkeiten der Person abhängig[611]. Prägend für den Begriff des Wohls ist zudem der persönliche „Lebensentwurf" eines Betreuten, wie er in seinem bisherigen Leben und seinen Äußerungen zu anderen Personen zum Ausdruck gekommen ist. Dieser Aspekt wird durch § 1901 Abs. 1 S. 2 BGB gestützt, wonach zum Wohl des Betreuten auch die Möglichkeit gehört, „im Rahmen seiner Fähigkeiten sein Leben nach seinen eigenen Wünschen und Vorstellungen zu gestalten".

Bei einem so verstandenen Begriff des „Wohls" ist es durchaus denkbar, daß der gesetzliche Vertreter auch für bestimmte Forschungsuntersuchungen, die keinen unmittelbaren therapeutischen Nutzen für den Versuchsteilnehmer versprechen, durchaus rechtswirksam „zum Wohl des Vertretenen" in die Teilnahme einwilligen kann[612]. Die begriffliche Zweiteilung medizinischer Forschung in *Heilversuche* einerseits und in rein *wissenschaftliche Forschung* andererseits wird der Vielgestaltigkeit klinischer Forschungsdesigns – auch in bezug auf den betreuungsrechtlichen Begriff des „Wohls für den Betreuten" – nicht gerecht. Im Rahmen der subjektiven Bestimmung des „Wohls des Betreuten" lassen sich auch solche medizinischen Forschungsversuche, die keinen *unmittelbaren* Nutzen für den beteiligten Patienten erwarten lassen, durchaus als Versuche qualifizieren, die dem Wohl des Patienten im betreuungsrechtlichen Sinn entsprechen. Insbesondere würde man dem mutmaßlichen Willen Einwilligungsunfähiger und unter Betreuung stehender Menschen

---

608 *Kuhlmann*, Einwilligung in die Heilbehandlung alter Menschen, S. 207.

609 *Richard Giesen*, MedR 1995, 353, 355; vgl. auch *Bender*, ZRP 1997, 353, 355.

610 BT-Drs. 11/4528, S. 133; *Kuhlmann*, Einwilligung in die Heilbehandlung alter Menschen, S. 206; *Jürgens* (Hrsg.), Betreuungsrecht, § 1901 Rdnr. 4; *Bienwald*, Betreuungsrecht, § 1901 Rdnr. 19.

611 MünchKomm-*Schwab*, § 1901 Rdnr. 5.

612 Ähnlich *Amelung*, Vetorechte Einwilligungsunfähiger in den Grenzbereichen medizinischer Intervention, S. 6; *Elzer*, MedR 1998, 122, 125.

(der das „Wohl“ entscheidend mitbestimmt) nicht gerecht, wenn man jegliche medizinischen Versuche ohne unmittelbaren therapeutischen Nutzen generell mit dem Argument untersagen würde, sie entsprächen ohnehin nicht dem Wohl der betreuten Person.

bb) Fallgruppen nichttherapeutischer Forschung

(1) Vorbemerkung

Die Entscheidung darüber, ob ein nichttherapeutisches Forschungsvorhaben dem Wohl des Betreuten entspricht, richtet sich zwar nach allen Umständen des jeweiligen Einzelfalls. Dennoch lassen sich in Anlehnung an die bereits genannten Fallgruppen nichttherapeutischer Forschung *Grundsätze* aufzeigen, die bei der Beantwortung der Frage, ob ein Forschungsvorhaben dem Wohl des Patienten oder Probanden entspricht und demnach durch Einwilligung des Betreuers gerechtfertigt werden kann, hilfreich sein können.

(2) Erste Fallgruppe: Forschung mit möglichem mittelbarem Nutzen für die Versuchsteilnehmer

Forschungsuntersuchungen, die zwar keinen unmittelbaren therapeutischen Nutzen erwarten lassen, können den beteiligten Patienten immerhin im weiteren Verlauf ihrer Krankheit oder bei einem späteren Wiederauftreten der Krankheit nützen[613]. Man spricht insoweit von einem potentiellen *mittelbaren* Nutzen für den Versuchsteilnehmer. Solche Versuche an der Schnittstelle zwischen therapeutischer und nichttherapeutischer Forschung können durchaus auch *objektiv* dem Wohl des Betreuten entsprechen. Dies gilt insbesondere für die Forschung nach Ursachen und Entstehungsmechanismen einer noch weitgehend unbekannten oder nicht therapierbaren Krankheit. Z. B. gibt es Untersuchungen zu Morbus Parkinson oder Morbus Alzheimer[614], die dem beteiligten Patienten zwar keinen unmittelbaren Vorteil im Sinne einer therapeutischen Verbesserung versprechen, die aber neue Ansätze in der Therapieforschung erwarten lassen und dadurch den beteiligten Patienten zu einem späteren Zeitpunkt zugute kommen können. In solchen Fällen ist – bei Einhaltung der oben genannten Schutzbestimmungen – der Betreuer eines Patienten berechtigt, für den einwilligungsunfähigen Patienten die Einwilligung zur Teilnahme an einer Forschungsstudie zu erklären.

---

613 Vgl. *Taupitz/Fröhlich*, VersR 1997, 911, 914.

614 Konkrete Beispiele aus der Demenzforschung finden sich bei *Helmchen/Lauter* (Hrsg.), Dürfen Ärzte mit Demenzkranken forschen?, S. 17 f.

(3) *Zweite Fallgruppe: Forschung mit zumindest „gruppenspezifischem Nutzen"*

Sehr umstritten ist die Einwilligungsbefugnis des Betreuers in medizinische Forschungsuntersuchungen ohne potentiellen unmittelbaren oder mittelbaren Nutzen für den beteiligten Patienten. Diejenigen Autoren, die bei nichttherapeutischen Forschungsuntersuchungen ohnehin nicht näher differenzieren, gelangen zu dem pauschalen Ergebnis, daß „medizinische Experimente" – anders als der „Heilversuch" – niemals dem Wohl des Betreuten dienen können und gehen generell davon aus, daß ein Betreuer nicht berechtigt ist, die Einwilligung in ein solches Forschungsvorhaben zu erklären.

Zu Recht wird in neueren Stellungnahmen aber auch bei nichttherapeutischen Forschungsuntersuchungen weiter differenziert. Von den rein fremdnützigen Versuchen werden insbesondere solche Untersuchungen unterschieden, durch deren Erkenntnisse voraussichtlich nicht (oder nicht mehr) dem Betroffenen selbst, immerhin aber anderen Personen, die sich in der *gleichen Altersgruppe* wie der Betroffene befinden oder die von der *gleichen Krankheit oder Störung* betroffen sind, geholfen werden kann.

Die Befugnis des Betreuers zur Erteilung der Einwilligung in medizinische Untersuchungen mit lediglich „gruppenspezifischem Nutzen" ist umstritten. Die wohl überwiegende Meinung geht davon aus, daß solche Versuche, die nicht einmal mittelbar dem Patienten zugute kommen können, niemals dessen „Wohl" im betreuungsrechtlichen Sinne entsprechen können[615]. Begründet wird dieses Ergebnis unter anderem über einen Vergleich mit der Situation der Organspende nichteinwilligungsfähiger unter Betreuung stehender Personen. Auch die Organspende sei rein fremdnützig und bringe dem Spender keine therapeutischen Vorteile.

Der durchaus berechtigte Vergleich nichttherapeutischer Forschung mit der Organspende lebender Personen zeigt allerdings, daß in bestimmten Ausnahmekonstellationen selbst die Organspende als typisch fremdnütziger Eingriff durchaus dem „Wohl" des Betreuten im Sinne von § 1901 Abs. 1 S. 1 BGB entsprechen kann[616]. In der amtlichen Begründung zum Regierungsentwurf des Betreuungsgesetzes heißt es dazu:

> „Ausnahmefälle, in denen die Organspende auch dem seelischen Wohl des Betreuten dient, dürften sich allerdings nicht völlig ausschließen lassen, so etwa, wenn das Leben eines Kindes des Betreuten nur durch dessen Organspende gerettet werden kann. Extreme Fallgestaltungen dieser Art erfordern aber keine besondere gesetzliche Regelung; die allgemeinen Vorschriften über das Wohl des Betreuten und

---

[615] Vgl. *Kern*, MedR 1991, 66, 70.

[616] Siehe auch *Kern*, NJW 1994, 753, 756.

die Beachtlichkeit seiner Wünsche (§ 1901 Abs. 1 und 2 E) reichen aus, um sachgemäße Ergebnisse zu erzielen.“ [617]

Auch wenn der Gesetzgeber mit Einführung des seit dem 1.12.1997 geltenden Transplantationsgesetz mit guten Gründen entschieden hat, daß gem. § 8 Abs. 1 Nr. 1 a TPG nur volljährige und einwilligungsfähige Personen als Lebendspender in Betracht kommen, haben die oben genannten grundsätzlichen Erwägungen auch heute noch Bestand. Die Einbeziehung auch des „seelischen Wohls“ des Betreuten entspricht letztlich der von der h. M. zu Recht anerkannten subjektiven Interpretation des Begriffs des Wohls des Betreuten[618]. Auch medizinische Forschungsuntersuchungen können subjektiv dem Wohl der nichteinwilligungsunfähigen Person entsprechen. Dies gilt umso mehr deshalb, weil die Organspende durch Lebende einen weitaus risikoreicheren Eingriff darstellt als Forschungsuntersuchungen mit nichteinwilligungsfähigen Personen, die im Rahmen dieser Fallgruppe allenfalls bei *minimalem Risiko* und *minimaler Belästigung* für den Betreuten zulässig sind.

Ein Betreuer wird dem Selbstbestimmungsrecht des Betreuten keineswegs dadurch gerecht, daß er ohne nähere Prüfung im Einzelfall dem Betreuten unterstellt, immer nur den Eigennutz zu wollen und die Nützlichkeit für andere abzulehnen[619]. Vielmehr trägt man – auch im Betreuungsrecht – dem Selbstbestimmungsrecht der Person viel eher Rechnung, wenn man Anzeichen für mitmenschliche Solidarität ernst nimmt und ihnen auch rechtliche Bedeutung für die Frage der Zulässigkeit von Forschungsmaßnahmen zuerkennt. Auch dem Grundgesetz kann im übrigen kein ausschließlich individualistisch und eigennützig ausgerichtetes Menschenbild entnommen werden, dem jeglicher Gedanke an Solidarität und Einbindung in die soziale Gemeinschaft fremd ist und dessen Konsequenz wäre, daß ohne persönlich erklärte Einwilligung per se nur das erlaubt wäre, was dem von der Maßnahme Betroffenen *unmittelbar* selbst nützt[620]. Ganz im Gegenteil hat das BVerfG wiederholt hervorgehoben, daß das Grundgesetz die Spannung Individuum – Gemeinschaft im Sinne der Gemeinschaftsbezogenheit und Gemeinschaftsgebunden-

---

617 BT-Drs. 11/4528, S. 142.

618 Zustimmend daher insoweit auch *Kern*, MedR 1991, 66, 70; *ders.*, MedR 1993, 245, 250; MünchKomm-*Schwab*, BGB, § 1904 Rdnr. 17; *Holzhauer/Reinicke*, § 1904 Rdnr. 23; *Mayer*, Medizinische Maßnahmen an Betreuten, S. 74; *Damrau/Zimmermann*, § 1904 Rdnr. 9. A. A. dagegen *Walter*, Die Vorsorgevollmacht, S. 238: „Der Sinn dieser Ausnahme liegt nicht darin begründet, die Organspendeerklärung der Stellvertrebarkeit zu öffnen, sondern dem Kind im Interesse des Betroffenen den höchstwahrscheinlich einzig passenden Organspender zu verschaffen.“; ablehnend auch auf der Grundlage des am 1.12.1997 in Kraft getretenen Transplantationsgesetzes *dies.*, FamRZ 1998, 201, 203.

619 Vgl. *Eser*, F.A.Z. vom 19.11.1996, S. 16.

620 Gegen ein derartiges ichbezogenes Menschenbild zu Recht *Eser*, F.A.Z. vom 19.11.1996, S. 16; *Taupitz/Fröhlich*, VersR 1997, 911, 914.

heit der Person entschieden habe, ohne dabei deren Eigenwert in Frage zu stellen[621].

Im Ergebnis ist es daher nicht von vornherein ausgeschlossen, eine Maßnahme, die den von ihr Betroffenen nur gering belastet, selbst ohne dessen ausdrückliche Einwilligung dann zu erlauben, wenn damit anderen Personen der gleichen Betroffenengruppe eine große Hilfe erwiesen werden kann und dies nicht auf andere Weise (insbesondere durch Einbeziehung von einwilligungsfähigen Personen) erreichbar ist. Natürlich darf der Betreuer nicht nach eigenem Gutdünken entscheiden. Zwingende Voraussetzung einer rechtmäßigen Betreuereinwilligung ist generell, daß der Betreuer aus der Kenntnis der vertretenen Person und seiner Lebensumstände ausreichende Anhaltspunkte hat, um auf die Bereitschaft des Betreuten zur Teilnahme an der Untersuchung schließen zu können[622]. Der in § 1901 BGB zum Ausdruck kommende gesetzgeberische Auftrag verlangt insoweit gerade vom Betreuer auch die Berücksichtigung der für ihn „fremden" Perspektive, die – nicht notwendig dekkungsgleich mit der persönlichen Einstellung des Betreuers – im rein eigennützigen Denken bestehen *kann*, dies aber nicht unbedingt *muß*. Dieses, gerade bei der Vertretung im personalen Bereich erforderliche „Hinhören, Hinsehen, Hineinfühlen" läßt sich gesetzlich nicht umfassend absichern[623], stellt aber ein wesentliches Element einer am Selbstbestimmungsrecht des Betreuten orientierten Betreuung dar.

Dieses Ergebnis steht nicht in Einklang mit der zu weitgehenden und schon im Ansatz verfehlten Forderung nach einer grundlegenden Änderung der Rolle des Betreuers, der ermächtigt werden solle „nicht nur Gesichtspunkte des individuellen Wohls des Patienten, sondern auch Gemeinwohlaspekte in seine Entscheidung einfließen zu lassen"[624]. Eine so weitgehende Ausweitung der Kompetenzen des Betreuers ist – wie gezeigt – nicht sachgerecht und auch nicht erforderlich, da insoweit schon keine „Lücke"[625] im Betreuungsrecht besteht und notwendige Entscheidungen auf der Grundlage des geltenden Betreuungsrechts ausreichend gelöst werden können. Eine generelle Einbeziehung von Gemeinwohlaspekten wäre zudem mit dem Selbstbestimmungsrecht des Einwilligungsunfähigen nicht vereinbar.

---

621 BVerfGE 4, 7, 15 f.; BVerfGE 7, 320, 323; BVerfGE 8, 274, 329; siehe ferner *Taupitz*, Die Standesordnungen der freien Berufe, S. 983.

622 Vgl. Stellungnahme der Zentralen Ethikkommission bei der Bundesärztekammer, Ziff. I 3.

623 Ansatzweise kommt das gesetzgeberische Ziel der Förderung eines Dialogs zwischen Betreuer und Betreutem in der Besprechungspflicht für „wichtige Angelegenheiten" (§ 1901 Abs. 2 S. 3 BGB) zum Ausdruck; vgl. dazu *Jürgens* (Hrsg.), Betreuungsrecht, § 1901 Rdnr. 9; Staudinger-*Bienwald*, BGB, § 1901 Rdnr. 38 ff.

624 *Helmchen/Lauter* (Hrsg.), Dürfen Ärzte mit Demenzkranken forschen?, S. 70.

625 So aber *Helmchen/Lauter* (Hrsg.), Dürfen Ärzte mit Demenzkranken forschen?, S. 70.

(4) Dritte Fallgruppe: Ausschließlich fremdnützige Forschung

Die materielle Befugnis des Betreuers zur Einwilligung in medizinische Forschungsvorhaben am Betreuten ist nicht schrankenlos. *Ausschließlich fremdnütziger* Forschung, die weder einen unmittelbaren oder mittelbaren Nutzen für die Versuchsteilnehmer selbst, noch einen Nutzen für die Betroffenen der gleichen Alters- oder Krankheitsgruppe erwarten läßt, kann nicht durch die Einwilligung eines Betreuers gerechtfertigt werden. Im Hinblick auf den Schutz der Menschenwürde, die körperliche Integrität und das Selbstbestimmungsrecht der einwilligungsunfähigen Person, spricht eine unwiderlegbare Vermutung dafür, daß solche Forschung nicht dem seelischen Wohl des Betreuten entspricht. Unzulässig – weil rein fremdnützig – wäre deshalb z. B. die Einbeziehung eines Demenzkranken in eine Forschungsstudie, die keinen Erkenntnisgewinn für die Demenzforschung verspricht. Auch eine Betreuereinwilligung könnte die Untersuchung nicht rechtfertigen.

2. Die Rolle des Vormundschaftsgerichts bei der Entscheidung über die Einwilligung in ein Forschungsvorhaben

a) Die Eilentscheidungskompetenz des Vormundschaftsgerichts

Medizinische Eingriffe am nichteinwilligungsfähigen Patienten bedürfen grundsätzlich der Einwilligung eines Betreuers mit entsprechendem Aufgabenkreis[626]. Stellt sich heraus, das der betreffende Patient einwilligungsunfähig ist, aber noch kein Betreuer für ihn bestellt wurde, ist ein Betreuer von Amts wegen zu bestellen (§ 1896 BGB). Um das Verfahren zu beschleunigen kann die Betreuerbestellung auch im Wege einstweiliger Anordnung gem. § 69f FGG erfolgen, indem ein vorläufiger Betreuer bestellt wird[627].

Eine Ausnahmesituation besteht allerdings in den Fällen, in denen selbst die Bestellung eines vorläufigen Betreuers im Wege einstweiliger Anordnung so lange dauern würde, daß durch den Aufschub der Entscheidung das Wohl des Betreuten gefährdet würde. Das Vormundschaftsgericht kann in solchen Situationen auch selbst über die Einwilligung in den medizinischen Eingriff entscheiden. Die Ermächtigung zu dieser Eilentscheidungsbefugnis beruht auf § 1846 BGB, der gem. § 1908i Abs. 1 S. 1 BGB im Betreuungsrecht entsprechend anwendbar ist[628]. Ähnlich verhält es sich, wenn ein bereits bestellter Betreuer aus tatsächlichen oder rechtlichen Gründen (z. B. Nichterreichbarkeit) verhindert ist. Auch in solchen Situationen darf sich der Arzt nicht etwa auf die Einwilligung naher Angehöriger, der Ehefrau oder sonstiger dem Pati-

---

[626] *Mayer*, Medizinische Maßnahmen an Betreuten, S. 111; *Damrau/Zimmermann*, § 1904 Rdnr. 3; *Kern*, MedR 1991, 66, 68; *ders.*, MedR 1993, 245, 247.

[627] *Kern*, MedR 1993, 245, 247; *Mayer*, Medizinische Maßnahmen an Betreuten, S. 112.

[628] *Schmidt*, in: Schmidt/Böcker, Betreuungsrecht, Rdnr. 189.

enten nahestehender Personen verlassen, sondern hat eine Entscheidung des Vormundschaftsgerichts herbeizuführen. Nur wenn auch dies zu lange dauern würde, z. B. bei Lebensgefahr, darf sich der Arzt auf die mutmaßliche Einwilligung des Vertreters stützen[629]. Inhaltlich hat sich das Vormundschaftsgericht bei Ausübung der Eilentscheidungskompetenz an den gleichen Maßstäben zu orientieren wie der Betreuer. Eine Einwilligung zur Teilnahme an einer Forschungsuntersuchung ist daher nur dann möglich, wenn der Eingriff dem Wohl des Patienten entspricht[630].

b) Die Überwachungs- und Eingriffsbefugnis des Vormundschaftsgerichts

Neben der Bestellung eines Betreuers sowie der Möglichkeit zur Eilentscheidung in dringenden Fällen hat das Vormunschaftsgericht bei bereits angeordneter Betreuung die Aufgabe, den Betreuer zu überwachen (§ 1908i BGB i. v. m. § 1837 BGB). Jeder Betreuer untersteht der Aufsicht des Vormundschaftsgerichts. Dabei spielt es keine Rolle, um welche Form der Betreuung, um welchen Aufgabenkreis und um welchen Betreuertyp (privater Einzelbetreuer, Vereinsbetreuer, Behördenbetreuer, Berufsbetreuer)[631] es sich im einzelnen handelt[632]. Der Betreuer ist gegenüber dem Vormundschaftsgericht zu Auskunft und Rechnungslegung verpflichtet. Bei pflichtwidrigem Handeln hat das Vormundschaftsgericht die Möglichkeit, Ge- und Verbote auszusprechen sowie notfalls ein Zwangsgeld[633] festzusetzen[634].

Willigt der Betreuer in ein Forschungsvorhaben ein, das nicht mit dem Wohl des Betreuten vereinbar ist, kann das Vormundschaftsgericht daher die Einwilligung untersagen. Gleiches gilt im umgekehrten Fall, wenn der Betreuer die Einwilligung in eine dem Wohl des Betreuten dienende Maßnahme verweigert. Diese Überwachungsmöglichkeit des Vormundschaftsgerichts ist von der Genehmigungspflicht des § 1904 BGB zu trennen. Die Überwachung des Betreuers ist bei jedem pflichtwidrigen Handeln des Betreuers möglich, nicht nur bei Eingriffen mit der Gefahr schwerer gesundheitlicher Beeinträchtigungen oder Lebensgefahr für den Betreuten.

Das Vormundschaftsgericht ist zwar in seinen Aufsichts- und Kontrollmöglichkeiten beschränkt, soweit der Betreuer einen *Ermessensspielraum* für

---

[629] Siehe dazu sogleich unter 3.

[630] Auf die zuvor erörterten Grundsätze zum Wohl des Betreuten kann daher verwiesen werden.

[631] Dazu und zu den weiteren Betreuertypen siehe nur MünchKomm-*Schwab*, § 1897 Rdnr. 2 f.

[632] MünchKomm-Schwab, § 1908i Rdnr. 23.

[633] Die Zwangsgeldfestsetzung gegenüber einem Verein, einer Behörde und einem Behördenbetreuer ist dagegen nicht statthaft, § 1908i BGB i. V. m. § 1837 Abs. 2 S. 2 BGB und § 1908g BGB.

[634] Näher MünchKomm-*Schwab*, § 1908i Rdnr. 23.

Entscheidungen hat, die in Erfüllung von Wünschen des Betreuten getroffen werden und nicht gegen zwingende Rechtsvorschriften verstoßen[635]. Allerdings schrumpft der Ermessensspielraum nahezu auf null, wenn der Betroffene nicht in der Lage ist, eigene Wünsche zu äußern. Es ist daher nur zu empfehlen, daß der Betreuer in Zweifelsfällen von wichtiger Bedeutung seine Entscheidung von der Zustimmung des Vormundschaftsgerichts abhängig macht, um spätere Konflikte und drohende Haftungsrisiken weitgehend auszuschließen. Schließlich muß auch dem Betreuer empfohlen werden, die Erwägungen, die seiner Entscheidung zugrundeliegen[636], möglichst genau in der Betreuungsakte zu *dokumentieren.*

c) *Die Genehmigungspflicht nach § 1904 BGB*

Bei allen medizinischen Eingriffen, bei denen die begründete Gefahr besteht, daß der Betreute auf Grund der Maßnahme stirbt oder einen schweren und länger dauernden gesundheitlichen Schaden erleidet, muß die Einwilligung des Betreuers gem. § 1904 BGB zusätzlich vom Vormundschaftsgericht genehmigt werden.

Voraussetzung für die Anwendbarkeit des § 1904 BGB ist die formelle Berechtigung des Betreuers zu Erteilung der Einwilligung in die jeweilige ärztliche Behandlung. Die konkret in Frage stehende ärztliche Behandlung muß also vom *Aufgabenkreis* des Betreuers umfaßt sein und der Patient bzw. Proband muß *einwilligungsunfähig* sein[637]. Liegen diese Voraussetzungen vor, ist § 1904 BGB auch auf ärztliche *Forschungsuntersuchungen* anwendbar[638]. Dies ergibt sich bereits aus dem weit gefaßten Wortlaut der Vorschrift, die Untersuchungen des Gesundheitszustands, Heilbehandlungen und *sonstige ärztliche Eingriffe* (damit auch Forschung) umfaßt.

Die Auslegung des Merkmals „schwerer gesundheitlicher Schaden" orientiert sich an der strafrechtlichen Vorschrift des § 224 StGB. Ein gefährlicher Eingriff liegt nach dieser Vorschrift vor, wenn die Gefahr des Verlusts des Sehvermögens auf einem oder beiden Augen, des Gehörs, der Sprache oder der Zeugungsfähigkeit besteht oder wenn eine dauerhafte und bleibende Entstellung, Lähmung, Geisteskrankheit oder Siechtum zu befürchten ist[639]. Jedoch können auch andere als die in § 224 StGB genannten schweren Folgen eine schwere gesundheitliche Schädigung darstellen, z. B. schwere nachteilige

---

635 *Bienwald*, Betreuungsrecht, § 1901 Rdnr. 45.

636 Z. B. frühere Äußerungen oder Wünsche des Betreuten.

637 *Jürgens* (Hrsg.), Betreuungsrecht, § 1904 Rdnr. 1.

638 *Holzhauer*, NJW 1992, 2325, 2329.

639 BT-Drs. 11/4528, S. 140; BT-Drs. 11/6949, S. 73; *Damrau/Zimmermann*, § 1904 Rdnr. 7.

Nebenwirkungen von Medikamenten (insbesondere Psychopharmaka[640]) oder der – von § 224 StGB nach h. M nicht erfaßte – Verlust eines inneren Organs, etwa des Magens, oder einer Niere[641]. Lebensgefahr ist begründet, wenn die Maßnahme nach dem Stand der Medizin das klar überdurchschnittliche Risiko einer Verkürzung des Lebens des Patienten in sich birgt[642]. Als „länger dauernd" sieht die amtliche Gesetzesbegründung eine Beeinträchtigung der Gesundheit an, die ein Jahr oder länger andauert[643], doch kommt es hierbei auch auf die Schwere der Beeinträchtigung an. Außergewöhnlich starke Schmerzen erfüllen den Begriff „länger dauernd" schon nach kürzerer Zeit als geringfügige Beeinträchtigungen[644].

Das Vormundschaftsgericht hat bei der Entscheidung über die Genehmigung – ähnlich wie der Betreuer – eine umfassende *Abwägung* zwischen den betroffenen Rechtsgütern vorzunehmen und dabei die mit der Behandlung verbundenen möglichen Gefahren einerseits und den individuellen Nutzen für den Patienten andererseits zu berücksichtigen[645]. Da die vormundschaftsgerichtliche Genehmigung in der Regel schon dann zu versagen ist, wenn die Behandlung weder eine Heilung noch eine nachhaltige Besserung des Gesundheitszustandes verspricht[646], kommt eine Genehmigung in den von § 1904 BGB erfaßten Fällen allenfalls beim Heilversuch in Betracht, nicht aber bei Forschungsvorhaben mit lediglich mittelbarem Nutzen für die Versuchsteilnehmer oder gar bei Forschungsvorhaben mit bloß gruppenspezifischem Nutzen.

De lege ferenda wäre zu überlegen, ob die Einführung einer generellen vormundschaftlichen Genehmigungspflicht hinsichtlich *aller* medizinischer Forschungsvorhaben mit betreuten Personen sinnvoll wäre. Für ein umfassendes Genehmigungserfordernis spricht immerhin die Verstärkung des Schutzniveaus durch Einschaltung eines zusätzlichen richterlichen Kontrollorgans, zumal der Gesetzgeber auch bei anderen, nicht lebens- oder gesundheitsgefährdenden Eingriffen ein Genehmigungserfordernis für gesetzliche Vertreter

---

640 Streitig ist, welche Substanzen in welcher Dosierung zur Genehmigungspflicht gem. § 1904 BGB führen. Vgl. dazu *Lothar H. Schreiber*, FamRZ 1991, 1014 ff.

641 *Kern*, MedR 1991, 66, 68; *Damrau/Zimmermann*, § 1904 Rdnr. 7.

642 MünchKomm-*Schwab*, § 1904 Rdnr. 13.

643 Zur – berechtigten – Kritik an der Argumentation der amtlichen Begründung, die einen Vergleich zu beliebigen anderen Vorschriften des BGB zieht, in denen auf eine lange oder längere Zeitdauer Bezug genommen wird, etwa das Erfordernis der „langen Dauer der Ehe" als Voraussetzung für den Unterhaltsvorrang des geschiedenen Ehegatten vor dem neuen Ehegatten in § 1582 Abs. 1 S. 2 BGB siehe MünchKomm-*Schwab*, § 1904 Rdnr. 13 Fn. 20.

644 MünchKomm-*Schwab*, § 1904 Rdnr. 13.

645 *Jürgens* (Hrsg.), Betreuungsrecht, § 1904 Rdnr. 11.

646 LG Berlin FamRZ 1993, 597; *Jürgens* (Hrsg.), Betreuungsrecht, § 1904 Rdnr. 11.

vorsieht (z. B. gem. § 1907 BGB bei der Aufgabe der Mietwohnung eines Betreuten).

Im Ergebnis muß allerdings bezweifelt werden, daß mit einer Ausdehnung der Genehmigungserfordernisse zugleich eine effektive Verstärkung des Schutzes nichteinwilligungsfähiger Personen in der medizinischen Forschung einhergeht. Zu Recht wird schon bei der bisherigen Regelung des § 1904 BGB darauf hingewiesen, daß das Vormundschaftsgericht medizinisch ebenso wenig kompetent ist wie der Betreuer, der über die Einwilligung zu entscheiden hat[647]. Das Vormundschaftsgericht muß daher – mangels eigener Sachkunde – vor der Entscheidung über die Genehmigung ein medizinisches Fachgutachten oder eine Auskunft einholen[648]. Bei therapeutischen Versuchen kann sich so der ursprüngliche Zweck des Genehmigungserfordernisses sogar ins Gegenteil umkehren und wegen des langwierigen Verfahrens mit einer für den Patienten nachteiligen Zeitverzögerung einhergehen[649]. Bei nichttherapeutischen Versuchen ist durch die zusätzliche verfahrensmäßige Hürde zudem keine signifikante Verbesserung des Schutzniveaus zu erwarten. Die verfahrensförmige Sicherung und Kontrolle medizinischer Forschungsuntersuchungen mit nichteinwilligungsfähigen Personen wird effektiver und kompetenter von den interdisziplinär besetzten, mit medizinischen und juristischen Fragen um die Forschung am Menschen weitaus besser vertrauten *Ethikkommissionen* erreicht. Es sollte daher auch bei medizinischen Forschungsvorhaben bei der Beschränkung des Genehmigungserfordernisses auf die von § 1904 BGB erfaßten Fälle ärztlicher Eingriffe mit besonderem Gefahrenpotential bleiben.

3. *Die Rechtfertigung eines Forschungseingriffs aufgrund mutmaßlicher Einwilligung*

Es wurde bereits darauf hingewiesen, daß in dringenden Gefahrensituationen, wenn die Einwilligung eines Betreuers oder des Vormundschaftsgerichts nicht mehr rechtzeitig zu erlangen ist, medizinische Eingriffe ausnahmsweise auf die *mutmaßliche Einwilligung* gestützt werden können.

Die Rechtsfigur der mutmaßlichen Einwilligung ist in der dogmatischen Herleitung zwar umstritten[650], wird aber dem Grunde nach – entweder über die

---

[647] *Coeppicus*, Rpfleger 1996, 425, 431, der – bezogen auf die von § 1904 BGB erfaßten medizinischen Eingriffe – zu dem drastischen Schluß kommt: „Ein Laienduo ist nach Meinung des Gesetzgebers also geeignet, über die Notwendigkeit eines fachmedizinisch umstrittenen oder riskanten Eingriffs sinnvoll zu entscheiden. Das ist eine Zumutung."

[648] *Coeppicus*, Rpfleger 1996, 425, 431.

[649] *Coeppicus*, Rpfleger 1996, 425, 431.

[650] Eine umfassende Darstellung des dogmatischen Meinungsstreits findet sich bei *Heidner*, Die Bedeutung der mutmaßlichen Einwilligung als Rechtfertigungsgrund, passim.

zivilrechtliche Geschäftsführung ohne Auftrag (§ 677 ff. BGB) oder als eigenständiges Rechtsinstitut – allgemein anerkannt. Da die mutmaßliche Einwilligung erst dann in Betracht kommt, wenn andere Möglichkeiten gesetzlicher oder gewillkürter Vertretung ausscheiden oder ein Abwarten bis zur Wiedererlangung der Einwilligungsfähigkeit des Patienten ausscheidet, beschränkt sich die Anwendungsmöglichkeit auf Eil- und Notfälle[651]. Zur Ermittlung des mutmaßlichen Willens der einwilligungsunfähigen Person hat sich der Arzt – in den Grenzen der Dringlichkeit des Eingriffs – aller ihm zur Verfügung stehender Informationsquellen zu bedienen, also vor allem Angehörige des Patienten oder andere Personen, die dem Patienten persönlich nahestehen, zu befragen[652]. Die Aufklärung und Befragung dieser Personen verstößt – sofern kein entgegenstehender Wille ersichtlich ist – nicht gegen die ärztliche Schweigepflicht, weil auch die Befragung dieser Personen wiederum durch die mutmaßliche Einwilligung des Patienten gerechtfertigt ist[653].

Die mutmaßliche Einwilligung kommt grundsätzlich nur bei anerkannten, nach den Regeln der Heilkunst (lege artis) durchgeführten Heilbehandlungen in Betracht[654]. Auf dem Gebiet medizinischer Forschung am Menschen hat die mutmaßliche Einwilligung nahezu keine Bedeutung. Denkbar ist ein zulässiger Verzicht auf die Einwilligung des gesetzlichen Vertreters oder des Vormundschaftsgerichts allenfalls bei Therapieversuchen in der Notfall- oder Intensivmedizin, wenn aufgrund eines lebens- oder gesundheitsbedrohlichen Zustands ein längeres Abwarten ohne gravierende Nachteile für den Patienten nicht möglich ist und es keine anerkannte Therapie mit gleich hohen Erfolgsaussichten gibt[655]. Nur in solchen (seltenen) Fällen wäre die Einbeziehung eines nichteinwilligungsfähigen Patienten in eine klinische Therapiestudie aufgrund mutmaßlicher Einwilligung denkbar[656]. In der Literatur findet sich das Beispiel einer multizentrischen Studie mit bewußtlosen Patienten, die unfallbedingte Wirbelsäulenläsionen aufweisen[657]. Zur Verhinderung einer

---

Siehe auch *Herbert Arndt*, Die mutmaßliche Einwilligung als Rechtfertigungsgrund, passim; *Müller-Dietz*, JuS 1989, 280, 281 f.

651 OLG Celle VersR 1984, 444; *Deutsch*, Medizinrecht, Rdnr. 110.

652 *Kern/Laufs*, Die ärztliche Aufklärungspflicht, S. 25; Staudinger-*Schäfer*, § 823 Rdnr. 482; *Mayer*, Medizinische Maßnnahmen an Betreuten, S. 116; *Helmchen/Lauter* (Hrsg.), Dürfen Ärzte mit Demenzkranken forschen?, S. 51.

653 *Kern/Laufs*, Die ärztliche Aufklärungspflicht, S. 25; *Mayer*, Medizinische Maßnnahmen an Betreuten, S. 116.

654 *Tröndle*, StGB, § 223 Rdnr. 9a; *Deutsch*, Medizinrecht, Rdnr. 109.

655 *Fischer*, Mediznische Versuche am Mensche, S. 60 f.; *Deutsch*, Medizinrecht, Rdnrn. 540, 546.

656 Ablehnend demgegenüber *Zimmermann*, Die Auswirkungen des Betreuungsrechts in der ärztlichen Praxis, S. 443.

657 *Eyrich/Spies*, in: Toellner/Wiesing (Hrsg.), Strukturen ärztlichen Handelns und ihre ethische Relevanz, S. 105.

Querschnittslähmung soll versucht werden, möglichst unmittelbar nach dem Trauma den Patienten mit Corticoiden in einer ausreichend hohen Dosierung zu behandeln. Hier wird man von Fall zu Fall entscheiden müssen, ob zumindest die Bestellung eines Eilbetreuers oder die unmittelbare Einwilligung durch das Vormundschaftsgericht noch rechtzeitig erlangt werden kann, ohne daß dadurch die Gefahr der Querschnittslähmung erhöht wird. Soweit keine Gefahrerhöhung mit dem Aufschub verbunden ist, wäre die mutmaßliche Einwilligung – auch bei Befragung von Angehörigen – in keinem Fall eine ausreichende Legitimationsgrundlage für den klinischen Versuch[658].

Unentbehrlich ist in jedem Fall die vorherige Beratung bzw. Genehmigung durch die zuständige Ethikkommission. Für eine Eilentscheidung durch die Ethikkommission besteht keine Notwendigkeit, da die Ethikkommission nicht über jeden Einzelfall erneut zu entscheiden hat, sondern der Antragsteller schon im Vorfeld der Studie den Prüfungsplan bei der Ethikkommission einreichen kann.

4. Berücksichtigung ablehnenden Verhaltens nichteinwilligungsfähiger betreuter Personen

Fraglich ist im Einzelfall, ob und inwieweit ein Betreuer den natürlichen Willen zu beachten hat, sofern die nichteinwilligungsfähige Person ihre Ablehnung zur Teilnahme an einem medizinischen Eingriff zum Ausdruck bringt. Fest steht insoweit, daß auch nichteinwilligungsfähige Personen, für die ein Betreuer bestellt wurde, in der Lage sein können, einen *natürlichen Willen* zu äußern oder auf andere Weise zum Ausdruck zu bringen. Die Fähigkeit zur Äußerung eines natürlichen Willens kann nicht mit der Einwilligungsfähigkeit gleichgesetzt werden[659].

Man wird bei der Frage der Beachtlichkeit ablehnenden Verhaltens danach differenzieren müssen, welche konkreten therapeutischen Vorteile das Forschungsvorhaben für den beteiligten Patienten erwarten läßt. Je größer der zu erwartende therapeutische Vorteil für den Patienten ist und je größer die Gefahr für den Patienten im Falle des Absehens von weiterer Behandlung wäre, desto eher wird man den medizinischen Eingriff auch gegen den natürlichen Willen des Patienten durchführen können, weil davon auszugehen ist, daß der Patient – wäre er einwilligungsfähig – in den entsprechenden Eingriff eingewilligt hätte (Gedanke der mutmaßlichen Einwilligung).

---

[658] Undeutlich insoweit *Eyrich/Spies*, in: Toellner/Wiesing (Hrsg.), Strukturen ärztlichen Handelns und ihre ethische Relevanz, S. 105 f.

[659] Nicht gefolgt werden kann insoweit (zumindest terminologisch) *Bangen*, Rheinisches Ärzteblatt 9/96 S. 13, wonach ein „natürlicher Wille“ zur Erteilung einer rechtfertigenden Einwilligung genüge.

Letztlich handelt es sich dabei um das Problem der *Zwangsbehandlung* einwilligungsunfähiger Personen[660], die in engen Grenzen zum Schutz des Nichteinwilligungsfähigen genauso zulässig ist, wie die (damit evtl. verbundene) Bestellung eines Betreuers gegen den natürlichen Willen des Betroffenen[661]. Um dem Selbstbestimmungsrecht der nichteinwilligungsfähigen Person weitestgehend Rechnung zu tragen, zugleich aber mögliche Selbstschädigungen durch Ablehnung einer notwendigen Behandlung auszuschließen, ist die zwangsweise (d. h. gegen den natürlichen Willen gerichtete) Behandlung nach zutreffender h. M. nur dann möglich, wenn dies zur Lebenserhaltung, zur Abwendung schwerer gesundheitlicher Schäden oder zur Heilung schwerer Krankheiten unbedingt erforderlich ist[662]. Die Zwangsbehandlung als medizinischer Eingriff gegen den natürlichen Willen der nichteinwilligungsfähigen Person kommt zudem nur bei Anwendung anerkannter Therapieverfahren oder aber – soweit solche nicht bestehen – bei Durchführung eines individuellen Heilversuchs in Betracht[663]. Die Einbeziehung in klinische Studien, auch wenn es sich dabei um therapeutische Versuche handelt[664], ist dagegen regelmäßig unzulässig, da es sich dabei nicht um einen Eingriff handelt, der ausschließlich auf die Behandlung des Patienten und Abwendung schwerer gesundheitlicher Schäden gerichtet ist, sondern zugleich auch der Gewinnung wissenschaftlicher Erkenntnisse dient. Allenfalls dann, wenn die Durchführung eines individuellen Heilversuchs praktisch nicht möglich ist, weil z. B. eine besondere apparative oder sonstige Ausstattung notwendig ist, die speziell für eine klinische Forschungsstudie entwickelt wurde, dürfte auch eine (zwangsweise) Einbeziehung in eine klinische Studie zur Abwendung schwerer Gesundheitsgefahren oder Lebensgefahr zulässig sein, wenn sie die einzige Möglichkeit darstellt, das Leben des Patienten zu retten oder schwere Gesundheitsgefahren abzuwenden.

Problematisch ist indessen, welche Anforderungen man generell an die Erkennbarkeit und Berücksichtigung des ablehnenden Verhaltens nichteinwilligungsfähiger Personen stellt. Bringt der nichteinwilligungsfähige Patient

---

[660] Nur bei einwilligungsunfähigen Personen kommt eine Zwangsbehandlung überhaupt in Betracht, vgl. *Schweitzer*, FamRZ 1996, 1317, 1318 – abgesehen von Sonderfällen wie z. B. die Blutentnahme zur Alkoholbestimmung oder Zwangsernährung, vgl. *Deutsch*, Medizinrecht, Rdnr. 256.

[661] Zur zwangsweisen Betreuerbestellung siehe *Pawlowski*, in: FS Fenge, S. 479 ff.; *Dröge*, Die Zwangsbetreuung, passim; *Rausch/Rausch*, NJW 1992, 274 ff.

[662] MünchKomm-*Schwab*, § 1904 Rdnr. 22; *Jürgens* (Hrsg.), Betreuungsrecht, § 1904 Rdnr. 11; in der Begründung anders *Schweitzer*, FamRZ 1996, 1317, 1322, der die Zulässigkeit von (ambulanten) Zwangsbehandlungen an den Voraussetzungen der Unterbringung (§ 1906 BGB) ausrichtet.

[663] A. A. *Deutsch*, Medizinrecht, Rdnr. 485, der Zwangsbehandlungen auf wissenschaftlich anerkannte Maßnahmen beschränkt.

[664] Zu den verschiedenen Möglichkeiten einen Heilversuch auszugestalten siehe auch oben § 2 B II.

schon durch jede geringfügige Abwehrreaktion – z. B. Lautäußerungen beim Anblick einer Spritze – seine Ablehnung gegen die medizinische Behandlung insgesamt zum Ausdruck? Im Interesse und zum Schutz des nichteinwilligungsfähigen Patienten sollte man gerade bei Forschungsvorhaben, die keinen unmittelbaren Vorteil versprechen, von einer niedrigen Anforderungsschwelle an die Feststellung ablehnenden Verhaltens ausgehen. Unerheblich ist in diesem Zusammenhang, ob die Ablehnung der nichteinwilligungsfähigen Person durch Worte, Laute, Gesten oder sonstige Reaktionen zum Ausdruck kommt[665]. Umgekehrt darf ablehnendes Verhalten des Patienten aber auch nicht vorschnell in jede seiner Handlungen hineininterpretiert werden. Nicht nur Kinder äußern häufig etwa beim Anblick einer Spritze oder anderer medizinischer Instrumente sichtbare Zeichen des Unwohlseins[666]. Entsprechende Lautäußerungen oder Gesten sollten in diesem Fall nicht vorschnell als Ablehnung des Eingriffs insgesamt interpretiert werden. Anders verhält es sich freilich dann, wenn der Patient Reaktionen zeigt, die über das dem Alter und seiner Krankheit entsprechende Normalmaß hinausgehen. Zeigt der Patient deutliche köperliche oder seelische Reaktionen wie Agressivität, Angst oder Zittern, ist dies als Ablehnung zu interpretieren und muß zum Versuchsabbruch führen.

5. *Möglichkeiten zur Stärkung des Selbstbestimmungsrechts einwilligungsunfähiger Personen*

a) *Einleitung*

Die Erklärung der Einwilligung durch einen Betreuer ist stets ein Akt der *Fremdbestimmung*, auch wenn der Betreuer bei seiner Entscheidung das Wohl und die Wünsche des Betreuten zu berücksichtigen hat. Das geltende Recht stellt deshalb mehrere Instrumente zur Verfügung, die das Selbstbestimmungsrecht des einwilligungsunfähigen Patienten stärken. Diese Möglichkeiten sollen nachfolgend näher dargestellt werden, insbesondere im Hinblick auf deren Anwendbarkeit bei der Einwilligung zur Teilnahme an medizinischen Forschungsuntersuchungen.

b) *Die Patientenverfügung*

aa) *Begriff und Bedeutung*

Im Zusammenhang mit Rechtsfragen der Sterbehilfe und Sterbebegleitung wird schon seit längerer Zeit die Frage diskutiert, ob und inwieweit ein

---

[665] *Taupitz/Fröhlich*, VersR 1997, 911, 917.

[666] Vgl. auch *Nacimiento*, DÄBl. 1997, A-661, 665.

Mensch durch antizipierte[667], d. h. zeitlich vorgelagerte, Erklärungen Art und Umfang ärztlicher Behandlung in der Sterbephase festlegen kann[668]. Es geht dabei um rechtliche Instrumentarien zur Stärkung des Selbstbestimmungsrechts eines Patienten, der aufgrund eines Unfalls, einer Erkrankung oder altersbedingt einwilligungsunfähig wird und ärztlicher Behandlung bedarf. Für solche antizipierte Erklärungen werden mittlerweile bereits einige Musterformulare vorgeschlagen[669]. Ebenso vielgestaltig wie die Formulierungsvorschläge sind die verwendeten Bezeichungen für antizipierte Patientenerklärungen. Am geläufigsten sind die Begriffe „Patiententestament"[670], „Patientenverfügung", „Patientenbrief", „Living Will" oder „Euthanasietestament"[671], aber auch umschreibende Ausdrücke wie „Anweisung an den Arzt zur Würde im Sterben"[672], „Verfügung an Ärzte", „Verfügung zu Lebzeiten", „Persönliche Bestimmung mit testamentarischem Wert" oder „Anweisung an meinen Arzt"[673].

In jüngerer Zeit wird zu Recht darauf hingewiesen, daß sich die Möglichkeit zur Abgabe antizipierter Erklärungen nicht allein auf das Gebiet der (passiven) Sterbehilfe[674] beschränken sollte[675], sondern durchaus auch als Rechtsinstrument zur Rechtfertigung medizinischer Forschungsuntersuchungen mit einwilligungsunfähigen Personen in Betracht kommt[676].

---

667 Von (lat.) *antizipando*: vowegnehmend, im voraus. Es wird auch die Schreibweise „antezipiert" verwendet.

668 Vgl. *Veit*, FamRZ 1996, 1309 ff.

669 Siehe etwa *Uhlenbruck*, NJW 1987, 566, 569 f.; *Füllmich*, Der Tod im Krankenhaus, S. 127 ff.; *Langenfeld*, Vorsorgevollmacht, S. 183 f.; *Rickmann*, Wirksamkeit von Patiententestamenten, Anhang (Zusammenstellung verschiedener national und international vorgeschlagener Musterformulierungen); sowie die Musterformulare der Ärztekammer Berlin, Berliner Ärzte 9/1997, S. 14 ff. Siehe auch die Hinweise bei *Neumann*, Berliner Ärzte 9/1996, S. 22.

670 *Saueracker*, Die Bedeutung des Patiententestamentes in der Bundesrepublik Deutschland, S. 25 f.

671 Vgl. *Langenfeld*, Vorsorgevollmacht, S. 178; *Rickmann*, Wirksamkeit von Patiententestamenten, S. 11 m. w. Nwen.

672 Vgl. *Schöllhammer*, Die Rechtsverbindlichkeit des Patiententestaments, S. 17.

673 Eine nähere Auseinandersetzung mit den Vorzügen und Nachteilen der einzelnen Formulierungen soll hier nicht erfolgen; im folgenden werden die Begriffe Patientenvefügung oder antizipierte Erklärung verwendet. Siehe zum Ganzen auch *Rickmann*, Wirksamkeit von Patiententestamenten, S. 11 m. w. Nwen.

674 In diesem (engen) Sinne wird die Patientenverfügung aber definiert bei *Kraus*, VersM 1997, 35.

675 *Uhlenbruck*, MedR 1992, 134.

676 *Helmchen/Lauter* (Hrsg.), Dürfen Ärzte mit Demenzkranken forschen?, S. 52 f.; *Helmchen/Kanowski/Koch*, EthikMed 1989, 83 ff.; *Laufs*, NJW 1995, 1590, 1592; *Röver*, Einflußmöglichkeiten des Patienten, S. 151 ff.; *Zimmermann*, Auswirkungen des

Dieser Auffassung folgt auch die Zentrale Ethikkommission bei der Bundesärztekammer, die in der Stellungnahme „Zum Schutz nichteinwilligungsfähiger Personen in der medizinischen Forschung" unter Punkt V Abs. 3 ausführt:

> „Dem Selbstbestimmungsrecht des Patienten wird am ehesten dann Rechnung getragen, wenn seine Willensbekundungen, die er zu einem Zeitpunkt abgegeben hat, zu dem er noch einwilligungsfähig war (etwa in Form sog. Patientenverfügungen), in besonderem Maße Berücksichtigung finden."

Auch in der Menschenrechtskonvention zur Biomedizin des Europarats wird gem. Art. 9 der zu einem früheren Zeitpunkt geäußerte Wille eines Patienten für beachtlich erklärt.

Die Abgabe antizipierter Erklärungen zur Einwilligung in Forschungsuntersuchungen kommt insbesondere bei volljährigen Patienten in Betracht, die an einer Erkrankung mit progredientem Verlauf und absehbarem Verlust der Einwilligungsfähigkeit leiden, zum Zeitpunkt der Abgabe der Erklärung aber noch voll einwilligungsfähig sind. Hauptanwendungsfall sind daher altersbedingte Demenzerkrankungen, aber auch bestimmte Erbkrankheiten wie z. B. Chorea Huntington, bei denen ebenfalls absehbar ist, daß der Patient im weiteren Verlauf oder bei Ausbruch der Erkrankung nicht mehr einwilligungsfähig sein wird.

bb) Rechtsverbindlichkeit

Bislang ungeklärt und umstritten ist allerdings die Frage, ob und in welchem Umfang antizipierte Erklärungen rechtlich verbindlich sind[677]. Die Auffassungen reichen von der unmittelbaren rechtlichen Verbindlichkeit[678] über eine bloße Indizwirkung für den mutmaßlichen Willen des Patienten[679] bis hin zur Ablehnung jeglicher Bindungswirkung[680].

Betreuungsrechts, S. 451 ff.; *Elzer*, MedR 1998, 122, 123 f.; *Jung*, Zulässigkeit biomedizinischer Versuche am Menschen, S. 263 insbes. Fn. 10.

677 Umfassend zum Meinungsstand *Schöllhammer*, Rechtsverbindlichkeit des Patiententestaments, S. 26 ff. m. w. Nwen.

678 *Rickmann*, Wirksamkeit von Patiententestamenten, S. 193 ff. und passim; *Füllmich*, Der Tod im Krankenhaus, S. 79; *Uhlenbruck*, Patiententestament, Betreuungsverfügung und Vorsorgevollmacht, S. 10 f.; *ders.*, MedR 1992, 134 ff. Siehe auch die Richtlinien für Sterbehilfe der Schweizerischen Akademie der Medizinischen Wisenschaften (SAMW) vom 5.11.1976 in der Fassung vom 24.2.1995, Ziff. II.3.4., abgedruckt in NJW 1996, 767 ff.

679 So die wohl h. M., vgl. *Laufs*, Arztrecht, Rdnr. 212; *Sternberg-Lieben*, NJW 1985, 2734; *Rieger*, Lexikon des Arztrechts, Rdnr. 1349; RGRK-*Nüßgens*, § 823 Anh. II Rdnr. 105; *Tröndle*, StGB, vor § 211 Rdnr. 18 ff., Schönke-Schröder-*Eser*, Vorb. §§ 211 ff. Rdnr. 28; Palandt-*Edenhofer*, § 1937 Rdnr. 28.

680 *Spann*, MedR 1983, 13.

dem aktuellen Willen des Betroffenen entsprechen könne, greift hier nicht durch[689]. Besteht nämlich die Aussicht für den Betroffenen, zumindest zu einem späteren Zeitpunkt aus den erzielten Forschungsergebnissen *selbst* einen Nutzen ziehen zu können, ist nicht ersichtlich, weshalb sich mit Eintritt der Einwilligungsfähigkeit oder zu einem späteren Zeitpunkt die Einstellung des Patienten grundlegend ändern sollte. Gerade bei Forschung, die einen Nutzen für den Patienten selbst verspricht, kann man daher von einer langfristigen Geltung einer vorherigen Einwilligungserklärung auch im Falle späterer Einwilligungsunfähigkeit ausgehen. Aber auch auf dem Gebiet *nichttherapeutischer* Forschung, bei der allenfalls ein Nutzen für Personen der gleichen Alters- oder Krankheitsgruppe zu erwarten ist, ist grundsätzlich nicht von einem späteren Wandel der inneren Einstellung auszugehen. Die Einstellung und Bereitschaft zu altruistischem Handeln entspricht meist einem allgemeinen Lebensentwurf und wird von religiösen und sozialen Motiven der betreffenden Person mitbestimmt. Insoweit ist die Situation der antizipierten Einwilligung in ein medizinisches Forschungsvorhaben eher vergleichbar mit der zu Lebzeiten und für den Todesfall erklärten Einwilligung in eine Organtransplantation. Auch bei der Organspende vom toten Spender geht man zu Recht davon aus, daß eine einmal geäußerte Erklärung über die Bereitschaft zur Organspende einer grundlegenden inneren Einstellung der Person entspricht und bei Fehlen gegenteiliger Anhaltspunkte langfristige Gültigkeit hat. Dies galt bislang schon nach allgemeinen Grundsätzen und wurde zwischenzeitlich durch das Transplantationsgesetz ausdrücklich normiert. Das TPG[690] bestimmt dazu im Zweiten Abschnitt über die Organentnahme bei toten Organspendern in § 3 Abs. 1 Nr. 1 TPG:

> „Die Entnahme von Organen ist … nur zulässig, wenn [1.] der Organspender in die Entnahme eingewilligt hatte."

Und weiter bestimmt § 4 Abs. 1 TPG:

> „Liegt dem Arzt, der die Organentnahme vornehmen soll, weder eine schriftliche Einwilligung noch ein schriftlicher Widerspruch des möglichen Organspenders vor, ist dessen nächster Angehöriger zu befragen, …".

Vorherige (zu Lebzeiten abgefaßte) schriftliche Einwilligungserklärungen (sog. „Organspendeausweise"[691]) – so ergibt die Zusammenschau beider Bestimmungen – haben damit bei der Organspende für den Todesfall langfristige Gültigkeit und lassen eine Organentnahme auch ohne Befragung der Angehörigen zu. Nichts anderes gilt für die ebenfalls rein altruistisch motivierte Ein-

---

[689] Vgl. auch *Uhlenbruck*, MedR 1983, 16 f.

[690] BGBl. I 1997 vom 11.11.1997, S. 2631 ff.

[691] Siehe dazu näher die Broschüre: Arbeitskreis Organspende (Hrsg.), Organspende rettet Leben, S. 28 ff. mit Formular-Spendenerklärungen im Anhang.

willigung zur Teilnahme an einer Forschungsuntersuchung, die für den Betroffenen selbst keinen unmittelbaren therapeutischen Vorteil bieten kann[692].

cc) Form

Eine ausdrückliche Fomvorschrift für Patientenverfügungen existiert nicht. Aus Gründen der Beweissicherheit ist allerdings eine *schriftliche* Abfassung dringend zu empfehlen. Sollen durch die antizipierte Erklärung Forschungsuntersuchungen im Arzneimittel- oder Medizinproduktebereich ermöglicht werden, ist nach den einschlägigen Vorschriften (§ 40 Abs. 2 Nr. 2 AMG und § 17 Abs. 2 Nr. 2 MPG) für *nichttherapeutische* Forschungsuntersuchungen ohnehin zwingend die Schriftform erforderlich.

dd) Ergebnis

Im Ergebnis stellen Patientenverfügungen ein durchaus brauchbares Instrument zur Stärkung des Selbstbestimmungsrechts nichteinwilligungsfähiger Personen in der medizinischen Forschung dar. In der Praxis werden allerdings nur solche Patienten von der Möglichkeit zur Abgabe einer antizipierten Einwilligung Gebrauch machen, bei denen ein krankheitsbedingter Verlust der Einwilligungsfähigkeit sicher oder wahrscheinlich ist, was insbesondere bei den progredient verlaufenden Demenzerkrankungen der Fall sein wird[693]. Falls eine Forschungsuntersuchung mit nichteinwilligungsfähigen Personen schon hinreichend genau geplant ist oder bereits mit anderen Patienten durchgeführt wird, kann nach entsprechender umfassender Aufklärung durch den Arzt eine antizipierte Einwilligung zur Teilnahme an der Forschungsstudie durch die (noch) einwilligungsfähige Person auch für den Fall des Verlusts der Einwilligungsfähigkeit erklärt werden. Ist das Forschungsvorhaben noch nicht hinreichend konkret geplant und gibt der Patient eine eher pauschale Erklärung über die Bereitschaft zur Teilnahme an einer Forschungsstudie ab, kann diese immerhin als deutliches *Indiz* für die Bereitschaft zur Teilnahme an Forschungsuntersuchungen herangezogen werden und (zumindest auf spezialgesetzlich nicht geregeltem Gebiet) auch den Betreuer des Patienten zur Abgabe der Einwilligungserklärung ermächtigen[694].

---

[692] Ein „Wirksamkeitsverlust durch bloßen Zeitablauf" wird zu Recht auch abgelehnt von *Röver*, Einflußmöglichkeiten des Patienten, S. 161.

[693] *Röver*, Einflußmöglichkeiten des Patienten, S. 155.

[694] Insoweit spezieller auf das Betreuungsverhältnis zugeschnitten ist allerdings das Institut der Betreuungsverfügung. Dazu sogleich unter c.

c) Die Betreuungsverfügung

aa) Begriff

Neben der gesetzlich nicht geregelten Patientenverfügung eröffnet auch das Betreuungsrecht selbst Möglichkeiten, das Selbstbestimmungsrecht eines Betreuten *innerhalb* eines bestehenden Betreuungsverhältnisses zu stärken. Instrument dafür ist die in den § 1897 Abs. 4 S. 3 BGB, § 1901 Abs. 2 S. 2 BGB und § 1901a BGB vorgesehene Möglichkeit, durch Willensäußerungen Vorschläge zur Auswahl des Betreuers oder Wünsche zur Wahrnehmung der Betreuung zu äußern[695]. Für solche Willensäußerungen hat sich gemeinhin der Begriff der *Betreuungsverfügung* herausgebildet[696]. Zum Teil findet sich auch der synonym verwendete Begriff „Alterstestament"[697], der allerdings in mehrfacher Hinsicht mißverständlich ist. Zum einen sind Betreuungsverfügungen nicht nur für „alte" oder alternde Menschen gedacht, sondern für alle Personen, denen ein Betreuer zugeordnet ist oder zugeordnet werden soll und die in noch einwilligungsfähigem Zustand Wünsche hinsichtlich der Ausgestaltung des Betreuungsverhältnisses äußern möchten. Zum anderen ist die Bezeichnung „Testament" sachlich unrichtig und schafft daneben Verwechslungsgefahren mit dem – ebenfalls falschen aber verbreiteten – Begriff des „Patiententestaments".

Der Unterschied zwischen der Betreuungsverfügung und der Patientenverfügung besteht weniger in den Möglichkeiten der inhaltlichen Ausgestaltung als vielmehr in bezug auf den möglichen Adressatenkreis[698]. Die Patientenverfügung richtet sich primär an den behandelnden Arzt und erzeugt für den Betreuer nur im Fall der (unter Umständen zufälligen) Kenntnisnahme Bindungswirkung. Die Betreuungsverfügung richtet sich dagegen unmittelbar an den zu bestellenden oder bereits vorhandenen Betreuer.

bb) Wirksamkeit der Betreuungsverfügung im Innen- und Außenverhältnis

Unbestritten ist eine Betreuungsverfügung im *Innenverhältnis* zwischen Betreuer und Betreutem rechtlich bindend[699]. Der Betreuer ist grundsätzlich verpflichtet, die Wünsche des Betreuten zu respektieren und seine Tätigkeit an ihnen auszurichten. Ausnahmen gelten freilich dann, wenn die Verwirklichung der Wünsche dem (subjektiv verstandenen) Wohl des Betreuten zuwi-

---

[695] Vgl. *Taupitz*, JuS 1992, 9, 10.

[696] BT-Drs. 11/4528, S. 128; Bundesminister der Justiz (Hrsg.), Das Betreuungsgesetz in der Praxis, S. 68; *Mayer*, Medizinische Maßnahmen an Betreuten, S. 91; *Bienwald*, Betreuungsrecht, § 1901a, Rdnr. 3; *Zimmermann*, Die Auswirkungen des Betreuungsrechts, S. 453.

[697] Vgl. *Langenfeld*, Vorsorgevollmacht, S. 156.

[698] *Mayer*, Medizinische Maßnahmen an Betreuten, S. 91.

[699] MünchKomm-*Schwab*, § 1901 BGB Rdnr. 12; *Jürgens* (Hrsg.), § 1901 Rdnr. 8.

derläuft. Dies ist vor allem dann der Fall, wenn bedeutende Rechtsgüter des Betreuten gefährdet werden, die im Rang deutlich über den Interessen des Betreuten stehen (Beispiel: Lebensgefährdung, erhebliche Gesundheitsgefährdung, Gefährdung sonstiger Persönlichkeitsrechte gegenüber Freizeitwünschen des Betreuten). Je geringer die Gefahren für Leben oder Gesundheit des Betreuten sind, desto eher ist allerdings ein Recht des Betreuten auch auf objektiv „unvernünftige" Entscheidungen anzuerkennen und in gewissem Umfang sogar ein „Recht auf Verwahrlosung"[700]. Nur wenn der Betreute an den in der Verfügung geäußerten Wünschen erkennbar nicht festhalten will, entfällt die Bindungswirkung der Betreuungsverfügung (§ 1901 Abs. 2 S. 2, 2. HS BGB).

Auch hinsichtlich der hier erörterten Thematik medizinischer Forschungsvorhaben am Menschen gilt, daß gegenüber dem Betreuer der Wunsch geäußert werden kann, in die Teilnahme auch solcher Forschungsuntersuchungen am Betreuten einzuwilligen, die für diesen keinen unmittelbaren therapeutischen Vorteil versprechen. Dies gilt zwar nicht für solche Versuche, die mit einem erhöhten Gesundheitsrisiko für den Betreuten einhergehen oder gar lebensgefährlich sind, wohl aber für Forschungseingriffe, die mit nur minimalem Risiko oder minimaler Belastung für den Probanden verbunden sind. Zum Schutz des Betroffenen sollte die Betreuungsverfügung auf die Einwilligung in Versuche beschränkt werden, die zumindest einen Nutzen für andere Patienten erwarten lassen, die an der gleichen Krankheit leiden, wie die einwilligungsunfähige betreute Person[701]. Trotz grundsätzlicher Anerkennung der Betreuungsverfügung sollten zum Schutz des Betroffenen die gleichen strengen Schutzkriterien für nichttherapeutische Forschungsvorhaben eingehalten werden, wie sie auch für die Einwilligung des Betreuers ohne vorherige Willensäußerungen des Patienten gelten.

Im *Außenverhältnis* entfaltet die Betreuungsverfügung dagegen keine Bindungswirkung. Der behandelnde Arzt kann sich grundsätzlich auf die Befugnis des Betreuers zur Einwilligung verlassen, wenn dieser erklärt, daß die Einwilligung den Wünschen des Betreuten entspricht. Er ist nicht verpflichtet, eine an den Betreuer gerichtete Betreuungsverfügung des Betreuten auf deren Wirksamkeit zu überprüfen. Entsprechend den im rechtsgeschäftlichen Bereich geltenden Grundsätzen wird man allerdings auch bei der Vertretung im personalen Bereich (einschließlich der Einwilligung in Heil- und Forschungseingriffe) die Grundsätze des Mißbrauchs der Vertretungsmacht anwenden können und zumindest dann ein „Durchschlagen" des Vertretungsmißbrauchs

---

700 *Jürgens* (Hrsg.), Betreuungsrecht, § 1901 Rdnr. 6.

701 Vgl. etwa Art. 17 Abs. 2 lit. ii Alt. 2 Übereinkommen über Menschenrechte und Biomedizin. Gesetzlich normiert ist dieses Erfordernis in Deutschland allerdings bislang nicht.

in das Außenverhältnis bejahen müssen, wenn für den Dritten *evident* ist, daß der Betreuer den Wünschen des Betreuten pflichtwidrig zuwiderhandelt[702].

cc) Form

Die Betreuungsverfügung ist – wie die Patientenverfügung – nicht an eine besondere Form gebunden[703]. Im Gesetzgebungsverfahren hat man bewußt zwischen dem Vorteil der Rechtssicherheit, die eine Formvorschrift mit sich bringt, und der Stärkung des Selbstbestimmungsrechts des Betreuten durch die Möglichkeit formloser Erklärungen abgewogen. Um den Willensvorrang des Betroffenen nicht in unnötiger Weise zu beschränken, hat man von einem Formerfordernis letztlich abgesehen[704]. Auch mündliche Erklärungen können daher wirksame Betreuungsverfügungen darstellen. Empfehlenswert ist natürlich eine schriftliche Abfassung der Betreuungsverfügung, gerade bei weniger alltäglichen Wünschen wie der Teilnahme an medizinischen Forschungsuntersuchungen. Das Vormundschaftsgericht darf auf Vorschläge in der Betreuungsverfügung nämlich nur Rücksicht nehmen, wenn es sie als erwiesen erachtet[705].

d) Die Vollmacht in Gesundheitsangelegenheiten

aa) Begriff

Als dritter Weg zur Stärkung des Selbstbestimmungsrechts nichteinwilligungsfähiger Personen bei medizinischen Eingriffen kommt schließlich die Möglichkeit in Betracht, in noch einwilligungsfähigem Zustand einen *Vertreter* zu benennen, der für den einwilligungsunfähigen Patienten entscheiden soll. Man spricht in diesem Zusammenhang überwiegend von „Stellvertretung in Gesundheitsangelegenheiten" bzw. „Bevollmächtigung in Gesundheitsangelegenheiten"[706], oder – entsprechend dem in den USA geläufigen Begriff der *durable power of attorney in health care*[707] – auch vom „Patientenanwalt"[708].

---

702 So für die Aufenthalts- und Umgangsbestimmung MünchKomm-*Schwab*, § 1901 Rdnr. 13; näher zum Mißbrauch der Vertretungsmacht in Zusammenhang mit Betreuungsverfügungen *Bienwald*, Betreuungsrecht, § 1901 Rdnr. 50 ff.

703 Vgl. *Epple*, BWNotZ 1992, 27, 29; *Jürgens* (Hrsg.), Betreuungsrecht, § 1901a Rdnr. 9; *Mayer*, Medizinische Maßnahmen an Betreuten, S. 91.

704 BT-Drs. 11/4528, S. 128, 208.

705 BT-Drs. 11/4528, S. 128.

706 *Uhlenbruck*, Patiententestament, Betreuungsverfügung und Vorsorgevollmacht, S. 18 ff.; *Zimmermann*, Die Auswirkungen des Betreuungsrechts, S. 245 ff., 453 ff.; *Röver*, Einflußmöglichkeiten des Patienten, S. 170 ff.; *Deutsch*, Medizinrecht, Rdnr. 108.

707 Siehe dazu *Füllmich*, Der Tod im Krankenhaus, S. 82 und passim; *Uhlenbruck*, MedR 1992, 138.

Umfassender in bezug auf den Vertretungsbereich (und nicht ausschließlich auf den Bereich der Heilbehandlungen zugeschnitten), werden auch die Begriffe „Vorsorgevollmacht"[709] oder „Altersvorsorgevollmacht"[710] verwendet.

Der Anwendungsbereich der Bevollmächtigung in Gesundheitsangelegenheiten wird in erster Linie im Hinblick auf *medizinisch indizierte* Heilbehandlungsmaßnahmen erörtert. In diesem Sinne wird die Stellvertretung in Gesundheitsangelegenheiten mittlerweile als eigenständige Rechtsfigur angesehen. Sie wird definiert als Bevollmächtigung einer anderen Person durch einen (späteren) Patienten, die Entscheidungen zu treffen, die im Rahmen einer medizinischen Behandlung erforderlich sind, und die hierfür notwendigen Erklärungen dem behandelnden Arzt gegenüber an Stelle und im Namen des Patienten abzugeben und notfalls auch durchzusetzen[711].

bb) Rechtliche Zulässigkeit

Die rechtliche Zulässigkeit einer Bevollmächtigung in Gesundheitsangelegenheiten ist schon bei medizinisch *indizierten* Eingriffen heftig umstritten. Zum Teil wird geltend gemacht, daß die Stellvertretung im Bereich höchstpersönlicher Entscheidungen – dazu gehöre auch die Einwilligung in einen Heileingriff – nur in den vom Gesetz ausdrücklich genannten Fällen und auch dann nur durch den *gesetzlichen* Vertreter zulässig sei[712]. Hierzu gehöre etwa die Vertretung beim Abschluß eines Ehevertrags eines Geschäftsunfähigen (§ 1411 Abs. 2 BGB) oder die Vertretung eines geschäftsunfähigen Erblassers beim Abschluß eines Erbverzichtsvertrags (§ 2347 Abs. 2 S. 2 BGB). Bei Heilbehandlungen sei schon die rechtsgeschäftliche Vertretungsbefugnis gem.

---

708 Vgl. *Golek*, F.A.Z. Nr. 69 vom 23.3.1998, S. 14; wobei die Bezeichung „Patientenanwalt" insoweit irreführend ist, als man zu der falschen Annahme gelangen könnte, daß nur bestimmte Personen, insbesondere Rechtsanwälte, als Stellvertreter eines Patienten eingesetzt werden dürfen.

709 Bundesminister der Justiz (Hrsg.), Das Betreuungsgesetz in der Praxis, S. 67.

710 Auch der Begriff „Altersvorsorgevollmacht" ist mißverständlich ist, weil nicht nur alte Menschen die Möglichkeit haben sollen, Vertrauenspersonen bevollmächtigen zu können; den Begriff zu Recht ablehnend daher *Eisenbart*, MedR 1997, 305, 307; *Dröge*, Die Zwangsbetreuung, S. 97, Fn. 461.

711 *Röver*, Einflußmöglichkeiten des Patienten, S. 170.

712 Die Bevollmächtigung in Gesundheitsangelegenheiten ablehnend daher *Damrau/Zimmermann*, § 1896 Rdnr. 24b; *Holzhauer*, in: Holzhauer/Reinicke, Betreuungsrecht, § 1896 Rdnr. 40; *Schwab*, FamRZ 1992, 496; *Stolz*, FamRZ 1993, 643 f.; krit. auch *Weise*, NJW 1996, 2418. Zum Meinungsstand siehe auch *Eisenbart*, MedR 1997, 305, 306 m. w. Nwen.; vgl. auch *Zimmermann*, Die Auswirkungen des Betreuungsrechts, S. 250.

§ 1904 S. 1 BGB i. V. m. § 1902 BGB auf den *gesetzlichen* Vertreter beschränkt[713].

Schon im Hinblick auf die derzeit geltenden Regelungen des Betreuungsrechts kann dieser ablehnenden Auffassung nicht gefolgt werden. § 1896 Abs. 2 S. 2 BGB stellt aus dem Blickwinkel des *Erforderlichkeitsgrundsatzes* hohe Anforderungen an die Sachdienlichkeit einer Betreuerbestellung. Soweit andere und weniger einschneidende Möglichkeiten bestehen – und hierzu gehört auch die Möglichkeit eines vom Betroffenen *selbst gewählten* Vertreters –, ist die Betreuungsanordnung nicht erforderlich und damit nicht zulässig[714]. Die vom Patienten persönlich gewählte Vertrauensperson kann im Zweifel das Wohl und die Wünsche des Einwilligungsunfähigen besser vertreten als ein vom Vormundschaftsgericht bestimmter Betreuer[715]. Wenn ein Patient schon eine Vertretungsperson eigens für Gesundheitsangelegenheiten benennt, wird er regelmäßig eine ihm besonders nahestehende Person auswählen, die am ehesten mit seinen (subjektiven) Vorstellungen über Notwendigkeit und Grenzen medizinischer Eingriffe vertraut ist. Meist wird er die Einräumung der Vertretungsmacht für Gesundheitsangelegenheiten mit der betreffenden Person vorher besprechen und auf eigene Wünsche und Vorstellungen besonders hinweisen.

Die Tatsache, daß eine dritte Person über die (eigentlich höchstpersönliche) Einwilligung in einen medizinischen Eingriff zu entscheiden hat, kann damit nicht gegen die Zulässigkeit der Stellvertretung in Gesundheitsangelegenheiten generell eingewendet werden. Überhaupt stellt es gerade im Bereich der Heilbehandlungen und der Gesundheitssorge keine Ausnahme dar, daß *ein Dritter* für den entscheidungsunfähigen Patienten eine Entscheidung treffen muß, wenn dieser selbst dazu nicht mehr in der Lage ist[716]. In Notfällen kann dies sogar der behandelnde Arzt selbst sein, wenn die Bestellung eines Betreuers oder die Einschaltung des Vormundschaftsgerichts nicht mehr rechtzeitig erfolgen können. Gerade in solchen Fällen entspricht es viel eher dem mutmaßlichen Willen des Betroffenen und wird seinem Selbstbestimmungsrecht viel eher gerecht, wenn eine von ihm *ausgewählte* Vertrauensperson über die Einwilligung zur Einleitung einer medizinischen Maßnahme entscheiden kann[717].

---

713 Siehe auch LG Frankfurt a. M., FamRZ 1994, 125, wonach die Befugnisse der Aufenthalts- und Umgangsbestimmung nur einem *gesetzlichen* Vertreter, nicht aber einem (selbst gewählten) *Stellvertreter* zustehen sollen.

714 Vgl. auch die Entwurfsbegründung BT-Drs. 11/4528, S. 59, wonach § 1896 Abs. 2 S. 2 auch die sog. Altersvorsorgevollmachten erfaßt.

715 *Eisenbart*, MedR 1997, 305, 306.

716 *Eisenbart*, MedR 1997, 305, 307; ähnlich *Uhlenbruck*, NJW 1996, 1583

717 Bundesminister der Justiz (Hrsg.), Das Betreuungsgesetz in der Praxis, S. 67 f.

In diesem Sinne hat bereits das LG Göttingen in einem Urteil zur Rechtmäßigkeit einer Operationserweiterung im Jahr 1990 entschieden, daß eine Vereinbarung zwischen Arzt und Patient zulässig ist, nach der eine nach Ansicht des operierenden Arztes erforderlich werdende Operationserweiterung nur durchgeführt werden darf, wenn die Ehefrau des Patienten hierin einwilligt[718]. Der Kläger hatte sich einer komplizierten Hirnoperation unterziehen müssen, bei der zunächst eine Gewebeprobe entnommen werden sollte, was einen relativ ungefährlichen Eingriff darstellte. Sodann sollte aufgrund des Befundes über ein weiteres operatives Vorgehen entschieden werden. Der Kläger willigte in die im Rahmen der Operationserweiterung eventuell erforderlichen Entfernung von Hirnsubstanz nicht ohne weiteres ein, sondern verabredete mit den behandelnden Ärzten, daß ein weitergehender Eingriff nur mit Einwilligung seiner Ehefrau zulässig sei, die der Kläger eigens dafür bevollmächtigte und die sich während der Operation am Telefon erreichbar halten sollte. Die Operation wurde dennoch ohne Einwilligung der Ehefrau erweitert. Beim Kläger trat aufgrund des Eingriffs eine halbseitige Blindheit ein, wegen der er Schmerzensgeld in angemessenem Umfang einklagte und dieses auch erhielt, da sich die Ärzte nicht an die rechtmäßig getroffene Vereinbarung gehalten hatten und die Operationserweiterung eine rechtswidrige – nicht durch wirksame Einwilligung gerechtfertigte – Körperverletzung darstellte.

Hinsichtlich der Vertretungsvereinbarung ging das LG Göttingen zutreffend davon aus, daß Arzt und Patient im vorliegenden Fall rechtswirksam ein „zweistufiges Vorgehen" vereinbart haben und der Kläger auf einer ersten Stufe zunächst nur in die Entnahme der Gewebeprobe eingewilligt hat, die Einwilligung zur Entnahme weiteren Gewebes dagegen erst auf einer zweiten Stufe von der Einwilligung der Ehefrau des Beklagten abhängig war. Da diese Einwilligung nicht vorlag, war die Operationserweiterung jedenfalls nicht durch Einwilligung (weder des Klägers noch seiner Ehefrau als Vertreterin) gerechtfertigt. Die sonst bei Operationserweiterungen zu prüfenden Voraussetzungen der *mutmaßlichen Einwilligung* konnten nicht mehr berücksichtigt werden, da der Kläger bereits vorher eindeutig zu verstehen gab, daß *er selbst* keine antizipierte Einwilligung zur Operationserweiterung erteile[719].

Zwar hat das LG Göttingen nicht explizit über die Zulässigkeit einer „Bevollmächtigung in Gesundheitsangelegenheiten" entschieden; die Entscheidung ist aber dennoch so zu verstehen, daß es das Gericht für möglich und rechtlich zulässig erachtet, dem Ehegatten die freie Befugnis einzuräumen, über die Erweiterung oder den Abbruch einer Operation zu entscheiden. Die Entscheidung des LG Göttingen behandelt damit als erstes bekanntgeworde-

---

[718] LG Göttingen VersR 1990, 1401 f.

[719] LG Göttingen VersR 1990, 1401, 1402. – Krit. dagegen *Laufs*, Artzrecht, Rdnr. 228, der die Frage stellt, ob die Auskünfte Angehöriger nicht besser (wie bisher) beim Abstellen auf den mutmaßlichen Willen Gewicht gewinnen sollten.

nes Urteil in Deutschland die Problematik der Vertetung im Persönlichkeitsrecht[720].

Demgegenüber entschied das LG Frankfurt a. M., daß jedenfalls die Bereiche Aufenthaltsbestimmung und Unterbringung bzw. unterbringungsähnliche Maßnahmen *nicht* durch eine Vorsorgevollmacht geregelt werden könnten[721]. Insbesondere falle die Erforderlichkeit einer Betreuerbestellung nach § 1896 Abs. 2 BGB nicht weg, wenn eine Generalvollmacht für die genannten Aufgabenkreise erteilt worden sei. Auf privatrechtlichem Weg könne durch eine Vollmachtserteilung nicht die Bestimmungsbefugnis über die eigene persönliche Freiheit auf einen anderen übertragen werden. Die Befugnisse Aufenthalts- und Umgangsbestimmung könnten damit nur einem *gesetzlichen* Vetreter, nicht aber einem (durch Vollmacht ausgewiesenen) Stellvertreter zustehen. Als Grund für diese restriktive Entscheidung wird die andernfalls fehlende gerichtliche Kontrollmöglichkeit, insbesondere das Erfordernis der Genehmigung durch das Vormundschaftsgericht, angeführt.

Wieder anders entschieden demgegenüber das LG Stuttgart[722] (als erste Rechtsmittelinstanz zu einer amtsgerichtlichen Entscheidung) und das OLG Stuttgart (als zweite Rechtsmittelinstanz im gleichen Verfahren)[723]. Beide Entscheidungen halten die sog. „Altersvorsorgevollmachten" im Grundsatz ausdrücklich für zulässig. In den Entscheidungen ging es (wie beim LG Frankfurt a. M.) ebenfalls um die geplante Anordnung von freiheitsbeschränkenden Maßnahmen (hier: Bettgitter und Bauchgurt am Stuhl/Rollstuhl), die grundsätzlich nur mit Einwilligung eines Betreuers durchgeführt werden dürfen und zudem gem. § 1896 Abs. 4 BGB durch das Vormundschaftsgericht genehmigt werden müssen. Das LG Stuttgart hält (anders noch das AG in der ersten Instanz) die Einwilligung des Betreuers *und* die Genehmigung des Vormundschaftsgerichts für entbehrlich, da der Heimbewohner in noch einwilligungsfähigem Zustand seine Ehefrau und seinen Stiefsohn mittels notariell beglaubigter Generalvollmacht zur Vertretung in allen persönlichen Angelegenheiten, auch soweit sie die Gesundheit oder Erkrankungen betrafen, ermächtigt hatte. In der notariell beglaubigten Urkunde wurde die Vollmacht ausdrücklich als „Altersvorsorgevollmacht" bezeichnet.

Das LG Stuttgart setzt sich in der genannten Entscheidung (in der nur noch über die Kosten zu entscheiden war, da die Beschwer durch Zeitablauf weggefallen war) mit den ablehnenden Literaturstimmen kritisch auseinander und begründet ausführlich, weshalb eine Vorsorgevollmacht letztlich den Vorrang genießt „vor staatlich organisierter und gerichtlich kontrollierter Betreu-

---

720 *Deutsch*, Anm. zu LG Göttingen, Urteil vom 11.10.1990, Az.: 2 O 569/88, VersR 1990, 402.

721 LG Frankfurt a. M., FamRZ 1994, 125.

722 BtPrax 1994, 64 ff.

723 BtPrax 1994, 99 ff.

ung"[724]. Zwar betrifft die Entscheidung ausschließlich die Frage, ob auch auf dem Gebiet *freiheitsentziehender Maßnahmen* nach § 1906 Abs. 4 BGB eine Vorsorgevollmacht erteilt werden kann. Schon das LG Stuttgart weist allerdings – im Wege eines *obiter dictum* – darauf hin, daß die Kammer sich der „derzeit überwiegend vertretenen Auffassung" nicht anzuschließen vermag und eine für den Fall der eigenen Entscheidungsunfähigkeit ausgesprochene Bevollmächtigung von Dritten, typischerweise Angehörigen, zur Entscheidung in „höchstpersönlichen" Bereichen wie *Gesundheitsfürsorge und freiheitsbeschränkende Maßnahmen* für zulässig hält[725]. Zur Begründung führt das LG Stuttgart aus, die Freiheitsgarantie würde sich in ihr Gegenteil verkehren, wenn dem mündigen Individuum verwehrt werde, selbst zu bestimmen, ob und wem er sich anvertrauen wolle, wenn er seine Selbstbestimmungsfähigkeit einmal verlieren sollte. Der Gefahr eines Vollmachtsmißbrauchs habe der Gesetzgeber vorgebeugt und im unmittelbaren Anschluß an den Vorrang der Vorsorgevollmacht (§ 1896 Abs. 2 S. 2 BGB) das Institut der *Kontrollbetreuung* (§ 1896 Abs. 3) vorgesehen. Ein Kontrollbetreuer könne immer dann bestellt werden, wenn Anhaltspunkte für einen Vollmachtsmißbrauch vorlägen.

Auch das OLG Stuttgart als zweite Rechtsmittelinstanz folgt im Grundsatz der Entscheidung des Landgerichts und sieht in Vorsorgevollmachten eine echte Alternative zur staatlichen Anordnung der Betreuung[726]. Dennoch hob es die Entscheidung des Landgerichts auf, da es im Ergebnis rechtsfehlerhaft den Umfang der Vertretungsmacht zu weit ausgedehnt habe[727]. Vorrang vor den gesetzlichen Regelungen über die freiheitsbeschränkenden Maßnahmen könne eine Vollmacht nur dann haben, wenn hinreichend sichergestellt sei, daß dem Betroffenen bei der Erteilung der Vollmacht deren Inhalt und Tragweite voll bewußt gewesen sei. Davon könne nur ausgegangen werden, wenn der Betroffene *ausdrücklich*, insbesondere in Anlehnung an den Gesetzeswortlaut des § 1906 Abs. 4, den Entzug der Freiheit durch mechanische Einrichtungen, Medikamente oder auf andere Weise bei der Vollmachtserteilung anspreche. Die der Entscheidung zugrundeliegende Generalvollmacht habe dies nicht erkennen lassen.

Im Grundsatz ist den vorgenannten Entscheidungen des LG Stuttgart und des OLG Stuttgart zuzustimmen. Jeder Mensch sollte die Möglichkeit haben, vorsorglich oder aufgrund einer bestehenden Krankheit durch Bevollmächtigung einer ihm nahestehenden Vertrauensperson staatliche Eingriffe wie die

---

[724] So LG Stuttgart BtPrax 1994, 64, 67.

[725] LG Stuttgart BtPrax 1994, 64, 66.

[726] Ablehnend dagegen *Ralf-Rüdiger Kirchhof*, Anm. zu OLG Stuttgart, Beschluß vom 23.2.1994, Az.: 8 W 534/93, BtPrax 1994, 101 f.

[727] OLG Stuttgart BtPrax 1994, 99, 100.

inrichtung einer Betreuung zu verhindern[728]. Auch rechtspolitisch ist es zu egrüßen, daß durch die Möglichkeit der Stellvertretung in Gesundheitsange- genheiten und anderen Angelegenheiten der Personensorge die ohnehin urch das Betreuungsrecht stark beanspruchten Vormundschaftsgerichte ent- istet werden[729]. Aus Gründen der Rechtssicherheit und zum Schutz des Be- offenen legt das OLG Stuttgart zu Recht einen strengen Maßstab bei der rüfung des Vollmachtsumfangs an. Die ohnehin problematische Erteilung iner Generalvollmacht reichte nicht aus, um über Freiheitsentziehende Ein- riffe zu entscheiden. Gleichwohl sollte man die Anforderungen nicht über- pannen. Im Bereich medizinischer Forschungsuntersuchungen würde etwa ie Erteilung einer Vollmacht für Forschungsuntersuchungen genügen. Es ist icht zu verlangen, daß der Betroffene bei Vollmachtserteilung an sämtliche inzelheiten möglicher medizinischer Eingriffe gedacht hat. Würde man dies erlangen, wäre eine wirksame Vollmachtserteilung in den seltensten Fällen nöglich.

c) *Auswirkungen des Betreuungsrechtsänderungsgesetzes vom 25.6.1998 auf das Rechtsinstitut der Bevollmächtigung in gesundheitlichen Angelegenheiten*

Mit der bereits seit 1996 geplanten[730] und durch das Betreuungsrechtsände- ungsgesetz[731] vom 25.6.1998 endgültig verabschiedeten Novelle des Betreu- ngsrechts hat sich der Streit um die grundsätzliche Anerkennung des Instituts er Vorsorgevollmacht und der Bevollmächtigung in gesundheitlichen Ange- egenheiten ohnehin de lege lata erledigt. Nach der Entwurfsbegründung ver- olgen die im Zuge des Änderungsgesetzes vorgesehenen Ergänzungen des Betreuungsrechts ausdrücklich das Ziel, den Schutz des Betroffenen bei Er- eilung einer Vorsorgevollmacht zu verbessern und damit das Rechtsinstitut ler Vorsorgevollmacht als Alternative zum Betreuungsrecht zu stärken[732].

Kernpunkt der Gesetzesänderungen zur Stärkung der Vorsorgevollmacht ist lie Einfügung eines § 1904 Abs. 2 BGB mit dem Wortlaut:

> „Absatz 1 gilt auch für die Einwilligung eines Bevollmächtigten. Sie ist nur wirksam, wenn die Vollmacht schriftlich erteilt ist und die in Absatz 1 Satz 1 genannten Maßnahmen ausdrücklich umfaßt."

Entsprechend wird in § 1906 folgender Abs. 5 eigefügt:

---

28 *Elzer*, MedR 1998, 122, 126 f. hält die Zulässigkeit der Stellvertretung in Gesundheitsangelegenheiten auch aus verfassungsrechtlichen Gründen für geboten.

29 *Helmchen/Lauter* (Hrsg.), Dürfen Ärzte mit Demenzkranken forschen?, S. 58.

30 Gesetzentwurf der Bundesregierung, BR-Drs. 969/96 vom 20.12.1996; vgl. dazu im Überblick *Wesche*, Rpfleger 1998, 93 ff.; vgl. auch *Genz*, FamRZ 1991, 1324 ff.

31 Gesetz zur Änderungs des Betreuungsrechts sowie weiterer Vorschriften (Betreuungsrechtsänderungsgesetz – BtÄndG) vom 25. Juni 1998, BGBl. I, 1580.

32 BR-Drs. 960/96 vom 20.12.1996, S. 1 f.; vgl. auch *Dodegge*, NJW 1997, 2425, 2426.

> „Die Unterbringung durch einen Bevollmächtigten und die Einwilligung eines Bevollmächtigten in Maßnahmen nach Absatz 4 setzt voraus, daß die Vollmacht schriftlich erteilt ist und die in Absatz 1 und 4 genannten Maßnahmen ausdrücklich umfaßt. Im übrigen gelten die Absätze 1 bis 4 entsprechend."

Damit sind drei Dinge gesagt. Erstens: Das Rechtsinstitut der Vorsorgevollmacht bzw. der Bevollmächtigung in Gesundheitsangelegenheiten wird ausdrücklich gesetzlich anerkannt. Zweitens: Die Vollmacht bedarf der Schriftform und muß sich ausdrücklich auf die in § 1904 bzw. § 1906 BGB bgenannten Maßnahmen beziehen. Und schließlich drittens: Nicht nur die Einwilligung des gesetzlichen Vertreters bedarf bei den im Gesetz beschriebenen besonderen Gefahrensituationen der Genehmigung des Vormundschaftsgerichts. Auch die Einwilligung des Bevollmächtigten muß in den Fällen des § 1904 BGB und § 1906 BGB vom Vormundschaftsgericht genehmigt werden[733].

Die angesprochenen Änderungen durch das Betreuungsrechtsänderungsgesetz treten am 1. Januar 1999 in Kraft[734].

dd) Bevollmächtigung zur Entscheidung über die Einwilligung in medizinische Forschungseingriffe

Die vorstehenden Grundsätze zur Zulässigkeit der Vollmachtserteilung in Gesundheitsangelegenheiten sind auf die Einwilligung in medizinische Forschungseingriffe übertragbar[735]. Mit der beschlossenen Änderung der betreuungsrechtlichen Vorschriften wird das Rechtsinstitut der Bevollmächtigung in gesundheitlichen Angelegenheiten weiter gestärkt. Die ausdrückliche Erwähnung von Forschungseingriffen in den entsprechenden gesetzlichen Vorschriften ist ebenso entbehrlich wie die Schaffung eines speziellen „Forschungsbetreuers". Bedenkt man, daß § 1904 Abs. 2 BGB nach der vorgesehenen Neufassung ausdrücklich die Einwilligung eines gewillkürten Vertreters in *lebensgefährliche* ärztliche Behandlungen (wenn auch mit Genehmigung des Vormundschaftsgerichts) zuläßt, so muß erst recht die Vollmachtserteilung für die Einwilligung in weniger belastende medizinische Forschungseingriffe zulässig sein.

Eine rechtswirksame Bevollmächtigung erfordert allerdings in jedem Fall, daß sich die Vollmacht *ausdrücklich* auch auf Forschungseingriffe bezieht. Keine hinreichende Legitimation eines Vertreters zur Einwilligung in Heilversuche oder andere Forschungsvorhaben würde etwa die nicht näher spezifi-

---

733 Diesen Umstand kritisiert *Uhlenbruck*, ZRP 1998, 46, 47, der durch das Genehmigungserfordernis die Vollmacht in Gesundheitsangelegenheiten insgesamt als „wertlos" ansieht.

734 Art. 5 Abs. 2 BtÄndG.

735 So im Ergebnis auch *Helmchen/Lauter* (Hrsg.), Dürfen Ärzte mit Demenzkranken forschen?, S. 58, 60.

zierte Bevollmächtigung zur Einwilligung in „ärztliche Eingriffe“ oder in „ärztliche Behandlungen“ darstellen[736].

Im Vergleich zur Patientenverfügung ist bei der Vollmachtserteilung keine vorherige umfassende Aufklärung des Patienten über das Forschungsvorhaben erforderlich, denn es entspricht gerade dem Wesen der Vollmacht, daß die Aufklärung erst später gegenüber dem gewählten Patientenvertreter erfolgt. Die Bevollmächtigung ist damit gegenüber der Patientenverfügung das flexiblere und individuellere Instrument zur Stärkung des Selbstbestimmungsrechts für den Fall der Einwilligungsunfähigkeit.

Erkennt man das Institut der Vorsorgevollmacht auch für medizinische Forschungsuntersuchungen generell an, so stellt sich noch die Frage, für welche medizinischen Forschungsvorhaben ein Vertreter bestellt werden kann. Hier ist zu differenzieren: Im Bereich außerhalb spezialgesetzlicher Bestimmungen ermächtigt eine rechtswirksam erteilte Vollmacht sogar zur Einwilligung in nichttherapeutische Forschungsvorhaben, wenn die weiteren Schutzkriterien kumulativ erfüllt sind. Der gegenteiligen Auffassung, wonach durch eine gewillkürte Stellvertretung selbst außerhalb spezieller gesetzlicher Bestimmungen (AMG/MPG) nur in *therapeutische* Versuche eingewilligt werden könne, kann daher nicht gefolgt werden[737]. Eine solche Lösung ließe sich nur vertreten, wenn man die Schutzkriterien des AMG und des MPG ausnahmslos entsprechend auf alle medizinischen Forschungsvorhaben anwenden würde, denn nur § 40 Abs. 2 Nr. 2 AMG und § 17 Abs. 2 Nr. 2 MPG – nicht aber die allgemeinen gesetzlichen Vorschriften – verlangen eine vom (einwilligungsfähigen) Patienten *selbst* erteilte Einwilligung. Daß eine solche undifferenzierte analoge Anwendung der Bestimmungen des Arzneimittel- und Medizinprodukterechts auf Forschung außerhalb des Anwendungsbereichs dieser Gesetze nicht richtig sein kann, wurde bereits dargelegt und soll hier nicht wiederholt werden[738].

Im Ergebnis stellt daher auch die Vorsorgevollmacht bzw. die Vollmacht in Gesundheitsangelegenheiten ein brauchbares Instrument zur Sicherung und Stärkung des Selbstbestimmungsrechts nichteinwilligungsfähiger Personen in der medizinischen Forschung dar. Im Bereich außerhalb spezialgesetzlicher Bestimmungen ist auch für nichttherapeutische Forschungsuntersuchungen eine „Bevollmächtigung in Forschungsangelegenheiten“ möglich. Praktisch wird sich allerdings auch hier ein Anwendungsbereich nur bei solchen Pati-

---

[736] Dem entspricht der vom OLG Stuttgart, BtPrax 1994, 99, 100 geforderte strenge Maßstab bei der Beurteilung des Vollmachtsumfangs.

[737] So aber *Helmchen/Lauter* (Hrsg.), Dürfen Ärzte mit Demenzkranken forschen?, S. 60. Ablehnend in bezug auf sämtliche Forschungseingriffe auch *Zimmermann*, Die Auswirkungen des Betreuungsrechts, S. 456, der allerdings die Möglichkeit einer Bevollmächtigung in Gesundheitsangelegenheiten generell ablehnt.

[738] Siehe oben § 5 D I.

enten ergeben, deren Verlust der Einwilligungsfähigkeit aufgrund progredienten Verlaufs einer bestehenden Erkrankung (etwa einer Demenzerkrankung) absehbar ist.

III. Die Einwilligung in Forschungsuntersuchungen bei nichteinwilligungsfähigen Minderjährigen

1. Einwilligung durch den gesetzlichen Vertreter

a) Systematik der Vorschriften zur gesetzlichen Vertretung des Minderjährigen

Im Normalfall sind die *Eltern* im Rahmen der ihnen vom Gesetz zugewiesenen elterlichen Sorge die gesetzlichen Vertreter des Minderjährigen (§ 1629 Abs. 1 S. 1 BGB). Zur elterlichen Sorge gehören vier Teilbereiche: die tatsächliche Personensorge, die Vertretung in Personensorgeangelegenheiten, die tatsächliche Vermögenssorge und die Vertretung in Vermögenssorgeangelegenheiten[739]. Die Abgrenzung der verschiedenen Teilbereiche läßt sich innerhalb der einzelnen Lebenssachverhalte nicht immer zweifelsfrei durchführen. Beispielsweise betrifft die Wahl des Berufs und der Ausbildungsstätte des Kindes den Bereich der Erziehung und damit die Personensorge (vgl. §§ 1631 Abs. 1, 1631a Abs. 1 BGB). Müssen für die gewählte Ausbildungsart Mittel aus dem Kindesvermögen bereitgestellt werden, wird damit zugleich der Bereich der Vermögenssorge tangiert[740]. Gleiches gilt für den Bereich ärztlicher Eingriffe und Behandlungen. Je nach Art des Eingriffs können hier die Bereiche tatsächliche Personensorge (Erziehung) und Vertretung in Personensorgeangelegenheiten (Einwilligung in den ärztlichen Eingriff) berührt sein.

Bei der Vertretung des Kindes durch die Eltern gilt sowohl im Bereich der Vermögenssorge als auch im Bereich der Personensorge der Grundsatz der *Gesamtvertretung*, d. h. die Eltern vertreten das Kind *gemeinschaftlich* (§ 1629 Abs. 1 S. 2 BGB). Bei Willenserklärungen, die *gegenüber* dem Kind abgegeben werden, reicht es dagegen aus, daß die Willenserklärung gegenüber einem Elternteil abgegeben wird (§ 1629 Abs. 1 S. 2 BGB). Aus dem Grundsatz der Gesamtvertretung folgt jedoch nicht, daß immer beide Eltern gemeinsam und gleichzeitig auftreten müssen. Sie können ihre Erklärungen auch getrennt und nacheinander abgeben oder sich gegenseitig ausdrücklich oder stillschweigend[741] zur Vertretung des Kindes bevollmächtigen[742]. Für Eil-

---

[739] *Schlüter*, BGB-Familienrecht, § 22 II 1.

[740] *Schlüter*, BGB-Familienrecht, § 22 II 1.

[741] Eine stillschweigende Ermächtigung ist insbesondere bei Geschäften des täglichen Lebens anzunehmen, vgl. Münch-Komm-*Hinz*, § 1629 Rdnr. 13; hierzu können auch ärztliche Routineeingriffe gezählt werden, z. B. die Behandlung einfacher Erkältungskrankheiten.

und Notfälle, z. B. für die notwendige ärztliche Behandlung nach einem Unfall des Kindes, hat ein Elternteil nach h. M. ein Alleinvertretungsrecht, das entweder aus § 1678 Abs. 1 BGB oder aus dem allgemeinen Grundsatz der §§ 744 Abs. 2, 1454, 2038 Abs. 1 S. 2 BGB abgleitet wird[743].

In bestimmten Situationen wird das Kind durch einen vom Vormundschaftsgericht bestellten *Pfleger* vertreten, insbesondere in den Fällen der Ergänzung der elterlichen Sorge nichtehelicher Mütter als *Amtspflegschaft*[744] oder (z. B. bei rechtlicher oder tatsächlicher Verhinderung der gesetzlichen Vertreter) als *Ergänzungspflegschaft*[745].

Weitergehender als die Pflegschaft kann für den Minderjährigen schließlich ein *Vormund* bestellt werden. Ein Minderjähriger erhält einen Vormund, wenn er nicht unter elterlicher Sorge steht oder wenn die Eltern weder in den die Person noch in den das Vermögen betreffenden Angelegenheiten zur Vertretung des Minderjährigen berechtigt sind (§ 1773 Abs. 1 BGB). Der Begriff der Vormundschaft bezeichnet damit die rechtlich geregelte umfassende Sorge für einen Minderjährigen[746], der seine Angelegenheiten nicht selbst wahrnehmen kann und für den die Eltern nicht kraft Sorgerechts als gesetzliche Vertreter fungieren[747]. Vormundschaft und Pflegschaft folgen in weiten Bereichen den gleichen Rechtsregeln (vgl. § 1915 Abs. 1 BGB). Die Pflegschaft unterscheidet sich von der Vormundschaft in erster Linie dadurch, daß sie nur einen begrenzten Kreis von Angelegenheiten zum Gegenstand hat[748].

In besonders schwerwiegenden Fällen des Mißbrauchs der elterlichen Sorge und der Vernachlässigung des Kindes kann schließlich das *Vormundschaftsgericht* geeignete Maßnahmen zur Gefahrenabwehr treffen und hat dabei ein Auswahlermessen in den Grenzen des Verhältnismäßigkeitsgrundsatzes (§ 1666 BGB)[749]. Als Maßnahme in diesem Sinne kommt z. B. die zeitweilige Entziehung des Aufenthaltsbestimmungsrechts oder die zeitweilige Entziehung der tatsächlichen Personensorge in Betracht[750]. Soweit ein dringendes Bedürfnis zum Einschreiten besteht, ist das Vormundschaftsgericht

742 MünchKomm-*Hinz*, § 1629 Rdnrn. 6, 11; RGRK-*Wenz*, § 1629 Rdnr. 11; *Schlüter*, BGB-Familienrecht, § 22 II 1.

743 MünchKomm-*Hinz*, § 1629 Rdnr. 10, § 1627 Rdnr. 10; *Gernhuber*, FamRZ 1962, 89, 96; Erman-*Michalski*, § 1627 Rdnr. 4.

744 Näher *Gernhuber/Coester-Waltien*, Familienrecht, § 59 I und § 60 I.

745 Siehe dazu *Gernhuber/Coester-Waltien*, Familienrecht, § 75 V.

746 Die Vormundschaft über volljährige Personen (§§ 1896 ff. BGB a. F.) existiert heute nicht mehr und ist durch das Rechtsinstitut der Betreuung abgelöst worden..

747 MünchKomm-*Schwab*, Vor § 1773 Rdnr. 1.

748 MünchKomm-*Schwab*, Vor § 1773 Rdnr. 3.

749 MüchKomm-*Hinz*, § 1666 Rdnr. 49.

750 Zu Einzelfällen vgl. MünchKomm-*Hinz*, § 1666 Rdnr. 50.

auch berechtigt, vorläufige Anordungen zu treffen, um die Gefahr für das Wohl des Kindes abzuwenden[751].

b) Die materielle Entscheidungskompetenz des gesetzlichen Vertreters

Nach dem Wortlaut des Gesetzes entspricht die materielle Berechtigung des gesetzlichen Vertreters eines Minderjährigen in bezug auf die Personensorge im wesentlichen der des Betreuers. Auch das Recht der elterlichen Sorge verlangt, daß die gesetzlichen Vertreter des Kindes (in der Regel die Eltern), Entscheidungen zum *Wohl* des Kindes treffen.

Grundsätzlich gilt auch im Rahmen des Rechts der elterlichen Sorge, daß der Begriff des „Wohls“ nicht rein objektiv zu verstehen ist[752] und daß demnach nicht jedes Forschungsvorhaben, das keinen direkten und unmittelbaren Nutzen für den Probanden verspricht, von vornherein ausgeschlossen sein soll.

Dennoch ist der *Begründungsansatz* im Verhältnis Eltern-Kind ein anderer als bei der Betreuung volljähriger Personen. Beim Minderjährigen, insbesondere bei Kleinkindern und Säuglingen, bestimmen nicht der eigene Lebensentwurf oder frühere Äußerungen die Entscheidung des gesetzlichen Vertreters. Gerade im Bereich der Personensorge ist das als Pflicht-Recht ausgestaltete und auch grundrechtlich (Art. 6 Abs. 2 GG) gesicherte Recht der Eltern auf Pflege und Erziehung des Kindes maßgeblich bestimmend für deren Entscheidungskompetenz[753]. Die *Erziehung* des Kindes wird zu Recht als das wichtigste Element der Personensorge angesehen[754] mit der Folge, daß der Inhalt und die Grenzen der elterlichen Sorge ausgehend vom Erziehungsziel der Heranbildung zur selbstverantwortlichen Persönlichkeit zu bestimmen sind[755].

Auch im Rahmen ärztlicher Behandlung bedarf es damit, wie in den übrigen Bereichen der Personensorge, einer Grenzziehung zwischen den Rechten der Eltern und denen des heranwachsenden Kindes[756]. Einhellig anerkannt ist insoweit, daß sich die Eltern lebenswichtigen Maßnahmen zur Heilung des Kindes nicht widersetzen dürfen, etwa wenn sie aus religiöser Überzeugung bestimmte Eingriffe in die körperliche Integrität des Minderjährigen völlig

[751] MünchKomm-*Hinz*, § 1666 Rdnr. 52.

[752] Vgl. umfassend zum Kindeswohlbegriff *Coester*, Das Kindeswohl als Rechtsbegriff; vgl. auch die interdisziplinäre Studie von *Simitis* u. a., Kindeswohl, zur vormundschaftsgerichtlichen Praxis.

[753] *Coester*, FamRZ 1996, 1181, 1183; *Erichsen*, Elternrecht – Kindeswohl – Staatsgewalt, S. 31 ff. m. w. Nwen.

[754] *Gernhuber/Coester-Waltjen*, Familienrecht, § 62 I2; MünchKomm-*Hinz*, § 1626 Rdnr. 33.

[755] BGH NJW 1974, 1947, 1949.

[756] MünchKomm-*Hinz*, § 1626 Rdnr. 43; vgl. auch *Siedhoff*, FamRZ 1998, 8, 9.

ablehnen[757]. Bei *lebensgefährlichen* Erkrankungen ist daher zu Recht ein „elternunabhängiger“ und „objektiver“ Begriff des Kindeswohls zugrundezulegen, der keinen Raum für einen davon abweichenden erzieherischen Freiraum der Eltern läßt[758]. Die Berufung auf die Grundrechte der Gewissens- und Religionsfreiheit sowie das Erziehungsrecht treten insoweit hinter der Pflicht zur Rettung des Lebens des eigenen Kindes zurück.

Keinesfalls kann daraus allerdings *umgekehrt* gefolgert werden, daß die Eltern *stets* nur solche Erziehungsentscheidungen treffen dürfen, die für das Kind unmittelbar angenehm oder nützlich sind. Viele Bereiche der Personensorge zeigen, daß die Eltern kraft ihres Erziehungsauftrags berechtigt sind, auch fragwürdige Entscheidungen hinsichtlich des Aufenthalts des Kindes, seiner Ausbildung oder des Umgangs mit anderen Personen zu treffen[759].

Bei Einhaltung der oben dargestellten Schutzkriterien sind die Eltern deshalb berechtigt, die Einwilligung zur Teilnahme ihres Kindes an medizinischen Forschungsuntersuchungen zu erklären. Forschung ohne erkennbaren Nutzen für den Minderjährigen kann daher durch die Einwilligung der Eltern insbesondere dann gerechtfertigt werden, wenn sie – *zusätzlich* zu allen anderen oben herausgearbeiteten Schutzkriterien – keine oder nur minimale Risiken und Belastungen für den Minderjährigen zur Folge haben[760]. Man kann solche Forschung auch nicht mit der Situation einer medizinisch nicht indizierten Sterilisation eines Minderjährigen, mit der Lebend-Organspende oder mit der Blutspende[761] vergleichen. Die hierfür entwickelten Rechtsgrundsätze lassen sich nicht auf Forschungseingriffe übertragen. Bei der Sterilisation und der Organspende sind die Risiken und Belastungen weitaus höher als bei Forschungseingriffen mit minimaler Belastung und minimalem Risiko. Die Blutspende läßt keine wesentlichen Fortschritte bei der Erkennung oder Behandlung einer Krankheit erwarten. Von der Unzulässigkeit solcher Eingriffe auf die Unzulässigkeit jeglicher nichttherapeutischer Forschungseingriffe zu schließen, wäre daher verfehlt[762]. Das oben unter § 5 B II genannte Beispiel der Blutentnahme beim Neugeborenen zur Bestimmung des Sauerstoffgehalts wäre daher mit Einwilligung der Eltern zulässig, wenn dadurch bedeutende Fortschritte bei der Behandlung frühgeborener Kinder erzielt werden können und wenn die weiteren Schutzkriterien, z. B. die Beratung durch die zuständige Ethikkommission, erfüllt sind.

---

757 OLG Hamm, FamRZ 1968, 568 ff.; MünchKomm-*Hinz*, § 1626 Rdnr. 44.

758 *Rixen*, MedR 1997, 351, 353.

759 *Staak/Uhlenbruck*, MedR 1984, 177, 183.

760 Dem entsprechen die Regelungen der Menschenrechtskonvention zur Biomedizin und der Stellungnahme der Zentralen Ethikkommission bei der Bundesärztekammer „Zum Schutz nichteinwilligungsfähiger Personen in der medizinischen Forschung“.

761 Vgl. *Kern*, FamRZ 1981, 738 ff.

762 So argumentieren allerdings *Staak/Uhlenbruck*, MedR 1984, 177, 183.

Im Ergebnis gelten damit hinsichtlich der materiellen Entscheidungskompetenz in bezug auf medizinische Forschungsuntersuchungen im Verhältnis Eltern-Kind die gleichen Grundsätze wie im oben dargestellten Verhältnis eines einwilligungsunfähigen Erwachsenen zu dessen gesetzlichem Vertreter. Nichttherapeutische Forschung ist daher ausnahmsweise zulässig, wenn sämtliche zuvor herausgearbeiteten Schutzbestimmungen eingehalten werden und die Eltern ihre Einwilligung erklärt haben. Wer dieses Ergebnis nicht billigt, sondern im Rahmen der medizinischen Forschung ausnahmslos eine therapeutische Notwendigkeit fordert, muß auch den Mut haben, den Eltern eines todkranken Kleinkindes offen zu sagen, daß ihr Wunsch, die Krankheit ihres Kindes möge doch wenigstens helfen, anderen Kindern dasselbe Schicksal zu ersparen, von seiten der Rechtsordnung selbst dann keinerlei Berücksichtigung finden kann, wenn die Belastung des eigenen Kindes durch eine Forschungsmaßnahme nur minimal ist[763]. Ein solches Ergebnis kann nicht hingenommen werden und hat zu Recht auch den Lenkungsausschuß für Bioethik des Europarats und die Zentrale Ethikkommission bei der Bundesärztekammer davon überzeugt, Forschung mit Einwilligungsunfähigen in eng umgrenzten Ausnahmefällen für ethisch und rechtlich vertretbar zu erachten.

2. *Mutmaßliche Einwilligung bei Minderjährigen*

Es wurde bereits darauf hingewiesen, daß der mutmaßlichen Einwilligung auf dem Gebiet medizinischer Forschungsuntersuchungen nur geringe Bedeutung zukommt. Forschungsvorhaben sind regelmäßig nicht so dringlich, als daß die Einwilligung des gesetzlichen Vertreters oder des Vormundschaftsgerichts nicht abgewartet werden könnte. Anders als beim nichteinwilligungsfähigen Erwachsenen ist beim Minderjährigen auf die mutmaßliche Einwilligung der gesetzlichen Vertreter, d. h. der Eltern abzustellen. Der Sache nach gelten insoweit allerdings die gleichen Grundsätze wie beim nichteinwilligungsfähigen Erwachsenen. Allenfalls Heilversuche in der Notfall- oder Intensivmedizin können durch mutmaßliche Einwilligung ausnahmsweise gerechtfertigt sein. Wenn aufgrund eines lebens- oder gesundheitsbedrohlichen Zustands ein längeres Abwarten ohne gravierende Nachteile für den Minderjährigen nicht möglich ist und es keine anerkannte Therapie mit gleich hohen Erfolgsaussichten gibt, kann der Arzt davon ausgehen, daß der Heilversuch dem mutmaßlichen Willen der Eltern entspricht.

3. *Die Berücksichtigung ablehnenden Verhaltens Minderjähriger*

Schließlich ist auch im Rahmen von Forschungsuntersuchungen mit Minderjährigen ablehnendes Verhalten grundsätzlich beachtlich. Zwangsbehandlungen gegen den natürlichen Willen des Minderjährigen sind nur in Ausnahmesituationen zur Abwehr schwerer Gefahren für das Leben oder für die Ge-

[763] *Taupitz/Fröhlich*, VersR 1997, 911, 914 f.

sundheit des Minderjährigen zulässig. Gem. § 1626 Abs. 2 S. 1 BGB haben die Eltern bei der Ausübung der elterlichen Sorge die Pflicht, das Kind zu selbständigem, verantwortungsbewußtem Handeln heranzuführen. § 1626 Abs. 2 S. 2 BGB ergänzt und erweitert diese Regelung durch Gebote zur Gesprächsbereitschaft und zum Bemühen um die Herstellung von Einvernehmen mit dem Kind[764]. Der Gesetzgeber bringt dadurch den eigentlich selbstverständlichen Erziehungsgrundsatz zum Ausdruck, daß die Eltern bei entsprechendem Entwicklungsstand des Kindes nicht mehr nur anordnen und befehlen sollen, sondern auf die Wünsche und Vorstellungen des Kindes möglichst eingehen sollen.

Auch wenn der Minderjährige nicht rechtswirksam in den medizinischen Eingriff einwilligen kann, ist er altersentsprechend in die Aufklärung und die Entscheidung über die Teilnahme an dem Forschungsvorhaben einzubeziehen. Die Anforderungsschwelle für die Annahme ablehnenden Verhaltens ist auch beim Minderjährigen niedrig anzusetzen, wenn das Forschungsvorhaben für den Minderjährigen selbst keinen therapeutischen Vorteil verspricht. Dabei ist auch hier wie beim einwilligungsunfähigen Erwachsenen zu berücksichtigen, daß bestimmte Verhaltensweisen alters- und entwicklungsbedingt als spontane Reaktion auf ärztliche Eingriffe normal sind. Zeigt der Minderjährige allerdings deutliche Abwehrreaktionen, etwa weil er besondere Angst vor Spritzen oder anderen – auch an sich ungefährlichen – medizinischen Instrumenten hat, so ist dieses Verhalten zu berücksichtigen und der (medizinisch nicht notwendige) Versuch abzubrechen, auch wenn der Eingriff als solcher keine Risiken beinhaltet.

IV. Zusammenfassung

Die Einwilligung einer nichteinwilligungsfähigen Person kann rechtlich keine Wirksamkeit entfalten. Deshalb ist sowohl bei nichteinwilligungsfähigen volljährigen Personen als auch bei Minderjährigen die Einwilligung eines *Vertreters* erforderlich. Einer einwilligungsunfähigen volljährigen Person ist ein Betreuer zu bestellen, dessen Aufgabengebiet die Einwilligung in medizinische Behandlungen (mit)umfaßt. Nur in Eil- und Notfällen kann unter Umständen eine *mutmaßliche Einwilligung* den Eingriff rechtfertigen, wenn die Entscheidung des gesetzlichen Vertreters nicht rechtzeitig eingeholt werden kann, das Interesse des Patienten bei objektiver Betrachtung unmittelbar durch die Maßnahme gefördert wird (was in der Regel allenfalls beim Heilversuch in Betracht kommt) und ausreichende Anhaltspunkte dafür vorliegen, daß die Teilnahme an medizinischer Forschung dem Willen der nichteinwilligungsfähigen Person entspricht.

Hinsichtlich der materiellen Entscheidungskompetenz des gesetzlichen Vertreters bestimmen die entsprechenden Vorschriften zur Pflichtenbindung

---

[764] MünchKomm-*Hinz*, § 1626 Rdnr. 62.

im Betreuungsrecht und im Recht der elterlichen Sorge, daß sich der Vertreter bei seinen Entscheidungen am „Wohl“ des Vertretenen zu orientieren hat. Etwaige Wünsche und Vorstellungen des Vertetenen sind jedoch im Rahmen verbliebener Fähigkeiten bzw. bei Minderjährigen im Rahmen ihres altersabhängigen Entwicklungsstandes vom Vertreter zu berücksichtigen. Auch geschäftsunfähige Personen können durchaus in der Lage sein, eigene Wünsche zu äußern.

Der Begriff des Wohls ist sowohl im Recht der elterlichen Sorge als auch im Betreuungsrecht nicht rein objektiv zu verstehen. Es ist damit durchaus möglich, daß der gesetzliche Vertreter für bestimmte Forschungsuntersuchungen, die keinen unmittelbaren Nutzen für den Versuchsteilnehmer versprechen, durchaus rechtswirksam „zum Wohl des Vertretenen“ zur Teilnahme an einer Forschungsuntersuchung einwilligen kann. Dies gilt insbesondere dann, wenn die Untersuchung nur mit minimalen Risiken und Belastungen für die Beteiligten verbunden ist und wenn sie entweder einen mittelbaren Nutzen für die an der Prüfung beteiligten Probanden erwarten läßt oder wenn die Forschungsergebnisse zumindest Personen der gleichen Alters- oder Krankheitsgruppe zugute kommen können.

Dem Selbstbestimmungsrecht der einwilligungsunfähigen Person wird am ehesten Rechnung getragen, wenn der Betroffene in noch einwilligungsfähigem Zustand darüber entscheidet, ob und inwieweit er an medizinischen Forschungsuntersuchungen teilnehmen möchte. Solche antizipierten Erklärungen kommen allerdings nur beim volljährigen Patienten in Betracht und beschränken sich regelmäßig auf Fälle des absehbaren Verlusts der Einwilligungsfähigkeit, was insbesondere bei progredient verlaufenden Demenzerkrankungen der Fall ist.

§ 6 Zusammenfassung der wesentlichen Ergebnisse

1. Auf dem Gebiet medizinischer Forschung unterscheidet man herkömmlicherweise den Heilversuch (therapeutischen Versuch) vom wissenschaftlichen (nichttherapeutischen) Versuch. Der Heilversuch ist ein Unterfall des Heileingriffs. Er ist auf das Heilen, Erkennen oder Verhüten von Krankheiten gerichtet. Der nichttherapeutische Versuch dient dagegen nicht der Behandlung eines Patienten, sondern ist auf die Gewinnung neuer medizinischer Erkenntnisse und Erfahrungen gerichtet.

2. Im Bereich außerhalb spezieller Gesetze sollte ausgehend von den beiden Grundtypen medizinischer Forschungseingriffe weiter unterschieden werden. Eine am individuellen Nutzen für den Patienten oder Probanden orientierte Unterscheidung ermöglicht eine differenzierte rechtliche und ethische Bewertung von Forschungsuntersuchungen am Menschen.

2. Jeder medizinische Heil- und Forschungseingriff, der in die körperliche Integrität des Patienten eingreift, stellt nach h. M. eine Körperverletzung dar und bedarf zur Rechtfertigung grundsätzlich der Einwilligung des Patienten. Auch nichtinvasive medizinische Heil- und Forschungseingriffe greifen zumindest in das allgemeine Persönlichkeitsrecht des Patienten bzw. Probanden ein und bedürfen deshalb der rechtfertigenden Einwilligung.

3. Die Einwilligung in den Heil- oder Forschungseingriff muß zeitlich vor der Vornahme des Eingriffs erklärt worden sein und zum Zeitpunkt des Eingriffs noch fortbestehen. Eine Einwilligungserklärung kann jederzeit widerrufen werden. Die Einwilligung muß ernstlich und frei von Willensmängeln sein. Sie setzt eine umfassende Aufklärung des Patienten voraus.

4. Die Einwilligungsfähigkeit richtet sich nach der natürlichen Einsichts-, Urteils- und Verständnisfähigkeit. Der Einwilligende muß in der Lage sein, Wesen, Bedeutung, Dringlichkeit und Tragweite des Eingriffs zumindest in groben Umrissen zu erkennen und das Für und Wider abzuwägen.

5. Die Einwilligungsfähigkeit des Minderjährigen bestimmt sich nach dessen vom individuellen Entwicklungsstand abhängigen kognitiven Fähigkeiten. Minderjährige unter 14 Jahren gelten grundsätzlich als einwilligungsunfähig im Hinblick auf ärztliche Eingriffe. Im Bereich zwischen 14 und 18 Jahren kommt es entscheidend auf die Art des Eingriffs und die individuellen Fähigkeiten des Jugendlichen an. Je mehr allerdings der Bereich der Standardbehandlung verlassen wird und je mehr man sich dem Bereich der reinen

Forschungseingriffe nähert, desto eher ist davon auszugehen, daß erst der Volljährige eine wirksame Einwilligung erklären kann.

6. Auch volljährige Patienten können einwilligungsunfähig sein. Innerhalb der Gruppe der Erwachsenen sind dies zum einen jene Patienten, die zeitweilig nicht einwilligungsfähig sind; dies betrifft insbesondere Patienten in der Notfall- und Intensivmedizin (Schädel-Hirn-Trauma, Polytrauma, Schlaganfall oder Delir). Zum anderen handelt es sich um Patienten, die dauerhaft nicht einwilligungsfähig sind, insbesondere Patienten mit schweren psychischen Erkrankungen mit stetigem und progredientem Verlauf (z. B. Demenzerkrankungen).

7. Die Bestellung eines Betreuers – auch wenn dieser mit dem Aufgabenkreis medizinische Heilbehandlungen oder medizinische Forschungen bestellt wird – hat keine Auswirkungen auf die Einwilligungsfähigkeit eines Patienten, sondern kann allenfalls Anlaß sein, besonders sorgfältig auf Anzeichen fehlender Einwilligungsfähigkeit zu achten.

8. Die Prüfung der Einwilligungsfähigkeit obliegt dem jeweils behandelnden Arzt bzw. dem ärztlichen Leiter einer medizinischen Studie. Der Arzt hat bei der Prüfung der Einwilligungsfähigkeit keinen Beurteilungsspielraum und keine Einschätzungsprärogative. Das Ergebnis der ärztlichen Beurteilung ist gerichtlich voll überprüfbar. Die irrige und nicht auf Fahrlässigkeit beruhende fehlerhafte Einschätzung der Einwilligungsfähigkeit eines Patienten kann aber den Arzt von der zivil- und strafrechtlichen Haftung befreien. Der Arzt ist verpflichtet, die Prüfung der Einwilligungsfähigkeit in Zweifelsfällen ordnungsgemäß und umfassend zu dokumentieren.

9. Spezialgesetzliche Regelungen zur medizinischen Forschung am Menschen finden sich im Arzneimittelgesetz, im Medizinproduktegesetz und – ergänzend – in der Strahlenschutzverordnung. Soweit solche Vorschriften bestehen, gehen sie im Rahmen ihres Anwendungsbereichs den allgemeinen gesetzlichen Bestimmungen des Zivil- und Strafrechts, aber auch den – weitgehend rechtlich unverbindlichen – internationalen Erklärungen und Richtlinien als *leges speciales* vor.

10. Nach dem Arzneimittelgesetz sind nichttherapeutische Versuche mit einwilligungsunfähigen *volljährigen* Probanden ausnahmslos unzulässig. Voraussetzung für jegliche nichttherapeutische Arzneimittelforschung ist die wirksame Einwilligung des einwilligungs- und geschäftsfähigen Probanden. Ein gesetzlicher Vertreter eines nichteinwilligungsfähigen Probanden hat im Anwendungsbereich des Arzneimittelgesetzes nicht das Recht, für diesen die Einwilligung in ein Forschungsvorhaben zu erklären.

11. Auch nichttherapeutische Versuche mit *minderjährigen* Probanden sind nach dem Arzneimittelgesetz grundsätzlich unzulässig, da § 40 Abs. 2 Nr. 1 AMG die Geschäftsfähigkeit *und* die Einwilligungsfähigkeit des Probanden fordert. In eng begrenzen Ausnahmefällen kann jedoch aufgrund der

Spezialregelung des § 40 Abs. 4 AMG die nichttherapeutische Arzneimittelforschung mit minderjährigen Probanden zulässig sein. Es muß sich dabei jedoch um Versuche mit Diagnose- oder Vorsorgemitteln handeln.

12. Grundsätzlich zulässig sind dagegen therapeutische Arzneimittelversuche mit nichteinwilligungsfähigen Personen (§ 41 Nr. 2 AMG). Neben den allgemeinen Schutzbestimmungen des § 40 AMG ist gem. § 41 AMG erforderlich, daß der gesetzliche Vertreter der nichteinwilligungsfähigen Person für den nichteinwilligungsfähigen Patienten einwilligt (§ 41 Nr. 3 AMG).

13. Das Medizinproduktegesetz entspricht in seinen Regelungen zur klinischen Forschung am Menschen im wesentlichen den Regelungen des Arzneimittelgesetzes (§§ 17-19 MPG). Anders als das AMG läßt das MPG aufgrund einer fehlerhaften Richtlinienumsetzung allerdings auch freie Ethikkommissionen zur Begutachtung zu (§ 17 Abs. 7 MPG). Eine Korrektur und Angleichung an die Vorschrift des AMG, wonach nur öffentlich-rechtliche Ethikkommissionen zur Begutachtung zugelassen sind, ist dringend angezeigt.

14. Die Strahlenschutzverordnung enthält in den §§ 41 und 42 besondere Bestimmungen zur medizinischen Forschung im Zusammenhang mit dem Einsatz radioaktiver Substanzen und ionisierender Strahlung. Nichttherapeutische Forschung mit einwilligungsunfähigen Personen ist danach ausnahmslos untersagt. Therapeutische Forschung ist dagegen bei Einhaltung der maßgeblichen Strahlenschutzbestimmungen auch mit einwilligungsunfähigen Patienten grundsätzlich zulässig.

15. Eine analoge Anwendung der Vorschriften des Arzneimittel- und Medizinprodukterechts auf Forschungseingriffe *außerhalb* ihres speziellen Anwendungsbereichs kann methodisch nicht überzeugen. Zutreffender ist der Ansatz, Bereiche außerhalb spezialgesetzlicher Bestimmungen nicht ohne weiteres einer entsprechenden Anwendung dieser Bestimmungen zu unterwerfen, sondern nach allgemeinen Rechtsgrundsätzen für medizinische Forschungseingriffe am Menschen zu suchen. Ergänzend und erläuternd sind die von ärztlichen Organisationen und Ethikkommissionen entwickelten Stellungnahmen, Erklärungen und Deklarationen heranzuziehen.

16. Die am 19.11.1996 vom Europarat verabschiedete „Menschenrechtskonvention zur Biomedizin“ enthält in Art. 6 und 17 Bestimmungen, nach denen unter engen Voraussetzungen auch nichteinwilligungsfähige Personen in medizinische Forschungsvorhaben einbezogen werden können. Die Bundesrepublik Deutschland sollte sich durch Unterzeichnung der Konvention und der dadurch eröffneten Möglichkeit zu aktiver Mitarbeit an künftigen Änderungen sowie an den Zusatzprotokollen zu einem gemeinsamen europäischen Mindestschutzniveau bekennen.

17. Alle Bestimmungen zum Schutz nichteinwilligungsfähiger Personen bei medizinischen Forschungsvorhaben lassen sich systematisch in drei Gruppen einteilen. Zu unterscheiden sind objektive Kriterien zum Schutz der Ver-

suchsteilnehmer, subjektive, auf das individuelle Selbstbestimmungsrecht des Betroffenen ausgerichtete Schutzkriterien sowie verfahrensförmige Sicherungen.

18. Die umfassende ärztliche Aufklärung stellt eine unverzichtbare Zulässigkeitsvoraussetzung für jede medizinische Forschungsuntersuchung am Menschen dar. Die allgemeinen arztrechtlichen Grundsätze zur Aufklärungspflicht lassen sich grundsätzlich auf Forschungsuntersuchungen entsprechend übertragen. Bei nichteinwilligungsfähigen Personen richtet sich die Aufklärung in erster Line an deren gesetzliche oder gewillkürte Vertreter, wobei allerdings auch der nichteinwilligungsfähige Patient oder Proband soweit wie möglich im Rahmen seiner Fähigkeiten in das Aufklärungsgespräch einzubeziehen ist.

19. Wesentliche Voraussetzung einer zulässigen Forschungsuntersuchung mit nichteinwilligungsfähigen Personen ist eine umfassende und konsequente Nutzen-Risiko-Abwägung. Forschung ohne unmittelbaren therapeutischen Nutzen kann daher – bei Einhaltung der übrigen Schutzkriterien – zulässig sein, wenn es sich um Untersuchungen und Eingriffe mit allenfalls minimalem Risiko und minimaler Belastung für den Patienten oder Probanden handelt.

20. Nichttherapeutische Forschung ist zudem nur dann zu rechtfertigen, wenn die Untersuchung neue, wesentliche Erkenntnisse im Hinblick auf die Erkennung, Aufklärung oder Behandlung einer Krankheit erwarten läßt. Eine reine hypothesengenerierende Suchforschung mit nichteinwilligungsfähigen Personen ist nicht zulässig.

21. Der verfahrensmäßigen Absicherung dient die gesetzlich und nach Standesrecht bestehende Verpflichtung, sich vor der Durchführung von Forschungsuntersuchungen durch eine medizinische Ethikkommission umfassend beraten zu lassen. Angesichts der besonderen Schutzbedürftigkeit nichteinwilligungsfähiger Personen sollten – entsprechend den Bestimmungen der Menschenrechtskonvention zur Biomedizin – Forschungsvorhaben, die keinen unmittelbaren Nutzen für den Einwilligungsfähigen erwarten lassen, nur dann zulässig sein, wenn die zuständige Ethikkommission das Forschungsvorhaben zustimmend beurteilt hat.

22. Die Einwilligung in ein medizinisches Forschungsvorhaben wird bei nichteinwilligungsfähigen Personen (volljährigen und minderjährigen) regelmäßig durch den gesetzlichen Vertreter erklärt.

23. Beim *volljährigen* Patienten/Probanden ist ein Betreuer zu bestellen, dessen Aufgabenkreis ausdrücklich auch die Entscheidung über die Einwilligung in eine medizinische Forschungsuntersuchung umfassen sollte.

24. Die materielle Entscheidungskompetenz des Betreuers ist von der Bindung an das „Wohl“ des Betreuten geprägt (§ 1901 Abs. 1 S. 1 BGB). Der Begriff des Wohls ist im Betreuungsrecht nicht rein objektiv zu verstehen, sondern enthält zugleich subjektive, individuell auf die Person des Betreuten

bezogene Elemente. Was im Einzelfall dem Wohl eines Menschen entspricht, ist immer von seiner konkreten Lebenssituation, einer etwaigen Krankheit oder Behinderung sowie den inneren und äußeren Möglichkeiten der Person abhängig.

25. Forschung mit möglichem mittelbarem Nutzen für den Betreuten oder Forschung, durch deren Erkenntnisse voraussichtlich nicht (oder nicht mehr) der Betroffene selbst, immerhin aber andere Personen, die sich in der gleichen Altersgruppe wie der Betroffene befinden oder die von der gleichen Krankheit oder Störung betroffen sind (Forschung mit zumindest „gruppenspezifischem Nutzen"), kann im Einzelfall dem Wohl der betreuten Person entsprechen.

26. Bestimmte, besonders gefährliche medizinische Eingriffe bei Betreuten bedürfen gem. § 1904 BGB der Genehmigung des Vormundschaftsgerichts. Hierunter fallen auch medizinische Forschungseingriffe, allerdings nur, wenn sie die genannten hohen Risiken mit sich bringen. Eine Ausdehnung der Genehmigungspflicht auf sämtliche medizinischen Heil- oder Forschungseingriffe ist nicht geboten.

27. Ablehnendes Verhalten nichteinwilligungsfähiger Personen ist im Rahmen medizinischer Forschungsuntersuchungen, die keinen direkten therapeutischen Nutzen erwarten lassen, stets zu respektieren und muß zum sofortigen Abbruch der Untersuchung führen. Eine Zwangsbehandlung ist hier nicht möglich.

28. Als bedeutsame Möglichkeiten zur Stärkung des Selbstbestimmungsrechts nichteinwilligungsfähiger Personen bei medizinischen Forschungseingriffen besteht die Möglichkeit zur Abfassung von Patientenverfügungen, Betreuungsverfügungen oder der Benennung eines Stellvertreters in gesundheitlichen Angelegenheiten.

29. Patientenverfügungen kommen insbesondere bei Patienten in Betracht, bei denen ein krankheitsbedingter Verlust der Einwilligungsfähigkeit sicher oder wahrscheinlich ist, was insbesondere bei progredient verlaufenden Demenzerkrankungen der Fall ist.

30. Durch die Betreuungsverfügung wird die Möglichkeit geschaffen, in einwilligungsfähigem Zustand Wünsche zur näheren Ausgestaltung eines bestehenden oder künftigen Betreuungsverhältnisses zu äußern.

31. Die Bevollmächtigung in Gesundheitsangelegenheiten ist durch das Betreuungsrechtsänderungsgesetz vom 25.6.1998 nunmehr gesetzlich anerkannt. Damit wird auch die Möglichkeit eröffnet, einen Vertreter für die Einwilligung in medizinische Forschungseingriffe zu bestellen. Eine rechtswirksame Bevollmächtigung erfordert allerdings, daß sich die Vollmacht ausdrücklich auch auf Forschungseingriffe bezieht.

32. Bei *minderjährigen* Patienten und Probanden gilt: Auch im Rahmen des Rechts der elterlichen Sorge ist der Begriff des „Wohls" (Kindeswohls) nicht rein objektiv zu verstehen. Die Entscheidungsbefugnis der Eltern als

gesetzlicher Vertreter wird zudem von dem grundrechtlich geschützten Erziehungsrecht der Eltern mitgeprägt.

33. Bei Einhaltung aller Schutzkriterien, die auch für den volljährigen Patienten gelten (insbesondere der Beratung durch die zuständige Ethikkommission sowie nach umfassender Nutzen-Risiko-Abwägung), können auch die Eltern befugt sein, für den Minderjährigen die Einwilligung in Forschungsuntersuchungen mit minimalen Risiken und Belastungen zu erklären. Etwaige Wünsche und Vorstellungen des Minderjährigen sind im Rahmen des altersabhängigen Entwicklungsstandes vom Vertreter zu berücksichtigen.

Anhang

A. Synoptische Übersicht zu den Schutzkriterien bei der biomedizinischen Forschung am Menschen

Abkürzungen

AMG = Arzneimittelgesetz
MPG = Medizinproduktegesetz
RDH = Revidierte Deklaration des Weltärtebundes von Helsinki/Somerset West
MRK = Menschenrechtskonvention zur Biomedizin des Europarats
ZEK = Stellungnahme der Zentralen Ethikkommission bei der Bundesärztekammer

Tabelle 1. Klinische Forschung mit einwilligungsfähigen Personen

	Therapeutischer Versuch (Heilversuch)	**Nichttherapeutischer Versuch (Experiment)**
Nutzen-Risiko-Abwägung	AMG § 40 Abs. 1 S. 1 Nr. 1 MPG § 17 Abs. 1 Nr. 1 RDH Ziff. I, 4, 5; II, 2 MRK Art. 16 ii)	AMG § 40 Abs. 1 S. 1 Nr. 1 MPG § 17 Abs. 1 Nr. 1; RDH Ziff. I, 4; III, 4 MRK Art. 16 ii)
Einwilligung nach Aufklärung	AMG § 40 Abs. 1 S. 1 Nr.2; § 41 Nr. 6 MPG § 17 Abs. 1 Nr. 2; § 18 Nr. 4 RDH Ziff. I, 9 MRK Art. 16 v) iVm Art. 5	AMG § 40 Abs. 1 S. 1 Nr. 2 MPG § 17 Abs. 1 Nr. 2 RDH Ziff. III, 2 MRK Art. 16 v) iVm Art. 5
Mutmaßliche Einwilligung	AMG § 41 Nr. 7 MPG § 18 Nr. 5 RDH Ziff. II, 5 MRK Art. 8	AMG --- MPG --- RDH --- MRK ---
Aufklärung über Rechte	AMG --- MPG --- RDH --- MRK Art. 16 iv)	AMG --- MPG --- RDH --- MRK Art. 16 iv)
Abbruch auf Wunsch jederzeit möglich	AMG § 40 Abs. 2 S. 2 MPG § 17 Abs. 2 S. 2 RDH Ziff. I, 9 MRK ---	AMG § 40 Abs. 2 S. 2 MPG § 17 Abs. 2 S. 2 RDH Ziff. I, 9 MRK ---
Ablehnung darf Arzt-Patienten-Beziehung nicht beeinträchtigen	AMG --- MPG --- RDH Ziff. II, 4 MRK ---	AMG --- MPG --- RDH --- MRK ---
Besonderer Schutz bei möglichem Abhängigkeitsverhältnis	AMG[1] § 40 Abs. 1 S. 1 Nr. 3 MPG[1] § 17 Abs. 1 Nr. 3 RDH[2] Ziff. I, 10; II, 6 MRK ---	AMG[1] § 40 Abs. 1 S. 1 Nr. 3 MPG[1] § 17 Abs. 1 Nr. 3 RDH[2] Ziff. I, 10 MRK ---

---

[1] Der Proband/Patient darf nicht in einer Anstalt untergebracht sein.

[2] Die Einwilligung sollte von einem Arzt eingeholt werden, der mit dem Versuch nicht befaßt ist und außerhalb eines etwaigen Abhängigkeitsverhältnisses steht.

	Therapeutischer Versuch (Heilversuch)	Nichttherapeutischer Versuch (Experiment)
Versuchsprotokoll/ Prüfplan	AMG § 40 Abs. 1 S. 1 Nr. 6 MPG § 17 Abs. 1 Nr. 8 RDH Ziff. I, 2, 12 MRK ---	AMG § 40 Abs. 1 S. 1 Nr. 6 MPG § 17 Abs. 1 Nr. 8 RDH Ziff. I, 2, 12 MRK ---
Ethische Erwägungen im Versuchsprotokoll	AMG --- MPG --- RDH Ziff. I, 12 MRK ---	AMG --- MPG --- RDH Ziff. I, 12 MRK ---
Qualifikation des Prüfarztes	AMG § 40 Abs. 1 S. 1 Nr. 4 MPG § 17 Abs. 1 Nr. 4 RDH Ziff. I, 3 MRK ---	AMG § 40 Abs. 1 S. 1 Nr. 4 MPG § 17 Abs. 1 Nr. 4 RDH Ziff. I, 3 MRK ---
Behördliches Verfahren	AMG § 40 Abs. 1 S. 1 Nr. 6 MPG § 17 Abs. 6 RDH --- MRK ---	AMG § 40 Abs. 1 S. 1 Nr. 6 MPG § 17 Abs. 6 RDH --- MRK ---
Vorherige Sicherheitsprüfung	AMG § 40 Abs. 1 S. 1 Nr. 5 MPG § 17 Abs. 1 Nr. 5, 6 RDH --- MRK ---	AMG § 40 Abs. 1 S. 1 Nr. 5 MPG § 17 Abs. 1 Nr. 5, 6 RDH --- MRK ---
Probandenversicherung	AMG § 40 Abs. 1 S. 1 Nr. 8; Abs. 3 MPG § 17 Abs. 1 Nr. 9; Abs. 3 RDH --- MRK ---	AMG § 40 Abs. 1 S. 1 Nr. 8; Abs. 3 MPG § 17 Abs. 1 Nr. 9; Abs. 3 RDH --- MRK ---
Pflicht zum Abbruch bei Gefahrensituationen	AMG[3] --- MPG --- RDH Ziff. I, 7 MRK ---	AMG[3] --- MPG --- RDH Ziff. III, 3 MRK ---
Keine Alternative zu Forschung am Menschen	AMG --- MPG --- RDH --- MRK Art. 16 i)	AMG --- MPG --- RDH --- MRK Art. 16 i)
Wahrung von Unversehrtheit und Privatsphäre	AMG --- MPG --- RDH Ziff. I, 6 MRK ---	AMG --- MPG --- RDH Ziff. I, 6 MRK ---
Veröffentlichungsverbot bei unzulässigen Versuchen	AMG --- MPG --- RDH Ziff. I, 8 MRK ---	AMG --- MPG --- RDH Ziff. I, 8 MRK ---

---

[3] Die Ethikkommission ist allerdings über alle schwerwiegenden oder unerwarteten unerwünschten Ereignisse zu unterrichten (§ 40 Abs. 1 S. 3 AMG).

Tabelle 2. Ergänzende Schutzkriterien zu klinischer Forschung mit nichteinwilligungsfähigen Personen

	Therapeutischer Versuch (Heilversuch)	Nichttherapeutischer Versuch (Experiment)
Beschränkung auf diagnostische und prophylaktische Forschung mit Minderjährigen	AMG --- MPG --- RDH --- MRK --- ZEK ---	AMG § 40 Abs. 4 Nr. 1, 2 MPG § 17 Abs. 4 Nr. 1, 2 RDH --- MRK --- ZEK ---
Keine Alternative zur Forschung mit Nichteinwilligungsfähigen	AMG --- MPG --- RDH --- MRK Art. 17 Abs. 1 iii) ZEK ---	AMG § 40 Abs. 4 Nr. 3 MPG § 17 Abs. 4 Nr. 3 RDH --- MRK Art. 17 Abs. 1 iii) ZEK Ziff. III, 1. SpS
Einwilligung des gesetzlichen Vertreters	AMG § 41 Nr. 3 MPG § 18 Nr. 2 S. 2 RDH Ziff. I, 11 MRK Art. 17 Abs. 1 iv), Art. 6 Abs. 3 ZEK ---	AMG § 40 Abs. 4 Nr. 4 MPG § 17 Abs. 4 Nr. 4 RDH Ziff. I, 11 MRK Art. 17 Abs. 1 iv), Art. 6 Abs. 3 ZEK Ziff. III, 4. SpS
Schriftform der Einwilligung	AMG --- MPG --- RDH --- MRK Art. 17 Abs. 1 iv) ZEK ---	AMG § 40 Abs. 4 iVm Abs. 2 Nr. 2 MPG § 17 Abs. 4 iVm Abs. 2 Nr. 2 RDH --- MRK Art. 17 Abs. 1 iv) ZEK ---
Kein Widerspruch des Nichteinwilligungsfähigen/Minderjährigen	AMG § 41 Nr. 3 MPG § 18 Nr. 2 RDH Ziff. I, 11 MRK Art. 17 Abs. 1 v) ZEK ---	AMG § 40 Abs. 4 Nr. 4 S. 2 MPG § 17 Abs. 4 Nr. 4 S. 2 RDH Ziff. I, 11 MRK Art. 17 Abs. 1 v) ZEK Ziff. III, 5. SpS
Nur minimales Risiko/ minimale Belastung	AMG --- MPG --- RDH --- MRK --- ZEK ---	AMG --- MPG --- RDH --- MRK Art. 17 Abs. 2 ii) ZEK[4] Ziff. III, 7. SpS
Zumindest gruppenspezifischer Nutzen erwartet	AMG --- MPG --- RDH --- MRK --- ZEK ---	AMG[5] --- MPG[5] --- RDH --- MRK Art. 17 Abs. 2 i) ZEK Ziff. I, 3
Anerkennung der Vorab-Einwilligung (Patientenverfügung)	AMG --- MPG --- RDH --- MRK Art. 9 ZEK ---	AMG --- MPG --- RDH --- MRK Art. 9 ZEK Ziff. V Abs. 3

4 Nur für Fallgruppe 3 (gruppenspezifischer Nutzen).

5 Das Erfordernis der Gruppennützigkeit kommt allerdings durch die Beschränkung nichttherapeutischer Versuche auf Minderjährige zum Ausdruck.

B. Arzneimittelgesetz (Auszug)

Gesetz über den Verkehr mit Arzneimitteln (Arzneimittelgesetz) in der Fassung der Bekanntmachung vom 19. Oktober 1994 (BGBl. I S. 3018)

(...)

Sechster Abschnitt Schutz des Menschen bei der klinischen Prüfung

§ 40 Allgemeine Voraussetzungen

(1) Die klinische Prüfung eines Arzneimittels darf bei Menschen nur durchgeführt werden, wenn und solange

1. die Risiken, die mit ihr für die Person verbunden sind, bei der sie durchgeführt werden soll, gemessen an der voraussichtlichen Bedeutung des Arzneimittels für die Heilkunde ärztlich vertretbar sind,
2. die Person, bei der sie durchgeführt werden soll, ihre Einwilligung hierzu erteilt hat, nachdem sie durch einen Arzt über Wesen, Bedeutung und Tragweite der klinischen Prüfung aufgeklärt worden ist, und mit dieser Einwilligung zugleich erklärt, daß sie mit der im Rahmen der klinischen Prüfung erfolgenden Aufzeichnung von Krankheitsdaten und ihrer Weitergabe zur Überprüfung an den Auftraggeber, an die zuständige Überwachungsbehörde oder die zuständige Bundesoberbehörde einverstanden ist,
3. die Person, bei der sie durchgeführt werden soll, nicht auf gerichtliche oder behördliche Anordnung in einer Anstalt untergebracht ist,
4. sie von einem Arzt geleitet wird, der mindestens eine zweijährige Erfahrung in der klinischen Prüfung von Arzneimitteln nachweisen kann,
5. eine dem jeweiligen Stand der wissenschaftlichen Erkenntnisse entsprechende pharmakologisch-toxikologische Prüfung durchgeführt worden ist,
6. die Unterlagen über die pharmakologisch-toxikologische Prüfung, der dem jeweiligen Stand der wissenschaftlichen Erkenntnisse entsprechende Prüfplan mit Angabe von Prüfern und Prüforten und die Voten der Ethik-Kommissionen bei der zuständigen Bundesoberbehörde vorgelegt worden sind,
7. der Leiter der klinischen Prüfung durch einen für die pharmakologisch-toxikologische Prüfung verantwortlichen Wissenschaftler über die Ergebnisse der pharmakologisch-toxikologischen Prüfung und die voraussichtlich mit der klinischen Prüfung verbundenen Risiken informiert worden ist und
8. für den Fall, daß bei der Durchführung der klinischen Prüfung ein Mensch getötet oder der Körper oder die Gesundheit eines Menschen verletzt wird, eine Versicherung nach Maßgabe des Absatzes 3 besteht, die auch Leistungen gewährt, wenn kein anderer für den Schaden haftet.

Die klinische Prüfung eines Arzneimittels darf bei Menschen vorbehaltlich des Satzes 3 nur begonnen werden, wenn diese zuvor von einer nach Landesrecht gebildeten unabhängigen Ethik-Kommission zustimmend bewertet worden ist; Voraussetzung einer zustimmenden Bewertung ist die Einhaltung der Bedingungen in Satz 1. Soweit keine zustimmende Bewertung der Ethik-Kommission vorliegt, darf mit der klinischen Prüfung erst begonnen werden, wenn die zuständige Bundesoberbehörde innerhalb von 60 Tagen nach Eingang der Unterlagen nach Satz 1 Nr. 6 nicht widersprochen hat. Über alle schwerwiegenden oder unerwarteten unerwünschten Ereignisse, die während der Studie auftreten und die Sicherheit der Studienteilnehmer oder die Durchführung der Studie beeinträchtigen könnten, muß die Ethik-Kommission unterrichtet werden.

(2) Eine Einwilligung nach Absatz 1 Nr.2 ist nur wirksam, wenn die Person, die sie abgibt

1. geschäftsfähig und in der Lage ist, Wesen, Bedeutung und Tragweite der klinischen Prüfung einzusehen und ihren Willen hiernach zu bestimmen und
2. die Einwilligung selbst und schriftlich erteilt hat.

Eine Einwilligung kann jederzeit widerrufen werden.

(3) Die Versicherung nach Absatz 1 Nr.8 muß zugunsten der von der klinischen Prüfung betroffenen Person bei einem im Geltungsbereich dieses Gesetzes zum Geschäftsbetrieb zugelassenen Versicherer genommen werden. Ihr Umfang muß in einem angemessenen Verhältnis zu den mit der klinischen Prüfung verbundenen Risiken stehen und für den Fall des Todes oder der dauernden Erwerbsunfähigkeit mindestens eine Million Deutsche Mark betragen. Soweit aus der Versicherung geleistet wird, erlischt ein Anspruch auf Schadenersatz.

(4) Auf eine klinische Prüfung bei Minderjährigen finden die Absätze 1 bis 3 mit folgender Maßgabe Anwendung:

1. Das Arzneimittel muß zum Erkennen oder zum Verhüten von Krankheiten bei Minderjährigen bestimmt sein.
2. Die Anwendung des Arzneimittels muß nach den Erkenntnissen der medizinischen Wissenschaft angezeigt sein, um bei dem Minderjährigen Krankheiten zu erkennen oder ihn vor Krankheiten zu schützen.
3. Die klinische Prüfung an Erwachsenen darf nach den Erkenntnissen der medizinischen Wissenschaft keine ausreichenden Prüfergebnisse erwarten lassen.
4. Die Einwilligung wird durch den gesetzlichen Vertreter oder Pfleger abgegeben. Sie ist nur wirksam, wenn dieser durch einen Arzt über Wesen, Bedeutung und Tragweite der klinischen Prüfung aufgeklärt worden ist. Ist der Minderjährige in der Lage, Wesen, Bedeutung und Tragweite der klinischen Prüfung einzusehen und seinen Willen hiernach zu bestimmen, so ist auch seine schriftliche Einwilligung erforderlich.

(5) Das Bundesministerium wird ermächtigt, durch Rechtsverordnung mit Zustimmung des Bundesrates Regelungen zur Gewährleistung der ordnungsgemäßen Durchführung der klinischen Prüfung und der Erzielung dem wissenschaftlichen Erkenntnisstand entsprechender Unterlagen zu treffen. In der Rechtsverordnung können insbesondere die Aufgaben und Verantwortungsbereiche der Personen, die die klinische Prüfung veranlassen, durchführen oder kontrollieren, näher bestimmt und Anforderungen an das Führen und Aufbewahren von Nachweisen gestellt werden.

§ 41
Besondere Voraussetzungen

Auf eine klinische Prüfung bei einer Person, die an einer Krankheit leidet, zu deren Behebung das zu prüfende Arzneimittel angewendet werden soll, findet § 40 Abs. 1 bis 3 mit folgender Maßgabe Anwendung:

1. Die klinische Prüfung darf nur durchgeführt werden, wenn die Anwendung des zu prüfenden Arzneimittels nach den Erkenntnissen der medizinischen Wissenschaft angezeigt ist, um das Leben des Kranken zu retten, seine Gesundheit wiederherzustellen oder sein Leiden zu erleichtern.
2. Die klinische Prüfung darf auch bei einer Person, die geschäftsunfähig oder in der Geschäftsfähigkeit beschränkt ist, durchgeführt werden.
3. Ist eine geschäftsunfähige oder in der Geschäftsfähigkeit beschränkte Person in der Lage, Wesen, Bedeutung und Tragweite der klinischen Prüfung einzusehen und ihren Willen hiernach zu bestimmen, so bedarf die klinische Prüfung neben einer erforderlichen Einwilligung dieser Person der Einwilligung ihres gesetzlichen Vertreters.
4. Ist der Kranke nicht fähig, Wesen, Bedeutung und Tragweite der klinischen Prüfung einzusehen und seinen Willen hiernach zu bestimmen, so genügt die Einwilligung seines gesetzlichen Vertreters.
5. Die Einwilligung des gesetzlichen Vertreters ist nur wirksam, wenn dieser durch einen Arzt über Wesen, Bedeutung und Tragweite der klinischen Prüfung aufgeklärt worden ist. Auf den Widerruf findet § 40 Abs. 2 Satz 2 Anwendung. Der Einwilligung des gesetzlichen Vertreters bedarf es so lange nicht, als eine Behandlung ohne Aufschub erforderlich ist, um das Leben des Kranken zu retten, seine Gesundheit wiederherzustellen oder sein Leiden zu erleichtern, und eine Erklärung über die Einwilligung nicht herbeigeführt werden kann.
6. Die Einwilligung des Kranken, des gesetzlichen Vertreters[765] ist auch wirksam, wenn sie mündlich gegenüber dem behandelnden Arzt in Gegenwart eines Zeugen abgegeben wird.
7. Die Aufklärung und die Einwilligung des Kranken können in besonders schweren Fällen entfallen, wenn durch die Aufklärung der Behandlungserfolg nach der Nummer 1 gefährdet würde und ein entgegenstehender Wille des Kranken nicht erkennbar ist.

---

[765] Richtig müßte es heißen: „Die Einwilligung des Kranken oder des gesetzlichen Vertreters …“. Die fehlerhafte Formulierung ergibt sich daraus, daß nach Einführung des Betreuungsrechts der Passus „… oder Pflegers“ entfallen ist, ohne eine Angleichung des Textes im übrigen vorzunehmen.

§ 42
Ausnahmen

Die §§ 40 und 41 finden keine Anwendung bei Arzneimitteln im Sinne des § 2 Abs. 2 Nr.1 a, 3 und 4. § 40 Abs. 1 Nr.5 und 6 findet keine Anwendung auf klinische Prüfungen mit zugelassenen oder von der Zulassungspflicht freigestellten Arzneimitteln.

(...)

C. Medizinproduktegesetz (Auszug)

Gesetz über Medizinprodukte (Medizinproduktegesetz – MPG)
Vom 2. August 1994
(BGBl. I S. 1963)

(...)

Dritter Abschnitt
Klinische Prüfung

§ 17
Allgemeine Voraussetzungen zur klinischen Prüfung

(1) Die klinische Prüfung eines Medizinproduktes darf bei Menschen nur durchgeführt werden, wenn und solange

1. die Risiken, die mit ihr für die Person verbunden sind, bei der sie durchgeführt werden soll, gemessen an der voraussichtlichen Bedeutung des Medizinproduktes für die Heilkunde ärztlich vertretbar sind,
2. die Person, bei der sie durchgeführt werden soll, ihre Einwilligung hierzu erteilt hat, nachdem sie durch einen Arzt, bei für die Zahnheilkunde bestimmten Medizinprodukten auch durch einen Zahnarzt, über Wesen, Bedeutung und Tragweite der klinischen Prüfung aufgeklärt worden ist,
3. die Person, bei der sie durchgeführt werden soll, nicht auf gerichtliche oder behördliche Anordnung in einer Anstalt verwahrt ist,
4. sie von einem entsprechend qualifizierten und spezialisierten Arzt, bei für die Zahnheilkunde bestimmten Medizinprodukten auch von einem Zahnarzt, oder einer sonstigen entsprechend qualifizierten und befugten Person geleitet wird, die mindestens eine zweijährige Erfahrung in der klinischen Prüfung von Medizinprodukten nachweisen können,
5. soweit erforderlich, eine dem jeweiligen Stand der wissenschaftlichen Erkenntnisse entsprechende biologische Sicherheitsprüfung oder sonstige für die vorgesehene Zweckbestimmung des Medizinproduktes erforderliche Prüfung durchgeführt worden ist,
6. soweit erforderlich, die sicherheitstechnische Unbedenklichkeit für die Anwendung des Medizinproduktes unter Berücksichtigung des Standes der Technik sowie der Arbeitsschutz- und Unfallverhütungsvorschriften nachgewiesen wird,
7. der Leiter der klinische Prüfung über die Ergebnisse der biologischen Sicherheitsprüfung und der Prüfung der technischen Unbedenklichkeit sowie die voraussichtlich mit der klinischen Prüfung verbundenen Risiken informiert worden ist,
8. ein dem jeweiligen Stand der wissenschaftlichen Erkenntnisse entsprechender Prüfplan vorhanden ist und
9. für den Fall, daß bei der Durchführung der klinischen Prüfung ein Mensch getötet oder der Körper oder die Gesundheit eines Menschen verletzt oder beeinträchtigt wird, eine Versicherung nach Maßgabe des Absatzes 3 besteht, die auch Leistungen gewährt, wenn kein anderer für den Schaden haftet.

(2) Eine Einwilligung nach Absatz 1 Nr.2 ist nur wirksam, wenn die Person, die sie abgibt,

1. geschäftsfähig und in der Lage ist, Wesen, Bedeutung und Tragweite der klinischen Prüfung einzusehen und ihren Willen hiernach zu bestimmen, und
2. die Einwilligung selbst und schriftlich erteilt hat.

Eine Einwilligung kann jederzeit widerrufen werden.

(3) Die Versicherung nach Absatz 1 Nr.9 muß zugunsten der von der klinischen Prüfung betroffenen Person bei einem im Geltungsbereich dieses Gesetzes zum Geschäftsbetrieb zugelassenen Versicherer genommen werden. Ihr Umfang muß in einem angemessenen Verhältnis zu den mit der klinischen Prüfung verbundenen Risiken stehen und für den Fall des Todes oder der dauernden Erwerbsunfähigkeit mindestens eine Million Deutsche Mark betragen. Soweit aus der Versicherung geleistet wird, erlischt ein Anspruch auf Schadensersatz.

(4) Auf eine klinische Prüfung bei Minderjährigen finden die Absätze 1 bis 3 mit folgender Maßgabe Anwendung:

1. Das Medizinprodukt muß zum Erkennen oder zum Verhüten von Krankheiten bei Minderjährigen bestimmt sein.
2. Die Anwendung des Medizinproduktes muß nach den Erkenntnissen der medizinischen Wissenschaft angezeigt sein, um bei dem Minderjährigen Krankheiten zu erkennen oder ihn vor Krankheiten zu schützen.
3. Die klinische Prüfung an Erwachsenen darf nach den Erkenntnissen der medizinischen Wissenschaft keine ausreichenden Prüfergebnisse erwarten lassen.
4. Die Einwilligung wird durch den gesetzlichen Vertreter oder Betreuer abgegeben. Sie ist nur wirksam, wenn dieser durch einen Arzt, bei für die Zahnheilkunde bestimmten Medizinprodukten auch durch einen Zahnarzt, über Wesen, Bedeutung und Tragweite der klinischen Prüfung aufgeklärt worden ist. Ist der Minderjährige in der Lage, Wesen, Bedeutung und Tragweite der klinischen Prüfung einzusehen und seinen Willen hiernach zu bestimmen, so ist auch seine schriftliche Einwilligung erforderlich.

(5) Auf eine klinische Prüfung bei Schwangeren oder Stillenden finden die Absätze 1 bis 4 mit folgender Maßgabe Anwendung: Die klinische Prüfung darf nur durchgeführt werden, wenn

1. das Medizinprodukt dazu bestimmt ist, bei schwangeren oder stillenden Frauen oder bei einem ungeborenen Kind Krankheiten zu verhüten, zu erkennen, zu heilen oder zu lindern,
2. die Anwendung des Medizinproduktes nach den Erkenntnissen der medizinischen Wissenschaft angezeigt ist, um bei der schwangeren oder stillenden Frau oder bei einem ungeborenen Kind Krankheiten oder deren Verlauf zu erkennen, Krankheiten zu heilen oder zu lindern oder die schwangere oder stillende Frau oder das ungeborene Kind vor Krankheiten zu schützen,
3. nach den Erkenntnissen der medizinischen Wissenschaft die Durchführung der klinischen Prüfung für das ungeborene Kind keine unvertretbaren Risiken erwarten läßt und
4. die klinische Prüfung nach den Erkenntnissen der medizinischen Wissenschaft nur dann ausreichende Prüfungsergebnisse erwarten läßt, wenn sie an schwangeren oder stillenden Frauen durchgeführt wird.

(6) Mit der klinischen Prüfung darf erst dann im Geltungsbereich dieses Gesetzes, soweit in der Rechtsverordnung nach § 5 Abs. 2 oder einer anderen Rechtsvorschrift nichts anderes geregelt ist, begonnen werden, nachdem sie der zuständigen Behörde oder durch Rechtsverordnung gemäß § 26 Abs. 2 beauftragten Stelle angezeigt worden ist und eine zustimmende Stellungnahme einer Ethikkommission zu dem Prüfplan vorliegt. Bei multizentrischen Studien genügt ein Votum. Soweit keine zustimmende Stellungnahme einer Ethikkommission zu dem Prüfplan vorliegt, kann der Hersteller mit der betreffenden klinischen Prüfung nach Ablauf einer Frist von 60 Tagen nach der Anzeige gemäß Satz 1 beginnen, es sei denn, die zuständigen Behörden haben ihm innerhalb dieser Frist eine auf Gründe der öffentlichen Gesundheit oder der öffentlichen Ordnung gestützte gegenteilige Entscheidung mitgeteilt. Der Anzeige muß eine Erklärung zur klinischen Prüfung gemäß der Rechtsverordnung nach § 5 Abs. 2 beigefügt sein. Außerdem können in dieser Rechtsverordnung auch Fristen, die an Bedingungen gebunden sind und nicht mehr als 60 Tage betragen dürfen, festgelegt werden, nach deren Ablauf mit der klinischen Prüfung begonnen werden kann.

(7) Eine im Geltungsbereich dieses Gesetzes tätige Ethikkommission muß unabhängig, interdisziplinär besetzt und bei der zuständigen Bundesoberbehörde registriert sein. Ihre Aufgabe ist es, den Prüfplan mit den erforderlichen Unterlagen, insbesondere nach ethischen und rechtlichen Gesichtspunkten mit mindestens fünf Mitgliedern mündlich zu beraten. Eine Registrierung erfolgt nur, wenn in einer veröffentlichten Verfahrensordnung die Mitglieder, die aus medizinischen Sachverständigen und nicht medizinischen Mitgliedern bestehen und die erforderliche Fachkompetenz aufweisen, das Verfahren der Ethikkommission, die Anschrift und eine angemessene Vergütung aufgeführt sind.

§ 18
Besondere Voraussetzungen zur klinischen Prüfung

Auf eine klinische Prüfung bei einer Person, die an einer Krankheit leidet, zu deren Behebung das zu prüfende Medizinprodukt angewendet werden soll, findet § 17 Abs. 1 bis 3 sowie 6 und 7 mit folgender Maßgabe Anwendung:

1. Die klinische Prüfung darf nur durchgeführt werden, wenn die Anwendung des zu prüfenden Medizinproduktes nach den Erkenntnissen der medizinischen Wissenschaft angezeigt ist, um das Leben des Kranken zu retten, seine Gesundheit wiederherzustellen oder sein Leiden zu erleichtern.
2. Die klinische Prüfung darf auch bei einer Person, die geschäftsunfähig oder in der Geschäftsfähigkeit beschränkt ist, durchgeführt werden. Sie bedarf der Einwilligung des gesetzlichen Vertreters. Daneben bedarf es auch der Einwilligung des Vertretenen, wenn er in der Lage ist, Wesen, Bedeutung und Tragweite der klinischen Prüfung einzusehen und seinen Willen hiernach zu bestimmen.
3. Die Einwilligung des gesetzlichen Vertreters ist nur wirksam, wenn dieser durch einen Arzt, bei für die Zahnheilkunde bestimmten Medizinprodukten auch durch einen Zahnarzt, über Wesen, Bedeutung und Tragweite der klinischen Prüfung aufgeklärt worden ist. Auf den Widerruf findet § 17 Abs. 2 Satz 2 Anwendung. Der Einwilligung des gesetzlichen Vertreters bedarf es so lange nicht, als eine Behandlung ohne Aufschub erforderlich ist, um das Leben des Kranken zu retten, seine Gesundheit wiederherzustel-

len oder sein Leiden zu erleichtern, und eine Erklärung über die Einwilligung nicht herbeigeführt werden kann.

4. Die Einwilligung des Kranken oder des gesetzlichen Vertreters ist auch wirksam, wenn sie mündlich gegenüber dem behandelnden Arzt, bei für die Zahnheilkunde bestimmten Medizinprodukten auch gegenüber dem behandelnden Zahnarzt, in Gegenwart eines Zeugen abgegeben wird.
5. Die Aufklärung und die Einwilligung des Kranken oder seines gesetzlichen Vertreters können in besonders schweren Fällen entfallen, wenn durch die Aufklärung der Behandlungserfolg nach der Nummer 1 gefährdet würde und ein entgegenstehender Wille des Kranken nicht erkennbar ist.

§ 19
Ausnahmen zur klinischen Prüfung

Die Bestimmungen der §§ 17 und 18 finden keine Anwendung, wenn eine klinische Prüfung mit Medizinprodukten durchgeführt wird, die nach den §§ 8 bis 10e die CE-Kennzeichnung tragen dürfen, es sei denn, diese Prüfungen haben eine andere Zweckbestimmung des Medizinproduktes zum Inhalt als die, die in dem Konformitätsbewertungsverfahren, das zur Berechtigung zur Anbringung der CE-Kennzeichnung geführt hat, vorgesehen ist. Die Bestimmungen der Rechtsverordnung nach § 5 Abs. 2 sind entsprechend anzuwenden.

(...)

D. Strahlenschutzverordnung (Auszug)

Verordnung über den Schutz vor Schäden durch ionisierende Strahlen (Strahlenschutzverordnung – StrlSchVO) In der Neufassung vom 30. Juni 1989 BGBl. I S. 1321, 1926

(...)

§ 41
Anwendung radioaktiver Stoffe oder ionisierender Strahlen am Menschen in der medizinischen Forschung

(1) Dem Antrag auf Erteilung einer Genehmigung zum Umgang mit radioaktiven Stoffen für die Anwendung am Menschen in der medizinischen Forschung darf, falls im übrigen die Voraussetzungen für die Erteilung der Genehmigung nach § 3 Abs. 1 erfüllt sind, nur stattgegeben werden, wenn für die beantragte Art der Anwendung ein zwingendes Bedürfnis besteht. Dies ist dann der Fall, wenn eine vom Bundesgesundheitsamt eingesetzte Gutachtergruppe festgestellt hat, daß die bisherigen Forschungsergebnisse, die sonst ermittelten Befunde und die medizinischen Erkenntnisse nicht ausreichen und daß die Anwendung von radioaktiven Stoffen am Menschen zur Erreichung des Forschungszwecks notwendig ist. Dabei hat die Gutachtergruppe auch zu überprüfen, daß

1. die strahlenbedingten Risiken, die mit der Anwendung für den Probanden verbunden sind, gemessen an der voraussichtlichen Bedeutung der Ergebnisse für die Heilkunde und die medizinische Forschung ärztlich vertretbar sind,
2. die für die medizinische Forschung vorgesehenen Radionuklide dem Zweck der Forschung entsprechen und nicht durch Radionuklide ersetzt werden können, die zu einer geringeren Strahlenexposition für den Probanden führen,
3. die zur Anwendung gelangenden Aktivitäten nach dem Stand von Wissenschaft und Technik nicht weiter herabgesetzt werden können, ohne den Zweck des Forschungsvorhabens zu gefährden,
4. die Anzahl der Probanden auf das unbedingt notwendige Maß beschränkt wird,
5. eine ausreichende Abschätzung vorgenommen worden ist, daß bei der Anwendung der radioaktiven Stoffe an dem einzelnen Probanden die Grenzwerte der Anlage X Tabelle X 1 Spalte 4 nicht überschritten werden.

(2) Dem Antrag auf Erteilung einer Genehmigung darf im übrigen nur stattgegeben werden, wenn

1. sichergestellt ist, daß die Anwendung der radioaktiven Stoffe für die medizinische Forschung von einem Arzt geleitet wird, der eine mindestens zweijährige Erfahrung im Umgang mit radioaktiven Stoffen am Menschen nachweisen kann, auf dem Gebiet des Strahlenschutzes die erforderliche Fachkunde besitzt und während der Anwendung ständig erreichbar ist,
2. die nach dem Stand von Wissenschaft und Technik erforderlichen Meßgeräte, Kalibrierpräparate, Kalibrierlösungen und Kalibrierphantome vorhanden sind und ihre sachgerechte Anwendung sichergestellt ist,

3. die erforderliche Vorsorge für die Erfüllung gesetzlicher Schadensersatzverpflichtungen getroffen ist.

(3) An Personen, die auf gerichtliche oder behördliche Anordnung verwahrt sind, dürfen radioaktive Stoffe in der medizinischen Forschung nicht angewendet werden.

(4) Die Anwendung radioaktiver Stoffe an Probanden, die das 50. Lebensjahr nicht vollendet haben, ist nur zulässig, wenn die Unbedenklichkeit und eine besondere Notwendigkeit der Heranziehung solcher Personen gutachtlich nachgewiesen ist, um das Ziel der Anwendung radioaktiver Stoffe für die medizinische Forschung zu erreichen. An schwangeren und stillenden Frauen ist die Anwendung nicht zulässig.

(5) Der zuständigen Behörde ist eine schriftliche Erklärung des Probanden darüber vorzulegen, daß

1. er mit den Untersuchungen, die vor, während und nach der Anwendung zur Kontrolle und zur Erhaltung der Gesundheit erforderlich sind, einverstanden ist und
2. er mit der Mitteilung der durch die Anwendung der radioaktiven Stoffe erhaltenen Befunde an die zuständige Behörde einverstanden ist.

(6) Es ist dafür so sorgen, daß

1. der Proband seine Einwilligung persönlich und schriftlich erteilt. Die Einwilligung kann jederzeit formlos widerrufen werden. Vor der Einwilligung ist der Proband durch den das Forschungsvorhaben leitenden Arzt oder einen von diesem beauftragten Arzt über Wesen, Bedeutung, Tragweite und Risiken der Anwendung der radioaktiven Stoffe und über die Möglichkeit des Widerrufs aufzuklären. Der Proband ist zu befragen, ob an ihm bereits radioaktive Stoffe oder ionisierende Strahlen angewandt worden sind. Über die Aufklärung und die Befragung des Probanden ist eine Niederschrift zu fertigen. Die Einwilligung ist nur wirksam, wenn der Proband geschäftsfähig und in der Lage ist, das Risiko der Anwendung der radioaktiven Stoffe für sich einzusehen und seinen Willen hiernach zu bestimmen,
2. der Proband vor Beginn der Anwendung radioaktiver Stoffe ärztlich untersucht wird,
3. vor der Anwendung der radioaktiven Stoffe die Aktivität der in der Substanz enthaltenen Radionuklide und deren nicht an die Substanz gebundener Anteil bestimmt wird,
4. die in Absatz 1 Satz 3 Nr.5 genannten Dosisgrenzwerte nicht überschritten werden,
5. die Körperdosen durch geeignete Verfahren überwacht werden, wobei der Zeitpunkt der Verabfolgung und die Ergebnisse der Überwachungsmaßnahmen und die Befunde aufzuzeichnen, die Aufzeichnungen 30 Jahre aufzubewahren und auf Verlangen der zuständigen Behörde bei dieser zu hinterlegen sind.

(7) Der zuständigen Behörde und dem Bundesgesundheitsamt sind unverzüglich anzuzeigen

1. jede Überschreitung der Dosisgrenzwerte für die Anwendung radioaktiver Stoffe in der medizinischen Forschung unter Angabe der näheren Umstände,
2. der Abschluß der Anwendung radioaktiver Stoffe für die Durchführung eines Vorhabens in der medizinischen Forschung unter Angabe der erforderlichen Daten.

(8) Ist zu besorgen, daß ein Proband auf Grund einer Überschreitung der Dosisgrenzwerte für die Anwendung radioaktiver Stoffe in der medizinischen Forschung an der Gesundheit geschädigt wird, so hat die zuständige Behörde anzuordnen, daß er durch einen ermächtigten Arzt (§ 71) untersucht wird.

(9) Der zuständigen Behörde und dem Bundesgesundheitsamt ist nach Abschluß der Anwendung ein Abschlußbericht zu erstatten, aus dem die im Einzelfall ermittelten Körperdosen und die zur Berechnung der Körperdosen relevanten Daten hervorgehen.

(10) Die Absätze 1 bis 9 mit Ausnahme des Absatzes 2 Nr.3 sind neben dem Arzneimittelgesetz entsprechend anzuwenden

1. bei der klinischen Prüfung von radioaktiven Arzneimitteln und von mit radioaktiven Stoffen markierten Arzneimitteln sowie
2. bei in der klinischen Prüfung von Arzneimitteln benutzten Untersuchungsverfahren, bei denen radioaktive Stoffe angewendet werden.

(11) Die zuständige Behörde kann – mit Ausnahme der klinischen Prüfung von mit radioaktiven Stoffen markierten Arzneimitteln – im Einzelfall eine Überschreitung der Grenzwerte nach Absatz 1 Satz 3 Nr.5 zulassen, sofern hierfür ein besonderes Bedürfnis besteht. Die zugelassene Körperdosis darf dabei die Grenzwerte der Anlage X Tabelle X 1 Spalte 2 nur überschreiten, wenn eine klinische Prüfung von radioaktiven Arzneimitteln am Probanden gleichzeitig seiner Untersuchung oder Behandlung dient.

(12) Bei der Anwendung ionisierender Strahlen am Menschen in der medizinischen Forschung gelten, falls im übrigen die Voraussetzungen für die Erteilung einer Genehmigung nach § 7 des Atomgesetzes oder § 3 oder § 16 dieser Verordnung gegeben sind, Absatz 1 Satz 2 und 3 Nr. 1, 3 bis 5, Absatz 2 Nr.1 und 3, die Absätze 3 bis 6 Nr.1, 2, 4 und 5 sowie die Absätze 7 bis 9 und 11 entsprechend. Die nach dem Stand von Wissenschaft und Technik erforderlichen Meßgeräte müssen vorhanden und ihre sachgerechte Anwendung muß sichergestellt sein. Die ordnungsgemäße Funktion der Anlagen und die Einhaltung der dosisbestimmenden Parameter sind in jedem Einzelfall sicherzustellen.

§ 42
Anwendung radioaktiver Stoffe oder ionisierender Strahlen in der Heilkunde oder der Zahnheilkunde

(1) In Ausübung der Heilkunde oder Zahnheilkunde dürfen radioaktive Stoffe oder ionisierende Strahlen unmittelbar am Menschen nur angewandt werden, wenn dies aus ärztlicher Indikation geboten ist.

(2) Die Vorschriften über die Dosisgrenzwerte und die physikalische Strahlenschutzkontrolle gelten nicht für Personen, an denen in Ausübung der Heilkunde oder Zahnheilkunde radioaktive Stoffe oder ionisierende Strahlen angewandt werden.

(3) Die durch die ärztlichen Untersuchungen bedingte Strahlenexposition ist so weit einzuschränken, wie dies mit den Erfordernissen der medizinischen Wissenschaft zu vereinbaren ist. Ist bei bestehender Schwangerschaft eine Anwendung radioaktiver Stoffe oder ionisierender Strahlen aus ärztlicher Indikation geboten, sind alle Möglichkeiten einer Herabsetzung der Strahlenexposition der Leibesfrucht auszuschöpfen.

(4) Bei der Behandlung von Patienten mit radioaktiven Stoffen oder ionisierenden Strahlen muß Dosis und Dosisverteilung den Erfordernissen der medizinischen Wissenschaft entsprechen.

(5) Die bei der Anwendung von radioaktiven Stoffen und ionisierenden Strahlen zur Untersuchung oder Behandlung am Menschen verwendeten Geräte, Einrichtungen und Anlagen sind unbeschadet der Anforderungen des § 76 regelmäßig betriebsintern zur Qualitätssicherung zu überwachen. Umfang und Zeitpunkt der Überwachungsmaßnahmen sind aufzuzeichnen. Die Aufzeichnungen sind 10 Jahre aufzubewahren und der zuständigen Behörde auf Verlangen vorzulegen.

(6) Soweit es wegen der Besonderheit der verwendeten Geräte oder Einrichtungen erforderlich ist, kann die zuständige Behörde anordnen, daß bei der Anwendung radioaktiver Stoffe oder ionisierender Strahlen am Menschen entsprechend § 19 Abs. 2 Satz 1 ein weiterer Strahlenschutzbeauftragter bestellt wird.

(...)

E. Nürnberger Kodex 1947[766]

1. Die freiwillige Zustimmung der Versuchsperson ist unbedingt erforderlich, d. h., daß der Betreffende die gesetzmäßige Fähigkeit haben muß, seine Einwilligung zu geben; in der Lage sein muß, eine freie Entscheidung zu treffen, unbeeinflußt durch Gewalt, Betrug, List, Druck, Vortäuschung oder irgendeine andere Form der Beeinflussung oder des Zwanges; und genügend Kenntnis von und Einsicht in die Bestandteile des betreffenden Versuchs haben muß, um eine verständnisvolle und aufgeklärte Entscheidung treffen zu können. Diese letzte Bedingung macht es notwendig, daß der Versuchsperson vor der Annahme ihrer bejahenden Entscheidung das Wesen, die Länge und der Zweck des Versuches klargemacht werden sollen, alle Unannehmlichkeiten und Gefahren, welche mit Fug zu erwarten sind, und die Folgen für ihre Gesundheit oder ihre Person, welche sich aus der Teilnahme ergeben mögen.

   Die Pflicht und die Verantwortlichkeit, den Wert der Zustimmung festzusetzen, obliegt jedem, der den Versuch anordnet, leitet oder ihn durchführt. Dies sind persönliche Pflichten und persönliche Verantwortungen, welche nicht ungestraft auf andere übertragen werden können.
2. Der Versuch muß derart sein, daß fruchtbare Ergebnisse für das Wohl der Gesellschaft zu erwarten sind, welche nicht durch andere Forschungsmittel oder Methoden zu erlangen sind und welche ihrem Wesen nach nicht willkürlich und unnötig sind.
3. Der Versuch ist so zu planen und auf den Ergebnissen von Tierversuchen und einer Kenntnis des Wesens der Krankheit oder des sonstigen Problems aufzubauen, daß die vermutlichen Ergebnisse die Ausführung des Versuchs rechtfertigen.
4. Der Versuch ist so durchzuführen, daß alle unnötigen körperlichen und geistigen Leiden und Verletzungen vermieden werden.
5. Kein Versuch darf durchgeführt werden, wenn a priori ein Grund besteht für die Annahme, daß der Tod oder ein dauernder körperlicher Schaden eintreten wird, mit der Ausnahme vielleicht jener Versuche, bei welchen Versuchsleiter gleichzeitig als Versuchspersonen dienen.
6. Das Gefahrenmoment darf niemals die Grenzen überschreiten, welche sich aus der humanitären Bedeutung des zu lösenden Problems ergeben.
7. Angemessene Vorbereitungen sind zu machen und ausreichende Vorkehrungen zu treffen, um die Versuchspersonen gegen selbst die geringste Möglichkeit der Verletzung, der bleibenden gesundheitlichen Schädigung oder des Todes zu schützen.
8. Der Versuch darf nur von wissenschaftlich geschulten Personen durchgeführt werden. Die größte Geschicklichkeit und die größte Vorsicht müssen in allen Stufen des Versuches von denjenigen angewandt werden, die den Versuch leiten oder durchführen.

---

[766] NJW 1949, 377.

9. Während des Versuches muß der Versuchsperson freigestellt bleiben, den Versuch zu beenden, wenn sie körperlich oder geistig den Punkt erreicht hat, an dem ihr seine Fortsetzung unmöglich erscheint.
10. Im Verlauf des Versuches muß der Versuchsleiter jederzeit bereit bleiben, den Versuch einzustellen, wenn er bei Anwendung des von ihm geforderten guten Glaubens, besonderer Geschicklichkeit und Sorgfalt des Urteils Grund hat anzunehmen, daß eine Fortsetzung des Versuches eine Verletzung, eine bleibende gesundheitliche Schädigung oder den Tod der Versuchsperson herbeiführen könnte.

F. Nürnberger Kodex 1997

Internationale Ärzte für die Verhütung des Atomkrieges,
Ärzte in sozialer Verantwortung e. V. (IPPNW)
Nürnberger Kodex 1997
zum 50. Jahrestag der Verkündung des Urteils
im Nürnberger Ärzteprozeß und des Nürnberger Kodex[767]

Präambel

Im Gedenken an die Opfer gewissenloser Menschenversuche, des Massenmordes an psychisch kranken und behinderten Menschen und anderer Verbrechen gegen die Menschlichkeit, deren sich deutsche Ärztinnen und Ärzte im Nationalsozialismus schuldig gemacht haben, im Bewußtsein der Verantwortung, welche der Nürnberger Kodex von 1947 und die „Richtlinien für neuartige Heilbehandlung und für die Vornahme wissenschaftlicher Versuche am Menschen" von 1931 allen Forschern auferlegen, eingedenk der Ambivalenz des medizinischen Fortschritts und seiner möglichen Gefahren für die Menschlichkeit und getragen von dem Wunsch, Kranke und Heilkundige vor der Bedrohung durch kommerzielle und andere fremdnützige Interessen zu schützen, bekennen sich Ärztinnen und Ärzte sowie alle anderen Menschen, die durch ihre berufliche Tätigkeit in Beziehung zu Patienten stehen, zu ihrer persönlichen Verantwortung für das gesundheitliche Wohl des Individuums und zur Verwirklichung einer menschlichen Medizin und erklären:

1.
Voraussetzungen des Menschenversuches (Punkt 1 des Nürnberger Kodex von 1947)

„Die freiwillige Einwilligung der Versuchsperson ist unbedingt erforderlich. Das heißt, daß der Betreffende die anerkannte Fähigkeit haben muß, seine Einwilligung zu geben. Er muß in der Lage sein, eine freie Entscheidung zu treffen, unbeeinflußt durch Gewalt, Betrug, List, Druck, Vortäuschung oder irgendeine andere Form der Beeinflussung oder des Zwangs. Er muß genügend Kenntnis von und Einsicht in die wesentlichen Fakten des betreffenden Versuchs haben, um eine bestehende und aufgeklärte Entscheidung treffen zu können. Diese letzte Bedingung macht es notwendig, daß der Versuchsperson vor der Annahme ihrer zustimmenden Entscheidung das Wesen, die Dauer und der Zweck des Versuchs klargemacht werden; sowie die Methode und die Mittel, welche angewendet werden sollen, alle Unannehmlichkeiten und Gefahren, welche mit Fug zu erwarten sind, und die Folgen für ihre Gesundheit oder ihre Person, welche sich aus der Teilnahme ergeben mögen. Die Pflicht und die Verantwortlichkeit, den Wert der Zustimmung festzustellen, obliegt jedem, der den Versuch anordnet, leitet oder ihn durchführt. Dies sind persönliche Pflichten und persönliche Verantwortungen, welche nicht ungestraft auf andere übertragen werden können."

---

[767] EthikMed 1997, 165 ff.

2.
Der „informed consent“ als eine Grundlage des Gesundheitswesens

Die freiwillige und informierte Einwilligung des Patienten nach bestmöglicher Aufklärung („informed consent“) ist eine prinzipielle Grundlage aller Behandlungen im Gesundheitswesen, aller Heilversuche und aller medizinischen Experimente am Menschen. Nur im Falle von Notfallbehandlungen kann diese Zustimmung nachträglich eingeholt werden.

Alle medizinischen Versuche, die einen Nutzen für andere als die Versuchsperson haben sollen, bedürfen der freiwilligen und informierten Einwilligung im besonderen Maße. Anerkannte Heilbehandlungen, sowie Heilversuche, die einen Nutzen für die betroffene Person haben sollen, können bei nicht-einwilligungsfähigen Menschen durchgeführt werden, wenn ersatzweise die informierte Einwilligung des gesetzmäßigen Vertreters nach dessen bestmöglicher Aufklärung vorliegt. Sie dürfen aber nicht durchgeführt werden, wenn der Betroffene sich in Ausübung seines natürlichen Willens widersetzt. An nicht einwilligungsfähigen Menschen dürfen medizinische Versuche ohne Nutzen für die Betroffenen nicht durchgeführt werden. Sie sind an die persönliche, nicht ersetzbare Einwilligung gebunden. Einzige Ausnahme sind noch nicht einwilligungsfähige Kinder, die Wesen und Bedeutung des Versuches noch nicht zu beurteilen vermögen. Für sie können die gesetzlichen Vertreter die Einwilligung zu einem Medizinversuch geben.

Medizinversuche an Menschen in Gefängnissen oder psychiatrischen Einrichtungen sind unzulässig, auch wenn die Betroffenen einwilligungsfähig sind.

3.
Art des Menschenversuches

Die Achtung vor der Würde des Menschen ist oberstes Gebot jeder medizinischen Forschung; auch die Freiheit der Forschung findet hier ihre klaren Grenzen. Dies gilt sowohl für den Heilversuch als auch für das nicht-therapeutische Experiment. Für den Schutz von Versuchsteilnehmern muß umso entschiedener gesorgt werden, je abhängiger die betroffenen Personen sind und je weniger sie in der Lage sind, ihre Rechte selbst zu verteidigen. Dazu bedarf es unter anderem eines beständigen offenen Dialogs zwischen Versuchsleiter und Versuchsperson. Die volle Verantwortung für den Versuch bleibt stets beim Versuchsleiter.

Versuche am Menschen müssen stets so angelegt sein, daß sich von ihnen ein gesundheitlicher Gewinn für konkrete Personen oder -gruppen erwarten läßt, der durch andere Methoden nicht erreichbar ist. Die Versuchsergebnisse sind wahrheitsgetreu und vollständig zu veröffentlichen.

Menschenversuche müssen auf bekanntem Wissen aufbauen und dieses nutzen, um unnötige Versuche zu vermeiden. Unnötige körperliche Eingriffe und Belastungen müssen von den betroffenen Personen ferngehalten werden. Menschenversuche müssen so durchgeführt werden, daß die Versuchsteilnehmer jederzeit die Weiterführung des Versuchs verweigern können.

Die Entwicklung von Forschungspräferenzen und die Durchführung von Forschungsprojekten bedürfen gesellschaftlicher Transparenz. Wissenschaftler müssen sich frühzeitig mit den ethischen und sozialen Folgen ihres Tuns auseinandersetzen. Die Finanzierung von Forschungsprojekten muß von der Realisierung eines solchen begleitenden Dialogs mit der Öffentlichkeit abhängig gemacht werden.

Ethikkommissionen müssen in einem demokratischen Verfahren eingesetzt und nach paritätischem Prinzip nicht nur mit Fachleuten, sondern auch mit sachkundigen Laien, Vertretern von Betroffenenverbänden und Selbsthilfegruppen besetzt werden. Entscheidungen der Ethikkommissionen sind für die Antragsteller verbindlich.

4. Fortpflanzungsmedizin und Pränataldiagnostik

Medizinische und biotechnische Entwicklungen ermöglichen in zunehmendem Maße, Elternschaft, Schwangerschaft und Geburt technisch zu kontrollieren und zu manipulieren. Dadurch werden die Eltern einer großen Belastung ausgesetzt und schwangere Frauen mit Entscheidungszwängen konfrontiert. Die gesellschaftliche Tendenz zu einer „Eugenik von unten“ und die Aussonderung von Menschen mit zu erwartenden Behinderungen werden verstärkt.

Vorgeburtliche Untersuchungen, die gezielt nach Fehlbildungen oder genetischen Abweichungen beim Ungeborenen suchen, gehören nicht in die Routine der Schwangerenvorsorge. Vor Inanspruchnahme solcher Untersuchungen muß den Frauen eine von den Anbietern pränataler Diagnostik unabhängige Beratung zur Verfügung stehen, wobei die Konsequenzen der Untersuchung aufgedeckt werden. Werdenden Eltern muß das „Recht auf Nicht-Wissen“ erhalten bleiben, ohne daß sie soziale oder finanzielle Konsequenzen befürchten müssen.

Die Methoden der künstlichen Befruchtung dürfen nur angewandt werden, um langfristige und auf andere Weise nicht zu behandelnde Unfruchtbarkeit zu beheben. Nicht zulässig ist die Präimplantationsdiagnostik zur Selektion von Embryonen mit zu erwartenden Behinderungen. Ebenso sind die kommerzielle Beschaffung und Übertragung fremder Keimzellen und Embryonen sowie die Leihmutterschaft unzulässig. Abzulehnen ist auch die mißbräuchliche Verwendung menschlicher Embryonen zur verbrauchenden Forschung, zur Klonierung, zur Chimären- und Hybridbildung.

5. Gendiagnostik

Genetische Tests können individuelle gesundheitliche Risiken aufzeigen, aber auch Merkmale identifizieren, die zwar ohne eindeutigen Krankheitswert sind, aber einen stigmatisierenden Effekt haben. Sie können das Leben der betroffenen Menschen und ihrer Familien durch Vorhersagen schwer belasten.

Genetische Tests sind psychisch invasive Eingriffe und streng an die informierte Einwilligung zu binden. Sie sollen nur dann durchgeführt werden, wenn sie ärztlich angezeigt sind und wenn die betroffenen Familienangehörigen ausführlich und sachkundig über die Konsequenzen eines belastenden Testergebnisses wie auch über Alternativen zur Testung beraten worden sind. Betroffene haben Anspruch auf soziale und psychologische Betreuung.

Gentests stellen Wissen zur Verfügung, dessen Vertraulichkeit gesichert sein muß. Ihr Gebrauch für kommerzielle oder bevölkerungspolitische Zwecke ist auszuschließen. So darf niemand genötigt werden, einen Gentest vornehmen zu lassen. Genetisches Wissen darf nicht in diskriminierender oder rassistischer Absicht verwendet werden.

6. Gentherapie

Der eingeengte Blick auf die Gene versperrt die Sicht auf die vielfältigen Facetten des Phänomens Krankheit, auf soziale und psychische Aspekte und krankmachende Konsum-, Arbeits- oder Umweltfaktoren. Die wissenschaftliche Erforschung des menschlichen Genoms kann dazu beitragen, Krankheiten ursächlich zu behandeln. Sie birgt aber auch die Gefahr der Menschenzüchtung sowie der Enteignung und kommerziellen Ausbeutung menschlicher Körpersubstanz in sich.

Die jetzt noch experimentelle somatische Gentherapie darf nur bei schweren Krankheiten und sorgfältigster wissenschaftlicher Prüfung der damit verbundenen Risiken sowie nach Ausschöpfung aller alternativen Behandlungsverfahren angewandt werden. Genetische Eingriffe in die Keimbahn des Menschen – seien sie Behandlungsabsicht oder Nebenwirkung somatischer Gentherapie – haben schwerwiegende, nicht absehbare Konsequenzen für nachfolgende Generationen. Sie sind deshalb nicht zu rechtfertigen.

Genetisches Wissen muß auch in Zukunft allen Menschen zur Verfügung stehen. Menschliche Gene werden entdeckt, nicht erfunden. Sie sind deshalb nicht patentierbar.

7. Transplantationsmedizin

Die Transplantation von Organen und Geweben darf zur Lebensrettung oder zur Behebung schwerer Leidens- oder Krankheitszustände angewandt werden. Transplantationen zu experimentellen Zwecken sind abzulehnen. Einen Anspruch auf fremde Organe oder fremdes Gewebe gibt es nicht.

Jeder Mensch hat auch über den Tod hinaus ein Recht, über seinen Körper selbst zu bestimmen. Die Spende eines Organs oder von Gewebe darf nur aufgrund freier, informierter und persönlicher Einwilligung und aus dem Motiv der Hilfsbereitschaft erfolgen. Eine Ersatzeinwilligung von Vertrauenspersonen ist dann gerechtfertigt, wenn diese von den Betroffenen ausdrücklich dazu beauftragt wurden. Die Verpflanzung von Organen und Geweben von Menschen, die ihre persönliche Einwilligung nicht gegeben haben oder die aus wirtschaftlicher Not zur Spende gezwungen waren, ist unzulässig. Eine Nachweispflicht über die freiwillige und informierte Einwilligung zur Entnahme muß international eingeführt werden.

Der Hirntod ist nicht mit dem vollendeten Tod des Menschen gleichzusetzen. Der Hirntod kann allenfalls als ein Entnahmekriterium für Organe auf der Basis der freiwilligen und informierten Einwilligung gelten. Die Organ- und Gewebsentnahme bei noch nicht einwilligungsfähigen Kindern ist an die freiwillige und informierte Einwilligung durch den gesetzlichen Vertreter gebunden. Menschen, die aufgrund ihres Alters selber einwilligen könnten, die aber einwilligungsunfähig sind wegen einer Erkrankung oder Behinderung, sind vor der Entnahme von Organen und Geweben, auch vor der Entnahme regenerierbaren Gewebes oder eines paarigen Organs geschützt.

Eine Transplantation von Gehirngewebe ist nicht zu rechtfertigen, wenn sie die geringste Gefahr in sich birgt, Individualität und Persönlichkeit des Menschen in Frage zu stellen. Die Transplantation von Fötalgewebe ist abzulehnen, weil sie auf die Entscheidung zum Schwangerschaftsabbruch Einfluß nehmen kann und verhindert, daß die für den Fötus schmerzloseste und für die Schwangere schonenste Methode des Schwangerschaftsabbruchs gewählt wird.

Der Handel mit Organen und Geweben ist durch internationale Übereinkommen zu unterbinden.

8.
Sterbebegleitung und Sterbehilfe

Sterben ist ein Teil des Lebens, in dem der Mensch besonderer liebevoll-mitfühlender Begleitung und leidensmindernder medizinischer Hilfe bedarf. Voraussetzung hierfür ist die bestmögliche Kommunikation zwischen dem Sterbenden und den Begleitpersonen sowie aller Begleitpersonen untereinander. Eine humane Medizin und ein humanes Gesundheitswesen geben Hilfen beim Sterben, aber keine Hilfe zum Sterben. Ziel ist es, ein Sterben in Würde zu ermöglichen.

Bei Menschen, bei denen der Tod in kurzer Zeit zu erwarten ist, können lebenserhaltende Maßnahmen abgebrochen oder unterlassen werden, wenn dies dem erklärten Willen, ersatzweise dem mutmaßlichen Willen des Betreffenden entspricht. Der mutmaßliche Wille kann nur aufgrund eines vorherigen ernsthaften Dialogs festgestellt werden. In Zweifelsfällen ist immer für den Lebenserhalt zu entscheiden.

Ebenso sind bei Vorliegen des erklärten oder des mutmaßlichen Willens leidensmindernde Maßnahmen, insbesondere eine angemessene Schmerztherapie zu ergreifen, auch wenn diese eine Lebensverkürzung bewirken könnten. Maßnahmen, deren Absetzung auch bei nicht Sterbenden zum Tode führen, wie Körperpflege, Freihalten der Atemwege, Flüssigkeitszufuhr und die jeweils notwendige Ernährung, sind in jedem Falle zu gewährleisten. Sie können nur durch den unmittelbar erklärten Willen des Betroffenen abgebrochen werden, nicht durch den mutmaßlichen Willen.

Maßnahmen mit dem Ziel der vorzeitigen Lebensbeendigung und die Hilfe bei der Selbsttötung sind strikt abzulehnen, auch wenn diese vom Patienten gewünscht werden. Unheilbar kranke Menschen, sowie Patienten im Wachkoma sind keine Sterbenden.

Alle Behandelnden, die Umgang mit unheilbar Kranken und Sterbenden haben, sind verpflichtet, sich palliativmedizinisch fortzubilden. Dies schließt die Befähigung ein, mit den Betroffenen in einen ehrlichen und einfühlsamen Dialog über ihr Befinden und über ihre Behandlung zu kommen.

9.
Medizin und Ökonomie

Menschen, die krank sind oder anderweitig Hilfe benötigen, haben das uneingeschränkte Recht auf gute Behandlung und Versorgung. Kranke und speziell chronisch kranke Menschen werden im Rahmen von Sparpolitik und Kosten-Nutzen-Rechnungen unvertretbaren sozialen Risiken ausgesetzt. Die Solidarität mit den kranken und schwachen Menschen ist der Gradmesser für die Menschlichkeit einer Gesellschaft. Das Leben von Menschen läßt sich nicht gegen andere Güter aufrechnen.

Für eine angemessene Gesundheitsversorgung und für die Sicherung des Sozialsystems sind die notwendigen Mittel bereitzustellen. Die Solidargemeinschaft ist so zu gestalten, daß die Versorgung der sozial Benachteiligten gerade in Krisenzeiten sichergestellt ist. Die Wahrung des Rechts auf gute medizinische Behandlung und Pflege des einzelnen Patienten verbietet es, die solidarischen Beitragspflichten der Gesunden zu reduzieren oder aufzuheben. Die im Gesundheitswesen tätigen Menschen weisen offen und selbstkritisch auf Mängel und Fehlentwicklungen hin und informieren über die Qualität ihrer Arbeit und deren Nutzen für die Patienten und die Gesellschaft.

Maßnahmen am Patienten, die nur kommerziellen Zwecken dienen, dürfen nicht durchgeführt werden.

10.
Medizin in einer Welt

Die im Gesundheitswesen tätigen Menschen tragen über nationale und ethische Grenzen hinweg Verantwortung für alle Kranken und Hilfesuchenden. Für die Opfer von Armut, Kriegen, Vertreibung und Folter sind medizinische, psychische und soziale Hilfen national und international auszubauen. Die im Gesundheitswesen tätigen Menschen beteiligen sich nicht an Maßnahmen, die Folterungen unterstützen, oder an der Vollstreckung von Todesurteilen.

Der Ausbeutung von Menschen im Namen der Medizin ist Einhalt zu gebieten. Die medizinische Versorgung der Mehrheit der Weltbevölkerung entspricht keineswegs dem erreichten Stand medizinischen Wissens. Der Fortschritt der Medizin muß sich auch an der Gerechtigkeit der Verteilung medizinischer Ressourcen messen lassen. Die Diskrepanz zwischen dem darniederliegenden Gesundheitswesen in zahlreichen armen Ländern und der teuren Hochleistungsmedizin in den reichen Staaten ist zum Wohle der armen Länder zu verringern, um für alle Menschen ein größtmögliches Maß an Gesundheit zu erreichen.

Nürnberg, am 20. August 1997

G. Revidierte Deklaration des Weltärztebundes von Helsinki

(Empfehlungen für Ärzte, die in der biomedizinischen Forschung am Menschen tätig sind), verabschiedet von der 48. Generalversammlung des Weltärztebundes, Somerset West, Republik Südafrika, Oktober 1996[768]

Vorwort

Aufgabe des Arztes ist die Erhaltung der Gesundheit des Menschen. Der Erfüllung dieser Aufgabe dient er mit seinem Wissen und Gewissen.

Die Genfer Deklaration des Weltärztebundes verpflichtet den Arzt mit den Worten: „Die Gesundheit meines Patienten soll mein vornehmstes Anliegen sein", und der internationale Codex für ärztliche Ethik legt fest: „Jegliche Handlung oder Beratung, die geeignet erscheinen, die physische oder psychische Widerstandskraft des Menschen zu schwächen, dürfen nur in seinem Interesse zur Anwendung gelangen".

Ziel der biomedizinischen Forschung am Menschen muß es sein, diagnostische, therapeutische und prophylaktische Verfahren sowie das Verständnis für die Aetiologie und Pathogenese der Krankheit zu verbessern.

In der medizinischen Praxis sind diagnostische, therapeutische oder prophylaktische Verfahren mit Risiken verbunden; dies gilt um so mehr für die biomedizinische Forschung am Menschen. Medizinischer Fortschritt beruht auf Forschung, die sich letztlich auch auf Versuche am Menschen stützen muß.

Bei der biomedizinischen Forschung am Menschen muß grundsätzlich unterschieden werden zwischen Versuchen, die im wesentlichen im Interesse des Patienten liegen und solchen die mit rein wissenschaftlichem Ziel ohne unmittelbaren diagnostischen oder therapeutischen Wert für die Versuchsperson sind.

Besondere Vorsicht muß bei der Durchführung von Versuchen walten, die die Umwelt in Mitleidenschaft ziehen können. Auf das Wohl der Versuchstiere muß Rücksicht genommen werden.

Da es notwendig ist, die Ergebnisse von Laborversuchen auch auf den Menschen anzuwenden, um die wissenschaftliche Erkenntnis zu fördern und der leidenden Menschheit zu helfen, hat der Weltärztebund die folgenden Empfehlungen als eine Leitlinie für jeden Arzt erarbeitet, der in der biomedizinischen Forschung tätig ist. Sie sollte in der Zukunft überprüft werden.

Es muß betont werden, daß diese Empfehlungen nur als Leitlinie für die Ärzte auf der ganzen Welt gedacht ist; kein Arzt ist von der straf-, zivil- und berufrechtlichen Verantwortlichkeit nach den Gesetzen seines Landes befreit.

---

[768] Original: Englisch. Offizielle deutschsprachige Ausgabe: Weltärztebund, Handbuch der Deklarationen, 17.C.

I.
Allgemeine Grundsätze

1. Biomedizinische Forschung am Menschen muß den allgemein anerkannten wissenschaftlichen Grundsätzen entsprechen; sie sollte auf ausreichende Laboratoriums- und Tierversuche sowie einer umfassenden Kenntnis der wissenschaftlichen Literatur aufbauen.
2. Die Planung und Durchführung eines jeden Versuches am Menschen sollte eindeutig in einem Versuchsprotokoll niedergelegt werden, welches einem besonders berufenen, vom Forschungsteam und Sponsor unabhängigen Ausschuß zur Beratung, Stellungnahme und Orientierung vorgelegt werden sollte. Dabei wird davon ausgegangen, daß dieser Ausschuß gemäß den Gesetzen oder Bestimmungen des Landes, in welchem der Versuch durchgeführt werden soll, anerkannt ist.
3. Biomedizinische Forschung am Menschen sollte nur von wissenschaftlich qualifizierten Personen und unter Aufsicht eines klinisch erfahrenen Arztes durchgeführt werden. Die Verantwortung für die Versuchsperson trägt stets ein Arzt und nie die Versuchsperson selbst, auch dann nicht, wenn sie ihr Einverständnis gegeben hat.
4. Biomedizinische Forschung am Menschen ist nur zulässig, wenn die Bedeutung des Versuchsziels in einem angemessenen Verhältnis zum Risiko für die Versuchsperson steht.
5. Jedem biomedizinischen Forschungsvorhaben am Menschen sollte eine sorgfältige Abschätzung der voraussehbaren Risiken im Vergleich zu dem voraussichtlichen Nutzen für die Versuchsperson oder anderen vorausgehen. Die Sorge um die Belange der Versuchsperson muß stets ausschlaggebend sein im Vergleich zu den Interessen der Wissenschaft und der Gesellschaft.
6. Das Recht der Versuchsperson auf Wahrung ihrer Unversehrtheit muß stets geachtet werden. Es sollte alles getan werden, um die Privatsphäre der Versuchsperson zu wahren; die Wirkung auf die körperliche und geistige Unversehrtheit sowie die Persönlichkeit der Versuchsperson sollte so gering wie möglich gehalten werden.
7. Der Arzt solle es unterlassen, bei Versuchen am Menschen tätig zu werden, Wenn er nicht überzeugt ist, daß das mit dem Versuch verbundene Wagnis für vorhersagbar gehalten wird. Der Arzt sollte den Versuch abbrechen, sobald sich herausstellt, daß das Wagnis den möglichen Nutzen übersteigt.
8. Der Arzt ist bei der Veröffentlichung der Versuchsergebnisse verpflichtet, die Befunde genau wiederzugeben. Berichte über Versuche, die nicht in Übereinstimmung mit den in dieser Deklaration niedergelegten Grundsätzen durchgeführt wurden, sollten nicht zur Veröffentlichung angenommen werden.
9. Bei jedem Versuch am Menschen muß jede Versuchsperson ausreichend über Absicht, Durchführung, erwarteten Nutzen und Risiken des Versuches sowie über möglicherweise damit verbundene Störungen des Wohlbefindens unterrichtet werden. Die Versuchsperson sollte darauf hingewiesen werden, daß es ihr freisteht, die Teilnahme am Versuch zu verweigern und daß sie jederzeit eine einmal gegebene Zustimmung widerrufen kann. Nach dieser Aufklärung sollte der Arzt die freiwillige Zustimmung der Versuchsperson einholen; die Erklärung sollte vorzugsweise schriftlich abgegeben werden.

10. Ist die Versuchsperson vom Arzt abhängig oder erfolgte die Zustimmung zu einem Versuch möglicherweise unter Druck, so soll der Arzt beim Einholen der Einwilligung nach Aufklärung besondere Vorsicht walten lassen. In einem solchen Fall sollte die Einwilligung durch einen Arzt eingeholt werden, der mit dem Versuch nicht befaßt ist und der außerhalb eines etwaigen Abhängigkeitsverhältnisses steht.

11. Ist die Versuchsperson nicht voll geschäftsfähig, sollte die Einwilligung nach Aufklärung vom gesetzlichen Vertreter entsprechend dem nationalen Recht eingeholt werden. Die Einwilligung des mit der Verantwortung betrauten Verwandten (darunter ist nach deutschem Recht der „Personensorgeberechtigte" zu verstehen) ersetzt die der Versuchsperson, wenn diese infolge körperlicher oder geistiger Behinderung nicht wirksam zustimmen kann oder minderjährig ist.

    Wenn das minderjährige Kind fähig ist, seine Zustimmung zu erteilen, so muß neben der Zustimmung des Personensorgeberechtigen auch die Zustimmung des Minderjährigen eingeholt werden.

12. Das Versuchsprotokoll sollte stets die ethischen Überlegungen im Zusammenhang mit der Durchführung des Versuchs darlegen und aufzeigen, daß die Grundsätze dieser Deklaration eingehalten werden.

II.
Medizinische Forschung in Verbindung mit ärztlicher Versorgung (Klinische Versuche)

1. Bei der Behandlung eines Kranken muß der Arzt die Freiheit haben, neue diagnostische und therapeutische Maßnahmen anzuwenden, wenn sie nach seinem Urteil die Hoffnung bieten, das Leben des Patienten zu retten, seine Gesundheit wiederherzustellen oder seine Leiden zu lindern.

2. Die mit der Anwendung eines neuen Verfahrens verbundenen möglichen Vorteile, Risiken und Störungen des Befindens sollten gegen die Vorzüge der bisher bestehenden diagnostischen und therapeutischen Methoden abgewogen werden.

3. Bei jedem medizinischen Versuch sollten alle Patienten – einschließlich die einer eventuell vorhandenen Kontrollgruppe – die beste erprobte diagnostische und therapeutischen Behandlung erhalten. Dies schließt nicht die Verwendung von reinen Placebos bei Versuchen aus, für die es kein erprobtes diagnostisches oder therapeutisches Verfahren gibt.

4. Die Weigerung eines Patienten, an einem Versuch teilzunehmen, darf niemals die Beziehung zwischen Arzt und Patient beeinträchtigen.

5. Wenn der Arzt es für unentbehrlich hält, auf die Einwilligung nach Aufklärung zu verzichten, sollten die besonderen Gründe für dieses Vorgehen in dem für den unabhängigen Ausschuß bestimmten Versuchsprotokoll niedergelegt werden.

6. Der Arzt kann medizinische Forschung mit dem Ziel der Gewinnung neuer wissenschaftlicher Erkenntnisse mit der ärztlichen Betreuung nur soweit verbinden, als diese medizinische Forschung durch ihren möglichen diagnostischen oder therapeutischen Wert für den Patienten gerechtfertigt ist.

III.
Nicht-therapeutische biomedizinische Forschung am Menschen

1. In der rein wissenschaftlichen Anwendung der medizinischen Forschung am Menschen ist es die Pflicht des Arztes, das Leben und die Gesundheit der Person zu schützen, an der biomedizinische Forschung durchgeführt wird.
2. Die Versuchspersonen sollten Freiwillige sein, entweder gesunde Personen oder Patienten, für die die Versuchsabsicht nicht mit ihrer Krankheit in Zusammenhang steht.
3. Der ärztliche Forscher oder das Forschungsteam sollten den Versuch abbrechen, wenn dies nach seinem oder ihrem Urteil im Falle der Fortführung dem Menschen schaden könnte.
4. Bei Versuchen am Menschen sollte das Interesse der Wissenschaft und der Gesellschaft niemals Vorrang vor den Erwägungen haben, die das Wohlbefinden der Versuchsperson betreffen.

H. Menschenrechtskonvention zur Biomedizin

Europarat
Übereinkommen zum Schutz der Menschenrechte und der Menschenwürde im Hinblick auf die Anwendung von Biologie und Medizin: Übereinkommen über Menschenrechte und Biomedizin[769]
Vom 4. April 1997

Präambel

Die Mitgliedstaaten des Europarats, die anderen Staaten und die Europäische Gemeinschaft, die dieses Übereinkommen unterzeichnen –

eingedenk der von der Generalversammlung der Vereinten Nationen am 10. Dezember 1948 verkündeten Allgemeinen Erklärung der Menschenrechte;

eingedenk der Konvention vom 4. November 1950 zum Schutze der Menschenrechte und Grundfreiheiten;

eingedenk der Europäischen Sozialcharta vom 18. Oktober 1961;

eingedenk des Internationalen Paktes über bürgerliche und politische Rechte und des Internationalen Paktes über wirtschaftliche, soziale und kulturelle Rechte vom 16. Dezember 1966;

eingedenk des Übereinkommens vom 28. Januar 1981 zum Schutz des Menschen bei der automatischen Verarbeitung personenbezogener Daten;

eingedenk auch des Übereinkommens vom 20. November 1989 über die Rechte des Kindes;

in der Erwägung, daß es das Ziel des Europarats ist, eine engere Verbindung zwischen seinen Mitgliedern herbeizuführen, und daß eines der Mittel zur Erreichung dieses Zieles darin besteht, die Menschenrechte und Grundfreiheiten zu wahren und fortzuentwickeln;

im Bewußtsein der raschen Entwicklung von Biologie und Medizin;

überzeugt von der Notwendigkeit, menschliche Lebewesen in ihrer Individualität und als Teil der Menschheit zu achten, und in der Erkenntnis, daß es wichtig ist, ihre Würde zu gewährleisten;

im Bewußtsein, daß der Mißbrauch von Biologie und Medizin zu Handlungen führen kann, welche die Menschenwürde gefährden;

bekräftigend, daß die Fortschritte in Biologie und Medizin zum Wohl der heutigen und der künftigen Generationen zu nutzen sind;

---

[769] Original: Englisch und Französisch (Abdruck: European Treaty Series/Série des traités européens Nr. 164). (Unverbindliche) deutsche Übersetzung aus der Informationsschrift des Bundesministeriums der Justiz: „Das Übereinkommen zum Schutz der Menschenrechte und der Menschenwürde im Hinblick auf die Anwendung von Biologie und Medizin – Übereinkommen über Menschenrechte und Biomedizin – des Europarats vom 4. April 1997", Januar 1998, Anhang 1.

betonend, daß internationale Zusammenarbeit notwendig ist, damit die gesamte Menschheit aus Biologie und Medizin Nutzen ziehen kann;

in Anerkennung der Bedeutung, die der Förderung einer öffentlichen Diskussion über Fragen im Zusammenhang mit der Anwendung von Biologie und Medizin und über die darauf zu gebenden Antworten zukommt;

von dem Wunsch geleitet, alle Mitglieder der Gesellschaft an ihre Rechte und ihre Verantwortung zu erinnern;

unter Berücksichtigung der Arbeiten der Parlamentarischen Versammlung auf diesem Gebiet, einschließlich der Empfehlung 1160 (1991) über die Ausarbeitung eines Übereinkommens über Bioethik;

entschlossen, im Hinblick auf die Anwendung von Biologie und Medizin die notwendigen Maßnahmen zu ergreifen, um den Schutz der Menschenwürde sowie der Grundrechte und Grundfreiheiten des Menschen zu gewährleisten –

sind wie folgt übereingekommen:

Kapitel I
Allgemeine Bestimmungen

Artikel 1
Gegenstand und Ziel

Die Vertragsparteien dieses Übereinkommens schützen die Würde und die Identität aller menschlichen Lebewesen und gewährleisten jedermann ohne Diskriminierung die Wahrung seiner Integrität sowie seiner sonstigen Grundrechte und Grundfreiheiten im Hinblick auf die Anwendung von Biologie und Medizin.

Jede Vertragspartei ergreift in ihrem internen Recht die notwendigen Maßnahmen, um diesem Übereinkommen Wirksamkeit zu verleihen.

Artikel 2
Vorrang des menschlichen Lebewesens

Das Interesse und das Wohl des menschlichen Lebewesens haben Vorrang gegenüber dem bloßen Interesse der Gesellschaft oder der Wissenschaft.

Artikel 3
Gleicher Zugang zur Gesundheitsversorgung

Die Vertragsparteien ergreifen unter Berücksichtigung der Gesundheitsbedürfnisse und der verfügbaren Mittel geeignete Maßnahmen, um in ihrem Zuständigkeitsbereich gleichen Zugang zu einer Gesundheitsversorgung von angemessener Qualität zu schaffen.

Artikel 4
Berufspflichten und Verhaltensregel

Jede Intervention im Gesundheitsbereich, einschließlich Forschung, muß nach den einschlägigen Rechtsvorschriften, Berufspflichten und Verhaltensregeln erfolgen.

Kapitel II
Einwilligung

Artikel 5
Allgemeine Regel

Eine Intervention im Gesundheitsbereich darf erst erfolgen, nachdem die betroffene Person über sie aufgeklärt worden ist und frei eingewilligt hat.

Die betroffene Person ist zuvor angemessen über Zweck und Art der Intervention sowie über deren Folgen und Risiken aufzuklären.

Die betroffene Person kann ihre Einwilligung jederzeit frei widerrufen.

Artikel 6
Schutz einwilligungsunfähiger Personen

(1) Bei einer einwilligungsunfähigen Person darf eine Intervention nur zu ihrem unmittelbaren Nutzen erfolgen; die Artikel 17 und 20 bleiben vorbehalten.

(2) Ist eine minderjährige Person von Rechts wegen nicht fähig, in eine Intervention einzuwilligen, so darf diese nur mit Einwilligung ihres gesetzlichen Vertreters oder einer von der Rechtsordnung dafür vorgesehenen Behörde, Person oder Stelle erfolgen.

Der Meinung der minderjährigen Person kommt mit zunehmendem Alter und zunehmender Reife immer mehr entscheidendes Gewicht zu.

(3) Ist eine volljährige Person aufgrund einer geistigen Behinderung, einer Krankheit oder aus ähnlichen Gründen von Rechts wegen nicht fähig, in eine Intervention einzuwilligen, so darf diese nur mit Einwilligung ihres gesetzlichen Vertreters oder einer von der Rechtsordnung dafür vorgesehenen Behörde, Person oder Stelle erfolgen.

Die betroffene Person ist soweit wie möglich in das Einwilligungsverfahren einzubeziehen.

(4) Der Vertreter, die Behörde, die Person oder die Stelle nach den Absätzen 2 und 3 ist in der in Artikel 5 vorgesehenen Weise aufzuklären.

(5) Die Einwilligung nach den Absätzen 2 und 3 kann im Interesse der betroffenen Person jederzeit widerrufen werden.

Artikel 7
Schutz von Personen mit psychischer Störung

Bei einer Person, die an einer schweren psychischen Störung leidet, darf eine Intervention zur Behandlung der psychischen Störung nur dann ohne ihre Einwilligung erfolgen, wenn ihr ohne die Behandlung ein ernster gesundheitlicher Schaden droht und die Rechtsordnung Schutz gewährleistet, der auch Aufsichts-, Kontroll- und Rechtsmittelverfahren umfaßt.

Artikel 8
Notfallsituation

Kann die Einwilligung wegen einer Notfallsituation nicht eingeholt werden, so darf jede Intervention, die im Interesse der Gesundheit der betroffenen Person medizinisch unerläßlich ist, umgehend erfolgen.

Artikel 9
Zu einem früheren Zeitpunkt geäußerte Wünsche

Kann ein Patient im Zeitpunkt der medizinischen Intervention seinen Willen nicht äußern, so sind die Wünsche zu berücksichtigen, die er früher im Hinblick auf eine solche Intervention geäußert hat.

Kapitel III
Privatsphäre und Recht auf Auskunft

Artikel 10
Privatsphäre und Recht auf Auskunft

(1) Jeder hat das Recht auf Wahrung der Privatsphäre in bezug auf Angaben über seine Gesundheit.

(2) Jeder hat das Recht auf Auskunft in bezug auf alle über seine Gesundheit gesammelten Angaben. Will jemand jedoch keine Kenntnis erhalten, so ist dieser Wunsch zu respektieren.

(3) Die Rechtsordnung kann vorsehen, daß in Ausnahmefällen die Rechte nach Absatz 2 im Interesse des Patienten eingeschränkt werden können.

Kapitel IV
Menschliches Genom

Artikel 11
Nichtdiskriminierung

Jede Form von Diskriminierung einer Person wegen ihres genetischen Erbes ist verboten.

Artikel 12
Prädiktive genetische Tests

Untersuchungen, die es ermöglichen, genetisch bedingte Krankheiten vorherzusagen oder bei einer Person entweder das Vorhandensein eines für eine Krankheit verantwortlichen Gens festzustellen oder eine genetische Prädisposition oder Anfälligkeit für eine Krankheit zu erkennen, dürfen nur für Gesundheitszwecke oder für gesundheitsbezogene wissenschaftliche Forschung und nur unter der Voraussetzung einer angemessenen genetischen Beratung vorgenommen werden.

Artikel 13
Interventionen in das menschliche Genom

Eine Intervention, die auf die Veränderung des menschlichen Genoms gerichtet ist, darf nur zu präventiven, diagnostischen oder therapeutischen Zwecken und nur dann vorgenommen werden, wenn sie nicht darauf abzielt, eine Veränderung des Genoms von Nachkommen herbeizuführen.

Artikel 14
Verbot der Geschlechtswahl

Die Verfahren der medizinisch unterstützten Fortpflanzung dürfen nicht dazu verwendet werden, das Geschlecht des künftigen Kindes zu wählen, es sei denn, um eine schwere, erbliche geschlechtsgebundene Krankheit zu vermeiden.

Kapitel V
Wissenschaftliche Forschung

Artikel 15
Allgemeine Regel

Vorbehaltlich dieses Übereinkommens und der sonstigen Rechtsvorschriften zum Schutz menschlicher Lebewesen ist wissenschaftliche Forschung im Bereich von Biologie und Medizin frei.

Artikel 16
Schutz von Personen
bei Forschungsvorhaben

Forschung an einer Person ist nur zulässig, wenn die folgenden Voraussetzungen erfüllt sind:

i) Es gibt keine Alternative von vergleichbarer Wirksamkeit zur Forschung am Menschen;
ii) die möglichen Risiken für die Person stehen nicht im Mißverhältnis zum möglichen Nutzen der Forschung;
iii) die zuständige Stelle hat das Forschungsvorhaben gebilligt, nachdem eine unabhängige Prüfung seinen wissenschaftlichen Wert einschließlich der Wichtigkeit des Forschungsziels bestätigt hat und eine interdisziplinäre Prüfung ergeben hat, daß es ethisch vertretbar ist;

iv) die Personen, die sich für ein Forschungsvorhaben zur Verfügung stellen, sind über ihre Rechte und die von der Rechtsordnung zu ihrem Schutz vorgesehenen Sicherheitsmaßnahmen unterrichtet worden, und
v) die nach Artikel 5 notwendige Einwilligung ist ausdrücklich und eigens für diesen Fall erteilt und urkundlich festgehalten worden. Diese Einwilligung kann jederzeit frei widerrufen werden.

Artikel 17
Schutz einwilligungsunfähiger Personen bei Forschungsvorhaben

(1) Forschung an einer Person, die nicht fähig ist, die Einwilligung nach Artikel 5 zu erteilen, ist nur zulässig, wenn die folgenden Voraussetzungen erfüllt sind:
i) Die Voraussetzungen nach Artikel 16 Ziffern i bis iv sind erfüllt;
ii) die erwarteten Forschungsergebnisse sind für die Gesundheit der betroffenen Person von tatsächlichem und unmittelbarem Nutzen;
iii) Forschung von vergleichbarer Wirksamkeit ist an einwilligungsfähigen Personen nicht möglich;
iv) die nach Artikel 6 notwendige Einwilligung ist eigens für diesen Fall und schriftlich erteilt worden, und
v) die betroffene Person lehnt nicht ab.

(2) In Ausnahmefällen und nach Maßgabe der durch die Rechtsordnung vorgesehenen Schutzbestimmungen darf Forschung, deren erwartete Ergebnisse für die Gesundheit der betroffenen Person nicht von unmittelbarem Nutzen sind, zugelassen werden, wenn außer den Voraussetzungen nach Absatz 1 Ziffern i, iii, iv und v zusätzlich die folgenden Voraussetzungen erfüllt sind:
i) Die Forschung hat zum Ziel, durch eine wesentliche Erweiterung des wissenschaftlichen Verständnisses des Zustands, der Krankheit oder der Störung der Person letztlich zu Ergebnissen beizutragen, die der betroffenen Person selbst oder anderen Personen nützen können, welche derselben Altersgruppe angehören oder an derselben Krankheit oder Störung leiden oder sich in demselben Zustand befinden, und
ii) die Forschung bringt für die betroffene Person nur ein minimales Risiko und eine minimale Belastung mit sich.

Artikel 18
Forschung an Embryonen in vitro

(1) Die Rechtsordnung hat einen angemessenen Schutz des Embryos zu gewährleisten, sofern sie Forschung an Embryonen in vitro zuläßt.

(2) Die Erzeugung menschlicher Embryonen zu Forschungszwecken ist verboten.

Kapitel VI
Entnahme von Organen und Gewebe von lebenden Spendern zu Transplantationszwecken

Artikel 19
Allgemeine Regel

(1) Einer lebenden Person darf ein Organ oder Gewebe zu Transplantationszwecken nur zum therapeutischen Nutzen des Empfängers und nur dann entnommen werden, wenn weder ein geeignetes Organ oder Gewebe einer verstorbenen Person verfügbar ist noch eine alternative therapeutische Methode von vergleichbarer Wirksamkeit besteht.

(2) Die nach Artikel 5 notwendige Einwilligung muß ausdrücklich und eigens für diesen Fall entweder in schriftlicher Form oder vor einer amtlichen Stelle erteilt worden sein.

Artikel 20
Schutz einwilligungsunfähiger Personen

(1) Einer Person, die nicht fähig ist, die Einwilligung nach Artikel 5 zu erteilen, dürfen weder Organe noch Gewebe entnommen werden.

(2) In Ausnahmefällen und nach Maßgabe der durch die Rechtsordnung vorgesehenen Schutzbestimmungen darf die Entnahme regenerierbaren Gewebes bei einer einwilligungsunfähigen Person zugelassen werden, wenn die folgenden Voraussetzungen erfüllt sind:

i) Ein geeigneter einwilligungsfähiger Spender steht nicht zur Verfügung;
ii) der Empfänger ist ein Bruder oder eine Schwester des Spenders;
iii) die Spende muß geeignet sein, das Leben des Empfängers zu retten;
iv) die Einwilligung nach Artikel 6 Absätze 2 und 3 ist eigens für diesen Fall und schriftlich in Übereinstimmung mit der Rechtsordnung und mit Billigung der zuständigen Stelle erteilt worden, und
v) der in Frage kommende Spender lehnt nicht ab.

Kapitel VII
Verbot finanziellen Gewinns; Verwendung eines Teils des menschlichen Körpers

Artikel 21
Verbot finanziellen Gewinns

Der menschliche Körper und Teile davon dürfen als solche nicht zur Erzielung eines finanziellen Gewinns verwendet werden.

Artikel 22
Verwendung eines dem menschlichen Körper entnommenen Teils

Wird bei einer Intervention ein Teil des menschlichen Körpers entnommen, so darf er nur zu dem Zweck aufbewahrt und verwendet werden, zu dem er entnommen worden ist; jede andere Verwendung setzt angemessene Informations- und Einwilligungsverfahren voraus.

Kapitel VIII
Verletzung von Bestimmungen des Übereinkommens

Artikel 23
Verletzung von Rechten oder Grundsätzen

Die Vertragsparteien gewährleisten einen geeigneten Rechtsschutz, der darauf abzielt, eine widerrechtliche Verletzung der in diesem Übereinkommen verankerten Rechte und Grundsätze innerhalb kurzer Frist zu verhindern oder zu beenden.

Artikel 24
Schadensersatz

Hat eine Person durch eine Intervention in ungerechtfertigter Weise Schaden erlitten, so hat sie Anspruch auf angemessenen Schadenersatz nach Maßgabe der durch die Rechtsordnung vorgesehenen Voraussetzungen und Modalitäten.

Artikel 25
Sanktionen

Die Vertragsparteien sehen angemessene Sanktionen für Verletzungen von Bestimmungen dieses Übereinkommens vor.

Kapitel IX
Verhältnis dieses Übereinkommens zu anderen Bestimmungen

Artikel 26
Einschränkungen der Ausübung der Rechte

(1) Die Ausübung der in diesem Übereinkommen vorgesehenen Rechte und Schutzbestimmungen darf nur insoweit eingeschränkt werden, als diese Einschränkung durch die Rechtsordnung vorgesehen ist und eine Maßnahme darstellt, die in einer demokratischen Gesellschaft für die öffentliche Sicherheit, zur Verhinderung von strafbaren Handlungen,

zum Schutz der öffentlichen Gesundheit oder zum Schutz der Rechte und Freiheiten anderer notwendig ist.

(2) Die nach Absatz 1 möglichen Einschränkungen dürfen sich nicht auf die Artikel 11,13, 14, 16, 17, 19, 20 und 21 beziehen.

Artikel 27
Weiterreichender Schutz

Dieses Übereinkommen darf nicht so ausgelegt werden, als beschränke oder beeinträchtige es die Möglichkeit einer Vertragspartei, im Hinblick auf die Anwendung von Biologie und Medizin einen über dieses Übereinkommen hinausgehenden Schutz zu gewähren.

Kapitel X
Öffentliche Diskussion

Artikel 28
Öffentliche Diskussion

Die Vertragsparteien dieses Übereinkommens sorgen dafür, daß die durch die Entwicklungen in Biologie und Medizin aufgeworfenen Grundsatzfragen, insbesondere in bezug auf ihre medizinischen, sozialen, wirtschaftlichen, ethischen und rechtlichen Auswirkungen, öffentlich diskutiert werden und zu ihren möglichen Anwendungen angemessene Konsultationen stattfinden.

Kapitel XI
Auslegung des Übereinkommens und Folgemaßnahmen

Artikel 29
Auslegung des Übereinkommens

Der Europäische Gerichtshof für Menschenrechte kann, ohne unmittelbare Bezugnahme auf ein bestimmtes, bei einem Gericht anhängiges Verfahren, Gutachten über Rechtsfragen betreffend die Auslegung dieses Übereinkommens erstatten, und zwar auf Antrag

- der Regierung einer Vertragspartei nach Unterrichtung der anderen Vertragsparteien,
- des nach Artikel 32 vorgesehenen und auf die Vertreter der Vertragsparteien beschränkten Ausschusses, wenn der Antrag mit Zweidrittelmehrheit der abgegebenen Stimmen beschlossen worden ist.

Artikel 30
Berichte über die Anwendung des Übereinkommens

Nach Aufforderung durch den Generalsekretär des Europarats legt jede Vertragspartei dar, in welcher Weise ihr internes Recht die wirksame Anwendung der Bestimmungen dieses Übereinkommens gewährleistet.

Kapitel XII
Protokolle

Artikel 31
Protokolle

Zur Weiterentwicklung der Grundsätze dieses Übereinkommens in einzelnen Bereichen können Protokolle nach Artikel 32 ausgearbeitet werden.

Die Protokolle liegen für die Unterzeichner dieses Übereinkommens zur Unterzeichnung auf. Sie bedürfen der Ratifikation, Annahme oder Genehmigung. Ein Unterzeichner kann die Protokolle ohne vorherige oder gleichzeitige Ratifikation, Annahme oder Genehmigung des Übereinkommens nicht ratifizieren, annehmen oder genehmigen.

Kapitel XIII
Änderungen des Übereinkommens

Artikel 32
Änderungen des Übereinkommens

(1) Die Aufgaben, die dieser Artikel und Artikel 29 dem „Ausschuß" übertragen, werden vom Lenkungsausschuß für Bioethik (CDBI) oder von einem anderen vom Ministerkomitee hierzu bestimmten Ausschuß wahrgenommen.

(2) Nimmt der Ausschuß Aufgaben nach diesem Übereinkommen wahr, so kann, vorbehaltlich des Artikels 29, jeder Mitgliedstaat des Europarats sowie jede Vertragspartei dieses Übereinkommens, die nicht Mitglied des Europarats ist, im Ausschuß vertreten sein und über eine Stimme verfügen.

(3) Jeder in Artikel 33 bezeichnete oder nach Artikel 34 zum Beitritt zu diesem Übereinkommen eingeladene Staat, der nicht Vertragspartei des Übereinkommens ist, kann einen Beobachter in den Ausschuß entsenden. Ist die Europäische Gemeinschaft nicht Vertragspartei, so kann sie einen Beobachter in den Ausschuß entsenden.

(4) Damit wissenschaftlichen Entwicklungen Rechnung getragen werden kann, überprüft der Ausschuß dieses Übereinkommen spätestens fünf Jahre nach seinem Inkrafttreten und danach in den von ihm bestimmten Abständen.

(5) Jeder Vorschlag zur Änderung dieses Übereinkommens und jeder Vorschlag für ein Protokoll oder zur Änderung eines Protokolls, der von einer Vertragspartei, dem Ausschuß oder dem Ministerkomitee vorgelegt wird, ist dem Generalsekretär des Europarats zu übermitteln; dieser leitet ihn an die Mitgliedstaaten des Europarats, die Europäische Gemeinschaft, jeden Unterzeichner, jede Vertragspartei, jeden nach Artikel 33 zur Unterzeichnung eingeladenen Staat und jeden nach Artikel 34 zum Beitritt eingeladenen Staat weiter.

(6) Der Ausschuß prüft den Vorschlag frühestens zwei Monate nach dem Zeitpunkt, zu dem der Generalsekretär ihn nach Absatz 5 weitergeleitet hat. Der Ausschuß unterbreitet den mit Zweidrittelmehrheit der abgegebenen Stimmen angenommenen Text dem Ministerkomitee zur Genehmigung. Nach seiner Genehmigung wird dieser Text den Vertragsparteien dieses Übereinkommens zur Ratifikation, Annahme oder Genehmigung zugeleitet.

(7) Jede Änderung tritt für die Vertragsparteien, die sie angenommen haben, am ersten Tag des Monats in Kraft, der auf einen Zeitabschnitt von einem Monat nach dem Tag folgt, an dem fünf Vertragsparteien, darunter mindestens vier Mitgliedstaaten des Europarats, dem Generalsekretär ihre Annahme der Änderung mitgeteilt haben.

Für jede Vertragspartei, welche die Änderung später annimmt, tritt sie am ersten Tag des Monats in Kraft, der auf einen Zeitabschnitt von einem Monat nach dem Tag folgt, an dem die betreffende Vertragspartei dem Generalsekretär ihre Annahme der Änderung mitgeteilt hat.

Kapitel XIV
Schlußbestimmungen

Artikel 33
Unterzeichnung, Ratifikation und Inkrafttreten

(1) Dieses Übereinkommen liegt für die Mitgliedstaaten des Europarats, für die Nichtmitgliedstaaten, die an seiner Ausarbeitung beteiligt waren, und für die Europäische Gemeinschaft zur Unterzeichnung auf.

(2) Dieses Übereinkommen bedarf der Ratifikation, Annahme oder Genehmigung. Die Ratifikations-, Annahme- oder Genehmigungsurkunden werden beim Generalsekretär des Europarats hinterlegt.

(3) Dieses Übereinkommen tritt am ersten Tag des Monats in Kraft, der auf einen Zeitabschnitt von drei Monaten nach dem Tag folgt, an dem fünf Staaten, darunter mindestens vier Mitgliedstaaten des Europarats, nach Absatz 2 ihre Zustimmung ausgedrückt haben, durch das Übereinkommen gebunden zu sein.

(4) Für jeden Unterzeichner, der später seine Zustimmung ausdrückt, durch dieses Übereinkommen gebunden zu sein, tritt es am ersten Tag des Monats in Kraft, der auf einen Zeitabschnitt von drei Monaten nach Hinterlegung seiner Ratifikations-, Annahme- oder Genehmigungsurkunde folgt.

Artikel 34
Nichtmitgliedstaaten

(1) Nach Inkrafttreten dieses Übereinkommens kann das Ministerkomitee des Europarats nach Konsultation mit den Vertragsparteien durch einen Beschluß, der mit der in Artikel 20 Buchstabe d der Satzung des Europarats vorgesehenen Mehrheit und mit einhelliger Zustimmung der Vertreter der Vertragsparteien, die Anspruch auf einen Sitz im Ministerkomitee haben, gefaßt worden ist, jeden Nichtmitgliedstaat des Europarats einladen, dem Übereinkommen beizutreten.

(2) Für jeden beitretenden Staat tritt dieses Übereinkommen am ersten Tag des Monats in Kraft, der auf einen Zeitabschnitt von drei Monaten nach Hinterlegung der Beitrittsurkunde beim Generalsekretär des Europarats folgt.

Artikel 35
Hoheitsgebiete

(1) Jeder Unterzeichner kann bei der Unterzeichnung oder bei der Hinterlegung seiner Ratifikations-, Annahme- oder Genehmigungsurkunde ein Hoheitsgebiet oder mehrere Hoheitsgebiete bezeichnen, auf die dieses Übereinkommen Anwendung fmdet. Jeder andere Staat kann bei der Hinterlegung seiner Beitrittsurkunde dieselbe Erklärung abgeben.

(2) Jede Vertragspartei kann jederzeit danach durch eine an den Generalsekretär des Europarats gerichtete Erklärung die Anwendung dieses Übereinkommens auf jedes weitere in der Erklärung bezeichnete Hoheitsgebiet erstrecken, für dessen internationale Beziehungen sie verantwortlich ist oder für die sie befugt ist, Verpflichtungen einzugehen. Das Übereinkommen tritt für dieses Hoheitsgebiet am ersten Tag des Monats in Kraft, der auf einen Zeitabschnitt von drei Monaten nach Eingang der Erklärung beim Generalsekretär folgt.

(3) Jede nach den Absätzen 1 und 2 abgegebene Erklärung kann in bezug auf jedes darin bezeichnete Hoheitsgebiet durch eine an den Generalsekretär gerichtete Notifikation zurückgenommen werden. Die Rücknahme wird am ersten Tag des Monats wirksam, der auf einen Zeitabschnitt von drei Monaten nach Eingang der Notifikation beim Generalsekretär folgt.

Artikel 36
Vorbehalte

(1) Jeder Staat und die Europäische Gemeinschaft können bei der Unterzeichnung dieses Übereinkommens oder bei der Hinterlegung der Ratifikationsurkunde bezüglich bestimmter Vorschriften des Übereinkommens einen Vorbehalt machen, soweit das zu dieser Zeit in ihrem Gebiet geltende Recht nicht mit der betreffenden Vorschrift übereinstimmt. Vorbehalte allgemeiner Art sind nach diesem Artikel nicht zulässig.

(2) Jeder nach diesem Artikel gemachte Vorbehalt muß mit einer kurzen Darstellung des betreffenden Rechts verbunden sein.

(3) Jede Vertragspartei, welche die Anwendung dieses Übereinkommens auf ein in der in Artikel 35 Absatz 2 aufgeführten Erklärung erwähntes Hoheitsgebiet erstreckt, kann in bezug auf das betreffende Hoheitsgebiet einen Vorbehalt nach den Absätzen 1 und 2 machen.

(4) Jede Vertragspartei, die einen Vorbehalt nach diesem Artikel gemacht hat, kann ihn durch eine an den Generalsekretär des Europarats gerichtete Erklärung zurücknehmen. Die Rücknahme wird am ersten Tag des Monats wirksam, der auf einen Zeitabschnitt von einem Monat nach dem Eingang beim Generalsekretär folgt.

Artikel 37
Kündigung

(1) Jede Vertragspartei kann dieses Übereinkommen jederzeit durch eine an den Generalsekretär des Europarats gerichtete Notifikation kündigen.

(2) Die Kündigung wird am ersten Tag des Monats wirksam, der auf einen Zeitabschnitt von drei Monaten nach Eingang der Notifikation beim Generalsekretär folgt.

Artikel 38
Notifikationen

Der Generalsekretär des Europarats notifiziert den Mitgliedstaaten des Rates, der Europäischen Gemeinschaft, jedem Unterzeichner, jeder Vertragspartei und jedem anderen Staat, der zum Beitritt zu diesem Übereinkommen eingeladen worden ist,

a) jede Unterzeichnung,
b) jede Hinterlegung einer Ratifikations-, Annahme-, Genehmigungs- oder Beitrittsurkunde;
c) jeden Zeitpunkt des Inkrafttretens dieses Übereinkommens nach Artikel 33 oder 34;
d) jede Änderung und jedes Protokoll, die nach Artikel 32 angenommen worden sind, sowie das Datum des Inkrafttretens der Änderung oder des Protokolls;
e) jede nach Artikel 35 abgegebene Erklärung;
f) jeden Vorbehalt und jede Rücknahme des Vorbehalts nach Artikel 36;
g) jede andere Handlung, Notifikation oder Mitteilung im Zusammenhang mit diesem Übereinkommen.

Zu Urkund dessen haben die hierzu gehörig befugten Unterzeichneten dieses Übereinkommen unterschrieben.

Geschehen zu Oviedo (Asturien) am 4. April 1997 in englischer und französischer Sprache, wobei jeder Wortlaut gleichermaßen verbindlich ist, in einer Urschrift, die im Archiv des Europarats hinterlegt wird. Der Generalsekretär des Europarats übermittelt allen Mitgliedstaaten des Europarats, der Europäischen Gemeinschaft, den Nichtmitgliedstaaten, die an der Ausarbeitung dieses Übereinkommens beteiligt waren, und allen zum Beitritt zu diesem Übereinkommen eingeladenen Staaten beglaubigte Abschriften.

I. Musterberufsordnung (Auszug)

(Muster-)Berufsordnung für die deutschen Ärztinnen und Ärzte[770]
– MBO-Ä 1997 –
in der Fassung der Beschlüsse des 100. Deutschen Ärztetages in Eisenach

(...)

B.
Regeln zur Berufsausübung
I. Grundsätze
§ 1
Aufgaben des Arztes

(1) Der Arzt dient der Gesundheit des einzelnen Menschen und der Bevölkerung. Der ärztliche Beruf ist kein Gewerbe. Er ist seiner Natur nach ein freier Beruf.

(2) Aufgabe des Arztes ist es, das Leben zu erhalten, die Gesundheit zu schützen und wiederherzustellen, Leiden zu lindern, Sterbenden Beistand zu leisten und an der Erhaltung der natürlichen Lebensgrundlagen im Hinblick auf ihre Bedeutung für die Gesundheit der Menschen mitzuwirken.

(...)

§ 15
Forschung

(1) Der Arzt muß sich vor der Durchführung biomedizinischer Forschung am Menschen – ausgenommen bei ausschließlich epidemiologischen Forschungsvorhaben – durch eine bei der Ärztekammer oder bei einer Medizinischen Fakultät gebildeten Ethik-Kommission über die mit seinem Vorhaben verbundenen berufsethischen und berufsrechtlichen Fragen beraten lassen. Dasselbe gilt vor der Durchführung gesetzlich zugelassener Forschung mit vitalen menschlichen Gameten und lebendem embryonalen Gewebe.

(2) Bei durchzuführenden Beratungen nach Absatz 1 ist die Deklaration des Weltärztebundes von 1964 (Helsinki) in der revidierten Fassung von 1975 (Tokio), 1983 (Venedig), 1989 (Hongkong) und 1996 (Somerset West) zugrunde zu legen.

(3) Zum Zwecke der wissenschaftlichen Forschung und Lehre dürfen der Schweigepflicht unterliegende Tatachen und Befunde grundsätzlich nur soweit offenbart werden, als dabei die Anonymität des Patienten gesichert ist oder dieser ausdrücklich zustimmt.

(4) In Publikationen von Forschungsergebnissen sind die Beziehungen des Arztes zum Auftraggeber und dessen Interessen offenzulegen.

(...)

[770] DÄBl. 1997, A-2354.

J. Stellungnahme der ZEKO

Stellungnahme der Zentralen Ethikkommission bei der Bundesärztekammer „Zum Schutz nicht-einwilligungsfähiger Personen in der medizinischen Forschung“[771]

Präambel

Medizinische Forschung soll bei der Vermeidung, dem Erkennen und der Behandlung von Erkrankungen helfen. Bessere Vorbeugung und Diagnose, bessere Arzneimittel und Behandlungsmethoden können nur auf dem Weg kontrollierter Erfahrungswissenschaft gefunden werden. In der letzten Phase der Entwicklung müssen neue Methoden der Diagnostik und Therapie in der Klinik mit Patienten erprobt werden. Das Forschungsvorhaben ist in schriftlicher Form stets der zuständigen Ethikkommission zur Beurteilung vorzulegen.

Der Patient beteiligt sich freiwillig an solchen Untersuchungen. Nach einer umfassenden Aufklärung, besonders auch über mögliche Risiken, hat er die Wahl der Ablehnung oder der Einwilligung; er kann seine Einwilligung jederzeit ohne Nachteile zurückziehen.

Es gibt jedoch Personen, die aus unterschiedlichen Gründen zu einer solchen Einwilligung nicht fähig sind: Kinder, Bewußtseinsgestörte und Bewußtlose. Von einer Einbeziehung dieser Personen in die klinische Forschung wird denn auch, wenn irgend möglich, abgesehen.

Unterläßt man klinische Forschungsuntersuchungen mit diesen Personen allerdings ausnahmslos, dann verzichtet man bewußt auf Fortschritte in der Erkennung und Behandlung ihrer Krankheit. Eine solche Unterlassung ist moralisch nicht vertretbar. Beispielsweise lassen sich manche Behandlungsformen bei leukämiekranken Kindern eben nur an diesen Kindern erforschen. Auch bei einer Reihe weiterer schwerwiegender und bisher nicht ausreichend behandelbarer Krankheiten (zum Beispiel Demenz, Schlaganfall, Bewußtlosigkeit nach Unfall) besteht der dringende Bedarf, die Behandlung durch Forschung zu verbessern. Zu diesen Krankheiten zählt nicht geistige Behinderung, insofern sie als Ausdruck einer besonderen Lebensform verstanden wird.

Personen, die ihren Willen noch nicht oder nicht mehr selbst äußern können, bedürfen eines besonderen Schutzes durch den Arzt und die Gesellschaft. Dies wird zu Recht in verschiedenen internationalen Erklärungen betont (Deklaration des Weltärztebundes von Helsinki 1964, in der revidierten Fassung von Hongkong 1989 [„Biomedizinische Forschung am Menschen“]; Erklärung von Hongkong 1989 [Dauerkoma – Persistent Vegetative State –]; Entschließung von Stockholm 1994 [Menschenrechte]).

Insbesondere die historische Erfahrung mit verbrecherischen Forschungen an nichteinwilligungsfähigen Personen in Deutschland macht es notwendig und verständlich, ethische und rechtliche Grenzen der medizinischen Forschung mit diesen Personen klar festzulegen und besondere Schutzvorkehrungen zu treffen.

Das Ziel der im folgenden vorgeschlagenen Grundsätze ist es, den unabdingbaren Mindestschutz der nichteinwilligungsfähigen Personen zu benennen. Die Grundsätze können

---

771 DÄBl. 1997, A-1011.

allerdings nicht abschließend jeden Einzelfall erfassen. Sie lassen strengere spezialgesetzliche Bestimmungen unberührt.

I.
Die ethischen und rechtlichen Probleme

Verschiedene Arten von Forschung mit nichteinwilligungsfähigen Personen sind mit unterschiedlichen ethischen und rechtlichen Problemen verbunden:

1. Anerkannt ist, daß Heilversuche, bei denen die Behandlung im Einzelfall ärztlich indiziert ist und deren Besonderheit lediglich darin besteht, daß eine noch nicht etablierte Therapie angewandt wird, nicht nur grundsätzlich durchgeführt werden dürfen, sondern unter Umständen sogar im unmittelbaren Interesse des nichteinwilligungsfähigen Patienten geboten sind.

Unsicher ist dagegen, unter welchen Voraussetzungen eine weitergehende Forschung bei nichteinwilligungsfähigen Personen zulässig ist.

2. Bestimmte Forschungen können den beteiligten Patienten jedenfalls im weiteren Verlauf ihrer Krankheit oder bei einem späteren Wiederauftreten der Krankheit nützen. Auch bei kontrollierten Therapiestudien kann für alle in die Therapiestudie Einbezogenen ein zumindest mittelbarer Nutzen vorliegen.

Derartige Forschung liegt jedenfalls auch im objektiven Interesse der in die Forschung Einbezogenen. Allerdings ist die Forschungsmaßnahme nicht ausschließlich und konkret auf ihre Interessen ausgerichtet, so daß die Einbeziehung nichteinwilligungsfähiger Personen in derartige Forschungsmaßnahmen besondere Schutzkriterien erfordert.

3. Ein besonderes ethisches Dilemma tritt bei Forschungen auf, durch die voraussichtlich nicht der Betroffene selbst, immerhin aber andere Personen, die sich in der gleichen Altersgruppe befinden oder von der gleichen Krankheit oder Störung betroffen sind, von den gewonnenen Erkenntnissen Nutzen haben. Hier steht auf der einen Seite das Verbot, eine Person ohne ihre Einwilligung einer Maßnahme zugunsten anderer zu unterziehen, die nicht auch ihrem eigenen Interesse dient („Instrumentalisierungsverbot“). Auf der anderen Seite steht die ethische Überzeugung, einer Person geringfügige Risiken zumuten zu dürfen, wenn anderen damit eine große Hilfe erwiesen werden kann.

Zwar kann niemand – sei er einwilligungsfähig oder nicht – zur Hilfestellung für eine Gruppe zukünftiger Patienten durch Teilnahme an einer wissenschaftlichen Untersuchung verpflichtet werden, selbst wenn der Nutzen für diese Patienten erheblich und die Risiken für ihn selbst minimal sind. Jedoch erscheint eine Einbeziehung nichteinwilligungsfähiger Personen in eine solche Untersuchung dann vertretbar, wenn – abgesehen von der Einhaltung weiterer Schutzkriterien – der gesetzliche Vertreter aus der Kenntnis der vertretenen Person (insbesondere ihrer früheren Lebenshaltung und -auffassung oder expliziter früherer Aussagen) ausreichende Anhaltspunkte hat, um auf ihre Bereitschaft zur Teilnahme an der Untersuchung schließen zu können, und umgekehrt keine widerstrebenden Willensäußerungen des Betroffenen selbst vorliegen.

4. Ethisch nicht zu rechtfertigen ist die ‚ausschließlich" fremdnützige Forschung bei nichteinwilligungsfähigen Personen.

II.
Die rechtliche Ausgangslage

In Deutschland ist bisher weitgehend ungeklärt, inwieweit medizinische Forschung mit nichteinwilligungsfähigen Personen in den genannten Gruppen 2 und 3 zulässig ist. Gesetzliche Regelungen finden sich lediglich in einigen Spezialgesetzen: So sind die Zulässigkeit der klinischen Erprobung von Arzneimitteln in den §§ 40–42 des Arzneimittelgesetzes und die Zulässigkeit der klinischen Prüfung von Medizinprodukten in den §§ 17–19 des Medizinproduktegesetzes geregelt. Umstritten ist, inwieweit diese gesetzlichen Regelungen auf die von ihnen nicht unmittelbar erfaßten Bereiche anwendbar sind.

In anderen europäischen Ländern sind Forschungen mit nichteinwilligungsfähigen Personen im Rahmen der nationalen Gesetzgebungen und der Deklarationen des Weltärztebundes zulässig. Die jetzt vom Ministerrat des Europarates angenommene „Konvention über Menschenrechte und Biomedizin" läßt auch fremdnützige Forschungen zu, die bei minimalem Risiko geeignet sind, anderen Personen der gleichen durch Alter, Krankheit oder Störung geprägten Gruppe einen bedeutenden Nutzen zu bringen. Allerdings bleibt es den Staaten unbenommen, einen über die Bestimmungen der Konvention hinausgehenden Schutz zu gewähren.

III.
Der Schutz der nichteinwilligungsfähigen Person

Die nichteinwilligungsfähige Person benötigt den besonderen Schutz ihrer individuellen Rechte. Aus diesem Grund ist Forschung mit nichteinwilligungsfähigen Personen in den genannten Fallgruppen 2 und 3 nur dann zu rechtfertigen, wenn

- das Forschungsprojekt nicht auch an einwilligungsfähigen Personen durchgeführt werden kann,
- das Forschungsprojekt wesentliche Aufschlüsse zur Erkennung, Aufklärung, Vermeidung oder Behandlung einer Krankheit erwarten läßt,
- das Forschungsprojekt im Verhältnis zum erwarteten Nutzen vertretbare Risiken erwarten läßt,
- der gesetzliche Vertreter eine wirksame Einwilligung in die Maßnahme erteilt hat, wobei vorausgesetzt ist, daß er aus der Kenntnis der vertretenen Person ausreichende Anhaltspunkte hat, um auf ihre Bereitschaft zur Teilnahme an der Untersuchung schließen zu können,
- ein ablehnendes Verhalten des Betroffenen selbst nicht vorliegt,
- die zuständige Ethikkommission das Forschungsvorhaben zustimmend beurteilt hat.

In der Fallgruppe 3 ist zusätzlich erforderlich:

- daß das Forschungsprojekt. allenfalls minimale Risiken[772] oder Belästigungen erwarten läßt.

---

[772] *(Diese Fußnote ist Teil der Stellungnahme der ZEKO.)*
Der Begriff des „minimalen Risikos" ist nur schwierig zu bestimmen, kann aber durch die Unterscheidung von Risikostufen und durch eine Liste von Beispielen konkretisiert werden. Dazu können auch die medizinischen Fachverbände und die Ethikkommissionen beitragen.

IV. Die nichteinwilligungsfähige Person

Die Nichteinwilligungsfähigkeit ist weder eine allgemeine noch eine dauerhafte persönliche Eigenschaft. Sie kann vielmehr nur in bezug auf einen konkreten Sachverhalt festgestellt werden. Nichteinwilligungsfähig ist, wer etwa infolge von Minderjährigkeit oder Krankheit jeweils im konkreten Einzelfall außerstande ist, alle für die Einwilligung maßgeblichen Umstände zu erfassen, diese sodann zu verarbeiten und zu bewerten und darauf aufbauend eine Entscheidung zu treffen[773]. Hierbei müssen verschiedene Gruppen von nichteinwilligungsfähigen Personen unterschieden werden:

- Erwachsene, die zeitweilig nichteinwilligungsfähig sind (z. B. Patienten nach Polytrauma, Schädel-Hirn-Trauma, Schlaganfall, in traumatischem oder septischem Schock, mit Delir),
- Erwachsene, die dauerhaft nichteinwilligungsfähig sind (z. B. Patienten mit progredienter Demenz, apallischem Syndrom),
- Kinder entsprechend dem Stand ihrer Einsichtsfähigkeit.

In jedem Fall ist zwischen objektivierbarem Risiko und subjektiver Belastung bzw. Beschwerden zu unterscheiden (z. B. birgt eine Magnetresonanztomographie keine objektivierbaren Risiken, kann aber sehr wohl zu einer subjektiven Belastung werden, die zum Abbruch der Untersuchung führt). Insbesondere hinsichtlich subjektiver Beschwerden gibt es eine große individuelle Variation und große Unterschiede zwischen den Gruppen.

Von einem „minimalen“ Risiko kann nach Auffassung der Kommission gesprochen werden, wenn z. B. Körperflüssigkeit oder Gewebe in geringen Mengen im Rahmen von ohnehin notwendigen diagnostischen Maßnahmen oder Operationen gewonnen wird und deshalb kein zusätzliches Risiko für den Patienten beinhaltet. Auch bestimmte körperliche Untersuchungen (z. B. Sonographie, transkutane Gewebemessungen etc.) sowie bestimmte psychologische Untersuchungen (z. B. Fragebogen-Interviews, Tests, Verhaltensbeobachtungen) fallen in diese Gruppe.

773 *(Diese Fußnote ist Teil der Stellungnahme der ZEKO.)*

Zur Feststellung der Einwilligungsfähigkeit hat der Arzt jeweils im Einzelfall zu prüfen, ob die Person fähig ist,

– einen bestimmten Sachverhalt zu verstehen: dies gilt insbesondere im Hinblick auf das Ziel des Vorhabens, Verfahren, Beeinträchtigungen, Risiken und Alternativen,

– diese Information in angemessener Weise zu verarbeiten,

– sie nachvollziehbar und nicht durch Krankheit oder geistige Unreife verzerrt zu bewerten,

– auf dieser Grundlage von Verständnis, Verarbeitung und Bewertung den eigenen Willen zu bilden und zu äußern.

Sind diese Fähigkeiten bei der Person nicht festzustellen, muß von fehlender Einwilligungsfähigkeit ausgegangen werden.

V.
Ersatz der persönlichen Einwilligung

Anstelle der nicht zur Einwilligung fähigen Person kann der gesetzliche Vertreter im Rahmen der gesetzlichen Bestimmungen die Einwilligung erklären. Bei Minderjährigen sind dies die Eltern bzw. der Vormund oder Pfleger, bei Erwachsenen ist es der Betreuer. In bestimmten Fällen ist zusätzlich die Genehmigung durch das Vormundschaftsgericht erforderlich (beispielsweise nach § 1904 BGB).

Unter Umständen kann die mutmaßliche Einwilligung rechtfertigend wirken. Sie kommt allerdings nur bei Notfällen in Betracht, wenn die Entscheidung eines gesetzlichen Vertreters nicht rechtzeitig eingeholt werden kann und das Interesse des Patienten bei objektiver Betrachtung unmittelbar durch die Maßnahme gefördert wird.

Dem Selbstbestimmungsrecht des Patienten wird am ehesten dann Rechnung getragen, wenn seine Willensbekundungen, die er zu einem Zeitpunkt abgegeben hat, zu dem er noch einwilligungsfähig war (etwa in Form sog. Patientenverfügungen), in besonderem Maße Berücksichtigung finden.

K. Marburger Richtlinien

Marburger Richtlinien zur Forschung mit einwilligungsunfähigen und beschränkt einwilligungsfähigen Personen[774]

Präambel

In der Absicht, die Würde und die sonstigen Interessen insbesondere solcher Personen zu schützen, die über ihre Einbeziehung in klinische Studien nicht selbst entscheiden können oder deren Entscheidungsfähigkeit eingeschränkt ist, beschließt die Kommission für Ethik in der ärztlichen Forschung im Rahmen des geltenden Rechts die folgenden Richtlinien. Die Kommission geht davon aus, daß entsprechend den rechtlichen Vorgaben alle einschlägigen Forschungsprojekte einschließlich Doktorarbeiten der Kommission vorgelegt werden.

§ 1
Anwendungsbereich und Zweck der Richtlinien

(1) Diese Richtlinien gelten für alle Forschungsvorhaben im Zuständigkeitsbereich der Kommission für Ethik in der ärztlichen Forschung des Fachbereichs Humanmedizin der Philipps-Universität Marburg, die mit einwilligungsunfähigen oder beschränkt einwilligungsfähigen Personen durchgeführt werden.

(2) Die Forschung an diesen nicht unbeschränkt Einwilligungsfähigen führt regelmäßig zu einem Spannungsverhältnis der beteiligten Interessen. Auf der einen Seite steht das Interesse der Forschenden, der Kranken und der Allgemeinheit am medizinischen Fortschritt, auf der anderen das des von der Forschung Betroffenen am Erhalt seiner Rechtsgüter (z. B. seiner körperlichen Integrität). Die Richtlinien sollen hier eine Hilfestellung bei der Entscheidungsfindung im konkreten Einzelfall sein. Sie können nicht alle dabei möglicherweise relevanten Gesichtspunkte erfassen und sind deshalb notwendig allgemein gehalten. Für die konkrete Entscheidung können in Anbetracht der Komplexität der Sach- und Rechtslage Aspekte miteinzubeziehen sein, die hier keine Berücksichtigung gefunden haben; insoweit müssen die Richtlinien unter Vorbehalt stehen. Ihre Beachtung entbindet deshalb nicht von der persönlichen moralischen und rechtlichen Verantwortung bei der Forschung.

§ 2
Einwilligungsfähigkeit

(1) Einwilligungsfähig ist, wer die ihm durch den Eingriff im Verhältnis zu seinem Nutzen drohenden Risiken und sonstigen Nachteile (zu denen nicht nur Art und Umfang körperlicher Eingriffe, sondern etwa auch zeitlicher und finanzieller Aufwand sowie Speichern oder Übermitteln personenbezogener Daten gehören) angemessen einzuschätzen und diese Einschätzung zu äußern vermag. Hierbei ist insbesondere das Lebensalter zu berücksichti-

---

[774] Vom 27.3.1996 in der Fassung vom 22.1.1997; abgedruckt bei *Freund/Heubel*, MedR 1997, 347 ff. mit erläuternden Anmerkungen.

gen. Psychische Störungen können die Einwilligungsfähigkeit einschränken oder ausschließen.

(2) Beschränkt einwilligungsfähig ist, wer nach Abs. 1 nicht unbeschränkt einwilligungsfähig ist, aber dennoch einen Willen bilden und diesen kundgeben kann.

(3) Die Einwilligungsfähigkeit ist nicht allgemein, sondern immer nur bezogen auf den konkreten Eingriff festzustellen.

(4) Nach § 1904 BGB bedarf die Einwilligung eines Betreuers in eine Untersuchung des Gesundheitszustandes, eine Heilbehandlung oder einen ärztlichen Eingriff der Genehmigung des Vormundschaftsgerichts, wenn die begründete Gefahr besteht, daß der Betreute auf Grund der Maßnahme stirbt oder einen schweren gesundheitlichen Schaden erleidet, es sei denn, daß mit dem Aufschub der Maßnahme Gefahr verbunden ist.

§ 3
Begriffsbestimmungen

(1) Eine gewöhnliche Heilbehandlung liegt vor, wenn ein therapeutisches oder diagnostisches Verfahren den anerkannten Regeln der ärztlichen Kunst entspricht. Es entspricht diesen Regeln, wenn es durch wissenschaftliche Untersuchungen hinreichend abgesichert oder sonst aus allgemein anerkannten Gründen zu empfehlen ist (etabliertes Verfahren). Die Beurteilung, ob diese Erfordernisse im Einzelfall erfüllt sind, obliegt dem Projektleiter bzw. der Kommission.

(2) Ein Heilversuch liegt vor, wenn ein noch nicht etabliertes Verfahren angewandt wird, das für den Betroffenen selbst Aussicht auf Heilung, Besserung oder einen sonstigen Nutzen gewährt, ohne daß zugleich Maßnahmen zur Gewinnung neuer verallgemeinerungsfähiger Erkenntnisse getroffen werden.

(3) Ein klinischer Versuch liegt vor, wenn bei einem Heilungsunternehmen (unter Anwendung eines noch nicht etablierten oder eines etablierten Verfahrens) zusätzlich Maßnahmen zur Gewinnung neuer verallgemeinerungsfähiger Erkenntnisse getroffen werden. In diesem Fall kann die Aussicht auf Heilung, Besserung oder einen sonstigen Nutzen für den Betroffenen auch darin liegen, daß er von zumindest auch in seinem Interesse gewonnenen Erkenntnissen zu einem späteren Zeitpunkt profitiert (mittelbarer Nutzen).

(4) Ein vergleichender klinischer Versuch liegt vor, wenn ein klinischer Versuch (Abs. 3) im Vergleich insbesondere mit einem etablierten Verfahren oder einer Placebo-Maßnahme durchgeführt wird. In diesem Fall kann für alle in den Versuch Einbezogenen die Aussicht auf einen mittelbaren Nutzen (§ 3 Abs. 3 Satz 2) bestehen.

(5) Ein Wissensversuch i. e. S. liegt vor, wenn bei einer Studie die Aussicht auf Heilung, Besserung oder einen sonstigen Nutzen für den Betroffenen – auch unter Berücksichtigung eines mittelbaren Nutzens – fehlt.

(6) Ein Wissensversuch i. w. S. liegt vor, wenn die Aussicht auf Heilung, Besserung oder einen sonstigen Nutzen für den Betroffenen – auch unter Berücksichtigung eines mittelbaren Nutzens – die Gefahren und sonstigen Nachteile nicht überwiegt.

§ 4
Zulässigkeit von Heilversuchen und klinischen Versuchen

Für Heilversuche und für alle klinischen Versuche (§ 3 Abs. 2 bis 4) gilt wie für die gewöhnliche Heilbehandlung (§ 3 Abs. 1): Der Eingriff bzw. die Einbeziehung in die Studie darf nur erfolgen, wenn sie im überwiegenden Eigeninteresse des Betroffenen angezeigt ist (mutmaßliche Einwilligung). Bei der erforderlichen Interessenabwägung sind insbesondere auch eine tatsächliche Befürwortung oder Ablehnung durch den beschränkt Einwilligungsfähigen (§ 2 Abs. 2) sowie der Wille gesetzlicher Vertreter zu berücksichtigen.

§ 5
Zulässigkeit vergleichender klinischer Versuche

(1) Beschränkt Einwilligungsfähige oder Einwilligungsunfähige dürfen im Rahmen eines vergleichenden klinischen Versuchs nur dann in eine Prüfgruppe (Gruppe für die Anwendung des neuartigen Verfahrens) einbezogen werden, wenn für sie die Aussicht auf einen unmittelbaren oder mittelbaren Nutzen (§ 3 Abs. 3 Satz 2, Abs. 4 Satz 2) die Aussichten des etablierten Verfahrens überwiegt; § 4 ist zu beachten.

(2) Beschränkt Einwilligungsfähigen oder Einwilligungsunfähigen darf im Rahmen eines vergleichenden klinischen Versuchs nur dann ein etabliertes Verfahren vorenthalten werden, wenn das zur Bildung einer Kontrollgruppe angezeigt ist und wenn für sie die Aussicht auf einen mittelbaren Nutzen (§ 3 Abs. 3 Satz 2, Abs. 4 Satz 2) die Aussichten des etablierten Verfahrens überwiegt; § 4 ist zu beachten.

(3) Wird im Rahmen eines vergleichenden klinischen Versuchs lediglich die etablierte Behandlung gewährt, so führt allein die Vorenthaltung des möglichen unmittelbaren Nutzens des neuen Verfahrens regelmäßig nicht zur Unzulässigkeit der Studie. Die Beschränkung auf die etablierte Behandlung ist aber unzulässig, wenn dem Betroffenen das neue Verfahren außerhalb der Studie auch nicht verwehrt werden dürfte.

§ 6
Zulässigkeit von Wissensversuchen

(1) Wissensversuche (§ 3 Abs. 5 und 6) an nicht unbeschränkt Einwilligungsfähigen sind im Grundsatz unzulässig.

(2) Bei Überwiegen der Nachteile im Verhältnis zu dem möglichen Nutzen für den nicht unbeschränkt einwilligungsfähigen Betroffenen sind solche Studien immer unzulässig. Der Fall einer zuvor in einwilligungsfähigem Zustand wirksam erteilten Einwilligung in die Einbeziehung in die Studie im nicht unbeschränkt einwilligungsfähigen Zustand bleibt unberührt: Hier wird die Einbeziehung in die Studie durch die freie Entscheidung des Probanden gerechtfertigt.

(3) Fehlen Vor- und Nachteile für den Betroffenen (Wissensversuch i. e. S.; § 3 Abs. 5) oder halten sich Nachteile und unmittelbarer oder mittelbarer Nutzen für den Betroffenen die Waage (Wissensversuch i. w. S.; § 3 Abs. 6), so ist die Studie allenfalls zulässig, wenn das Forschungsvorhaben nicht auch an Einwilligungsfähigen durchgeführt werden kann.

Außerdem muß der Personensorgeberechtigte oder Betreuer zustimmen, ggf. auch das Vormundschaftsgericht (§ 2 Abs. 4 dieser Richtlinien; § 1904 BGB). Ein auch nur mutmaßlich entgegenstehender tatsächlicher Wille des Betroffenen darf nicht übergangen werden. Der beschränkt Einwilligungsfähige (§ 2 Abs. 2) muß zustimmen (sog. Ko-Konsent erforderlich).

Literaturverzeichnis

Abrams, Natalie/ Buckner, Michael D. (Hrsg.) Medical Ethics – A Clinical Textbook and Reference for the Health Care Professions, Cambridge, Massachusetts, London 1983.

Ach, Johann S./ Gaidt, Andreas (Hrsg.) Herausforderung der Bioethik, Stuttgart, Bad Cannstatt 1993.

Amelung, Knut Über die Einwilligungsfähigkeit, ZStW 104 (1992), 525 ff., 821 ff.

– Vetorechte beschränkt Einwilligungsfähiger in Grenzbereichen medizinischer Intervention, Berlin, New York 1995.

Arbeitskreis Organspende (Hrsg.) Organspende rettet Leben – Antworten auf Fragen, Neu-Isenburg 1997.

Arndt, Herbert Die mutmaßliche Einwilligung als Rechtfertigungsgrund, Breslau 1929, Nachdruck: Frankfurt am Main, Tokio 1977.

Baden-Württemberg, Ministerium für Arbeit, Gesundheit und Sozialordnung (Hrsg.) Betreuung verwirrter und psychisch kranker alter Menschen. Aktivitäten – Hilfen – Ideen. Dokumentation, 3. Aufl., Stuttgart 1992.

Bangen, Helmut Arzt und Betreuungsrecht, Rheinisches Ärzteblatt 9/1996, S. 13 f.

Bausch, Helmut Die Regelung der Probandenversicherung im neuen Arzneimittelrecht, VersR 1979, 212 ff.

Beling, Ernst Die strafrechtliche Verantwortlichkeit des Arztes bei der Vornahme und Unterlassung operativer Eingriffe, ZStW 44 (1924), 220 ff.

Belling, Detlev W./Eberl, Christina/ Michlik, Frank Das Selbstbestimmungsrecht Minderjähriger bei medizinischen Eingriffen. Eine rechtsvergleichende Studie zum amerikanischen, englischen, französischen und deutschen Recht, Neuwied, Kriftel, Berlin 1994.

Bender, Albrecht W. Der Entwurf eines Transfusionsgesetzes unter Einwilligungsgesichtspunkten: ein Zwischenruf, ZRP 1997, 353 ff.

Berghmans, Ron L. P./ Ter Meulen, Rund H. J. Ethical Issues in Research with Dementia Patients, International Journal of Geriatric Psychiatry, Vol. 10 (1995), 647 ff.

Bertram, W. Zur neuen (Muster-)Berufsordnung für Ärzte, Ärzteblatt Thüringen 1997, 346 f.

Bichlmeier, Gerd Die Wirksamkeit der Einwilligung in einen medizinisch nicht indizierten ärztlichen Eingriff, JZ 1980, 53 ff.

Bienwald, Werner Betreuungsrecht, Kommentar, 2. Aufl., Bielefeld 1994.

Biermann, Elmar — Die Arzneimittelprüfung am Menschen, Diss. Gießen 1985.

Blei, Hermann — Strafrecht II. Besonderer Teil, 12. Aufl., München 1983.

Bobenhausen, Dieter — Rückkehr zur Entmündigung? Auswirkungen der Rechtsprechung zum Betreuungsrecht, Rpfleger 1997, S. 52 ff.

Bock, Klaus Dietrich (Hrsg.) — Arzneimittelprüfung am Menschen, Braunschweig, Wiesbaden 1980.

Bockelmann, Paul — Strafrecht des Arztes, Stuttgart 1968.

Bockenheimer-Lucius, Gisela — Ethische Kodizes 1947–1997 in der Medizin: Ursprung – Folgen – Folgerungen – Das Freiburger Projekt, EthikMed 1997, 1 ff.

– — Die „Bioethik-Konvention"-Entwicklung und gegenwärtiger Stand der Kontroverse, EthikMed 1995, 146 ff.

Bork, Reinhard — Klinische Versuche in der Psychiatrie, NJW 1985, 654 ff.

Böth, Friedhelm — Das wissenschaftlich-medizinische Humanexperiment, Diss. Köln 1966.

– — Das wissenschaftlich-medizinische Humanexperiment, NJW 1967, 1493 ff.

Braun, Elisabeth — „Bioethik-Konvention" – Ohne deutsche Unterschrift, DÄBl. 1997, A – 1034.

Breddin, Hans Klaus/ Deutsch, Erwin/ Ellerman, Rolf/ Jesdinsky, Hans (Hrsg.) — Rechtliche und ethische Probleme bei klinischen Untersuchungen am Menschen, Berlin, Heidelberg, New York, London, Paris, Tokio 1987.

Bruder, Jens — Gutachten zum 57. Deutschen Juristentag, Thema: Empfiehlt es sich, das Recht der Vormundschaft und der Pflegschaft über Erwachsene sowie das Unterbringungsrecht neu zu ordnen?, Gutachten C (Medizinisches Teilgutachten), in: Verhandlungen des Siebenundfünfzigsten Deutschen Juristentages, Mainz 1988, Bd. I (Gutachten), München 1988.

Bundesminister der Justiz (Hrsg.) — Das Betreuungsgesetz in der Praxis – Ein Leitfaden, Köln 1992.

Bundesministerium der Justiz — Das Übereinkommen zum Schutz der Menschenrechte und der Menschenwürde im Hinblick auf die Anwendung von Biologie und Medizin – Übereinkommen über Menschenrechte und Biomedizin – des Europarats vom 4. April 1997 – Informationen zu Entstehungsgeschichte, Zielsetzung und Inhalt, Januar 1998.

Buschmann, Till Egbert — Die ärztliche Aufklärungspflicht – vornehmlich in der Fortpflanzungsmedizin, Diss. Köln 1998.

Bussmann, Daniel — Die strafrechtliche Bedeutung von ärztlichen Heileingriffen, Winterthur 1984.

Byrd, Sharon/ Hruschka, Joachim/ Joerden, Jan C. (Hrsg.) Jahrbuch für Recht und Ethik. Annual Review of Law and Ethics, Band 4, Berlin 1996.

Caasen, Beate Susanne Die „klinische Prüfung" im Arzneimittelrecht, Diss. Kiel 1985.

Classen, Claus Dieter Ethikkommissionen zur Beurteilung von Versuchen an Menschen: Neuer Rahmen, neue Rolle, MedR 1995, 148 ff.

Coeppicus, Rolf Zur ersten Reform des Betreuungsgesetzes, Rpfleger 1996, 425 ff.

Coester, Michael Von anonymer Verwaltung zu persönlicher Betreuung – zur Reform des Kind- und Pflegschaftsrechts für Volljährige, Jura 1991, 1 ff.

– Elternautonomie und Staatsverantwortung bei der Pflege und Erziehung von Kindern, FamRZ 1996, 1181 ff.

– Das Kindeswohl als Rechtsbegriff, Brühler Schriften zum Familienrecht Bd. 4 /1986.

Czwalinna, Joachim Ethik-Kommission für medizinische Forschung am Menschen: Bestand, Struktur und Vorgehensweise, MedR 1986, 305 ff.

– Ethik-Kommissionen – Forschungslegitimation durch Verfahren, Frankfurt am Main, Bern, New York, Paris 1987.

Damrau, Jürgen/ Zimmermann, Walter Betreuung und Vormundschaft, Kommentar zum materiellen und formellen Recht, 2. Aufl. 1995.

Deutsch, Erwin Die klinische Forschung am Menschen im amerikanischen und internationalen Recht, VersR 1978, 289 ff.

– Das internationale Recht der experimentellen Humanmedizin, NJW 1978, 570 ff.

– Der Zeitpunkt der ärztlichen Aufklärung und die antizipierte Einwilligung des Patienten, NJW 1979, 1905 ff.

– Medizin und Forschung vor Gericht, Heidelberg, Karlsruhe 1978.

– Das Recht der klinischen Forschung am Menschen, Frankfurt am Main, Bern, Las Vegas 1979.

– Medizinrecht, 3. Aufl., Berlin, Heidelberg, New York 1997.

– Versicherungsvertragsrecht, 2. Auflage, Karlsruhe 1988.

– Der Doppelblindversuch, JZ 1980, 289 ff.

– Das wissenschaftliche, nicht therapeutische Experiment am Menschen: nationale und internationale Grundsätze, VersR 1983, 1 ff.

– Haftungsfreistellung von Arzt oder Klinik und Verzicht auf Aufklärung durch Unterschrift des Patienten, NJW 1983, 1351 ff.

Deutsch, Erwin — Ethische und rechtliche Voraussetzungen der klinischen Prüfung, Niedersächsisches Ärzteblatt 13/1984, 18 (550) ff.

– Einwilligung und Aufklärung bei der Erprobung neuer Verfahren am Menschen – aus juristischer Sicht, Zeitschrift für ärztliche Fortbildung 1994, 1040 ff.

– Die fünfte Novelle zum Arzneimittelgesetz – Gesetzgebung im Vermittlungsausschuß, NJW 1994, 2381 ff.

– Die Bildung von Ethik-Kommissionen nach § 40 AMG, VersR 1995, 121 ff.

– Das Gesetz über Medizinprodukte, NJW 1995, 752 ff.

– Verkehrssicherungspflicht bei klinischer Forschung – Aufgabe der universitären Ethik-Kommissionen?, MedR 1995, 483 ff.

– Der Beitrag des Rechts zur Klinischen Forschung in der Medizin, NJW 1995, 3019 ff.

– Anmerkung zu LG Göttingen, Urteil vom 11.10.1990, 2 O 569/88, VersR 1990, 1402 f.

Dodegge, Georg — Die Entwicklung des Betreuungsrechts bis Anfang Juni 1997, NJW 1997, 2425 ff.

Dröge, Michael — Die Zwangsbetreuung, Hamburg 1997.

Eberbach, Wolfram H. — Die zivilrechtliche Beurteilung der Humanforschung, Frankfurt am Main 1982.

– Grundsätze zur Aufklärungspflicht bei nicht voll Geschäftsfähigen, MedR 1986, 14 ff.

– Die ärztliche Aufklärung unheilbar Kranker, MedR 1986, 180 ff.

– Einzelfall und wissenschaftliche Methode – ein Widerspruch? Rechtliche und ethische Aspekte klinischer Krebsstudien, MedR 1988, 7 ff.

– Familienrechtliche Aspekte der Humanforschung an Minderjährigen, FamRZ 1982, 450 ff.

Eberbach, Wolfram H./ Schuler, Heinz — Zur Aufklärungspflicht bei psychologischen Experimenten, JZ 1982, 356 ff.

Eberhardt, Reinhild/ Söhngen, Mariola — Monitoring klinischer Prüfungen. Ein Handbuch für die Praxis, Aulendorf 1996.

Egen, Claudia — Das Ende der Entmündigung und Vormundschaft – eine Wohltat für psychisch Kranke?, Diss. Bonn 1994.

Ehlers, Alexander P.F. — Die ärztliche Aufklärung vor medizinischen Eingriffen: Bestandsaufnahme und Kritik, Köln 1987.

Eisenbart, Bettina — Die Stellvertretung in Gesundheitsangelegenheiten, MedR 1997, 305 ff.

Elzer, Oliver Die Grundrechte Einwilligungsunfähiger in klinischen Prüfungen – ein Beitrag zum EMRÜ-Biomedizin, MedR 1998, 122 ff.

Epple, Dieter Die Betreuungsverfügung, BWNotZ 1992, 27 ff.

Erhardt, Alexander Behandlung und Behandlungsverweigerung untergebrachter psychisch Kranker. Eine vergleichende Untersuchung zum deutschen und amerikanischen Recht, Diss. Freiburg 1986.

Erichsen, Hans Uwe Elternrecht – Kindeswohl – Staatsgewalt, Berlin 1985.

Erman Handkommentar zum BGB, 9. Aufl., Münster 1993.

Ernst, Cécile Pflegebedürftigkeit – Demenz – Heimeintritt. Risikoabschätzung bei älteren Personen, NZZ Nr. 86 vom 15.4.1998, 40.

Eser, Albin Darf nur sein, was einem selber nutzt?, F.A.Z. v. 19.11.1996, S. 16.

– Das Humanexperiment – Zu seiner Komplexität und Legitimität, in: Gedächtnisschrift für Horst Schröder, Hrsg.: Walter Stree u.a., München 1978.

– Wahrnehmung berechtigter Interessen als allgemeiner Rechtfertigungsgrund: zugleich ein Versuch über Rechtsgüterschutz und evolutives Recht, Bad Homburg 1969.

Eser, Albin/ Koch, Hans-Georg Aktuelle Rechtsprobleme der Sterilisation, MedR 1964, 6 ff.

Falck, Ingeborg Aufklärung in der Geriatrie bei sehr alten Menschen, MedR 1985, 110 f.

Fanchamps, Albert Die Arzneimittelprüfung am Menschen. Begründung, Voraussetzungen, Methoden, Probleme, Basel 1984.

Fink-Anthe, Carola Arzneimittel für alte Menschen, Pharm.Ind. 1998, III/53.

– Konsequenzen der demographischen Überalterung auf die medizinische Versorgung, Pharm.Ind. 1996, X/217.

Fischer, Gerfried Rechtsprobleme der Trendbeurteilung bei der klinischen Prüfung von Arzneimitteln, MedR 1987, 77 ff.

– Medizinische Versuche am Menschen, Göttingen 1979.

Foerster, Klaus Das neue Betreuungsgesetz – Gedanken aus psychiatrischer Sicht, MedR 1991, 180 ff.

Francke, Robert/ Hart, Dieter (Hrsg.) Ärztliche Verantwortung und Patienteninformation: eine Untersuchung zum privaten und öffentlichen Recht der Arzt-Patient-Beziehung, Stuttgart 1987.

Franzki, Harald Strafbarkeit und Haftung des Arztes, F.A.Z. v. 9.9.1997, S. 12.

– Von der Verantwotung des Richters für die Medizin – Entwicklungen und Fehlentwicklungen der Rechtsprechung zur Arzthaftung, MedR 1994, 171 ff.

Freund, Georg/ Heubel, Friedrich — Forschung mit einwilligungsunfähigen und beschränkt einwilligungsfähigen Personen, MedR 1997, 347 ff.

Füllmich, Rainer — Der Tod im Krankenhaus und das Selbstbestimmungsrecht des Patienten – Über das Recht des nicht entscheidungsfähigen Patienten, künstlich lebensverlängernde Maßnahmen abzulehnen, Frankfurt am Main 1990.

Genz, Susanne — Das Betreuungsrechtsänderungsgesetz – Bericht über den Referentenentwurf eines Gesetzes zur Änderung des Betreuungsrechts sowie weiterer Vorschriften (Stand: 7.2.1996), FamRZ 1996, 1324 ff.

Gernhuber, Joachim — Elterliche Gewalt heute – eine grundsätzliche Betrachtung, FamRZ 1962, 89 ff.

Gernhuber, Joachim/ Coester-Waltjen, Dagmar — Familienrecht, 4. Aufl., München 1994.

Gersemann, Dieter/ Illhardt, Franz Josef — Zugehörigkeit zu einer Randgruppe, MedR 1986, 299 ff.

Giesen, Dieter — Arzthaftungsrecht, 4. Aufl., Tübingen 1990.

– — Anmerkung zu BGH, Urteil vom 7.4.1992, VI ZR 192/91.

Giesen, Dieter/ Walter, Katrin — Ärztliche Aufklärungspflicht und Selbstbestimmungsrecht des Patienten, Jura 1991, 182 ff.

Giesen, Richard — Internationale Maßstäbe für die Zulässigkeit medizinischer Heil- und Forschungseingriffe – Das Vorhaben einer europäischen Bioethik-Konvention, MedR 1995, 353 ff.

– — Aktuelle Probleme des Arzthaftungsrechts, MedR 1997, 17 ff.

Glauben, Paul J. — Menschenrechte im Bereich der Biomedizin festgeschrieben – Europarat verabschiedet Konvention – Nicht alle Bestimmungen genügen den Anforderungen des Grundgesetzes, DRiZ 1997, 89 ff.

Gleiter, Christoph H. — Ethik-Kommissionen in der Arzneimittelforschung – Wachsende Bedeutung internationaler Regeln, DÄBl. 1997, A-439 f.

Golek, Michael — „Als Anwalt für Sterbende“, F.A.Z. Nr. 69 vom 23.3.1998, S. 14 (Briefe an die Herausgeber).

Göppinger, H. — Die Aufklärung und Einwilligung bei der ärztlichen, besonders der psychiatrischen Behandlung, Fortschr. Neurol. Psychiatr. 1956, 53 ff.

Gounalakis, Georgios — Formularmäßige ärztliche Aufklärung im Lichte des AGB-Gesetzes, NJW 1990, 752 ff.

Grahlmann, Hans-Günter — Heilbehandlung und Heilversuch, Stuttgart 1977.

Gross, Franz — Notwendigkeit und Ethik klinisch-therapeutischer Prüfungen von Arzneimitteln, Frankfurt am Main 1979.

Gugler, Roland Arzneimittelkommission der deutschen Ärzteschaft. Leiter der klinischen Prüfung – eine überflüssige Einrichtung? DÄBl. 1997, A – 2620.

Gutzmann, Hans (Hrsg.) Der dementielle Patient. Das Alzheimer Problem. Diagnostik. Ursachenforschung. Therapie. Betreuung, Bern, Göttingen, Toronto 1992.

Hagedorn, Manfred Die Entbehrlichkeit der Einwilligung und Aufklärung bei Heilbehandlungen nach dem Strafgesetzbuchentwurf 1962, Heidelberg 1965.

Hardwig, Werner Betrachtungen zur Frage des Heileingriffes, GA 1965, 162 ff.

Hart, Dieter Heilversuch, Entwicklung therapeutischer Strategien, klinische Prüfung und Humanexperiment, MedR 1994, 94 ff.

– Arzneimittel- und haftungsrechtliche Aspekte neuer Krebstherapien, MedR 1997, 51 ff.

– Ärztliche Leitlinien – Definitionen, Funktionen, rechtliche Bewertungen – Gleichzeitig ein Beitrag zum medizinischen und rechtlichen Standardbegriff, MedR 1998, 8 ff.

Hartstang, Gerhard Anwaltsrecht, Köln, Berlin, Bonn, München 1991.

Hasskarl, Horst/ Kleinsorge, Hellmuth Arzneimittelprüfung – Arzneimittelrecht: Nationale und internationale Bestimmungen und Empfehlungen, 2. Aufl. Stuttgart, New York 1979.

Haupt, Martin Das Problem der Einwilligungsunfähigkeit Demenzkranker bei der Prüfung hirnleistungsfördernder Substanzen, Arzt und Krankenhaus 1997, 116 ff.

Heidner, Hans-Hermann Die Bedeutung der mutmaßlichen Einwilligung als Rechtfertigungsgrund, insbesondere im Rahmen des ärztlichen Heileingriffs, Diss. Göttingen 1988.

Held, Paul Strafrechtliche Beurteilung von Humanexperimenten und Heilversuchen in der medizinischen Diagnostik, Berlin 1990.

Helle, Jürgen Die Heilbehandlung des unterbrachten psychisch Kranken, MedR 1987, 65 ff.

Helmchen Hanfried/ Kanowski, Siegfried/ Koch, Hans-Georg Forschung mit dementen Kranken: Forschungsbedarf und Einwilligungsproblematik, EthikMed 1989, 83 ff.

Helmchen, Hanfried Research with patients incompetent to give informed consent, Current Opinion in Psychiatry 1998, 295 ff.

– Beurteilung der Einwilligungsfähigkeit aus ärztlicher Sicht, in: FS Rainer Tölle, München, Wien, Baltimore 1994, S. 67 ff.

Helmchen, Hanfried/ Lauter, Hans Ethische Probleme bei der biomedizinischen Forschung mit kognitiv beeinträchtigten älteren Menschen, Nervenarzt 1995, 231 ff.

Helmchen, Hanfried/ Lauter, Hans (Hrsg.) — Dürfen Ärzte mit Demenzkranken forschen? Analyse des Problemfeldes Forschungsbedarf und Einwilligungsproblematik, Stuttgart, New York 1995.

Helmchen, Hanfried/ Winau, Rolf — Versuche mit Menschen, Berlin, New York 1986.

Hennies, G. — Heilversuch – Beobachtungsstudie – Klinische Arzneimittelprüfung, ArztR 1996, 95 ff.

Herbold, Marlis — Anwendungsbeobachtungen (II) – Nützliche Erkenntnisse über Arzneimittel im Alltag, DÄBl. 1996, A-3010.

Hill, Rainer — Deutschland: Neues „Gesetz über Medizinprodukte" in Kraft, PHi 1995, 122 ff.

Hofmann, Werner — Diagnostik von Gedächtnisstörungen, hamburger ärzteblatt 6/1998, S. 233 ff.

Hohloch, Gerhard — Ärztliche Dokumentation und Patientenvertrauen, NJW 1982, 2577 ff.

Hollmann, Angela — Das ärztliche Gespräch mit dem Patienten, NJW 1973, 1393 ff.

Holtheide, Elisabeth — „Grober Behandlungsfehler" – zu OLG Koblenz Az.: 7 U 520/94, Rheinisches Ärzteblatt 9/1996, S. 39.

Holzer, Wolfgang/ Posch, Willibald/ Schick, Peter J. — Arzt- und Arzneimittelhaftung in Österreich, Wien 1992.

Holzhauer, Heinz — Zur klinischen Prüfung von Medikamenten an Betreuten, NJW 1992, 2325 ff.

Holzhauer, Heinz/ Reinicke, Michael — Betreuungsrecht. Eine Kommentierung der bürgerlichrechtlichen und der verfahrensrechtlichen Vorschriften des neuen Betreuungsrechts, Aschendorff/Münster 1993.

Horn, Eckhard — Der medizinisch nicht indizierte, aber vom Patienten verlangte ärztliche Eingriff – strafbar? (BGH NJW 1978, 1206), JuS 1979, 29 ff.

Hruschka, Joachim — Anmerkung zu BGH, Urteil vom 22.2.1978, 2 StR 372/77, JR 1978, 919 ff.

Jäger, L. — Forschung am Menschen – ethisch vertretbar?, Ärzteblatt Thüringen 1997, 156 f.

Jeschek, Dieter — Einwilligung in der Geriatrie, Diss. med., München 1984.

Jung, Andrea — Die Zulässigkeit biomedizinischer Versuche am Menschen – Eine rechtsvergleichende Untersuchung auf der Grundlage der Loi n° 88-1138 du 20 décembre 1988 relative à la protection des personnes qui se prêtent à des recherches biomédicales, Köln, Berlin, Bonn, München 1996.

Jungbecker, Rolf — Die formularmäßige Operationsaufklärung und -einwilligung – zur Frage der Anwendbarkeit des AGB-Gesetzes, MedR 1990, 173 ff.

Jürgens, Andreas Betreuungsrecht, Kommentar, München 1995.

Kahlke, Winfried/ Reiter-Theil, Stella (Hrsg.) Ethik in der Medizin, Stuttgart 1995

Kamps, Hans Der Umfang der Aufklärungspflicht und Haftung des staatlich angestellten Impfarztes und des niedergelassenen Arztes bei der Polio-Schutzimpfung, MedR 1995, 268 f.

Keller, Rolf Das Recht und die medizinische Forschung, MedR 1991, 11 ff.

Kern, Bernd-Rüdiger Der Minderjährige als Blutspender, FamRZ 1981, 738 ff.

– Aufklärungspflicht und wissender Patient, MedR 1986, 176 ff.

– Die Bedeutung des Betreuungsgesetzes für das Arztrecht, MedR 1991, 66 ff.

– Arzt und Betreuungsrecht, MedR 1993, 245 ff.

– Fremdbestimmung bei der Einwilligung in ärztliche Eingriffe, NJW 1994, 753 ff.

Kern, Bernd-Rüdiger/ Laufs, Adolf Die ärztliche Aufklärungspflicht, Berlin, Heidelberg, New York 1983.

Kienle, Thomas Bioethik und Pränataldiagnostik in Europa – Nur ein Kommunikationsproblem?, ZRP 1996, 253 ff.

Kiepe, Georg/ Bethge, Hartmut Anwendungsbeobachtungen (I) – Kooperation mit Ärzten hat sich bewährt, DÄBl. 1996, A-3008.

Kilian, Wolfgang Medizinische Forschung und Datenschutzrecht, Stand und Entwicklung in der Bundesrepublik Deutschland und in der Europäischen Union, NJW 1998, 787 ff.

Kimbel, K. H. Der vom Arzt wissentlich unbehandelte Kranke, Münch.med. Wschr. 1996, 16.

Kirchhof, Ralf-Rüdiger Anmerkung zu OLG Stuttgart, Urteil vom 23. Februar 1994, 8 W 534/93, BtPrax 1994, 101 f.

Kitwood, Tom Exploring the Ethics of Dementia Research: A Response to Berghmans and Ter Meulen: A Psychosocial Perspective, International Journal of Gereatric Psychiatry, Vol 10 (1995), 655 ff.

Kleinewefers, Herbert Die Aufklärungspflicht des Arztes und die Rechtsfolgen ihrer Verletzung, VersR 1964, 349 ff.

Kleinsorge, Hellmuth Spezielle Probleme der Ethik-Kommissionen im Zusammenhang mit der Arzneimittelprüfung, MedR 1987, 140 ff.

– Arzneimittelstudien beim niedergelassenen Arzt, Bonn 1988.

Kleinsorge, Hellmuth/ Hirsch, Günter/ Weißauer, Walter (Hrsg.) Forschung am Menschen, Berlin, Heidelberg, New York, Tokio 1985.

Kleinsorge, Hellmuth/ Steichele, Card/ Sander, Axel (Hrsg.) Klinische Arzneimittelprüfung – medizinische und rechtliche Grundlagen, Stuttgart, Berlin, Köln, Mainz 1987.

Klinger, Gabriele Strafrechtliche Kontrolle medizinischer Außenseiter, Stuttgart 1995.

Klinkhammer, Gisela BÄK-Stellungnahme zur Bioethik-Konvention: Modifikation einiger Punkte gewünscht, DÄBl. 1995, B-25.

– Arbeitskreis medizinischer Ethikkommissionen. Rechtssicherheit für Optimierungsstudien, DÄBl. 1995, B-2508.

– Grafenecker Erklärung zur Bioethik: Orientierung an den Menschenrechten, DÄBl. 1996, A-2290.

– Entschließung des EU-Parlaments zur Bioethik: Strenge Regeln für Embryonenforschung, DÄBl. 1996, A-2527.

– Bioethik-Konvention: Zunächst mal gebilligt, DÄBl. 1996, A-2817.

– Ethik-Kommissionen: Hilfestellung im konkreten Einzelfall, DÄBl. 1996, A-3159.

– Anfang und Ende menschlichen Lebens: Die Würde des Menschen wahren, DÄBl. 1997, A-814.

– Novellierung der (Muster-)Berufsordnung. Alte und neue Regeln für den Arzt, DÄBl. 1997, A-1634.

– Arbeitskreis Medizinischer Ethik-Kommissionen: Problem: Fremdnützige Forschung, DÄBl. 1997, A-3317 f.

Kloesel, Arno/ Cyran, Walter Arzneimittelrecht, Kommentar, Loseblattausgabe, Stuttgart, Stand: 1. Oktober 1995.

Kloppenborg, Josef Ärztliche Aufklärungspflicht beim alten Menschen, MedR 1986, 18 ff.

Klüsener, Bernd/ Rausch, Hans Praktische Probleme bei der Umsetzung des neuen Betreuungsrechts, NJW 1993, 617 ff.

Koch, Horst J./ Klug, Bettina Ethische Grundsätze und deren praktische Bedeutung in klinisch-pharmakologischen Prüfungen, DMW 1997, 205 ff.

Kollhosser, Helmut Umfang und Form der Aufklärung über die Probandenversicherung bei der klinischen Prüfung von Arzneimitteln, MedR 1983, 201 ff.

Kollhosser, Helmut/ Krefft, Max Rechtliche Aspekte sogenannter Pilotstudien in der medizinischen Forschung, MedR 1993, 93 ff.

Kollhosser, Helmut/ Kubillus, Manfred Grundfragen des Arztrechtes, JA 1996, 339 ff.

Konrad-Adenauer-Stiftung Arbeitspapier: Forschung mit einwilligungsunfähigen Personen, Stellungnahmen zur Diskussion über das Menschenrechtsübereinkommen zur Biomedizin des Europarates, Sankt Augustin, Januar 1997.

Koppernock, Martin — Das Grundrecht auf bioethische Selbstbestimmung: zur Rekonstruktion des allgemeinen Persönlichkeitsrechts, Baden-Baden 1997.

Korzilius, Heike — Anwendungsbeobachtungen: Weg vom „Schmuddel-Image", DÄBl. 1997, A-2965.

– Generalversammlung des Weltärztebundes: Aufruf zu mehr politischer Verantwortung, DÄBl. 1997, A-3230.

Kossen, Klaus C. — Der Umfang ärztlicher Aufklärungspflicht nach der jüngsten Rechtsprechung des BGH zur Aufklärungspflicht über Behandlungsalternativen, Schleswig-Holsteinisches Ärzteblatt 1/1997, S. 17.

Krahforst — Pflicht zur Anzeige klinischer Prüfungen, Brandenburgisches Ärzteblatt 1998, 262.

Kramer, Rainer/ Zerlett, Georg — Deutsches Strahlenschutzrecht, Band 1, Strahlenschutzverordnung, Strahlenschutzvorsorgegesetz, 3. Aufl., Köln 1990.

Kraus, H. K. — „Magisches Dreieck": Patientenverfügung – Alterstestament – Betreuungsverfügung, VersMed 1997, 35.

Kreß, Manfred — Die Ethik-Kommissionen im System der Haftung bei der Planung und Durchführung von medizinischen Forschungsvorhaben am Menschen, Karlsruhe 1990.

Kuhlmann, Jens-M. — Einwilligung in die Heilbehandlung alter Menschen, Frankfurt am Main 1996.

Langenfeld, Andrea — Vorsorgevollmacht, Betreuungsverfügung und Patiententestament nach dem neuen Betreuungsrecht, Konstanz 1994.

Larenz, Karl — Methodenlehre der Rechtswissenschaft, 5. Auflage, Berlin, Heidelberg, New York, Tokio 1983.

Laufs, Adolf — Arztrecht, 5. Aufl., München 1993.

– Arztrecht im Wandel. Die Entwicklung des Arztrechts 1976/77, NJW 1977, 1081 ff.

– Die klinische Forschung am Menschen nach deutschem Recht, VersR 1978, 385 ff.

– Arzt und Recht im Umbruch der Zeit, NJW 1995, 1590 ff.

– Das Menschenrechtsübereinkommen zur Biomedizin und das deutsche Recht, NJW 1997, 776 ff.

– Zur deliktsrechtlichen Problematik ärztlicher Eigenmacht, NJW 1969, 529 ff.

– Die Entwicklung des Arztrechts 1993/1994, NJW 1994, 1562 ff.

Laufs, Adolf/ Dierks, Christian/ Wienke, Albrecht/ Graf-Baumann, Toni/ Hirsch, Günther (Hrsg.) — Die Entwicklung der Arzthaftung, Berlin, Heidelberg, New York 1997.

Laufs, Adolf/ Uhlenbruck, Wilhelm (Hrsg.) — Handbuch des Arztrechts, München 1992.

Lauter, Hans — Die Bedeutung der Einwilligung für die Legitimation ärztlichen Handelns – aus medizinisch-psychologischer Sicht, EthikMed 1996, 68 ff.

Leibholz, Gerhard/ Rinck, Hans-Justus/ Hesselberger, Dieter — Grundgesetz, Kommentar an Hand der Rechtsprechung des Bundesverfassungsgerichts, Loseblattausgabe, Stand: Juni 1998.

Leipziger Kommentar — Strafgesetzbuch, 2. Band (§§ 32–60), 10. Aufl., Berlin, New York 1985; 5. Band (§§ 185–262), 10. Aufl., Berlin, New York 1989 (zit.: LK-*Bearbeiter*).

Lenckner, Theodor — Die Einwilligung Minderjähriger und deren gesetzlicher Vertreter, ZStW 72 (1960), 446 ff.

Lesch, Heiko H. — Die strafrechtliche Einwilligung beim HIV-Antikörpertest an Minderjährigen, NJW 1989, 2309 ff.

Lippert, Hans-Dieter — Die Einwilligung in der medizinischen Forschung und ihr Widerruf, DMW 1997, 912 ff.

– — Rechtsprobleme bei der Forschung in Notfall- und Intensivmedizin, DMW 1994, 1796 ff.

Lippert, Hans-Dieter/ Adler, Katja — Forschung am Menschen. Der Proband/Patient im Dschungel der Haftungsnormen, VersR 1993, 277 ff.

Lippert, Hans-Dieter/ Kern, Bernd-Rüdiger — Arbeits- und Dienstrecht der Krankenhausärzte von A-Z, 2. Aufl., Berlin u. a. 1993.

Lippert, Hans-Dieter/ Strobel, Eva-Susanne — Die Überwachung klinischer Prüfungen nach dem AMG, VersR 1995, 637 ff.

– — Ärztliche Schweigepflicht und Datenschutz in der medizinischen Forschung, VersR 1996, 427 ff.

Martini, Gustav Adolf (Hrsg.) — Medizin und Gesellschaft. Ethische Verantwortung und ärztliches Handeln. Marburger Forum Philippinum, Stuttgart, Frankfurt am Main 1982.

Maurach, Reinhart/ Schroeder, Friedrich-Christian/ Maiwald, Manfred — Strafrecht Besonderer Teil, Teilband 1, Straftaten gegen Persönlichkeits- und Vermögenswerte, 8. Aufl. Heidelberg 1995.

Max-Planck-Gesellschaft (Hrsg.) — Verantwortung und Ethik in der Wissenschaft, Symposium der Max-Planck-Gesellschaft Schloß Ringberg/Tegernsee, Mai 1984, Max-Planck-Gesellschaft/Berichte und Mitteilungen, Heft 3/84.

Mayer, Karl-Georg — Medizinische Maßnahmen an Betreuten – §§ 1904, 1905 BGB. Eine Untersuchung aus zivilrechtlicher Sicht, Würzburg 1995.

McNeill, Paul M. — The Ethics and Politics of Human Experimentation, Cambridge 1993.

Meins, Wolfgang Körperliche Begleiterkrankungen bei Patienten mit Demenz – Möglichkeiten und Grenzen der Behandlung, hamburger ärzteblatt 6/1998, S. 240 ff.

Mitko, Bernhard Der Einwilligungsvorbehalt: Voraussetzungen, Wirkungen, Probleme, Aachen 1995.

Mitscherlich, Alexander/ Mielke, Fred Medizin ohne Menschlichkeit, Berlin 1990.

Mühlendahl, Karl Ernst von Ärztliche Aufklärungspflicht bei extrem geringen Risiken, NJW 1995, 3043.

Müller, Egon Von der Körperverletzung zur eigenmächtigen Heilbehandlung – Ein Beitrag zur strafrechtlichen Arzthaftung, DRiZ 1998, 155 ff.

Müller, Gabriele Betreuung und Geschäftsfähigkeit, Bielefeld 1998.

Müller-Dietz Mutmaßliche Einwilligung und Operationserweiterung – BGH NJW 1988, 2310, JuS 1989, 280 ff.

Müller-Römer, Dietrich Arzneimittelrecht von A-Z, Handbuch für die pharmazeutische Praxis, Neu-Isenburg 1978.

Münchener Kommentar Bürgerliches Gesetzbuch, Band 3, Schuldrecht Besonderer Teil, 2. Halbband, §§ 652–853, 2. Aufl. München 1986; Band 2, Schuldrecht Allgemeiner Teil, §§ 241–432, 3. Aufl. München 1994; Band 7, Familienrecht I, §§ 1297–1588, 3. Aufl., München 1993; Band 8, Familienrecht II, §§ 1589–1921, KJHG, 3. Aufl., München 1992.

N. N. Biomedizin in Deutschland und Europa – Wird Deutschland dem europäischen Übereinkommen über die Biomedizin beitreten?, DRiZ 1998, 190.

– Selbstbestimmung des Patienten bis zum Tod. Instrumente zur Umsetzung, Berliner Ärzte 9/1997, S. 14.

– Klinische Prüfung in der Arztpraxis, DÄBl. 1996, A-1873.

– Zur ethischen Verantwortung von Wissenschaftlern, DRiZ 1996, 295.

– Morbus Alzheimer und Kopfumfang, Pharm.Ind. 1997, III/79.

– Forschung darf Menschenwürde nicht verletzen, wib 14/1997, S. 4.

– Moderne „Medizin ohne Menschlichkeit"? Berliner Ärzte 2/1997, S. 11 ff.

– Zahl Demenzkranker steigt möglicherweise, wib 14/96 – XV/69, S. 82.

– Generalversammlung des Weltärztebundes in Hamburg: Forum für ethische Fragen, DÄBl. 1997, A-3060 f.

N. N.	Rechtliche Schranken bei der Forschung am Menschen, F.A.Z. Nr. 72 vom 26.3.1998.
–	Verbände: Würde Behinderter muß geschützt werden, F.A.Z. Nr. 75 vom 30.3.1998.
Nacimiento, Wilhelm	Das apallische Sysdrom – Diagnose, Prognose und ethische Probleme, DÄBl. 1997, A-661 ff.
Narr, Helmut/ Hess, Rainer/ Schirmer, Horst-Dieter	Ärztliches Berufsrecht, Loseblattausgabe, 2. Aufl., Stand: Januar 1997.
Neubauer, H./ Wetterling, T./ Neubauer, W.	Einwilligungsfähigkeit bei älteren, vor allem dementen und verwirrten (deliranten) Patienten, Fortschr.Neurol. Psychiat. 1994, 306.
Neumann, Gita	Das Patiententestament, Berliner Ärzte 9/1996, S. 22.
Neyen, Werner	Die Einwilligungsfähigkeit im Strafrecht, Diss. Trier 1991.
Nida-Rümelin, Julian (Hrsg.)	Angewandte Ethik. Die Bereichsethiken und ihre theoretische Fundierung, Stuttgart 1996.
Niebling, Jürgen	Ärztliche Formularaufklärung und AGB-Gesetz, MDR 1982, 193 ff.
Nöthlichs, Matthias/ Weber, Horst Peter	Sicherheitsvorschriften für Medizinprodukte. Kommentar zum MPG und zur MedGVO, Loseblattausgabe, Stand: 8/1995.
Osnowski, Rainer (Hrsg.)	Menschenversuche, Köln 1988.
Palandt, Otto	Bürgerliches Gesetzbuch, Kommentar, 57. Aufl., München 1998.
Pawlowski, Hans-Martin	Betreuung wider Willen?, in: FS Hilmar Fenge, Hamburg 1996, S. 479 ff.
Peter, Jürgen	Der Nürnberger Ärzteprozeß: im Spiegel seiner Aufarbeitung anhand der drei Dokumentensammlungen von Alexander Mitscherlich und Fred Mielke, Münster, Hamburg 1994.
Peters, Heidi/ Winterstein, Peter	Demenzen: Juristische Aspekte, hamburger ärzteblatt 6/1998, S. 249 ff.
Pfaltz, Carl Rudolf	Medizinische Forschung im Spannungsfeld von Staat und Gesellschaft, Basel 1989.
Pluisch, Frank/ Heifer, Ulrich	Die rechtliche Zulässigkeit von Leichenversuchen, NJW 1994, 2377 ff.
Rasch, Wilfried	Forensische Psychiatrie, Stuttgart, Berlin, Köln, Mainz 1986.
Ratzel, Rudolf/ Lippert, Hans-Dieter	Kommentar zur Musterberufsordnung der deutschen Ärzte (MBO), Berlin u. a. 1995.
Rausch, Hans/ Rausch, Jens	Betreuung Geschäftsfähiger gegen ihren Willen? NJW 1992, 274 ff.

RGRK Das Bürgerliche Gesetzbuch unter besonderer Berücksichtigung der Rechtsprechung des Reichsgerichts und des Bundesgerichtshofs, Kommentar, Band II, 5. Teil, §§ 812–831, 12. Aufl., Berlin, New York 1989; 63. Lieferung, §§ 1626–1637, 12. Aufl., Berlin, New York 1989.

Rickmann, Sabine Zur Wirksamkeit von Patiententestamenten im Bereich des Strafrechts, Frankfurt am Main, Bern, New York 1987.

Riedel, Eibe Global Responsibilities and Bioethics: Reflections on the Council of Europe's Bioethics Convention, 5 Ind. J. Global Legal Studies 1997, 179 ff.

Rieger, Hans-Jürgen Lexikon des Arztrechts, Berlin, New York 1984.

Rixen, Stephan Das todkranke Kind zwischen Eltern und Arzt, MedR 1997, 351.

Roche (Hrsg. Hoffmann-La Roche AG) Lexikon Medizin, 3. Aufl., München 1993.

Roedern, Peter Die „neue" Strahlenschutzverordnung, Diss. Kiel 1983.

Rogall, Klaus Anmerkung zu BGH, Urteil vom 22.2.1978, 2 StR 372/77, NJW 1978, 2344.

Roitzheim, Gudrun Viele Fragen bleiben offen. Anmerkungen zur Biomedizin-Konvention, DRiZ 1997, 92.

Rösler, Roland (Hrsg.) Biologie im Horizont der Philosophie. Der Entwurf einer europäischen „Bioethik"-Konvention, Frankfurt am Main 1997

Rössler, Dietrich Die Bedeutung der Einwilligung für die Legitimation ärztlichen Handelns – ethische Aspekte, EthikMed 1996, 59 ff.

– Zur Diskussion über die Bioethik-Konvention, EthikMed 1996, 167 ff.

Roßner, Hans-Jürgen Verzicht des Patienten auf eine Aufklärung durch den Arzt, NJW 1990, S. 2291 ff.

Rouka, Stella Das Selbstbestimmungsrecht des Minderjährigen bei ärztlichen Eingriffen, Frankfurt am Main 1996.

Röver, Julia Einflußmöglichkeiten des Patienten im Vorfeld einer medizinischen Behandlung – antezipierte Erklärung und Stellvertretung in Gesundheitsangelegenheiten, Frankfurt am Main 1997.

Rüping, Hinrich Körperverletzung, Einwilligung und Heileingriff – Kritische Überlegungen zu BGH NJW 1978, 1206, Jura 1979, 90 ff.

Samson, Erich Über Sinn und Unsinn von Ethik-Kommissionen, DMW 1981, S. 667 ff.

Sander, Axel Arzneimittelrecht, Kommentar, Loseblattausgabe, Stuttgart, Berlin, Köln, Stand: Juni 1996.

Sass, Hans-Martin Geriatrische Forschung und Ethik in der Medizin, Bochum 1991.

Saueracker, Luise	Die Bedeutung des Patiententestamentes in der Bundesrepublik Deutschland aus ethischer, medizinischer und juristischer Sicht, Frankfurt am Main, Bern, New York, Paris 1990.
Schenke, Wolf-Rüdiger	Verfassungsrechtliche Probleme einer öffentlich-rechtlichen Monopolisierung der ethischen Beratung bei klinischen Versuchen am Menschen, NJW 1996, 745 ff.
Scherer, Michael A./ von Gumppenberg, Stephan	Experimentelle und klinische chirurgische Forschung zwischen Anspruch und Wirklichkeit, EthikMed 1997, 151 ff.
Schimikowski, Peter	Experiment am Menschen. Zur strafrechtlichen Problematik des Humanexperiments, Stuttgart 1980.
Schlund, G.H.	Einzelaspekte zum Medizinproduktgesetz im Überblick, ArztR 1995, 235 ff.
Schlungbaum, Werner	Arzt im Strafrecht – Sind Ärzte a priori Straftäter?, Berliner Ärzte 6/1998, S. 25 f.
Schlüter, Wilfried	BGB Familienrecht, 6. Aufl., Heidelberg 1993.
Schmid, Hugo	Die Grenzen der Therapiefreiheit, NJW 1986, 2339.
–	Die Grundlagen der ärztlichen Aufklärungspflicht, NJW 1984, 2601 ff.
Schmidt, Gerd/ Böcker, Felix	Betreuungsrecht – Eine systematische Einführung aus juristischer und psychiatrischer Sicht, 2. Aufl., München 1993.
Schmidt-Beck, Jürgen	Die Dokumentationspflichtverletzung und ihre Auswirkungen im Arzthaftungsprozeß, Diss. München 1994.
Schmidt-Elsaeßer, Eberhard	Medizinische Forschung an Kindern und Geisteskranken, Diss. Kiel 1987.
Schneider, Monika	Hilfe – ich kann nicht mehr! Unterstützung von Angehörigen Demenzkranker, Berliner Ärzte 6/1998, S. 27 ff.
Schöllhammer, Lutz	Die Rechtsverbindlichkeit des Patiententestaments: eine Untersuchung aus zivilrechtlicher Sicht, Berlin 1993.
Schönke, Adolf/ Schröder, Horst	Strafgesetzbuch, Kommentar, 25. Aufl., München 1997.
Schreiber, Hans-Ludwig	Ärztliche Begutachtung in der Psychiatrie aus juristischer Sicht, Zeitschrift für ärztl. Fortbildung 1996, 626 ff.
Schreiber, Lothar Hans	Die medikamentöse Versorgung als Heilbehandlung gemäß § 1904 BGB n.F. im zukünftigen Betreuungsgesetz, FamRZ 1991, 1014 ff.
Schröder, Michael	Kommissionskontrolle in Reproduktionsmedizin und Gentechnologie, Köln, Berlin, Bonn, München 1992.
Schröder, Michael/ Taupitz, Jochen	Menschliches Blut: verwendbar nach Belieben des Arztes? Zu den Formen erlaubter Nutzung menschlicher Körpersubstanzen ohne Kenntnis des Betroffenen, Stuttgart 1991.

Schroeter, Christoph Ärztliche Aufklärung im Alter, Aachen 1995.

Schuck, Martin Strafrechtliche Bedeutung der Verletzung der ärztlichen Aufklärungslast unter besonderer Berücksichtigung der kosmetischen Chirurgie, Diss. München 1980.

Schünemann, H. Einwilligung und Aufklärung von psychisch Kranken, VersR 1981, S. 306 ff.

Schwab, Dieter Referat zum 57. Deutschen Juristentag, Abteilung Vormundschaftsrecht, Thema: Empfiehlt es sich, das Recht der Vormundschaft und der Pflegschaft über Erwachsene sowie das Unterbringungsrecht neu zu ordnen?, S. K 8 ff., in: Verhandlungen des Siebenundfünfzigsten Deutschen Juristentages, Mainz 1988, Bd. II (Sitzungsberichte), München 1988.

– Probleme des materiellen Betreuungsrechts, FamRZ 1992, 493 ff.

Schwarz, Joachim A. Leitfaden – Klinische Prüfungen. Planung, Organisation, Durchführung und Überwachung, Aulendorf 1995.

Schweitzer, Karl-Heinz Heilbehandlung und Selbstbestimmung – zur Frage der Zulässigkeit ambulanter Zwangsbehandlungen psychisch Kranker, FamRZ 1996, 1317 ff.

Seidler, Eduard Beitrag in: Moderne „Medizin ohne Menschlichkeit", Berliner Ärzte 2/1997, S. 19

Seizinger, Kurt Der Konflikt zwischen dem Minderjährigen und seinem gesetzlichen Vertreter bei der Einwilligung in den Heileingriff im Strafrecht, Diss. Tübingen 1976

Siedhoff, Eckhardt Diskussion: Schwangerschaftsabbruch bei Minderjährigen und elterliche Zustimmung, FamRZ 1998, S. 8 ff.

Simitis, Spiros u. a. Kindeswohl. Eine interdisziplinäre Untersuchung über seine Verwirklichung in der vormundschaftsgerichtlichen Praxis, Frankfurt am Main 1979.

Sobota, Katharina Patientenrecht und Forschungsfreiheit. Ein Konflikt aufgezeigt am Beispiel der klinischen Forschung an nichteinwilligungsfähigen Patienten, in: FS Martin Kriele, München 1997, S. 367 ff.

Soergel Bürgerliches Gesetzbuch, Kommentar, Band 1, Allgemeiner Teil, §§ 1–240, HaustürWiderrufsG, 12. Aufl., Stand: Juni 1987; Band 4, Schuldrecht III, §§ 705–853, 11. Aufl., Stand: Frühjahr 1985.

Sommer, Anne Die ärztliche Aufklärungspflicht, Versicherungsmedizin 1997, 1 ff.

Spann, Wolfgang Das „Patiententestament" – Zur Verbindlichkeit einer bei Gesundheit abgegebenen allgemein gehaltenen Willenserklärung des Patienten an den Arzt mögliche ärztliche Maßnahmen nach Schwinden der Willensfreiheit zu unterlassen, MedR 1983, 13 ff.

Speetzen, Marte/ Demme, Dagmar — Angehörigenberatung und Selbsthilfe – ein wichtiges Versorgungsprinzip bei Demenzen, hamburger ärzteblatt 6/1998, S. 246 ff.

Staak, Michael/ Uhlenbruck, Wilhelm — Problematik neuer Arzneimittel beim Minderjährigen aus rechtsmedizinischer Sicht, MedR 1984, S. 177 ff.

Staak, Michael/ Weiser, Alfons — Klinische Prüfung von Arzneimitteln, Stuttgart 1978.

Staudinger — J. von Staudingers Kommentar zum Bürgerlichen Gesetzbuch, 2. Buch, Recht der Schuldverhältnisse, §§ 823-832, 12. Aufl., Berlin 1986; 4. Buch, Familienrecht, §§ 1896–1921, 12. Aufl., Berlin 1995.

Steffen, Erich/ Dressler, Wolf-Dieter — Arzthaftungsrecht: neue Entwicklungslinien der BGH-Rechtsprechung, 7. Aufl., Köln 1997.

Steinberg, Margret — Ein kritischer Blick auf Forschung am Menschen. Die Aufgaben der Ethikkommission, Berliner Ärzte 9/1997, S. 11.

Steindorff, Ernst — Zur Aufklärungspflicht des Arztes gegenüber Krebskranken, JZ 1960, 139 ff.

Sternberg-Lieben, Detlev — Strafbarkeit des Arztes bei Verstoß gegen das Patienten-Testament, NJW 1985, 2734 ff.

Stolz, Konrad — Betreuungsgesetz: Umsetzungsdefizite im Bereich Heilbehandlung und freiheitsentziehende Maßnahmen bei Heimbewohnern, FamRZ 1993, 642 ff.

Strohmaier, Gerhard — Zweck und Ausmaß der Dokumentationspflicht des Arztes, VersR 1998, 416 ff.

Systematischer Kommentar — Strafgesetzbuch, 6. Aufl., Neuwied, Kriftel, Berlin, Stand: März 1995 (zit.: SK-*Bearbeiter*).

Taupitz, Jochen — Die Standesordnungen der freien Berufe. Geschichtliche Entwicklung, Funktionen, Stellung im Rechtssystem, Berlin, New York 1991.

– Das Recht im Tod: Freie Verfügbarkeit der Leiche? Rechtliche und ethische Probleme der Nutzung des Körpers Verstorbener, Dortmund 1996.

– Die Menschenrechtskonvention zur Biomedizin – akzeptabel, notwendig oder unannehmbar für die Bundesrepublik Deutschland?, VersR 1998, 542 ff.

– Menschenrechtsübereinkommen zur Biomedizin – Einheitlicher Mindestschutz, DÄBl. 1998, A-1078 f.

– Rechtliche Bindungen des Arztes: Erscheinungsweisen, Funktionen, Sanktionen, NJW 1986, 2851 ff.

– Anwaltliches „Standesrecht“ im Konflikt mit zivilrechtlichen Ansprüchen des Mandanten – Zugleich eine Besprechung des gleichnamigen Buches von Jörg Hanna, MDR 1989, 385.

Taupitz, Jochen Das Recht auf Nichtwissen, in: FS Günther Wiese, Neuwied 1998, S. 583 ff. Patiententestament, Betreuungsverfügung und Vorsorgevollmacht.

– Von der entrechtenden Bevormundung zur helfenden Betreuung: Das neue Betreuungsgesetz, JuS 1992, S. 9 ff.

Taupitz, Jochen/ Fröhlich, Uwe Medizinische Forschung mit nichteinwilligungsfähigen Personen: Stellungnahme der Zentralen Ethikkomission, VersR 1997, 911 ff.

– Dürfen Pflegekräfte eigenständig klinisch forschen?, MedR 1998, 257 ff.

Tempel, Otto Inhalt, Grenzen und Durchführung der ärztlichen Aufklärungspflicht unter Zugrundelegung der höchstrichterlichen Rechtsprechung, NJW 1980, S. 609 ff.

– Inhalt, Grenzen und Durchführung der ärztlichen Aufklärungspflicht unter Zugrundelegung der höchstrichterlichen Rechtsprechung, NJW 1980, 609 ff.

Tiedemann, Inge Voraussetzungen und Grenzen rechtlicher Regelungen für die Tätigkeit von Ethik-Kommissionen bei Forschungsvorhaben bei Menschen, ZRP 1991, 54 ff.

Tiedemann, Klaus/ Tiedemann, Inge Zur strafrechtlichen Bedeutung des sog. kontrollierten Versuchs bei der klinischen Arzneimittelprüfung, in: FS Rudolf Schmitt, Tübingen 1992, S. 1139 ff.

Toellner, Richard/ Wiesing, Urban (Hrsg.) Wissen – Handeln – Ethik. Strukturen ärztlichen Handelns und ihre ethische Relevanz, Stuttgart, Jena, New York 1995.

Tondorf, Gunter Die katastrophale Lage psychisch Kranker im Maßregelvollzug, ZRP 1983, 118 ff.

Trockel, Horst Das Recht des Arztes zur Heilbehandlung unter Entwicklung und Erprobung neuer Heilmethoden, NJW 1979, 2329 ff.

Tröhler, Ulrich/ Reiter-Theil, Stella (Hrsg.) Ethik und Medizin 1947-1997 – Was leistet die Kodifizierung von Ethik?, Göttingen 1997.

Tröndle, Herbert Strafgesetzbuch und Nebengesetze, 48. Aufl. München 1997.

Uhlenbruck, Wilhelm Patiententestament, Betreuungsverfügung und Vorsorgevollmacht: Zur Selbstbestimmung im Vorfeld des Todes, Dortmund 1996.

– Zur Rechtsverbindlichkeit des Patiententestaments, MedR 1983, 16 ff.

– Vorab-Einwilligung und Stellvertretung bei der Einwilligung in einen Heileingriff, MedR 1992, 134 ff.

– Die Altersvorsorge-Vollmacht als Alternative zum Patiententestament und zur Betreuungsverfügung, NJW 1996, 1583 ff.

Uhlenbruck, Wilhelm	Entmündigung des Patienten durch den Gesetzgeber?, ZRP 1998, 46 ff.
Ukena, Gert	Aufklärung und Einwilligung beim ärztlichen Heileingriff an untergebrachten Patienten, MedR 1992, 202 ff.
Veit, Barbara	Das Betreuungsverhältnis zwischen gesetzlicher und rechtsgeschäftlicher Vertretung, FamRZ 1996, 1309 ff.
Voigt, Thomas E.	Die Pflichten des Betreuers, Diss. Hamburg 1994.
Voll, Doris	Die Einwilligung im Arztrecht: eine Untersuchung zu den straf-, zivil- und verfassungsrechtlichen Grundlagen, insbesondere bei Sterilisation und Transplantation, Frankfurt am Main 1996.
Vollmann, J./ Helmchen, Hanfried	Aufklärung und Einwilligung (Informed Consent) in der klinischen Praxis, DMW 1997, 870 ff.
Wächtler, Claus	Therapeutische Konzepte bei Demenz, hamburger ärzteblatt 6/1998, S. 235 ff.
Walter, Ute	Die Vorsorgevollmacht, Bielefeld 1997.
–	Organentnahme nach dem Transplantationsgesetz: Befugnisse der Angehörigen, FamRZ 1998, 201 ff.
Walter-Sack, Ingeborg	Ethikkommissionen als berufsspezifische Einrichtungen der Ärzteschaft, Beilage zum Ärzteblatt Baden-Württemberg 5/97.
–	Aufgaben und Arbeitsweise einer Ethikkommission nach der Änderung der Berufsordnung der Ärzte in Baden-Württemberg und Inkrafttreten des Medizinproduktegesetzes sowie der 5. Novelle des Arzneimittelgesetzes, MedR 1997, 301 ff.
–	Regularien der klinischen Prüfung – Innovationshemmer oder ethische Notwendigkeit? Die Problematik aus der Sicht der klinischen Pharmakologie, MedR 1997, S. 504 ff.
Wasserburg, K.	Aus der Rechtsprechung: Heilbehandlung, Heilversuch und Humanexperiment, Geburtshilfe und Frauenheilkunde 1995, M 146 ff.
Wasserburg, Klaus	Die ärztliche Dokumentationspflicht im Interesse des Patienten, NJW 1980, 617 ff.
Weichert, Thilo	Datenschutz und medizinische Forschung – Was nützt ein „medizinisches Forschungsgeheimnis"?, MedR 1996, 258 ff.
Weise, Martin	Stellungnahme: Altersvorsorge-Vollmacht in höchtspersönlichen Angelegenheiten?, NJW 1996, 2418.
Weltärztebund, The World Medical Association, Inc.	Handbuch der Deklarationen, Stand: 48. Generalversammlung, Oktober 1996.
Welzel, Hans	Das deutsche Strafrecht: eine systematische Darstellung, 11. Aufl., Berlin 1969.
Wertenbruch, Johannes	Der Zeitpunkt der Patientenaufklärung – MedR 1995, 306 ff.

Wesche, Otto — Das Betreuungsrechtsänderungsgesetz, Rpfleger 1998, 93 ff.

Westphalen, Friedrich Graf von — Produkthaftungshandbuch, Band 1, Vertragliche und deliktische Haftung, Strafrecht und Produkt-Haftpflichtversicherung, 2. Aufl., München 1997; Band 2, Das deutsche Produkthaftungsgesetz, Internationales Privat- und Prozeßrecht, Länderberichte zum Produkthaftungsrecht, München 1991.

– — Blick-Winkel: Über die Bioethik-Konvention des Europarates, MDR 3/1997, R 1.

Wolf, Manfred/ Horn, Norbert/ Lindacher, Walter F. — AGB-Gesetz, Kommentar, 3. Aufl., München 1994.

Wolfslast, Gabriele — Psychotherapie in den Grenzen des Rechts, Stuttgart 1985.

Wuermeling, Hans-Bernhard — Ein Nürnberger Kodex 1997. Zur Medizinethik 50 Jahre nach dem Nürnberger Ärzteprozeß, EthikMed 1997, 156 ff.

Zimmermann, Theodor — Die Auswirkungen des Betreuungsrechts in der ärztlichen Praxis: Einwilligung, vormundschaftsgerichtliche Genehmigung, Forschung, Frankfurt am Main 1997.

Zitelmann, Ernst — Ausschluß der Widerrechtlichkeit, AcP 99 (1906), 1 ff.

Zülicke, Freddy — Bioethik – Beiträge zu philosophisch-ethischen Problemen der Biowissenschaften, Cuxhaven, Dartford 1996.

Sachregister

A

B

C

N

O

P

Springer und Umwelt

Als internationaler wissenschaftlicher Verlag sind wir uns unserer besonderen Verpflichtung der Umwelt gegenüber bewußt und beziehen umweltorientierte Grundsätze in Unternehmensentscheidungen mit ein. Von unseren Geschäftspartnern (Druckereien, Papierfabriken, Verpackungsherstellern usw.) verlangen wir, daß sie sowohl beim Herstellungsprozess selbst als auch beim Einsatz der zur Verwendung kommenden Materialien ökologische Gesichtspunkte berücksichtigen.
Das für dieses Buch verwendete Papier ist aus chlorfrei bzw. chlorarm hergestelltem Zellstoff gefertigt und im pH-Wert neutral.

Springer

www.ingramcontent.com/pod-product-compliance
Lightning Source LLC
LaVergne TN
LVHW050635051026
849532LV00002B/396
* 9 7 8 3 5 4 0 6 5 6 7 9 1 *